언어 중심의 교과 융합 교육

언어 중심의 교과 융합 교육

2018년 6월 29일 초판 1쇄 발행
2019년 12월 12일 초판 2쇄 발행

지은이 구본관 외 9인
펴낸이 윤철호
펴낸곳 ㈜사회평론아카데미

편집 정세민
디자인 김진운
마케팅 이승필

등록번호 2013-000247(2013년 8월 23일)
전화 02-2191-1128
팩스 02-326-1626
주소 03978 서울특별시 마포구 월드컵북로12길 17

ISBN 979-11-88108-65-7
이메일 academy@sapyoung.com
홈페이지 www.sapyoung.com

언어 중심의 교과 융합 교육

구본관 · 윤여탁 · 김종철 · 유준희 · 구자현
고정희 · 윤대석 · 서명희 · 이지수 · 조진수 지음

사회평론아카데미

이 책은 2015년 대한민국 교육부와 한국연구재단의 지원을 받아 수행된 연구임(NRF-2015S1A3A2046771).

머리말

　왜, 지금, 다시 융합 교육인가? 교과 통합 내지 융합 교육은 1920년대 이래로 대안 교육의 성격을 지닌 채 다양한 방식으로 제안되었으며, 교육을 둘러싼 환경의 변화에 따라 부침을 보여 왔다. 우리나라에서도 80년대 이후 과학교육을 중심으로 융합인재교육(STEAM)이 강조되기도 하고, 시대가 흐르면서 약간씩 관심이 줄어들기도 하였다. 지금 우리가 다시 융합 교육을 언급하는 것은 다음 몇 가지 이유 때문이다. 첫째, 현재 학문적 패러다임의 특징 중 하나는 전문성을 넘어서 융합을 지향하는 것이다. 그리하여 인문 과학, 사회 과학, 자연 과학의 경계를 허무는 학제적 연구의 필요성이 뚜렷한 흐름으로 나타나고 있다. 둘째, 교육에 있어서도 사회가 직면한 문제를 해결하고 새로운 사회를 이끌어 나갈 인재를 양성하기 위해서는 융합이나 통합을 통해 미래사회를 대비해야 할 필요성이 강조되고 있다. 이런 상황에서 우리는 융합 교육을 통해 이런 교육적인 필요성에 응답하고자 하였다.

이제 우리는 왜 '언어'를 융합 교육의 중심적인 키워드로 제안하였는지에 대해 설명하고자 한다. 지금까지의 융합 논의는 주로 과학을 중심으로 이루어졌지만 수(數) 중심, 정서 중심, 언어 중심 등 다양한 융합이 가능하다. 우리가 언어를 융합의 중심에 둔 것은 주지하듯이 언어는 대부분의 경우 교육의 가장 중요한 수단이 된다는 점과 관련이 있다. 또한 언어는 학습자의 사고나 인지와 직접 연결되어 있으며, 언어는 교육의 수단이 될 수 있을 뿐만 아니라 언어 자체로도 교육적 가치를 가진다. 이런 점들을 고려하여 우리는 융합의 중심에 언어를 두고 교과 융합 논의를 진행하였다. 언어는 인간의 의사소통 수단으로 가장 훌륭한 것이기도 하면서 시(詩)로 대표되는 예술의 재료이기도 하다. 또한 샹송이 멜로디 이상으로 가사를 중시하듯이 음악은 본질적으로 언어인 노래와 별개로 존재하지 않는다. 이런 점들은 언어가 융합의 매개가 될 수 있는 특성을 가지고 있음을 잘 보여 준다.

이 책은 크게 두 부분으로 나누어 구성되었다. 먼저 제1부에서는 언어 중심 교과 융합 교육이 무엇인지에 대한 이론적인 접근을 시도하였다. 특히 언어 중심 교과 융합 교육을 정의하고, 어떤 교육 내용을 담을 것인지를 논의하였다. 그런 다음 제2부에서는 이론적 논의를 뒷받침하기 위한 구체적인 논의를 제안하였다. 그리하여 우리가 생각하는 언어 중심 교과 융합의 상(相)으로서 언어를 핵심으로 하는 교과인 '국어'를 중심으로 '도덕'이나 '지리', '물리' 등 다양한 교과와의 융합 교육의 사례를 보여 주고자 하였다.

우리가 지향하는 융합 교육은 교과 간의 융합을 지향하는 것이지만 개별 교과적 접근을 배제하고자 하는 것은 아니다. 교육의 효율성을 기하고 현장의 혼란을 줄이기 위해서는 교육의 현재 상태를 인정하는 기반 위에서 새로운 변화를 추구해야 한다. 이런 점에서 우리의 논의는 교과 융합의 이론적인 논의가 될 뿐만 아니라 실제 교육 현장에서 융합 교과목의 개발이나 융합 교과 수업으로 활용될 수 있도록 구성하고자 하였다.

이 책은 한국연구재단의 사회과학연구자(SSK)지원 사업의 결과물이기도 하다. 우리 연구단은 3년의 성과를 정리하는 자리를 마련하여 그 동안의 성과를 점검하고 융합 교육에 관심을 가지는 독자들과 성과를 공유하는 계기를 마련하고자 하였다. 이 책의 장과 절의 일부는 연구단의 성과를 기반으로 책의 체제에 맞게 다시 쓴 것이며, 다른 일부는 새로운 내용을 추가한 것이다.

우리는 교과를 가르치는 것이 아니라 아동을 가르친다는 듀이(Dewey)의 말처럼 이 책이 교과의 벽을 넘어 학습자에게 필요한 교육으로 나아가는 교육의 변화에 조금이나마 기여하기를 바란다. 그리하여 언어를 주요하게 가르치는 국어과를 넘어 다양한 교과의 융합이 이루어져 우리의 교육이 우리 사회가 당면한 사회 문제를 해결하는 데에 적극적인 역할을 하게 되기를 희망한다. 우리의 연구를 지원해 준 재단은 물론 수익성이 높지 않은 이 책을 기꺼이 펴내 주신 사회평론의 윤철호 대표님과 고하영 상무님, 그리고 세심한 부분까지 살피며 편집해 주신 정세민 편집자님께도 감사의 말씀을 드린다.

2018. 6. 1.

필자들을 대표하여 구본관 씀.

차례

1부

언어 중심의
교과 융합 교육이란 무엇인가

1장

융합 교육과 언어 중심의
교과 융합 교육

1. 창의적 인재 양성과 융합 교육*

1) 현대 사회와 국어교육

현대 사회는 새로운 매체의 시대라고 한다. 즉 문자 매체라는 전통적인 소통 방식에서 대중 매체(mass media)인 방송, 신매체(new media)인 인터넷 등의 새로운 매체가 의사소통의 중심부로 자리를 옮겨 가고 있다. 그리고 이와 같은 새로운 매체를 디지털(digital)이라고 통칭하기도 하며, 이러한 디지털 매체는 속도와 변화를 핵심으로 한다. 또한 이 디지털 매체는 통합적이고 융합적인 기술 혁명의 산물이다. 따라서 현

....

* 이 절은 윤여탁 외,「융복합적 미래 인재 양성을 위한 국어교육의 과제: 광고를 활용한 교수-학습을 중심으로」,『교육연구와 실천』80, 서울대학교 교육종합연구원, 2014; 윤여탁,「창의적 문화 세대를 위한 국어교육의 지향」,『국어교육연구』57, 국어교육학회, 2015의 논의를 참조하여 이 책의 취지에 맞게 기술하였다.

대의 교육은 이와 같은 디지털 매체를 사용할 수 있는 능력을 기르는 것을 목표로 해야 한다.

또 다른 관점에서 보면, 이 디지털 매체의 통합적, 융합적 특성은 다재다능한 인재, 창의적인 인재를 요청하고 있다. 이런 맥락에서는 창의적이고 융합적인 인재가 미래 사회를 이끌어 갈 것이고, 교육은 이런 인재를 기르는 것을 목표로 해야 한다. 특히 사범교육은 훌륭한 교사를 양성하여 일선 학교 현장에 보내야 하며, 이를 통해서 우리의 미래 사회를 선도해 갈 창의적인 미래 인재를 양성하는 것을 목표로 해야 한다. 이런 점에서도 우리 교육은 융합적인 디지털 매체 교육을 외면할 수 없게 되었다.

그리고 이와 같은 미래 인재 양성이라는 측면에서 국어교육의 지향과 과제를 두 가지 관점에서 이야기할 수 있다. 이 글의 핵심적인 화두(話頭)인 융합에 주목하면, 그 하나는 국어 교과가 인문, 사회, 자연 등 모든 학문 영역의 제재를 다루고 있으며, 통합적인 기술 혁명의 산물인 새로운 매체를 다루고 있다는 것이다. 이 특성은 국어의 도구성, 실용성과 밀접하게 관련된 것으로, 국어교육은 미래 사회를 살아가야 할 전문가뿐만 아니라 생활인이 갖추어야 할 언어능력을 함양하는 것이어야 한다.

다른 하나는 국어교육이 사용성이나 도구성과 같은 실용적인 것만은 아니라는 것이다. 국어라는 언어 그 자체뿐만 아니라 문학으로 대표되는 언어의 창조성, 예술성에도 주목해야 한다는 주장이다. 이런 측면에서 국어로 표현된 다양한 민족 문화의 전통을 계승하고, 이를 바탕으로 새로운 미래의 문화도 창조해야 한다. 물론 국어 교과가 이 모든 짐을 감당해야 할 것은 아니지만, 적어도 국어교육은 미래의 국어 문화를 선도할 수 있어야 한다. 이런 측면에서 국어교육은 언어와 문화를 창조적으로 사용하고 생산할 수 있는 능력을 기르는 것을 목표로 해야 한다.

이와 같은 국어교육의 지향은 미래 인재의 양성이라는 관점과 전혀 다른 방향을 추구하는 것은 아닐 것이다. 국어 교과의 융합적 특성은 이를 가능하게 할 것이고, 국어교육학계는 미래 지향적인 차원에서 이 길을 모색해야 한다. 앞으로 현대 사회와 미래 사회는 더욱더 다원화될 것이기 때문에 더 어려운 문제가 될 것으로 예측되지만 말이다. 역설적으로 이야기하면, 다양하기 때문에 통합을 모색해야 하는 것이고, 국어 교과는 이런 융합적 지향이 가능한 교과라고 할 수 있다.

2) 융합 교육으로서 국어교육: 문화의 관점에서

국어교육의 융합적 특성은 문화론의 관점에서 설명할 수 있다. 그리고 국어교육에서 이러한 문화라는 개념을 받아들이면 다음과 같은 몇 가지 측면에서 문화교육 현상을 설명할 수 있다. 먼저 사회와 기술 문명이 발전함에 따라 나타나는 다양한 대중문화 현상들을 교육해야 한다는 관점이다. 특히 현대 사회의 변화와 발전이 다양하고 급속하게 진행되면서, 우리는 다매체(multi-media), 신매체(new media) 시대를 살고 있다. 이에 따라 아날로그(analog)적인 매체 환경에서 디지털 매체 환경으로 급속하게 변화하고 있으며, 이러한 소통 수단의 변화는 인간들의 삶의 방식, 예를 들면 인간의 사고나 행동 방식을 변화시키고 있다. 이러한 변화는 의사소통과 같은 도구적 속성뿐만 아니라 전통적인 문화 계승을 목표로 하는 문화적 속성을 지닌 국어교육의 근간을 흔들고 있다.

현대의 산업 기술의 발달에 따라 개발된 이와 같은 매체 기술을 기반으로 성장한 대중문화가 급속도로 확산되면서, 대중문화 상품들은 교육 현장에 과거의 매체나 문화와는 비교할 수 없을 정도로 막대한 영향력을 행사하고 있다. 이에 따라 대중문화에 주목해야 한다는 견해는 보호주의 관점을 극복해야 했으며, 대중문화나 민중문화도 적극적으로 교육해야 한다는 비판 문화론자들의 이론으로 발전하기에 이른다. 이러한 맥락에서 국어교육은 대중문화, 민중문화 등 현실문화를 교수-학습함으로써 문화적 민주주의를 실현할 수 있는 방법을 추구하고 있다.

두 번째로는 지난 세기 후반부터 우리 한국 사회의 쟁점으로 부각된 다문화(multiculture) 또는 다문화주의(multiculturalism) 현상을 들 수 있다. 이 개념은 다양한 내포를 지니고 있다. 이 다문화주의라는 용어는 세계화의 진전에 따라 이주(移住)의 시대가 되면서 시작된 '이주 문제에 대한 적절한 해법을 모색하려는 시도'라는 좁은 의미에서부터 '현대 사회가 평등(平等)한 문화적, 정치적 지위를 가진 상이한 문화 집단을 끌어안을 수 있어야 한다는 믿음'[1]이라는 넓은 의미까지 아주 폭넓게 사용되고 있다.

이와 같은 다문화라는 용어[2]는 단일 문화와는 상대되는 개념으로, 다인종, 다언어, 다민족이라는 사회 구성원의 다양성에 따른 문화의 차이를 인정하고 존중하는 사회적 인식이다. 이 밖에도 사회적 불평등이나 종교적 차이와 같은 사회적 특성 역시 다문화를 생성하는 동인(動因)으로 작용한다. 그렇기 때문에 다문화라는 개념은 다양성 외에도 복합성을 전제로 하고 있으며, 이에 따라 다문화라는 정치적 담론을 수행하는 국가의 정책이나 교육 정책도 다양하고 복합적일 수밖에 없게 된다.

....

1 윤여탁, 『문화교육이란 무엇인가: 한국어 문화교육의 벼리[綱]』, 태학사, 2013, 49쪽.
2 다문화라는 용어는 미국(multiculture)과 유럽(interculture)에서 개념의 차이가 존재하지만, 대체로 인종(race), 종교, 문화, 언어, 민족(nationality)의 다양성이나 성(gender), 장애(disabilities), 사회계층(social class)과 같은 사회적 불평등으로부터 발생하는 다양성을 의미한다. 제임스 뱅크스, 모경환 외 역, 『다문화교육 입문』, 아카데미프레스, 2008, 33-35쪽.

이러한 다문화주의 관점은 근대 이후 문화론을 지배했던 제국주의적 보편주의 관점이나 접근법을 극복하고자 하는 문화 상대주의(cultural relativism)의 한 경향이다. 이 관점은 서로 다른 문화들의 차이를 인정하고, 각 문화들의 고유한 가치를 존중하는 것을 기본으로 한다. 최근들어 문화 상대주의 관점은 다문화교육(multicultural education)뿐만 아니라 상호문화교육(intercultural education), 교차문화교육(crosscultural education) 등 개념의 차이는 있지만, 국어교육뿐만 아니라 언어교육 등교육계 일반에서 구체적인 실천 방법을 적극적으로 모색하고 있는 관점이다.

세 번째로는 기술 문명의 발달로 대표되는 현대 사회의 소통을 디지털 매체가 주도하면서 국어교육 내에서 의사소통의 범주가 바뀌었다는 현실을 이야기할 수 있다. 새로운 매체의 발달로 인해 언어의 기능적차원에서 논의되었던 의사소통 개념은 언어문화라는 융합적이고 문화적인 차원으로까지 확대되었다. 이와 같은 현대 사회에서의 소통 개념의 확대는 국어교육의 현장에도 매체의 향유와 수용 전반에 대한 관점의 전환을 요구하고 있다. 따라서 국어교육은 매체 교육의 관점에서 다루어야 할 매체에 관한 지식이나 교수-학습 활동의 내용과 방법, 매체를 통한 의사소통 능력(communicative competence)의 개념 등을 새롭게 정립해야 할 상황이 되었다.

그리고 이러한 필요와 요구에 대하여 국어교육계에서는 매체를 매개로 이루어지는 의사소통과 문화 향유 방식의 변화를 반영하여 매체의 무엇을, 어떻게, 왜 교육하고 실천해야 할 것인가를 논의해 왔다. 특히 이러한 모색은 새로운 의사소통 방식으로 부상하고 있는 매체의 복합 양식(multi-modal)성, 복합 양식 문식성이라는 특성에 주목하여 진행되었다. 이러한 논의를 통하여 '국어교육의 요구와 실천', '언어와 매체를 바라보는 관점', '소통론의 확장', '문화 능력의 신장' 등으로 매체언어 교육의 목표를 설정하였고, 이를 바탕으로 국어교육에서 매체의 교수-학습 이론과 실제를 구체화하기도 했다.[3]

또 이와 같은 현대 사회 매체의 발달은 국어교육의 근본을 흔들어 놓았다. 다원주의(多元主義)를 표방하는 현대 산업 사회의 발달에 따라 다양성을 추구하는 이념적, 정서적 경향이 확산되면서 그동안 공공(公共)의 미덕으로 강조되었던 공동체 의식이나 민족 정체성과 같은 개념들이 회의적으로 받아들여지기도 한다. 이에 따라 국어교육은 문화적, 이념적 교과로서 현대 사회의 발전과 더불어 파생된 사회적 소외와 단절 등의 문제를 해결하기 위해 소통과 화합을 추구해야 하는 책임과 역할을 담당해야만 하는 상황이 되었다.

끝으로 현대 사회와 매체 환경의 변화는 학문 간 소통을 촉진하고 요구하고 있다. 특히 세계화, 다원화, 다매체, 다문화 등과 같은 변화로부터의 요구가 클수록 국어교육은 능동적인 변화를 추구해야만 한다. 그리고 이런 특성은 학문적 소통에서 핵심적인 매개이자 매체인 언어를 중심으로 하는 국어교육이 감당해야 하는 책임이자 의무이며, 국어교육이 가지고 있는 장점이기도 하다. 즉 국어교육은 학문적, 도구적 언어를 가르치는 것을 넘어서 학문 간 소통의 장(場)을 만들어서 학문 영역을 새롭게 개척할 수 있을 것이다. 그리고 이처럼 학문 간의 소통과 통합을 추구할 수 있는 국어교육의 특징은 국어 교과가 다양한 학문의 제재와 교수-학습 활동으로 구성되는 융합적 교과[4]라는 특성과도 관련이 있다.

이와 같은 국어교육의 지향은 기존의 국어교육이 추구했던 방향과

....

3   윤여탁 외, 『매체언어와 국어교육』, 서울대학교 출판부, 2008, 2-7쪽.
4   윤여탁 외, 앞의 글, 2014, 21-40쪽.

전혀 다른 방향은 아니다. 국어 교과의 융합적 특성은 이를 가능하게 할 것이기 때문에 국어교육학계는 미래 지향적인 차원에서 이를 견지해야 할 것이다.

3) 창의적 인재 양성을 위해서

창의적인 미래 세대의 주역인 현대인들은 자신들의 문화를 발전시키고 전승해야 한다. 그리고 국어 교과는 문화와 예술을 제재로 하는 국어 과목의 특성 때문에 이 일을 주도적으로 감당해야 한다. 이를 위해서 국어교육에서는 과거의 전통을 계승하는 국어교육, 현실의 요구에 부응하는 국어교육, 미래의 전망(展望)을 제시하는 국어교육이라는 거시적(巨視的)인 목표를 세울 수 있으며, 이 부분에서는 이를 구체화할 수 있는 실천 방안을 원론적인 차원에서 제안하고자 한다.

첫 번째로 국어과는 교과 과목으로서의 국어라는 제한을 넘어 이념 교과로서의 국어라는 기본을 정립해야 한다. 이를 통해서 국어는 그 나라의 국격(國格)을 상징하는 언어이자 대표적인 교과목이라는 점을 선언적으로 내세워야 한다. 실제로 국어교육의 중요 대상인 한글이나 한국어는 매년 한글날 즈음에 떠들썩하게 이야기되지만(조금만 지나면 언제 그랬느냐는 듯이 잊혀져버리고), 국어 교과는 교육적 논의의 장에서 주목보다는 다른 교과들로부터 견제만을 받는 과목이다. 실용적인 외국어 교육도 국어에 대한 정체성을 정립한 이후에 가능하다는 사실을 기억하고, 이제 국어와 국어교육의 중요성을 새롭게 인식할 필요가 있다.

두 번째로 창의적인 국어교육을 위해 국어과 교수-학습은 몇 가지 흐름을 중심으로 구체적인 방법을 탐구·실천해야 한다. 이를 위해 국어교육의 목표는 사용을 넘어 문화와 예술로서의 국어교육으로 나아가야 한다. 외국어교육의 경우에도 의사소통과 같은 사용 능력이 가장 중요하게 다뤄지지만, 목표 언어의 문화적 상황에 걸맞은 언어 사용을 위해서는 사회·문화 능력도 함께 길러야 한다고 주장되고 있다.[5] 더구나 자국어로서의 국어교육은 도구로서의 사용 능력도 중요하지만, 궁극적으로는 문학이라는 예술의 이해와 표현을 통해서 우리나라의 문화적 정체성을 계승하고 이를 후대에 전승하는 역할을 담당해야 한다.

다음으로 국어 교과를 통합하여 교육해야 한다. 국어 교과의 초등학교와 중학교 과목은 '국어'이지만 고등학교 과목으로는 '국어', '화법과 작문', '독서', '언어와 매체', '문학', '실용 국어', '심화 국어', '고전 읽기' 등으로 나뉘어 있다. 초·중학교는 읽기 교재와 활동 교재가 통합된 것에 비하여 고등학교는 지나치게 세분되어 있다. 국어 교과가 융합적인 특성을 지닌다는 점을 고려한다면 고등학교의 경우에도 과목을 나누기보다는 통합하는 방향(예를 들면 '이해와 표현' 등)을 추구해야 한다.[6] 특히 다양한 국어 교과목과 국어 관련 활동을 통합하는 방법을 통해서 과목(전공) 이기주의를 극복할 수 있으며, 융합 교육의 효과를 극대화할수 있을 것이다.

그리고 국어과 교수-학습의 기본을 학습자를 중심에 놓는 원칙을 세워야 한다. 굳이 수용미학, 독자 반응 이론을 받아들이지 않더라도 현대의 교육이론이나 문화이론은 모든 소비와 분배, 소통이 공급자가 아니라 수용자의 관점에서 이루어지는 것을 전제로 한다. 즉 공급자인 교

....

5   미국의 외국어교육 기준인 5C(communication, cultures, connections, comparisons, communities)에서 확인할 수 있다. AATK(American Association of Teachers of Korean), *Standards for Foreign Language Learning in the 21th Century*, Allen Press, 2012.

6   윤여탁, 「국어교육의 본질과 교과서」, 『선청어문』 36, 서울대학교 국어교육과, 2008, 545-547쪽.

수자의 관점뿐만 아니라 소비자인 학습자의 관점에서 국어교육의 전체상이 설계되어야 한다. 아울러 최근 교수-학습 이론은 대화적(dialogic) 학습 활동을 중요시하는 과정중심주의와 학습자 스스로가 지식[7]을 구성하는 것이라는 사회적 구성주의를 지향하고 있다는 점을 확인하고자 한다.

세 번째로 창의적인 국어교육의 발전을 위해 국어교육학 연구 방법론을 심화해야 한다. 대체로 국어교육 연구는 국어교육학 이론, 교수-학습의 내용과 방법, 교수-학습의 현장, 교수자와 학습자에 대한 연구가 중요 분야이다. 이러한 국어교육 연구 분야 중에서 많은 연구는 교육과정이나 교재, 교수-학습의 실제에 대한 보고서의 수준이다. 이제 이와 같은 보고서 수준의 연구를 지양(止揚)하고, 보다 심층적인 교수-학습 현장, 교수자와 학습자에 대한 인적 자원에 대한 심화된 연구를 추구해야 한다. 이를 위해서 사회과학적인 양적 연구 방법뿐만 아니라 질적 연구 방법을 통해서 심층적인 교수-학습 현장에 대한 자료를 축적하고, 이런 자료를 귀납해서 이론화해야 한다. 그리고 이를 다시 교수-학습 현장과 국어교육학 연구에 송환(送還, feedback)해야 한다.

그리고 이와 같은 국어교육을 바라보는 기본적인 관점의 정립, 국어과 교수-학습과 관련된 지향(문화, 통합, 학습자, 과정중심), 국어교육학 연구 방법론의 심화 등은 다른 사람이 대신해 줄 수 있는 것이 아니라 지금 우리가 해야 할 과제이다. 아울러 이러한 국어교육의 목표를 달성하기 위해서는 무엇보다 문화적 전통을 계승한 창의적인 발상과 새로운 것을 창조하려는 부단(不斷)한 실천 노력 등이 필요하며, 이러한 창

....

7   지식 교육의 구조를 사실적 지식의 관계화, 개념적 지식의 의미화, 방법적 지식의 재구성으로 설명한 바 있다. 윤여탁 외, 「현대시 교육에서 지식의 성격과 교육의 방향」, 『국어교육연구』 27, 서울대학교 국어교육연구소, 2011, 311-328쪽.

의성과 실천력은 오늘날 국어교육에 종사하고 있는 모두에게 요구되는 덕목(德目)이라는 점을 명심할 필요가 있다.

2. 교과 융합 교육의 성격

1) 교과 융합 교육 등장의 배경

융합 교육이 초·중등 및 고등교육에 등장한 배경은 크게 두 가지로 볼 수 있다.

하나는 21세기 산업의 과제로 과학·기술의 융합이 등장한 것을 들 수 있다. 산업화의 후발 주자로 선진 산업 국가들을 추격해 온 한국은 추격자에서 선도자로 변신하기 위해서는 국제적인 경쟁력이 있는 제품을 생산해 내어야 하며, 그것은 과학·기술의 '융합'에서 온다고 강조하기 시작했던 것이다. 물론 과학·기술의 융합은 미국을 비롯한 첨단 산업을 선도하는 나라들에서 먼저 시작된 것으로 우리나라의 경우 이를 수용하면서 국가적인 과제로 삼은 것이다.[8]

이러한 상황에서 대학에서는 인문학, 사회과학, 자연과학, 그리고 공학 사이의 '학제적(學際的) 연구(interdisciplinary study)'에 대한 논의가 활발해졌으며, '융합', 또는 '융·복합'을 표방한 연구와 교육의 조직을 구성하기 시작했다.[9] 초·중등교육에서는 과학, 기술, 공학, 수학, 그

....

8   신동희, 『스마트융합과 3.0』, 성균관대학교출판부, 2011, 27-32쪽 및 47-93쪽.
9   위의 책, 86-93쪽; 김혜영, 「융합교육의 체계화를 위한 융합교육의 방향과 기초융합교과 설계에 대한 제언」, 『교양교육연구』 7(2), 한국교양교육학회, 2013; 박일우, 「대학에서의 융·복합 교육의 실상과 그 해법」, 『교양교육연구』 10(1), 한국교양교육학회, 2016 등 참조.

리고 예술을 결합한 이른바 STEAM교육이 도입되었으며,[10] 국가 교육 과정에도 융합 교육이 도입되었다.[11]

이처럼 융합 교육에 대한 요구는 교육계 외부에서 형성된 것으로, 특히 과학·기술의 융합에 대한 산업계의 필요에 부응하여 정부가 교육 정책의 하나로 수립하게 된 것이다. 이 점에서 융합 교육은 외재적 필요 성에 기인한 측면이 있으며, 그 필요성의 강도와 지속 여부에 따라 교육 현장에서의 실현이 영향을 받을 가능성이 높은 것이다.

다른 하나의 배경으로는 학문 연구와 고등교육의 해묵은 문제점에 대한 반성을 들 수 있다. 학문 분과가 세분화(細分化)·전문화(專門化)되 면서 한 분야의 전문가는 양성되지만 이웃 분야는 물론 관련 분야 전체 를 아우르는 연구자는 양성되지 않는 현실, 그리고 각 분야가 이웃 분야 와 소통이 제대로 되지 않는 현실에 대한 반성이 있어왔던 것이다. 학문 의 하위 분과들 사이에서의 이러한 불통의 문제가 제기되기 이전에 상 위 학문 단위에서의 단절 현상이 문제점으로 일찍 제기되었는바, 이른 바 '두 문화(Two Cultures)'가 그것이다. 이 용어는 전통적인 인문학과 근대에 비약적으로 발전한 자연과학 사이의 불통을 지칭하는 것이지만 오늘날은 학문 영역들 사이의 일반적인 불통을 상징한다 해도 무방할 것이다. 이러한 논의의 흐름 속에 대학 교양교육에서의 자연과학과 인 문학의 소통 추구, 그리고 고등학교의 문과(文科)와 이과(理科) 구분 교 육에 대한 비판 등이 전개되어 왔는데, 융합 교육이 어느 정도 긍정적으

………

10 STEAM의 성립 과정과 국내 수용에 대해서는 신재한, 『STEAM 융합교육의 이론과 실 제』, 교육과학사, 2013, 45-60쪽 참조.

11 융합 교육을 강조하기 시작한 2009 개정 교육과정 이후 근래의 문·이과 통합교육과 정 등을 포함한 논의와 초·중등학교의 융합 교육의 사례 검토와 전망 개괄 등은 한국교 육과정평가원, 『2014 KICE 이슈 페이퍼 초중등교육에서 융합교육의 활성화를 위한 과 제』, 한국교육과정평가원, 2014 참조.

로 초·중등교육과 고등교육에 수용되고 있는 것은 이러한 배경과 부분적으로는 맥이 닿기 때문이라고 할 수 있다.

이러한 두 배경에서 볼 때 융합 교육이 두 가지 지향을 취할 수 있을 것으로 예상할 수 있다. 산업계의 요구인 과학·기술 융합은 경쟁력 있는 상품과 같은 산물(産物)을 지향하므로 융합 교육이 이를 의식한다면 창의적인 문제 해결 능력을 지향할 가능성이 높다. 실제 많은 융합 교육의 논의에서 융합 교육의 목표로 학습자의 창의력과 문제 해결 능력을 들고 있는 것이 이를 잘 말해준다. 이에 비해 '두 문화'의 극복과 관련된 융합 교육은 교양교육(敎養敎育), 또는 이른바 '전인교육(全人敎育)'을 지향할 가능성이 높다. 여러 교과의 학습 경험이 한 사람의 온전하고 완성된 인격을 형성한다고 보고, 이러한 학습 경험을 가능하게 하는 교육을 지향할 것이다. 대학의 교양교육 개혁이나 고등학교의 문·이과 구분 비판 등은 이와 관련이 깊다.

교육에서 학습자의 창의력이나 문제 해결 능력, 그리고 교양인으로서의 인격의 도야는 모두 중요한 교육 목표이다. 그러나 융합 교육의 등장 배경과 관련하여 대학교육과 초·중등교육에서의 융합이 동등한 위상을 가지지 않음을 주목할 필요가 있다. 대학의 교양교육은 초·중등교육의 연장선상에 있다고 할 수 있지만 대학의 학문 연구에서 융합, 즉 융합 학문의 추구는 초·중등교육에서의 융합 교육과는 성격이 다른 것이다. 대학의 융합 학문은 주로 새로운 학문 분야를 창출하거나 산학(産學) 협동으로 새로운 산물을 만들어내는 것을 지향한다. 다시 말해 학부 교육이 아닌 학문 연구 차원에서는 일반 교육이나 교양의 문제가 아닌 것이다. 이에 비해 초·중등교육의 융합 교육은 산업계와 직접 관련이 없으며, 또한 새로운 학문 분야의 창출과도 직접 관련이 없다. 이것은 초·중등교육에서의 융합 교육은 보다 교육의 본질에 기초해야 함을 뜻한다고 할 수 있다. 다시 말해 융합 교육은 일시적인 유행이나 정부의 단기적인 정책이 아니라 교육의 본질에 입각한 것이 되어야 하는 것이다.

2) 교과 융합 교육의 문제의식*

융합 교육이 교육의 본질에 입각한 것이 되기 위해서는 분과(分科)별로 구축된 교과교육 체제에서 융합 교육이 어떤 성격을 가질 것인가를 검토해 볼 필요가 있다.

먼저 개별 교과의 실제 교육에서 오로지 그 교과의 내용만 다루지 않는다는 점에서 시작해 보자. 특정한 교과에서만 담당하기 어려운, 또는 하나의 교과를 별도로 만들어 교육하기에는 경제적이지 않은 교육 과제들을 범교과적 교육 요소들이라 하여 교육과정에 열거해 놓고는 개별 교과의 교과서 편찬 과정에서 이들을 적절히 포함하도록 하고 있는데, 이는 어떤 교과이든 실제 교육에서는 그 교과의 주권이 배타적으로 작용하는 것은 아님을 말해준다. 아울러 개별 교과는 각각의 교과의 테두리를 넘어서 다른 무엇과 연계될 수 있음도 뜻한다.

예컨대 범교과적 교육 요소의 하나인 양성평등의 가치를 국어 교과에 수용한다고 할 때 이것은 담화의 주제는 될 수 있으나 담화 장르와는 필연적인 관계가 없다. 양성평등 대신 환경문제를 주제로 한 담화를 제재로 하여도 담화 장르에 대한 학습이 가능하기 때문이다. 그렇지만 양성평등과 환경문제가 학습자가 삶을 영위하면서 반드시 실천하거나 해

....

* 이 항은 김종철, 「국어 교재의 성격과 위상 재검토 – 기본교육, 교과교육, 교과융합교육에서의 역할을 중심으로」, 『국어교육학연구』 51(3), 국어교육학회, 2016, 26-29쪽의 논의를 참조하여 이 책의 취지에 맞게 기술하였다.

결해야 할 과제이며, 이 실천과 해결이 인간다운 삶의 영위와 직결되어 있다면, 이 실천과 해결에 국어 교과가 어떤 역할과 기여를 할 수 있는 가는 중요한 문제가 아닐 수 없다. 국어 교과의 내재적 정당성이 인간다움의 실현에 기초해 있다면 양성평등이나 환경문제를 실천하고 해결하는 데에 기여하는 국어능력을 기르는 것은 국어 교과의 과제이기 때문이다.

이 범교과적 교육 요소들은 여러 교과가 각각 다룰 수도 있고, 함께 다룰 수도 있는 것이다. 양성평등 문제는 사회 교과와 국어 교과가, 환경문제는 국어 교과, 사회 교과, 과학 교과가 협동하여 다룰 수 있다. 이러한 교과들 사이의 협동은 학습자의 사고력 교육 차원에서는 항상 실천하는 것이기도 하다. 이해력, 분석력, 판단력, 비판력 등등의 사고력은 모든 교과에서 함께 추구하는 바이기 때문이다. 즉 이러한 사고력 차원에서는 교과의 구분이 절대적일 수 없는 것이다.

이로써 우리는 현행의 교과교육만으로는 다루어지지 않는 교육의 과제가 존재한다는 것, 개별 교과는 자신의 고유한 영역 이외의 교육 과제도 분담할 수 있다는 것, 개별 교과들이 협동하여 교육 과제를 수행할 수 있다는 것, 그리고 각 교과가 공동으로 지향하는 교육 목표가 있다는 것 등을 확인할 수 있다. 이것은 분과별 교과교육 체제가 완벽한 교육 체제가 아니며 교과들 사이의 관계, 교과 체제에 속하지 않는 영역과 교과의 관계 등등에 대한 점검이 필요하며, 이를 통해서 개별 교과교육의 목표와 교육의 일반 목표가 재정립될 수 있음을 시사한다. 따라서 다음과 같은 문제 제기가 가능할 것이다.

(가) 현재의 교과교육 체제는 마땅히 교육해야 할 내용을 모두 포괄하는가?

(나) 교육의 실행 범주가 대학의 분과 학문에 기초한 분과별 교과교육
으로만 이루어져야 하는가?

(다) 분과 학문별로 구분된 교과들의 학습 경험들은 특별한 교육적 조
치가 없어도 학습자의 내부에서 자동적으로 유기적인 관계를 형
성하는가?

(라) 분과 학문별 교과교육 체제는 학습자가 살아가면서 대면하게 될
다양한 과제들에 대한 복합적인 인식 능력과 창의적인 해결 능력
을 습득하게 하는가?

(가)는 답하기가 쉽지 않다. 가령 교과의 정당성을 판단하는 기준
중의 하나인 현실적 '필요'의 기준에서는 현재의 교과교육 체제는 미흡
할 것이고, 반면 내재적 정당성의 기준에서는 현재의 교과 체제, 특히
고등학교의 심화 과정의 교과는 불필요하게 많다고 할 수도 있다. 다만
교육할 가치가 있고, 교육해야만 할 무엇을 제대로 교육하고 있는지의
여부와 관련하여 현행 교과교육 체제를 반성할 필요가 있는 것이다.

(나)는 현재의 교과 체제가 교육의 목적을 달성하는 데 적합한 체
제인가에 대한 질문이자 현재의 초·중등 교과교육 체제가 대학의 분과
학문 체제, 보다 밀접하게는 대학의 교양교육 체제에 위계적으로 연결
되어 있는 것에 대한 문제 제기이다. 대학의 교양교육 체제와의 위계적
계열성은 분명 타당한 측면이 있으나 초·중등 교육의 목적을 달성하는
데 분과 학문 기반의 교과가 유일한 방식인가 반성할 필요도 있다. 전문
지식인이 곧 지성인이 아니라는 점은 분과 교육 체제의 한계를 잘 보여
준다.

(다)는 전인교육(全人教育)의 관점에서 보면 문제가 무엇인지 자명
해진다. 학습자가 학교에서 국어, 수학, 사회, 과학 등등의 교과의 수업

을 받고 있는데, 이들 개별 교과들의 학습 경험은 학습자 내부에서 어떤 관계를 형성하는가에 대한 질문이다. 하나의 거시적 교육 목적 하에 그 목적을 달성하기 위한 교과들이 존재한다면 교과들이 구축한 지식의 전체적 체계와 상호 관계가 암묵적으로 가정되어야 하지만 현재의 교과 교육 체제는 이와 관련된 어떤 가정도 하지 않으며, 또한 교과 사이의 유기적인 연계를 위한 교육적 조치를 취하지도 않는다.

(라)는 (다)의 문제제기의 연장인데, 학습자로 하여금 주어진 과제를 인식하고 그 해결 방안을 모색하는 데 교과별 지식들을 함께 활용하게 하는 학습 경험을 제공하느냐는 것이다. 개별 교과의 지식과 그 응용으로 해결되는 과제들도 있지만 현실에서 대면하게 되는 대부분의 과제는 복합적인 문제들로 구성되어 있어서 여러 교과에서 학습한 바를 포함하여 많은 경험을 함께 활용해야 해결된다. 그리고 이러한 과제 해결은 분과별 지식을 유기적으로 연계하여 하나의 새롭고 유용한 지식의 연결망을 형성한 것이므로 창의적인 것에 해당한다. 그런가 하면 (라)는 여러 교과들의 학습을 통한 지식의 확장, 그리고 초등학교에서 고등학교까지의 분과별 지식의 누적과 확장만이 교육의 궁극적 목적일 수는 없다는 관점과 관련이 있다. 지식은 기하급수적으로 늘어나므로 학교 교육이 이를 다 감당할 수 없다면 핵심에 해당하는 지식의 학습과 문제 해결 능력을 키우는 방법적 지식이 중요하게 된다. 이 점에서 현행 교육과정이 횡적인 연계 장치가 없이 수직적으로 올라가면서 분과의 심화 과정으로 되어 있는 것은 문제라 할 수 있다.

물론 (가)의 문제 제기가 타당하다 해도 새로운 교과를 만들어 분과 교육 체제의 허점을 메우는 방식은 학습자의 부담을 늘리는 등 여러 문제를 파생하게 되어 현실적으로 불가능하다. 그러나 (나), (다), (라)의 문제 제기는 그 성격이 다르다. (나)는 현재의 분과 학문 기반의 교과교육

체제의 한계를 인식하고, 이 체제가 담당하지 못하는 주요한 교육 과제를 항상 의식해야 한다는 것이며, (다)와 (라)는 분과 학문 기반의 교과 교육들 사이의 유기적 관계의 형성이 가져올 수 있는 교육적 효과를 주목해야 한다는 것이다.

요컨대 분과 교과 체제와 그 체제 밖의 교육적 과제와의 관계, 그리고 교과와 교과 사이의 관계를 형성하거나 재정립할 필요가 있으며, 교과 융합 교육은 이러한 필요에 근거하고 있는 것이다.

3) '교육과정 통합'과의 관계

앞에서 본 교과 융합 교육의 문제의식은 사회와 분리된 교육, 또는 학습자의 학습 경험이 교과별로 개별적·분산적으로 형성되는 문제 등을 극복하고자 한 '교육과정 통합(Curriculum Integration)'과 상통하는 바가 많다.

'교육과정 통합'은 '통합 교육과정(Integrated Curriculum)'으로 불리기도 하는데, '교육과정 통합'과 '통합 교육과정'은 약간의 의미 차이가 있다.[12] 대체로 전자는 교육과정의 요소가 어떤 기준에 의해서 분리 독립되어 있는 것들을 상호 관련짓고 통합함으로써 하나의 의미 있는 체계로 발전시키는 과정 내지 시도라 한다면, 후자는 그러한 시도와 노력으로 이루어진 하나의 산출로 볼 수 있다.[13] 교과들을 연결시키고 합치는 방식이나 수준에 따라 그 결과는 달라진다는 점에서 '교육과정 통

....

12 한편 특수교육 분야에서 장애 학생들을 비장애 학생들과 분리하여 교육하지 않는다는 의미로 '통합교육(Inclusive Education)'이란 용어가 사용되고 있다.

13 이영덕, 「통합 교육과정의 개념」, 한국교육개발원 편, 『통합교육과정의 이론과 실제』, 교육과학사, 1983, 15쪽.

합'이 '통합 교육과정'보다 본질적이라고 할 수 있다.

'교육과정 통합'은 20세기 전반기에 듀이(Dewey)로 대표되는 미국의 진보주의 교육운동을 배경으로 전개된 것으로 알려져 있다. 이를 추구한 연구자나 실천가에 따라 정의가 다양하지만 그 공통점을 기준으로 보면, 시간적, 공간적으로 그리고 내용 영역에 있어서 각각 다른 학습 경험들(교육과정을 구성하는 부분들)이 상호 관련지어지고 의미 있게 모아져서 하나의 전체로서의 학습을 완성시키고 나아가서 인격 성숙을 낳는 과정으로 정의할 수 있다.[14]

이러한 교육과정 통합은 교과들의 통합 방식에 따라 실제로 통합된 교육과정은 달라지고, 교수·학습의 목표도 달라지지만 대체로 이러한 통합을 통해 학습자의 경험의 통합, 학습자가 대면하는 실생활을 위한 교육, 학습자 중심 교육을 통한 민주 시민의 양성 등등을 달성할 수 있다고 보았다. 예컨대 인그램(Ingram)은 교육과정 통합의 긍정적 기능을 세 가지로 범주화하여 제시한 바 있다. 첫째는 인식론적 기능으로, 교사가 지식의 변화에 대처하고, 다양한 영역의 지식을 상호 관련시키며, 지식을 전체로서 파악하고 그 목적을 규명하는 데 도움이 된다고 하였다. 둘째는 심리적 기능으로, 교육과정 통합은 학습자의 요구, 흥미, 호기심, 활동 등에 근거하고, 일상의 경험과 실제 상황과 관련이 깊으며, 학습 내용보다 학습 방법에 중점을 두므로 효율적인 학습 조건을 갖는다고 하였다. 아울러 가장 균형이 잡힌 인격교육은 분과화된 교육과정보다도 고도로 통합된 교육과정에 의해 달성될 수 있다고 보았다. 셋째는 사회적 기능으로, 교육과정 통합 수업은 학습자들 상호간, 교사들 상호간, 그리고 교사와 학습자 상호간의 협동에 의한 교수·학습을 실천하므

....

14 위의 글, 20쪽.

로 일종의 사회적 통합이 이루어지며, 사회의 학제적(學際的) 문제들에 대처하는 능력을 기르며, 나아가 지식과 실생활의 격리를 넘어서 학교와 사회를 연결한다는 것이다.[15]

요컨대 '교육과정 통합'은 분과 학문별로 분리된 교과교육 체제, 학교와 사회의 분리, 지식과 실천의 괴리, 교사 중심의 지식 전달 등등에 대한 비판에서 출발하여 이러한 분리와 괴리를 넘어선 통합의 교육방식이 교수·학습을 개선하고 학습자의 주체적인 지식 구성 능력을 기르며, 궁극적으로는 교육의 일반 목적을 효과적으로 달성할 수 있다[16]는 것이다.

이상에서 볼 때, 교육과정 통합은 그 지향이나 방법에서 융합 교육의 성격을 강하게 갖고 있음을 알 수 있다. 학교 교육에서의 분과별 지식 획득 중심의 분과주의(分科主義) 교육에 대한 비판, 과학·기술의 발달에 기인한 사회의 급속한 변화에 대처하는 교육의 필요, 명제적 지식보다 방법적 지식에 대한 강조, 인지 부분 외의 다른 부분들도 고루 발달된 인격의 강조 등[17]이 그러하다.

이는 교과 융합 교육이 교육과정 통합의 경험 위에서 출발할 수 있음을 보여주면서 동시에 교육과정 통합과 어떻게 변별될 것인가 하는 과제를 제기한다. 교육과정 통합의 경험 위에서 출발할 수 있다는 것은 교과 융합이 시의성에 종속되지 아니하고 교육의 본질에 근거하여 실현될 가능성이 있음을 보여준다. 이와 함께 교육과정 통합과의 변별성

....

15 제임스 인그램, 배진수·이영만 역, 『교육과정 통합과 평생교육』, 학지사, 1995, 71-88쪽.
16 예컨대 교육과정 통합이 표준 교육과정을 성취할 수 있느냐, 학력을 저하시키지 않느냐는 의구심에 대해 교육과정 통합이 표준 교육과정을 충분히 성취하며, 학력도 향상시키고 있음을 강조하고 있는 점을 들 수 있다. 거트 네신·존 론스베리, 정광순 역, 『교육과정통합: 20가지 질문과 대답』, 한국학술정보(주), 2007, 31-40쪽.
17 제임스 인그램, 배진수·이영만 역, 앞의 책, 1995, 20-39쪽.

문제는 쉽사리 해결될 수는 없을 것으로 전망된다. 교과 융합 교육이 산업계나 정부 등 외재적 필요에 의해 촉발된 점이 강하여 융합 교육 자체가 하나의 교육 기획으로서의 내재적 정당성을 뚜렷이 갖추지 못하고 있으며, 그 융합의 방법이 기본적으로 교육과정 통합의 방법과 상통하기 때문이다. 이 점은 앞으로 교과 융합 교육이 그 실천에 있어서는 교육과정 통합과 그 내용과 방법에서 상당 부분 겹치게 될 가능성이 클 것임을 보여준다.

3. 교과 융합 교육의 목표

1) 교과 융합 교육의 개념

초·중등교육에서 교과 융합 교육은 이제 시험적 단계에 있고, 그 정체성을 분명히 할 만큼의 실체를 뚜렷이 형성했다고 보기 어렵기 때문에 그 개념을 정의하기 위해서는 교육을 실제로 구성하는 교과, 교사, 학습자를 중심으로 예상할 수 있는 것들과 비교할 수 있는 것들에서 접근하는 방식이 효과적이라고 본다. 먼저 교과와 교사를 중심으로 접근해 보면 다음과 같은 질문들을 제기할 수 있다.

첫째, 교과 융합 교육은 특정한 융합학문에 기반을 둔 교육인가?

기존의 교과들이 각각 특정한 학문 분야에 기반을 둔 것처럼 교과 융합 교육도 그러하다면 그 융합학문 분야를 중심으로 개념을 정의할 수 있다. 그러나 교과 융합 교육은 기존의 분과 교과들이 각각 인문학, 사회과학, 자연과학의 하위 분야들을 기반으로 하듯이 어떤 특정한 융합학문들을 기반으로 한 교과 교육일 수 없다. 융합에 포함되는 학문 분야들의 조합에 따라 다양한 융합학문들이 나올 수 있으므로 특정 융합학문, 또는 융합학문들을 교과로 도입하기 어렵기 때문이다.

둘째, 교과 융합 교육은 기존 학문들이 융합하여 새로운 융합학문이 탄생한 것처럼 기존의 교과들을 어떤 방법과 과정을 통해 융합하여 새로운 교과를 창출하는 것인가?

학문이 발전해오는 과정에서 기존의 여러 학문들이 참여하여 새로운 학문 분야를 창출하는 사례가 있어왔다. 예컨대 인지과학(認知科學)은 심리학, 언어학, 철학, 의학, 컴퓨터공학 등의 참여로 형성된 학문 분야이다. 또 한 학문 내에서의 분화 과정에서도 다른 학문 분야를 끌어들임으로써 새로운 전문 분야도 탄생한 경우도 많이 있어왔다. 학문의 역사에서 나타난 이러한 양상은 융합 연구 또는 학제적 연구가 과거부터 자연발생적으로 있어왔던 것임을 보여준다. 그러나 초·중등교육에서는 기존의 교과들의 융합이나 학제적 결합으로 새로운 교과가 파생된 적은 없다.[18]

셋째, 교과 융합 교육은 여러 교과의 교사들을 별도로 조직하여 융합 교육을 모색하고 담당하게 하는 것인가? 다시 말해 교사진 중 일부 교사들의 전공 교과교육의 책임을 면제하고 이 교사들로 별도의 융합 교육 조직을 만들어 지속적으로 운영하면서 새로운 교과 영역을 탐색하는 실험인가? 이 물음은 융합 교육에서의 교사의 역할 및 위상에 대한 물음이기도 하다.

현재 대학에서는 주로 대학원 차원에서 여러 학문 분야의 연구자들을 인위적으로 모아서 하나의 조직으로 만들어 융합 학문을 도출하도

....

18   이 경우 새로운 교과란 기존의 물리, 화학 등 과학 교과들을 통합한 '통합 과학'처럼 여러 교과들을 포괄하는 상위 영역의 교과를 구성하는 것을 말하지 않으며, 기존의 교과와 같은 차원의 새로운 교과를 말한다.

록 하는 실험을 전개하고 있다. 이 경우 그 결과물은 미지수이나 융합을 위한 조직 자체는 분명히 존재한다. 이는 산업 현장에서 신제품을 개발하기 위해 여러 분야의 기술자와 전문가로 담당 조직을 구성하는 것과 같다. 그러나 초·중등학교의 현실에서는 융합 교육을 위해 대학과 기업과 같은 별도의 조직을 상시로 운영할 수도 없으며 필요도 없다. 대학과 기업의 그러한 조직은 특정한 융합에 대한 수요에 부응하기 위한 것이지만 초·중등학교는 특정한 사회적 수요에 부응하는 융합 교육을 지향할 필요가 없기 때문이다.

이상의 접근에서 초·중등교육에서 융합 교육은 특정한 학문 분야, 또는 특정한 탐구 분야에 기반을 둔 교과로서의 실체를 가질 수 없으며, 아울러 특정한 융합학문에 기반을 둔 것일 수도 없으며, 인적 조직을 기반으로 그 가능성을 보장할 수 있는 것도 아님을 알 수 있다. 이는 역으로 초·중등교육의 교과 융합 교육이 학문 분야나 탐구 분야로부터 자유로운 것이며, 또한 일정한 지식 영역과 탐구 방법을 갖춘 개별 교과를 지향하는 것도 아니며, 나아가 현실적 수요가 있는 특정한 융합 결과를 지향하는 것도 아님을 뜻한다. 이러한 점들은 상당히 오랫동안 전개된 교육과정 통합 운동에서도 확인할 수 있다. 교육과정 통합은 기존의 교과에 대응하는 독립된 분과로서의 교과를 만들지 않았으며,[19] 특정한 융·복합 학문에 기반을 두지도 않았으며, 교육과정 프로그램을 효과적으로 운영하기 위해 교사들의 협동과 협의는 있었지만 그것은 특정한 사회적 수요가 있는 통합 결과물을 위한 것이 아니었다.

교과 융합 교육이 교수·학습의 내용을 뒷받침하는 특정 학문 영역

....

19   오히려 '더 이상 교육과정을 교과로 규정할 수 없으며', '사회적으로나 개인적으로나 의미 있는 것이 학습의 중심이 되어야 한다.'고 주장하기도 한다. 거트 네신·존 론스베리, 정광순 역, 앞의 책, 2007, 11쪽.

이나 지식 영역으로부터 자유롭다면, 그것은 특정한 교과 전문가인 교사로부터 자유롭다는 의미도 갖는다. 교과 융합을 위한 교과의 조합이 열려있다면 참여 교사도 기존 교과 담당 교사 모두에게 열려 있으며, 경우에 따라서는 교사 외의 인물들도 참여할 수 있기 때문이다.

이제 교과 융합 교육을 학습자를 중심으로 접근해 보면 우선 교과 융합 교육이 기존의 분과 교과의 학습과는 다른 어떤 경험을 학습자에게 주는지 따져 볼 필요가 있다. 이 경우 기존의 교과가 주는 경험의 한계, 또는 장차 장기간에 걸쳐 사회적으로 요구될 것으로 예상되는 새로운 학습 경험이 교과 융합 교육이 담당할 경험을 설정하는 데 참고가 될 것이다.

교과 학습의 경험이 지식, 능력, 태도 등으로 구성된다고 본다면, 교과 융합 교육에서 학습하게 되는 지식, 능력, 태도는 기존의 분과 교과의 그것들과는 변별점이 있어야 한다. 다시 말하면 교과 융합에서 얻는 경험이 지식의 범주에서는 단일 교과에서 획득하는 지식보다 더 고양된 '지적 즐거움'을 주어야 하며, 능력 범주에서는 단일 교과에서 획득한 능력보다 더 나은 실천 능력을 갖게 하거나, 그리고 태도 범주에서는 지식이나 현실의 문제를 보는 시각을 더 넓히거나 깊게 하는 것이어야 한다.

이러한 경험은 사실 교육과정 통합에서도 추구하는 것이라 할 수 있다. 그러나 교과 융합 교육은 목표 지향의 차원에서는 교육과정 통합과 비교하여 두 가지 점에서 변별점을 보일 수 있다고 본다. 하나는 학습자 내부에서 교과별 학습 경험들의 결합을 보다 강하게 추구하고, 다른 하나는 이를 바탕으로 문제 해결 능력, 특히 창의력을 기르는 것을 지향한다는 점이다.

교과 융합 교육에서 '융합'이 영어 'convergence'의 번역어로 쓰임을 주목해 보자. 'convergence'는 한 점(點)으로의 집중이나 집합의 의미를 갖고 있다. 예컨대 기술에서의 'convergence'로 기존의 통신 기능, 검색 기능, 촬영·녹음 기능 등등이 스마트폰으로 수렴된 것을 들 수 있다. 그렇다면 한 명의 학습자에게 여러 교과의 경험들의 'convergence'는 무엇인가를 생각할 수 있다. 다시 말해 'convergence'의 관점에서 볼 때 한 학습자의 여러 교과 학습은 개별 교과 학습의 경험을 학습자 내부에 분산적 배치를 하는 것 이상의 무엇을 기대할 수 있어야 한다. 스마트폰에 수렴된 여러 기능들을 다양하게 결합하여 이용할 수 있는 것과 같이 학습자가 여러 교과의 경험들을 필요에 따라 다양하게 결합하여 이용할 수 있는 시스템의 구축을 기대할 수 있어야 한다. 즉 교과별 학습 경험들의 유기적 결합이 요청되는 것이다. 물론 교육과정 통합에서도 교과별 분절 학습을 비판하고 있으므로 학습 경험의 유기적 결합을 추구하고 있으나 교과 융합은 지식의 결합만이 아니라 지적 탐구 대상인 문제, 또는 세계 자체가 고립된 존재가 아니라 복합적으로 얽혀 있거나 융합된 존재 자체임을 인식해야 함을 강조한다는 데서 변별점을 찾을 수 있다.

다시 '융합'이 영어 'convergence'의 번역어로 쓰임을 주목해 보자. 한국어의 '융합(融合)'은, 표준국어대사전에 의하면, '다른 종류의 것이 녹아서 서로 구별이 없게 하나로 합하여지거나 그렇게 만듦'의 의미를 갖고 있다. 'convergence'가 '수렴(收斂)'의 성격을 갖는다면 '융합'은 화학적 결합의 성격을 갖고 있으므로 'convergence'의 번역어로 '융합'을 사용할 경우 수렴과 함께 화학적 결합을 통한 제3의 산물 창출이라는 의미를 함께 갖게 된다. 이 점에서 'convergence'보다 '융합'이 언어 직관으로는 적극적이고 창의적인 이미지를 연상케 한다.[20] 융합의

20 이질적인 것들을 한 점에 결합하여 서로 녹아들게 하여 새로운 성질의 무엇으로 변화하

결과로서 제3의 산물을 창출하는 것은 융합 과제가 시작된 과학·기술 쪽에서는 궁극적 목표이겠으나 초·중등교육에서는 그것이 절실한 과제가 아니므로 그러한 산물을 낼 수 있는 능력과 태도, 즉 창의력과 창의적 관점을 융합 교육의 결과물로 설정할 수 있다. 물론 교육과정 통합에서도 여러 능력들과 함께 문제 해결 능력, 곧 창의력을 강조하고 있으나 교과 융합 교육은 융합이 창의력을 기르는 좋은 방법임을 특히 강조하는 것에서 변별점을 찾을 수 있다.

이상이 교육과정 통합과 변별되는 점이라고 한다면 교과 융합 교육은 '학습자가 여러 교과의 학습 경험들을 유기적으로 조직하여 하나의 교과만으로는 알기 어려운 대상의 전체상을 인식할 수 있는 안목을 기르고, 아울러 하나의 교과 학습 경험만으로는 해결하기 어려운 복합적 과제를 해결할 수 있는 창의력을 기르는 교육'으로 잠정적으로 정의할 수 있겠다. 물론 이러한 정의는 '융합'을 방법으로 보는 관점과 '융합'을 결과로 보는 관점을 종합하고, 기존의 교육과정 통합과의 변별을 추구하는 방향에서 계속 수정·보완되고 정제되어야 할 것이다.

2) 교과 융합 교육의 목표

(1) 목표 설정의 전제

교과 융합 교육의 목표를 설정하기 위해서는 몇 가지 전제가 필요하다.

우선 '교육과정 통합'이 '통합 교육과정'과 혼용되듯이 '교과 융합

·········
게 하는 경우, 이는 창의적 산물을 추구하는 산업계와 경제계의 욕구에 부합하는 것이 된다. 이 점에서 '융합'이 호소력 있는 용어가 된다.

교육'도 '융합교과 교육'으로 혼용될 소지도 있다. '교과'를 어떻게 정의하느냐에 달린 문제이긴 하나, 기존의 교과와 같은 교과로서 '융합교과'를 만드는 것이 목표가 될 수 없음은 교과 융합 교육의 정의를 내리는 과정에서 설명하였다. 이 점에서 '융합교과 교육'이란 용어는 적절하지 않다고 하겠다.[21]

다음으로 교과 융합 교육은 기존의 교과 교육을 대체하는 것이 될 수 없다. 기존의 교과 교육이 존재해야 교과의 융합이 가능하다는 점에서도 그렇지만 오랜 학문의 역사에서 그 가치를 인정받아 온 분과 학문들을 대체할 교과를 융합을 통해 만드는 일이 손쉬운 일이 아니다. 기존의 교과들이 인간의 삶과 사회, 그리고 자연을 이해하고 설명하는 기본 원리의 학습에서 그 역할을 상당한 정도로 잘 감당하고 있다는 점에서도 그렇다. 오히려 교과 융합 교육은 기존의 교과 교육을 대체하는 것이 아니라 그것을 제대로 실천하는 데 기여할 수 있다. 다른 교과와의 관계를 통해서 개별 교과의 실체를 더 잘 파악할 수 있기 때문이다.

그리고 교과 융합 교육은 구체적 산물 생산보다는 융합 경험에 중점을 두어야 한다. 산업계에서의 기술 융합은 새로운 상품이나 제품을 개발하기 위한 것이고, 학계에서의 학문 융합은 미지의 세계를 탐구하는 새로운 학문 영역을 개척하는 현실적 목적이 있지만 초·중등교육에서의 융합은 새로운 학습 경험으로서의 융합이 되어야 하며, 궁극적으로는 학습자의 발달을 추구하는 것이어야 한다. 물론 실제 교과 융합 교육의 실천에서는 무엇을 만들거나 어떤 현실적 과제를 해결하는 것이 목표가 될 수 있으나, 그것은 과정상의 목표여야 하며 궁극적으로는 융

....

21 융합 교육의 사례로서 주제별 융합교과를 만들 수는 있으나 그것이 탐구 대상의 범주화에 따른 현행 교과들과 같은 안정성을 가질 수 있을 지는 의문이다.

합 학습 경험으로 정립되어야 한다.

(2) 인식 대상 지향의 교과 융합

교과 융합 교육은 교과의 융합이 세계에 대한 학습자의 총체적 인식 및 대응 능력을 기르는 데 기여할 것이라는 가정에서 출발한다. 각 교과는 학문의 분과(分科)에 근거해 있는데, 이 학문의 분과는 인간, 사회, 자연을 연구 대상 영역에 따라 나눈 것에 근거하고 있다. 인간, 사회, 자연은 본래 서로 분리되어 있지 않은데, 학문의 분과와 학교의 각 교과는 세계의 서로 다른 분야를 서로 다른 방법으로 연구하고 설명하고자 한다. 따라서 학습자가 세계를 총체적으로 이해하거나 인식하기 위해서는 분과별 교육 체제의 한계를 넘어서야 하며, 그 방법은 교과 융합에 있다고 보는 것이다.

그런데 학습자가 인간, 사회, 자연이 본래 서로 분리되어 있지 아니함을 아는 것은 최소한 두 층위의 의미를 함축한다. 앎의 대상인 인간, 사회, 자연이 본래 밀접하게 상호 연관되어 있음을 아는 층위와 인간, 사회, 자연에 대한 각 교과들의 지식들이 서로 연결될 수 있음을 아는 층위가 그것이다. 예컨대 옷이라는 대상을 인식할 때, 그것이 자연환경, 신체 활동, 미적 판단, 사회 풍조, 의류 산업 등등이 융합되어 산출된 존재임을 인식하는 것과 이 옷에 대한 인식에서 지리 지식, 보건 지식, 예술 지식, 경제 지식, 사회 지식이 연결될 수 있음을 아는 것이 그것이다.

우리는 어느 날의 외출복을 결정할 때, 그 날의 일기 상태, 가야 할 곳의 성격, 자신의 그 날의 취향 등등을 고려한다. 이러한 고려 끝에 내려진 외출복 선택은 종합적 판단의 산물이다. 이러한 판단은 매우 자연스럽게 이루어진다. 그러나 새로운 의상을 개발해야 하는 과제가 주어졌을 때, 기후 조건, 의상의 유행 흐름, 직물 생산 조건, 구매자들의 구매 능력, 기능과 미를 조화시키는 디자인 등등에 관한 지식과 정보들을 필요에 따라 상호 연결해야 하며, 이 연결은 매우 의식적인 행위이다.

교과 융합 교육은 이 의식적 행위가 잘 실천되도록 하는 데 기여할 수 있다고 본다. 즉 교과 융합 교육은 모든 사물(事物)은 한 교과만이 아니라 다른 교과의 지식으로도 인식할 수 있으며, 한 사물의 인식에서 여러 교과의 지식이 결합될 수 있으며, 이 결합을 통한 인식이 사물을 보다 입체적으로 볼 수 있음을 경험하게 하여 그 결과 학습자들이 사물(事物)들이 고립적 존재가 아니라 관계적 존재, 또는 그 자체가 융합의 산물임을 인식하게 하는 것을 지향하는 것이다.

(3) 학습자 주체 지향의 교과 융합

교과 융합 교육은 각 교과들의 교수·학습이 개별적으로 이루어지면 그 각각의 학습 경험이 학습자 내부에서 유기적으로 연결되거나 상호 상승하는 효과를 거두지 못한다는 비판에서 출발한다. 그렇다면 학습자의 내부에서 여러 교과의 학습 경험들이 유기적으로 연결된 상태는 어떤 역할을 하는 것인가?

포가티(Fogarty)는 교육과정 통합에서 형성되는 학습자의 나선형 발달에서 지식의 폭과 깊이가 확대·심화되면서 교과 사이의 공통된 기능, 주제, 개념, 화제 등에 대한 학습 경험은 누적된다고 보았다.[22] 이를 받아들일 때, 지식의 폭의 확대는 단순히 여러 교과의 지식을 병렬적으로 갖춘다는 뜻은 아니라고 할 수 있으며, 또한 지식의 심화는 특정 교과 지식의 전문화만을 뜻하는 것은 아니라고 할 수 있다. 여기에는 한

....

22   로빈 포가티, 구자억·구원회 역, 『교사를 위한 교육과정 통합의 방법』, 원미사, 1998, 3-4쪽.

교과의 학습 경험이 다른 교과의 학습 경험에도 영향을 미치는 과정이 형성될 수 있으며, 이러한 경험의 순환적 전이 과정에서 교과 지식들 사이에 연결 고리가 형성될 수 있다.

교과 융합 교육은 교과 지식들의 이러한 유기적 연계를 통해 학습자가 대상을 인식하는 안목(眼目)을 새롭게 형성하는 것을 목표로 한다. 각 개별 교과의 지식이 학습자로 하여금 그 교과의 전문 탐구 영역에 대한 교과별 특성을 지닌 안목을 갖게 한다면, 교과 융합을 통해 재구성된 지식 체계는 각 교과의 안목을 포괄하는 새로운 차원의 안목을 구성할 수 있다.

앞에서 말했듯이 지식의 유기적 연결이 인식 대상으로 나아갈 때에는 사물 자체가 관계적 존재이며, 또는 융합의 산물임을 알게 하는 것이며, 반대로 인식 주체인 학습자의 내면으로 향하면 사물을 보는 새로운 안목을 형성하게 한다고 보는 것인데, 이때 형성되는 새로운 안목은 잠정적으로 혜안(慧眼)이라 할 수 있다. 새로운 안목, 또는 혜안이라는 표현을 쓰는 이유는 교과 융합 교육이 추구하는 교과 지식들의 유기적 연결을 지식의 통일, 또는 지식의 통섭 등으로 비약 해석할 우려가 있기 때문이다. 이는 초·중등학생은 지적 발달 과정에 있으므로 그러한 지적 단계에 나아가지 못한다는 주장이 아니다. 여러 지식을 통일할 수 있는지 없는지는 그것 자체가 지적 탐구의 과제이다. 지식들의 유기적 연결이 지식의 통일이든 아니든 관계없이 그것이 학습자의 무엇을 발달시키느냐가 관심인 것이다.

지식의 융합이 기존의 분과 지식들을 대체하는 것이 아니라 분과 지식들을 기반으로 새로운 지식의 영역을 개척하는 것이며, 지식들의 상호 소통과 결합이 가능함을 보여주는 것이라면, 이 소통과 결합의 경험에서 형성되는 안목 자체가 교육적으로 중요한 것이다. 다시 말하면 대상을 인식하는 교과별 안목 사이의 소통과 이 소통으로 형성되는 일종의 입체적 안목이 궁극적으로 중요한 가치를 지니는 것이다.

아울러 교과 융합 교육에서 교과별 지식의 유기적 연결을 넘어서 교과별 경험 전체의 유기적 연결은 학습자의 전인적(全人的)인 인격을 형성하고 도야할 수 있다고 본다. 이는 교육과정 통합이 추구한 바와 같은 목표라 할 수 있으며, 또한 교육의 본래 목적에 속하는 것이기도 하다.

(4) 교수 · 학습 방법으로서의 융합과 창의력 신장

앞의 장에서 교과 융합 교육의 등장 배경을 검토하면서 융합이 산업계에서의 과학 · 기술 융합에서 비롯되었으며, 그것은 경쟁력 있는 상품을 만들어내는 창의의 방편으로 설정된 것임을 보았다. 또 앞의 절에서 교과 융합 교육의 개념을 정의하면서 수렴과 집합의 의미를 가진 'convergence'를 '융합(融合)'으로 번역하면서 새로운 산물(産物)의 창출(創出)이라는 언어 직관적 이미지를 갖게 되었음을 살폈다.

초 · 중등교육에서 이러한 배경과 이미지를 가진 '융합' 교육이 큰 저항 없이 수용되고 있는 것은 교육이 지식의 전수 차원을 넘어서 미래 세계를 개척해 나갈 학습자의 문제 해결 능력 신장에 중점을 두어야 한다는 관점과 상통하기 때문이다. 지식의 학습을 넘어선 문제 해결 능력이 무엇인가는 교육을 보는 관점에 따라 다르게 정의될 수 있겠지만 여기에는 일반적으로 현상을 비판적으로 인식하는 능력과 파악된 문제를 창의적으로 접근하는 능력이 포함된다고 할 수 있다.

창의가 서로 무관해 보이는 것들의 연결에서 온다는 널리 주장되는 견해를 수용하면 여러 교과들의 지식과 학습 경험을 결합하는 것은 그 자체가 창의적이라 할 수 있다. 특히 복합적인 문제들로 구성된 어떤 과제를 여러 교과의 지식과 학습 경험을 유기적으로 활용하여 해결하는 것은 그 자체가 창의적인 문제 해결인 것이다.[23] 이러한 관점에서 교과 융합 교육에서 '융합'은 교수·학습 방법이자 학습자의 창의력을 신장하는 기본 틀이라 할 수 있다.

앞의 장에서 교육과정 통합과 교과 융합 교육의 변별 문제에 대해 언급했는데, '통합'이라는 그 실천 방법에서의 유사성에도 불구하고 그 목적에서의 변별은 '융합'을 '창의를 위한 통합'의 의미로 설정한 데에 있다고 볼 수 있다. 교육과정 통합에서 통합은 거시적으로 보면 학교와 사회의 통합에 강조점을 두었다면 교과 융합 교육에서의 통합은 창의에 강조점을 두고 있는 것이다.

3) 교과 융합 교육의 실천 방안

교과 융합 교육의 실천은 다양할 수 있으며, 이 실천 방법에서도 교사와 학습자의 창의가 요청될 수 있다.

'교과 융합'을 주목해 보면 융합의 대상이 교과이므로 교과들의 결합 방식이 실천의 중심이 되리라고 예측할 수 있는데, 결합의 목적, 결합의 정도나 수준, 결합에서의 개별 교과의 위상 등등에 따라 다양한 방식이 도출될 수 있다.

예컨대 결합의 목적이, 즉 융합 교육의 목적이 현행 분과 교과 체제가 상호 단절되어 있음을 극복하고 교과 지식들의 전체상을 형성하기 위한 것이라면 결합의 수준은 교과 사이의 연결이나 소통 차원에서 이루어지고, 결합에서 각 교과는 대등한 위상을 가질 것이다. 또 결합의

---

23 융합에 여러 수준이 있는 것처럼 창의에도 여러 수준이 있다. 학교 교육에서는 낮은 수준의 융합, 자그마한 창의도 교육적 가치를 지니므로 융합과 창의의 수준을 따질 필요는 없다.

목적이 복합적인 문제를 가진 실제 과제를 해결하기 위한 것이라면 관련 교과들을 그 관련 정도에 따라 결합하게 될 것이고, 교과의 위상도 그 정도에 따라 달라질 것이다.

이처럼 어떤 목적으로, 또는 어느 정도로 결합하느냐에 따라 여러 유형이 나올 수 있는데, 현재로는 교과 융합 교육의 독자적인 유형이 제안되고 있지는 않으며, 기존의 교육과정 통합에서 추구된 유형들이 교과 융합 교육에도 원용되고 있다.[24] 교과 융합은 기존의 교과들을 특정한 교육 목적을 달성하기 위해 조직하거나 활용하는 것이기 때문에 이 조직과 활용의 기본 성격에서는 교육과정 통합과 다를 바 없기 때문이다.

교과 융합 교육에서 원용하는 '교육과정 통합'의 유형과 그 실제 구현 방식은 다양하다. 여기서는 편의상 인그램(Ingram), 포가티(Fogarty), 그리고 드레이크(Drake)가 정리한 유형들을 제시하기로 한다.

인그램은 통합의 대상과 주체를 중심으로 하여 구조적 유형과 기능적 유형으로 크게 나눈다. 구조적 유형은 교사가 주체가 되어 지식의 구조를 통합하여 학습자에게 제시하는 것을 말하며, 기능적 유형은 학습자의 통합 능력을 개발하기 위해 학습 경험을 조직하는 방법으로 학습자가 주체가 되는 통합이다. 구조적 유형에는 합산적 통합, 기여적 통합, 융합적 통합, 종합적 통합(직선적 통합, 순환적 통합, 방법론적 통합, 총체적 통합)을 들고 있고, 기능적 유형에는 통합의 요인을 학습자의 심리에서 찾는 내재적 접근으로서 필요와 흥미에 의한 통합, 활동에 의한 통합, 탐구에 의한 통합, 경험에 의한 통합 등을 들고, 통합의 요인을 사회

....

24   앞에서 언급한 'STEAM'은 융합에 참여하는 학문 분야, 또는 교과목들의 종류에서 온 이름이지 융합의 방식을 나타내는 것은 아니다. 'STEAM'의 실제 실현 방식도 대부분 교육과정 통합의 방식을 원용하고 있다. 이러한 양상은 신재한, 앞의 책, 2013, 9-23쪽 참조.

에서 찾는 외재적 접근으로는 문제 중심 접근과 목적론적 접근을 들고 있다.[25]

포가티는 교육과정 통합이 3차원 구조를 통과하는 나선형으로 이루어진다고 보고 있다. 즉 수직적으로는 유치원 단계에서 고등학교 3학년까지 학습 경험이 지속되는 시간의 축을 중심으로 나아가는 과정에서 수평적으로는 각 교과 학습의 폭과 깊이가 확장되고 심화되면서 각 교과들의 상이한 주제들에 대한 접근과 탐색 경험이 누적되는데, 이러한 과정에서 교과들 사이의 개념, 기능, 주제, 소재 등의 유사성에 기반을 둔 통합이 이루어진다고 보았다. 포가티는 교육과정 통합의 방법을 크게 세 가지, 즉 단일 교과 내에서의 통합, 여러 교과 간에 걸친 통합, 학습자들 간의 통합의 등으로 범주화하고 구체적으로 10가지 모형을 제시하였다. 즉 교과 내 통합으로는 단절형, 연관형, 동심원형을, 여러 교과 간에 걸친 통합으로는 계열형, 공유형, 거미줄형, 실로 꿰어진 모형, 통합형을, 학습자들 간의 통합으로는 몰입형, 네크워크형을 들고 있다.[26]

한편[27] 드레이크는 '다(多)교과 통합(Multidisciplinary Integration)', '교과간(間) 통합(Interdisciplinary Integration)', 그리고 '초(超)교과 통합(Transdisciplinary Integration)'[28]을 제시하고 있다.[29]

....

25 각 유형의 상세한 내용에 대해서는 제임스 인그램, 배진수·이영만 역, 앞의 책, 1995, 49-69쪽.

26 구체적인 설명은 로빈 포가티, 구자억·구원회 역, 앞의 책, 1998 참조.

27 이하의 일부는 김종철, 앞의 글, 2016, 29-31쪽을 활용한 것이다.

28 'Multidisciplinary Integration'이 '다학문적 통합', 'Interdisciplinary Integration'이 '간학문적 통합', 그리고 'Transdisciplinary Integration'이 '초(超)학문적 통합'(또는 '탈(脫)학문적 통합')으로 번역된 바 있는데, '교육과정 통합'이 초·중등과정의 교과들의 통합인 경우 영어 'discipline'은 '학문'보다는 '교과'로 번역하는 것이 타당하다고 본다.

29 이하의 다교과 통합, 교과간 통합 및 초교과 통합에 대한 개괄은 S. M. Drake & R. C.

'다교과 통합'에는 상위 교과에 속하는 하위 교과들의 통합(Intra-disciplinary Integration), 개별 교과 속에 특정한 교육 과제(예컨대 환경 문제)를 포함하는 것(Fusion),[30] 하나의 주제를 여러 교과에 걸쳐 학습하는 교과 병렬(Parallel Disciplines), 소그룹의 학생들을 대상으로 하나의 주제에 여러 교과 교사들이 연합하여 교수·학습을 하는 주제 기반 교육 단위(Theme-Based Units) 등이 있다.

'다교과 통합'이 개별 교과 기반 학습을 강하게 유지하는 것에 비해 '교과간 통합'은 여러 교과가 공통의 주제 또는 쟁점 탐구에 함께 참여하되 참여하는 교과들에 공통적으로 적용되는 개념과 기능(예컨대 리터러시, 사고력, 수리능력, 탐구 기법 등)이 강조되는 것이다. 이 통합은 여러 교과를 가로지르는 상위의 개념이나 과제에 대한 이해력과 구체적 사례에의 적용 능력, 그리고 분석·종합·평가와 같은 고차적 사고능력과 탐구 능력을 기르는 것을 목적으로 한다.

'다교과 통합'과 '교과간 통합'이 개별 교과들의 조직에 기반을 두고 있다면 '초교과 통합'은 교과에 기반을 두지 않는다. 이 통합은 학습자들이 실제 현실에서 흥미롭게 여기는 주제(현실적 쟁점이나 과제)를 선정하고, 학습자들이 협동하여 주제에 접근하되 주제 자체에서 도출된 하위의 학습 과제들을 실제로 해결하는 활동을 중심으로 하며, 이 활동에 필요한 지식과 정보와 방법은 학교의 교과나 학교 밖의 여러 원천

....

Burns, *Meeting Standards Through Integrated Curriculm*, ASCD, 2004, 8-15쪽; 수잔 드레이크 편, 박영무 외 역, 『교육과정 통합의 기초』, 교육과학사, 2009, 제3·4·5장; 수잔 드레이크 편, 유제순·장인한 역, 『통합 교육과정 개발과 평가의 기초』, 교육과학사, 2013, 제2장 등을 참조한 것이다.

30 '다교과 통합'의 초보적인 형태인 'Fusion'이 '융합'으로 번역되고 있는데, 이는 범교과적 교육 내용을 개별 교과에 넣어 교육하는 유형이어서 '융합'이라기보다는 '포함'으로 번역해야 적절하지 않을까 한다.

에서 구하는 것이다. 이 통합에 해당하는 것으로는 프로젝트 기반 학습[문제 중심 학습]과 이야기[내러티브]를 통합의 틀로 활용하는 것이 있다. 이 통합의 특징은 교육과정을 학습자들이 교사와 협의하여 구성한다는 것이다.

초교과 통합이야말로 진정한 교육과정 통합이라고 보는 쪽에서는 다교과 통합과 교과간 통합을 교육과정 통합으로 인정하지 않는다. 빈(Beane)에 의하면 다교과 통합과 교과간 통합은 서로 분리된 개별 교과의 학습이 여전히 주이고 공통의 주제는 부차적이 되고 만다는 것이다.[31] 빈이 생각하는 진정한 교육과정 통합은 학생과 교사가 공동으로 교육과정을 계획하며, 주제는 학습활동을 조직하는 기준이며, 학습은 민주적인 교실에서 일어나며, 더 이상 교육과정을 교과로 규정할 수 없으며, 사회적으로나 개인적으로나 의미 있는 것이 학습의 중심이 되는 것이다.[32] 빈의 이러한 견해에서 주목할 것은 학교를 학습자가 민주주의 사회에 살 수 있도록 준비시킬 책임을 지는 곳으로 보는 것이다. 즉 교육과정 통합에서 학생들은 다양한 의견들을 고려하면서 문제를 협의해서 해결하는 방법을 배우는데, 학생들은 문제를 더 잘 파악하고 책임 있는 행동을 하기 위해 여러 가지 정보를 찾고 평가해서 종합하고 활용하면서 학교를 넘어서 지역, 국가 공동체에 대해 바람직한 방향으로 중요한 결정들을 할 수 있는 민주주의를 실제로 경험하게 된다는 것이다.[33]

빈이 제기한 바와 같은 교육과정 통합의 유형들에 대한 가치 판단의 차이는 교과 융합 교육과 관련하여 새겨 볼 필요가 있다. 분과 교육

....

31 이에 대해서는 J. A. Beane, *Curriculum Integration*, Columbia Univ., 1997, 9-13쪽 참조.
32 거트 네신·존 론스베리, 정광순 역, 앞의 책, 2007, 10-16쪽.
33 위의 책, 23쪽.

체제의 한계를 극복하고 학습자의 내적인 동기에서 출발하여 실제 과제를 해결하는 과정에서 여러 교과를 횡단할 뿐만 아니라 교과 외의 경험을 하면서 여러 학습 경험을 통합한다는 점에서는 빈의 견해가 타당할 수 있다. 이것은 학습자가 교육과정 통합을 통해 경험의 통합을 이루고, 나아가 과제를 해결할 때 여러 지식을 활용하는 방법을 알게 되고, 또한 대상을 인식하는 입체적인 안목을 갖게 된다는 점에서 그렇다. 뿐만 아니라 교사와 학습자가 협의하여 교육과정을 운영하는 민주적인 절차는 학습자의 창의력을 계발할 수 있는 좋은 토양이라는 점에서도 그렇다.

그러나 교과 융합 교육에서 실제 학습자의 발달 과정상의 특성을 고려할 필요가 있다는 점, 학습의 주요 부분을 차지하는 대상 자체에 대한 인식, 즉 대상 자체가 복합적 존재임을 인식하는 것이 여러 교과의 지식들의 재구조화에 의한다는 점에서는 다교과 통합이나 교과간 통합도 중요하다. 따라서 여러 가지 교육과정 통합의 유형들 중에서 어떤 것이 더 효과적이거나 우월하다는 점을 인정하지 않고 각각의 유형들이 그 활용되는 맥락에 따라서 다른 유형들보다 더 적절할 수 있다는 드레이크의 주장[34]을 경청할 필요가 있다.

이상에서 본 교육과정 통합의 유형들은 교과 쪽에 중심을 두느냐, 학습자의 경험을 중시하느냐에 따라 달라질 수 있는데, 인그램이 포괄적인 틀을 제시하였다면 포가티와 드레이크는 상대적으로 교과 쪽에 중점을 두고 있다고 할 수 있다. 교육과정 통합의 실체를 내용의 차원에서 드러내고, 교사의 관점에서 접근하기 용이한 것은 교과에 중심을 두는 것이라 할 수 있겠다.

....

34   수잔 드레이크 편, 박영무 외 역, 앞의 책, 2009, 35쪽.

특히 드레이크가 제시한 세 유형은 오늘날 논의되고 있는 창의적 과제 해결을 위한 학제적 연구 또는 융합 연구의 실천 방법과 동일함을 알 수 있다. 융합 연구 역시 대체로 다학문적(multidisciplinary) 연구, 학제간(interdisciplinary) 연구, 그리고 초학제적(transdisciplinary) 연구로 전개되고 있다.[35] 이는 융합이 어떤 목적을 위해 복수의 지식들을 결합하거나 활용한다는 점에서 필연적으로 도출되는 유형들이라 하겠고, 지식이나 학문, 또는 교과를 중심에 놓고 보면 보편성을 갖는 유형이라 할 수 있다.

교과의 통합, 또는 융합을 유형화할 수 있다 해서 실제로 실천하는 과정에서 이루어지는 것들을 엄밀히 유형별로 구획할 필요는 없다. 통합이나 융합의 정도나 수준에 따라 유형들을 넘나들 수 있으며, 유형들의 혼합도 가능하기 때문이다.

물론 교과의 결합 유형만이 교과 융합 교육의 실천을 구성하는 것은 아니다. 교사들의 참여 방식, 교사 외의 전문가나 관련 인물의 참여 여부, 교수·학습 공간으로서 학교 바깥의 사회의 활용 여부 등등도 주요한 요인들이다. 나아가 융합 교육을 위해 교과 시간을 어떻게 편성할 것인가, 교과 시간 외의 활동을 어떻게 활용할 것인가 등의 단위 학교의 교과 운영 정책, 국가 교육과정을 어떻게 편성할 것인가, 융합 교육을 담당할 수 있는 교사의 양성이나 재교육을 어떻게 할 것인가 등등의 국가 차원의 교육 정책과 지원 등도 포함된다.

....

35 홍성욱, 「융합의 현재에서 미래를 진단한다」, 홍성욱 편, 『융합이란 무엇인가』, 사이언스북스, 2012, 12-13쪽; 박상욱, 「융합은 얼마나」, 홍성욱 편, 『융합이란 무엇인가』, 사이언스북스, 2012, 23-26쪽.

4. 언어의 특성과 언어 중심의 교과 융합 교육*

1) 교과 융합의 매개체로서의 언어의 특성

이상적으로는 융합은 융합의 대상이 되는 교과들이 대등한 지분을 가지고 참여하는 것이 적절할 것이다. 융합의 대상이 되는 교과들 각각이 전체 교육의 틀 안에서 일정 부분의 역할을 담당해 왔음을 고려하면 특정 교과의 일방적인 배제는 교육 전체로 보아도 손실이 아닐 수 없다. 또한 박인기(2006)에서 언급한 것처럼 융합 혹은 통합은 대상 간의 상호성을 가져야 하는데, 상호성은 타자와의 교섭을 통해 자기 정체성을 발전시켜 나가야 하며 이것이 다시 나의 연속적인 세계 전체에 영향을 미쳐야 한다.[36] 예를 들어 국어과가 융합 대상의 하나가 된다면 국어과의 정체성을 발전시키는 것이 되어야 하며, 이런 발전이 융합된 전체에 영향을 미쳐야 한다. 따라서 융합은 융합의 대상이 되는 과목들이 서로 교섭하고 각자의 정체성을 더 발전시키는 방향으로 나아가려면 특정 교과 중심의 융합은 바람직하다고 보기 어렵다.

그럼에도 불구하고 융합의 대상이 되는 교과가 대등한 지분으로 융합한다는 것은 현실적으로는 쉽지 않다. 만일 대등하게 두 교과가 융합에 참여할 경우 두 교과의 융합 과정에서는 혼성 내지 다성적인 상태가 지속된다.[37] 이를 극복하기 위해서는 교과가 아니라 학습자가 알아야

---

* 이 절은 구본관, 「문법과 문학 영역의 통합」, 『국어교육』 148, 한국어교육학회, 2015; 구본관, 「언어 중심 교과 통합의 가능성 탐색」, 『국어국문학』 176, 국어국문학회, 2016의 논의를 참조하여 이 책의 취지에 맞게 기술하였다.

36 박인기, 「국어교육과 타 교과 교육의 상호성」, 『국어교육』 120, 한국어교육학회, 2006, 353-383쪽.

37 김종철, 「융합 교육을 위한 교과교육의 소통과 창의성」, 『한중인문연구』 47, 한중인문학

하는 교육의 내용이 중심이 되어야 할 것이다. 교육학자 듀이(Dewey)의 말처럼 "우리가 가르쳐야 하는 것은 특정 교과가 아니라 학생"이어야 한다. 이렇게 보면 국어과 중심, 수학과 중심, 미술과 중심의 융합이 아니라 언어 중심, 수 중심, 회화 중심의 융합이 바람직할 것이다. 그리하여 우리 책에서는 국어 중심 교과 융합이 아니라 언어 중심 교과 융합을 논의하게 된다.[38]

융합의 중심이 되는 매개체는 융합을 가능하게 하는 특성을 가지고 있어야 한다. 이제 우리의 논의에서 융합의 매개로 삼은 언어의 특성에 대해 살펴보기로 하자.

주지하듯이 언어는 인간의 의사소통 수단의 하나로서 비교적 정교하고 편리한 도구이다. 흔히 꿀벌의 언어, 돌고래의 언어처럼 동물도 언어를 가지고 있다고 언급되지만 동물의 언어와 달리 인간의 언어는 제한된 재료를 가지고 무수히 많은 문장을 만들어 내는 창조성을 가진다는 점에서 동물의 언어와는 본질적으로 다르다.

언어는 인간의 신체를 이용하여 의사소통을 하기에 최적화되어 있다. 인간은 언어의 재료로서의 어휘나 규칙을 학습할 인지 능력을 가지고 있으며 음성을 만들어 낼 조음 기관을 잘 갖추고 있기도 하다. 더욱이 말하기와 듣기의 구어를 보완할 문자를 발명하여 쓰고 읽는 활동이 가능하게 되어 인간의 언어는 공간적, 시간적인 한계를 극복하고 있기도 하다.

인간의 의사소통의 수단으로서의 언어는 단순한 의사소통의 수단에 그치지 않고 인간 사고를 가능하게 하는 원천이 되기도 한다. 인간은

....

회, 2015, 49-83쪽.

38 이 책에서 주로 언어 중심 교과 융합을 논의하지만, 제2부에서는 실제 교육 현상을 고려하여 국어 과목을 중심으로 하여 타 교과와의 융합이 논의되기도 한다.

언어로 사고하고, 그 사고를 다시 언어로 표현한다. "언어는 인지와 동일하다"는 인지언어학자인 래내커(Langacker)의 말처럼 언어와 사고는 매우 밀접한 관련을 가지고 있기도 하다. 인간은 태어나면서부터 언어 능력이 발달하며 이와 동시에 사고력도 발달하는 것이다.

이처럼 언어가 인간의 본질을 이룬다는 점에서 언어는 교육의 본질적인 내용이 될 수 있을 것이다. 따라서 분화된 교과의 융합에 언어가 매개가 될 여지는 충분하다. 이제 언어가 교과 융합의 근거가 될 수 있는 이유를 몇 가지로 정리해 보기로 하자.

- 언어가 교과 간 융합의 매개가 될 수 있는 근거

  언어는 대부분의 경우 교육의 가장 중요한 수단이 된다.

  언어는 그 자체로서 교육의 내용이 될 수 있는 가치를 가지고 있다.

  언어는 학습자의 사고나 인지와 직접 연결되어 있다.

첫째, 언어는 대부분의 경우 교육의 가장 중요한 수단이 된다. 학교 교육을 포함한 대부분의 교육은 언어로 이루어지므로 언어는 교과 융합의 중심이 될 수 있는 것이다. 예를 들어 수학 교육의 내용이 수를 중심으로 이루어져 있지만 실제 교육에서는 언어를 매개로 이루어진다. 또한 과학이나 사회, 예술 교육 역시 마찬가지로 많든 적든 언어를 필요로 한다. 과학 중심의 융합 교육인 STEM이나 STEAM에서도 언어를 매개로 다양한 영역을 융합하게 된다.

국어과에서 교수-학습되는 어휘 중에는 여러 학문 분야에 두루 나타나면서 사고 및 논리 전개에 도움이 되는 사고 도구어(academic vocabulary)도 포함된다. 사고 도구어는 언어를 통해 다양한 분야의 학문이나 교과에 접근하는 것이 가능함을 잘 보여 준다. 이 역시 언어가 교과 융합의 매개가 될 수 있음을 잘 보여 준다.

둘째, 언어 자체로도 교육의 내용이 될 가치를 가지고 있다. 사르트르(Sartre)는 언어를 '도구로서의 언어'와 '대상으로서의 언어'로 구분한다. 언어의 본질은 의사소통에 있지만 이는 수단으로서의 언어이고, 그 수단이 희미해지는 시(詩)와 같은 상황에서는 언어는 대상으로서의 육체성을 회복한다는 것이다.[39] 교과 융합의 매체로서의 언어가 교육 내용이 될 수 있음은 물론이거니와 그 과정에서 언어 자체 역시 교육 내용이 될 수 있는 것이다.

셋째, 이미 언급한 것처럼 언어는 사용자인 인간의 사고나 인지와 직접 연결되어 있다. 인간은 수학적 사고뿐만 아니라 언어적 사고를 하는 존재이다. 수학적 사고가 정확성에 방점이 주어진다면 언어적 사고는 정확성뿐만 아니라 적절성과 타당성과도 관련이 있다. 즉, 언어는 사용자가 청자를 고려하면서 상황에 맞게 적절한 언어 표현을 사용하는 사고 작용인 것이다. 아울러 언어는 사회적인 의사소통의 수단이므로 차별적인 표현에 유의해야 하는 등 타당성을 가지는 사고 작용을 요구하고 있기도 하다. 교육이 인간의 인지나 사고 작용을 계발하는 것에 중점이 있다고 할 때 언어가 교육의 중요한 내용이 되어야 하고, 교과 간 융합의 중요한 매개가 되어야 함은 물론이다.

2) 언어 중심 교과 융합의 역사

이제 언어 중심의 교과 융합을 본격적으로 다루기 전에 간략하게나마 학문이나 교과목이 어떻게 분리되고 결합되어 왔는지에 대해 살펴

....

39 구본관, 앞의 글, 2015, 75-122쪽.

보기로 하자. 학문이나 교과의 분리와 융합을 다룸에 있어서 언어를 중심으로 논의할 것임은 물론이다.

주지하듯이 최초의 학문이나 교과는 미분화 상태에 있었다. 그리스나 로마 시대의 학문은 철학을 중심으로 인문학이나 사회 과학, 자연 과학 등이 미분화 상태에 있었다. 인간의 역사는 학문의 분리의 역사이기도 하며, 교육의 역사 역시 교과 분리의 역사이기도 하다. 모든 학문이 철학의 테두리에 있던 고대를 지나 중세 시대에 이르면 베이컨(Bacon)이 분류한 것처럼 철학으로 대표되는 이상(理想)과 관련되는 분야, 시학으로 대표되는 상상력과 관련되는 분야, 역사학으로 대표되는 기억과 관련되는 분야로 나누어지게 된다.[40] 근대의 산업화 시대에 이르러 기술의 발달은 학문이나 교과 영역의 분화를 가속화하여 수많은 영역으로의 분화를 만들었으며 인접 영역조차 이해하기 어려운 울타리를 만들어 갔다.

언어를 중심으로 두고 보아도 다양한 학문적인 분화가 이루어졌다. 주지하듯이 그림 문자를 거쳐 본격적인 문자의 발달은 미술로부터 언어를 분리하게 하였다. 또한 사람의 목소리로 이루어지던 음악은 음악적 형식과 악기 제조 기술의 발달로 인해 언어로부터 음악을 분리하게 만들었다. 언어 내부에서도 일상어와 시어의 분리를 통해 예술로서의 언어를 다루는 문학과 일상으로서의 언어를 다루는 언어학으로의 분리가 가속화되었다.

학문 영역이나 교과 영역의 분화에 기술이 미친 영향은 매우 중대한 것이었다. 기술의 발달이 학문이나 교과의 영역에 미친 영향을 언어와 관련되는 예를 중심으로 살펴보기로 하자.

....

40   위의 글.

서양 음악에서 인간의 언어인 목소리와 음악의 도구인 악기 소리의 분화를 촉진한 것은 이미 언급한 것처럼 악기 제조 기술과 관련이 깊다. 음악은 점차 인간의 목소리가 아닌 악기에 의존하면서 독자성을 강화해 나갔고 이를 통해 언어와 음악은 분리의 길을 걸었다. 그러다가 기술의 발달로 공연장의 시설이 개선되고 마이크가 발명되는 등 음향 시설에 대한 기술의 진보가 다시 인간의 목소리를 음악의 주요 내용으로 삼게 하여 언어와 음악이 융합하는 방향으로 나아가기도 하였다.

기술이 언어와 음악의 영역 분화에 미친 극적인 예는 샹송의 발달에서 발견할 수 있다. 샹송은 한 편의 드라마라는 말이 있듯이 샹송은 다른 어떤 음악 장르보다 언어로 된 가사를 중요시한다. 대부분의 샹송 가수는 음악 학교를 나오지 않지만 화법(diction)을 공부한다. 최근에는 반드시 그런 것은 아니지만 르네상스 이후에 이어진 음유 시인에 의한 샹송의 전통에서는 멜로디는 남의 것을 빌려도 되지만 가사는 자신이 직접 만들어야 했다.

샹송은 caveau와 같은 회원제 중심의 클럽, 음악가나 화가, 그리고 배우들이 청중과 함께 공연에 참여하는 대중적인 클럽인 cavaret, 식사와 함께 음악을 들려주는 cafe concert, 곡예와 춤, 그리고 서커스 공연이 포함된 쇼가 펼쳐진 music hall 등 공연 장소나 양식의 변화에 따라 언어적인 요소인 음악의 가사와, 미술, 무용 등 다른 영역과의 융합이나 분화의 양상이 달라졌다. 즉, 비교적 소규모의 공연장에서는 언어적인 요소인 가사의 전달이 더 중요한 지위를 가졌고, music hall과 같은 대규모의 공연장에서는 언어적인 요소인 가사보다는 무대 배경인 미술이나 춤과 같은 무용이 더 큰 비중을 차지했다.

마이크나 스피커의 발명은 대규모 공연장에서도 가사 중심의 융합을 가능하게 하였으며, 멜로디나 창법에 있어서도 기술의 진보에 맞는 변화를 가져오게 하였다. 축음기나 라디오의 발명은 직접 공연의 쇠퇴를 가져왔고 상송을 짧은 노래 안에 호소력이 짙은 언어 표현을 담아 대중에게 전달하는 예술로 발전하게 하였다. 텔레비전의 발명은 노래의 길이를 더 짧게 하였으며 춤과 함께하는 복합적인 엔터테인먼트로 발달하게 하였다. 지금은 흔히 광고를 15초의 예술로 부르는 것처럼 실제 음악을 포함한 예술 장르의 길이는 점차 짧아지고 있다. 인터넷을 비롯한 최근의 새로운 매체의 발달은 쌍방향 문화로 나아가면서 언어와 다른 예술 영역의 분리와 융합에서 새로운 양상을 보여 주고 있다.

상송이 아니라도 언어와 다른 영역의 융합은 기술 발달과 밀접한 관련을 맺으며 진행되고 있기도 하다. 인쇄술의 발달은 문자의 보급을 확산하여 우리나라의 경우에도 그런 것처럼 언어와 예술의 하나인 문학 작품의 결합을 촉진하였다. 최근의 휴대 전화의 발달은 이른바 인터넷 신조어를 양산하였고, 키치(Kitsch) 시(詩)와 같은 짧은 형식의 문학 장르를 탄생시키고 있기도 하다.

이처럼 시대의 변화에 따라 기술의 발전 등 여러 요인이 작용하면서 언어는 다른 영역과 분리되거나 융합되는 양상을 보여 왔다. 지금은 매체 언어로 대표되는 복합 양식 매체는 기술과 결합하며 다양한 융합의 양상을 보여 준다. 우리는 가까운 장래에 4차 산업 혁명에 따른 기계, 디지털, 인간이 융합되는 시대를 살아가게 될 것이다. 이런 시대에 언어는 기계와 디지털과 함께 새로운 융합의 양상을 보여 줄 것이다. 이런 시점에서 언어 중심의 융합을 논의하는 것은 매우 의미 있는 작업이 될 것으로 생각된다.

5. 언어 중심 교과 융합의 원리와 유형*

1) 언어 중심 교과 융합의 원리

언어 중심의 교과 융합의 원리를 논의하기 위해 먼저 교과 융합의 일반적인 원리에 대해 살펴보기로 하자. 앞에서 언급한 것처럼 박인기(2006)에서는 교과 융합의 원리로 특히 '상호성'을 강조한 바 있다.[41] 상호성이란 융합 대상의 단순한 합이 아니라 타자와의 교섭 속에서 자기 정체성을 발전시켜 나가는 것이며 그것이 다시 세계 전체에 영향을 미치는 것임도 이미 언급한 바와 같다. 이를 고려하면 국어과 중심의 타 교과 융합은 국어과가 가지는 정체성을 포기하는 것이 아니라 국어과의 정체성을 발전시켜 나가는 것이며 그를 통해 융합된 교과 전체에 영향을 미치는 것이어야 한다.

한편 구자현(2016)에서는 과학 교과와 음악 교과의 융합에 대해 논의하면서 두 과목 간의 소통성과 학습자에 대한 '소통성'을 강조한 바 있다. 즉, 과목 간의 소통성과 학습자의 소통성을 위해서는 과학의 언어인 수식(數式)을 최소화하여 일상의 언어로 대체하고, 학습자가 이해하기 쉬운 그림을 많이 사용하는 등의 '소통성'을 융합의 원리로 제시하였다.[42]

교과 융합의 원리에 대해 포괄적이며 본격적인 논의는 차윤경 외

....
* 이 절은 구본관, 앞의 글, 2016의 논의를 참조하여 이 책의 취지에 맞게 기술하였다.
41 박인기, 앞의 글, 2006.
42 구자현, 「음악과 과학 간의 소통–19세기 말 음악 음향학 교과서를 중심으로」, 『창의적 인재 육성을 위한 융합 교과 개발 연구팀(SSK) 강연회 자료집』, SSK 지원 연구단(창의적 인재 육성을 위한 융합 교과 개발연구팀), 2016, 1-11쪽.

(2016)이다.[43] 이 논의에서는 학교 교육에서의 융복합적 접근을 자율성(autonomy), 가교성(bridgeablity), 맥락성(contextuality), 다양성(diversity)의 ABCD 모델로 설명한다. 여기에서 자율성이란 학습자나 교사의 자율성을 말하고, 가교성이란 융합 대상이 되는 교육 내용과 형식의 유기적 연결을 말하고, 맥락성은 학습자를 둘러싼 실세계와의 연결을 말하고, 다양성이란 학습자의 특성으로서의 개별적인 특성과 다양성을 말한다.

구본관(2016)에서는 이런 논의를 참조하면서 특별히 언어 중심 교과 융합의 원리로 다음의 6가지를 제안하고 있다.[44]

- 언어 중심 교과 융합의 원리

  가. 학습자 중심성

  나. 학습자와 교사의 자율성

  다. 교육 내용의 위계성

  라. 교육의 형식과 내용들 간의 소통성

  마. 교육의 결과로서의 실제성

  바. 교육 환경의 맥락성

'가'와 '나'는 교육의 주체, '다'와 '라'는 교육의 형식과 내용, '마'는 교육의 결과, '바'는 교육을 둘러싼 환경과 관련되는 융합의 원리이다. 이제 이들 각각에 대해 간략하게 설명하기로 한다.

학습자 중심성이란 앞에서 언급한 것처럼 교육은 교과를 가르치는 것이 아니라 학생을 가르치는 것이라 할 때 융합은 학생을 중심으로 이

....

43   차윤경 외, 「융복합교육의 확장적 재개념화 가능성 탐색」, 『다문화교육연구』 9(1), 한국다문화교육학회, 2016, 153-183쪽.

44   구본관, 앞의 글, 2016, 299-340쪽.

루어져야 함을 말한다. 언어 중심의 교과 간 융합에서의 언어 사용은 당연히 학생을 중심에 두어야 하며 학생이 이해하기 쉬운 언어로 이루어져야 한다.

학습자와 교사의 자율성이란 융합 교육이 교수-학습 과정에서 학습자와 교사의 자율적인 참여로 이루어져야 함을 말한다. 교과 간 융합의 지향이 학습자의 창의성 발현에 있음을 고려하면 수업의 주체인 학생과 교사의 자율성이 무엇보다 중요하다. 언어를 중심으로 말한다면 교과 간 융합 교육의 교실에서 교육의 주체들은 자율적인 의사소통이 필수적이라는 것이다.

교육 내용의 위계성이란 해당 융합 교과의 교육 내용이 위계적으로 이루어져야 함을 말한다. 융합 교과의 교육 내용의 위계성이란 필연적으로 교육 내용 자체의 위계성일 뿐만 아니라 학습자의 특성을 고려한 위계성이다. 예를 들어 전조작기에 해당하는 초등학교 저학년의 경우 학습자인 아동이 총체적으로 사고하는 경향이 있으므로 이에 맞는 융합 교육의 내용이 제시되어야 할 것이다. 특히 교과 간 융합 교육은 위계성에 따른 조정이 이루어지지 않는다면 학령이 높아져도 동일한 주제가 단순하게 반복될 여지가 있으므로 주의하여야 한다.[45] 언어의 관점에서 말한다면 특히 학습자의 경우 언어 발달을 고려하여 교육 내용을 위계화하여 제공해야 한다는 것이다.

교육 내용의 형식과 내용들 간의 소통성이란 둘 이상의 교과가 융합하여 교수·학습되는 상황에서 교과 간의 소통이 필요함을 말한다. 이미 언급한 것처럼 과학 교과와 음악 교과의 소통을 위해서는 과학의 언

....

45   도나 볼핑거·제임스 스토커드 편, 강현석 외 역, 『통합교육과정의 이론과 실제』, 양서원, 2003.

어인 수식을 최소화하는 것과 같은 장치가 필요하다. 언어를 중심으로 과학과 소통한다면 가능하면 비유적인 표현을 피해서 간결한 언어를 사용하는 것이 좋을 것이다.

교육의 결과로서의 실제성이란 융합 교육의 결과가 새로운 시대에 대응하는 문제 해결력이나 역량을 기르는 데에 소용되어야 함을 말한다. 언어와 관련하여 말한다면 언어 중심 융합 교육의 결과가 언어의 도구적 성격을 넘어서야 함은 물론이다. 앞에서 언급한 것처럼 언어는 의사소통의 수단으로서의 성격도 가지지만 언어 그 자체가 목적으로서 기능하기도 한다. 따라서 언어 중심의 융합 교육의 결과가 단순히 수단으로서의 언어를 통한 의사소통 능력의 신장에 있지 않으며, 언어 자체가 가진 언어적 사고력, 언어적 상상력의 신장과 같은 언어 자체의 힘을 신장하는 것에 있음을 고려해야 한다.

교육 환경의 맥락성은 교과 간 융합 교육은 교육의 주체인 학습자와 교사, 교육 내용을 둘러싼 상황 맥락과 사회문화적인 맥락을 고려해야 함을 말한다. 언어의 문제에 집중해서 말한다면 일상적인 교육 현장의 환경은 물론 한국의 사회문화적인 맥락이 고려되어야 함을 말한다. 예를 들면 한국 사회의 다문화적인 특성, 한국어에 반영된 사회문화적인 특성 등이 고려되어야 한다는 것이다.

2) 언어 중심 교과 융합의 유형과 단계

융합의 유형으로 잘 알려진 것은 포가티(Fogarty)의 열 가지 융합의 방법이다.[46] 포가티는 융합의 유형으로 단절형, 연관형, 동심원형, 계

....
46 수잔 드레이크 편, 유제순·장인한 역, 『통합 교육과정 개발과 평가의 기초』, 교육과학사,

열형, 공유형, 거미줄형, 실로 꿰어진 모형, 통합형, 몰입형, 네트워크형 등을 제시하였다. 이 중에서 몰입형과 네트워크형은 융합이라 하기는 어렵지만 나머지 여덟 가지만으로도 우리가 생각할 수 있는 융합 유형은 대부분 드러난다.

융합의 유형은 기준에 따라 다양하게 분류될 수도 있다. 김대현 외(1997)에서는 '단원 중심, 소재 중심, 교과 내용 중심, 공통된 개념이나 원리 및 탐구방법 중심'의 융합 사례를 제시하고 있다.[47] 강현석 외 역(2003)에서는 '학문 분야 중심, 언어와 문학 중심, 주제 중심, 쟁점 중심'으로 나누어 특히 교육과정의 통합 내지 융합을 논의하고 있다. 이 논의에서 제시한 '언어와 문학 중심'의 융합은 우리 책에서 언급하는 언어 중심의 교과 융합과도 유사한 점이 있다.[48] 배진수·이영만 역(1996)에서는 융합을 구조적 유형과 기능적 유형으로 나누고, 구조적 유형은 다시 양적 접근과 질적 접근으로 나누며 기능적 유형은 내재적 접근과 외재적 접근으로 나누고 있다.[49] 유한구·김승호(1998)에서는 특히 주제 중심 융합 교과에 주목하면서 이를 다시 문제 사태 중심, 일반적 화제 중심, 교과 내용 중심, 핵심적 개념과 원리 중심으로 나누어 논의하고 있다.[50]

융합의 유형을 여러 교과가 대등하게 참여하는 유형과 특정 교과 중심 융합으로 나눌 수도 있다. 대등한 융합과 특정 교과 중심 융합은 우리 책에서 관심을 가지는 언어(혹은 국어) 교과를 비롯해서 어떤 교과

....

2013, 60-64쪽.
47 김대현 외, 『교과의 통합적 운영』, 문음사, 1997.
48 도나 볼핑거·제임스 스토커드 편, 강현석 외 역, 앞의 책, 2003.
49 제임스 인그램, 배진수·이영만 역, 『교육과정 통합과 평생교육』, 학지사, 1995.
50 유한구·김승호, 『초등학교 통합교과 교육론』, 교육과학사, 1998.

가 융합에 참여하느냐에 따라 더 세분될 수 있음은 물론이다.

융합의 유형들은 융합의 정도에 따라 단계를 설정해 볼 수도 있다. 일반적으로 통합 내지 융합의 단계를 '개별 교과 중심의 전통적인 교육 → 융합 → 교과 내 융합 → 다학문 융합 → 간학문 융합 → 초학문 융합'으로 나누는 것이 보통이다.[51] 이때 융합이란 가장 낮은 단계의 결합을 말하는 것으로 역사를 읽기 프로그램과 결합하는 것과 같은 방식을 말한다.[52] 다학문(multidisciplinary) 융합은 6·25 전쟁을 대상으로 국어, 예술, 역사 등이 협력하여 교육하는 것과 같이 특정 주제를 대상으로 여러 교과 영역이 참여하는 융합 방식을 말한다. 간학문적(interdisciplinary) 융합은 박지원의 허생전에서 어떤 구절을 선택하여 당대의 시대상을 역사적인 관점에서 살펴보고 이에 관한 글을 쓰고 당시의 경제 사정에 대해 공부해 보는 것과 같이 다학문적 접근보다는 교과 영역을 가로질러 보다 분명한 연결을 하는 방식이다. 탈학문적(transdisciplinary) 융합은 교과나 교과 공통의 개념을 고려하지 않고 학습자의 생활이나 문제의식에서 출발하여 교육 내용을 구안하는 것이다.

언어 내지 국어과를 중심으로 하는 융합 논의에서도 융합의 단계를 제시하고 있다. 이미 언급한 것처럼 김시정·이삼형(2012)에서는 융복합의 정도에 따라 '집합 → 접합 → 절충 → 조합 → 합치 → 융합' 등으로 나누고 각각의 사례를 들고 있다.[53] 집합의 사례로는 몰입 교육(im-

....

51 수잔 드레이크 편, 박영무 외 역, 『교육과정 통합의 기초』, 교육과학사, 2009.

52 국어적인 직관으로는 '융합'은 '결합'이나 '통합'보다 더 강한 연결을 나타내는 말로 교과 간 결합의 아주 강한 단계를 의미하는 용어로 여겨진다. 김시정·이삼형(2012), 「융복합 교육의 양상에 대한 국어교육적 접근」, 『국어교육학연구』 43, 국어교육학회, 2012, 125-153쪽에서 '융합'을 교과 간 결합의 마지막 단계로 설정한 것도 이런 국어적인 직관을 반영한 것으로 보인다.

53 김시정·이삼형, 앞의 글, 2012.

mersion program)을, 접합의 사례로는 언어적 표현과 미술적 표현의 융복합을, 절충의 사례로는 6차 교육과정에 신설되었던 '공통 과학'[54]을, 조합의 사례로는 STEAM 교육을, 합치의 사례로는 초등학교 생활 중심 융합 교과인 '바른 생활'을, 융합의 사례로는 문학과 생태학의 융합 교육을 들고 있다. 하지만 실제로 제시한 사례에서 국어과의 역할은 잘 드러나지 않는다. 김종철(2015)에서는 융합의 단계를 '교과협동교육 → 통합교과교육 → 융합교과교육' 등으로 나눌 수 있음을 언급하고, 이런 논의를 위한 기초 작업으로서 교과소통교육을 강조하고 있다.[55]

결합의 정도가 높은 것이 반드시 바람직한 융합인 것은 아니다. 융합 논의의 초기에는 '다학문 → 간학문 → 초학문'으로 나아가는 것이 바람직한 정도를 나타내는 것으로 생각하였다. 하지만 지금에 와서는 어떤 한 가지 입장이 반드시 다른 입장보다 우월하지 않다는 것이 분명해진 것으로 생각된다.[56] 융합은 교육의 목표가 아니라 목표에 도달하기 위한 수단인 것이다.

또한 상대적으로 높은 단계의 융합이 바람직하다고 하더라도 융합은 현재의 교육 실태를 고려해야 한다. 융합의 결과가 단순히 둘 이상의 교과를 결합하는 것이 아니라 하나의 교과로 수렴되어 분과 교과는 서로 삼투되고 사라져 제삼의 모습으로 재탄생하는 단계를 생각한다면 이런 융합에 이르기 위해서 지식 구조의 재편과 교육에 대한 사회적인 합의가 필요하다. 그리하여 융합 교과의 교육 목표, 교육 내용, 교육과정 등에 대한 전면적인 재구성이 이루어져야 한다. 따라서 지금 우리의

....

54   6차 교육과정의 '공통과학'은 2015 개정 교육과정의 '통합과학'과 유사한 성격의 과목으로 생각된다.
55   김종철, 앞의 글, 2015.
56   수잔 드레이크 편, 박영무 외 역, 앞의 책, 2009, 35쪽.

교육 구조 내지 지식 구조 안에서는 가능한 방안이 아니다. 지금으로서는 지금의 학교 현장과 교육 현실 속에서 가능한 단계를 찾아야 할 것으로 생각된다.

지금으로서는 우리가 관심을 가지는 언어 내지 국어과를 중심으로 하는 교과 융합의 유형을 다양하게 제시할 수 있을 것이다. 융합의 정도에 따라 유형을 제시할 수도 있으며, 교과서의 단원 중심으로 유형을 나누어 제시할 수도 있고, 소재나 주제 중심으로 제시할 수도 있다. 융합의 단계 역시 다음 몇 가지가 가능할 것으로 생각된다.[57] 낮은 단계의 융합은 언어를 중심에 두고 몇 개 교과목을 융합하여 프로젝트 형 활동을 하는 것이다. 중간 단계는 각각의 독립된 성취기준 이외에 공통의 성취기준을 마련하여 부분적으로 융합하는 단계이다. 높은 단계는 교육과정을 완전히 융합하고 교과서를 비롯한 교육 내용도 하나로 마련하는 완전한 융합의 단계이다. 이미 언급했듯이 이 마지막 단계는 교육에 대한 지식 구조의 재편과 교육에 대한 사회적 합의가 필요하므로 지금으로서는 가능한 단계가 아니다. 이 단계에 이르는 준비 과정으로 창의체험이나 진로 교과에서 여러 과목을 합친 교육 내용이나 교과서를 만들어 보는 노력은 가능할 것으로 생각된다. 이에 대한 자세한 논의는 뒤에서 구체적인 사례와 함께 제시될 것이다.

....

57 사실 융합은 다양한 모습으로 드러나는 것이 당연하다. 따라서 그 단계 역시 다양하게 나타날 수 있을 것이다. 여기에서는 이를 최소화하여 3단계 정도를 제시하기로 한다.

2장

언어 중심
교과 융합 교육의 내용

1. 창의성 함양을 위한 국어교육과 융합 교육*

1) 국어교육의 본질

교과 학문으로서 국어교육의 본질을 먼저 생각해보고자 한다. 국어
교과는 대략 사용, 문화, 이념, 예술[1]이라는 네 가지 맥락을 중심으로 그
본질과 특성을 설명할 수 있다.

....

* 이 절은 윤여탁, 「국어교육의 융복합적 특성과 문식성」, 『국어교육학연구』 53(1), 국어교
육학회, 2018의 논의를 참조하여 이 책의 취지에 맞게 기술하였다.

1 튜더(Tudor)도 언어를 '언어학적 체계로서의 언어(language as a linguistic system)',
'행위로서의 언어: 기능적 관점(language as doing things: the functional perspec-
tive)', '자기표현으로서의 언어(language as self-expression)', '문화와 이데올로기
로서의 언어(language as culture and ideology)'로 설명하고 있다. I. Tudor, *The
Dynamics of the Language Classroom*, Cambridge University Press, 2001, pp.49-
76.

첫 번째로 국어 교과는 일상생활의 현실적인 필요와 다른 학문을 배우는 데 필요한 언어를 배우는 도구(tool) 교과라는 특성을 지니고 있다. 이는 일상생활에 필요한 실용적인 언어능력이나 의사소통 차원의 기능적인 언어능력과 같은 국어의 사용(usage) 능력과 타 교과를 학습하는 데 필요한 학습 도구어로서의 언어능력과 관련된 것으로, 모든 언어의 기본적인 본질과 관련된 특성이다.

두 번째로 국어 교과는 민족의 문화적 전통을 계승하고 정체성을 확인할 수 있는 문화(culture) 교과로서의 특성이 있다. 일반적으로 언어와 문화는 분리하여 생각할 수 없으며, 자국어교육에서의 문화교육은 국어에 담긴 민족의 문화적 전통을 창조적으로 계승할 뿐만 아니라 현실문화를 발전시켜서 새로운 미래의 문화를 창조하는 데 이바지하는 것을 목표로 한다.[2] 그렇기 때문에 언어교육은 문화교육이며, 언어학습을 통해서 문화적 정체성을 형성하는 것을 목표로 해야 한다는 관점이다.

세 번째로 국어 교과는 교육 일반이 그렇듯이 국가 이데올로기 (ideology)를 재생산하는 데 공헌하지만, 때로는 자신의 생각과 다른 국가 이데올로기에 저항할 수 있는 비판적(critical) 능력을 기르는 이념적인 교과라는 특성이 있다. 이와 같은 특성은 언어교육, 특히 국어교육에서 중요한 능력으로 인정되고 있는 비판적 사고력과 밀접한 관련이 있는 능력이다. 이때 비판은 부정적인 관점뿐만 아니라 긍정적인 관점도 포함한다.

....

2   문화의 창조적 계승을 목표로 하는 자국어교육과는 달리 외국어로서의 언어교육에서 문화교육은 목표 언어에 대한 문화적 정체성을 확립하거나 자국 문화와 목표 문화의 차이를 인식하여 문화적 실천을 추구하는 상호 문화적(intercultural) 능력을 함양하는 것을 목표로 한다.

마지막으로 국어 교과는 다른 교과와 구별되는 예술(art) 교과로서의 특성이 있다. 이는 국어 교과가 언어의 예술적 산물이자 표현물인 문학 작품을 포함하고 있기 때문으로, 주로 문학 작품의 향유(享有) 능력과 관련된 특성으로 창의력(creativity)이나 상상력(imagination)과 밀접한 관련이 있다. 여기서 향유는 문학 창작뿐만 아니라 문학 수용을 포괄하는 개념으로, 고전(古典)과 같은 예술로서의 고급문화와 대중 문학과 같은 대중문화를 대상으로 한다. 이런 측면에서 국어 교과는 예술과 문화의 만남인 문학을 가르치는 교과이다.

2) 융합 교과로서 국어교육의 특성: 문학과 매체

(1) 문학과 문학 문식성(literacy)

앞에서 밝힌 바와 같이 국어교육은 예술로서의 문학, 문화로서의 국어를 교육 내용으로 하는 교과이다. 그리고 이러한 예술과 문화라는 국어교육의 두 가지 본질은 전통문화로서의 정전(正典, canon)과 현실문화로서의 대중 문학을 공동의 접점에서 만나게 한다. 국어 교과의 한 영역인 문학은 인간의 감정이나 정서를 형상화한 예술로, 소설이나 희곡의 경우에는 감정이나 정서를 직접적으로 서술하기도 하지만, 시의 경우에는 이미지, 비유, 상징, 리듬을 통해서 감정이나 정서를 표현한다. 이처럼 문학을 교수-학습하는 국어 교과는 정서적인 교과이기 때문에, 국어교육은 정서적인 능력의 함양을 목표로 설정하기도 한다.

정서 개념과 관련하여 일반적으로는 감정(feeling)과 정서(emotion)를 구별하여, 시와 같은 서정적인 장르에서 문학적으로 형상화된 감정을 정서라고도 한다. 교육학의 교육목표분류학(Taxonomy of Educational Objectives)[3]에서는 정의(情意, affect)[4]라는 개념을 사용하고 있다. 어떻든지 국어교육과 문학교육은 인간의 정서나 정의를 형상화한 문학 작품을 중요 제재로 사용하기 때문에, 문학 작품에 표현된 정서를 이해하고 감상하는 활동을 우선적으로 실천한다. 즉 문학교육은 문학 작품을 학습하면서 정서적으로 감정 이입하여 동화하거나 거부하여 이화(異化)하는 정서 학습이라고 할 수 있다.

그리고 문학 작품을 교수-학습하는 과정은 이해·감상과 표현 단계로 나누어 설명할 수 있다. 먼저 학습자는 문학 작품에 대한 이해와 감상을 하는 과정을 거치게 되며, 이러한 이해와 감상에는 학습자의 정의가 작용하게 된다. 이러한 감상 과정에서 정서가 작용하기 위해서는 학습자의 체험이 계기로 작동해야 한다. 다음으로 문학 작품에 대한 이러한 이해와 감상의 내용을 말이나 글로 표현하는 과정에서도 학습자의 정서와 체험이 표현 능력(글쓰기와 말하기)과 더불어 작동하게 된다. 특히 시 교육에서는 시가 시인의 사상뿐만 아니라 정서를 표현하는 것이라는 장르적 특성 때문에 시 텍스트에 대한 인지적 이해 능력뿐만 아니라 학습자의 정서적 감상 능력이 중요하게 작용한다.

이와 같은 정서적이고 정의적인 특성을 지닌 국어교육을 정의 교과로 규정하고 문학 작품의 이해와 감상 능력을 문학 문식성[5]으로 설명하였다. 그리고 문학 작품의 감상이나 교수-학습에는 학습자나 교사라는

....

3   대표적인 예로 블룸(Bloom) 등은 교육목표를 인지적 영역, 정의적 영역, 심리 운동적 (심동적) 영역으로 분류하였다.

4   서울대학교 교육연구소 편, 「정의적 특성의 평가」, 『교육학 대백과사전』, 하우동설, 1999, 678-679쪽.

5   윤여탁, 「문학 문식성의 본질, 그 가능성을 위하여: 문화, 창의성, 정의(情意)를 중심으로」, 『문학교육학』 51, 한국문학교육학회, 2016, 156-176쪽.

교육 주체의 정의와 체험이 중요하게 작용한다.[6] 따라서 문학교육에서는 문학 작품을 학습하기 위해 인지적인 이해 능력뿐만 아니라 정의적인 문학 감상 능력을 기르는 것이 중요하며, 이러한 문학 작품의 이해와 감상 능력인 문학 문식성은 학습자의 정서와 체험의 발현을 통해서 실현된다.

문학 문식성의 이와 같은 정의적, 정서적 특성을 '정서적(emotional) 문식성'이라는 개념으로 설명하기도 한다. 이 용어에 대해서 사전적으로는 "정서를 다루고 그 원인을 인식할 수 있는 능력(the ability to deal with one's emotions and recognize their causes)"[7]이라고 개념이 규정되어 있다. 학술적인 논의에서는 "(세 단어의 문장으로) 특정한 감정의 단어로 감정을 표현하는 능력(The ability to express feelings with specific feeling words, in 3 word sentences.)"[8]이라거나, "자신 및 타인의 감정적 상태와 관련된 인식, 이해, 사용 능력"[9]이라고 설명하고 있다. 이러한 논의들은 문학 문식성의 정서적 측면을 해명해주는 것이라고 볼 수 있으며, 궁극적으로는 국어교육, 문학교육의 특수성을 설명하는 중요한 특성이다.

문학교육의 실체라고 할 수 있는 문학의 본질과 관련해서 정서적이고 정의적이라는 특성 외에도 국어교육, 문학교육의 특수성을 상상력과 관련시켜 설명할 수 있다. 문학교육의 제재인 창작물로서의 문학 작품은 작가의 상상력의 산물이기 때문이다. 아울러 이러한 상상력은 문

....

6   윤여탁, 「시 교육에서 학습 독자의 경험과 정의에 관한 연구」, 『국어교육연구』 39, 서울대학교 국어교육연구소, 2017, 261-287쪽.

7   http://www.dictionary.com/browse/emotional-literacy (2018. 3. 23)

8   http://eqi.org/elit.htm#Definition of Emotional Literacy (2018. 3. 23)

9   김지영, 「정서적 문식성 향상을 위한 정서 어휘 교육의 방향」, 『청람어문교육』 49, 청람어문교육학회, 2014, 333쪽.

학 작품의 생산뿐만 아니라 문학의 이해와 감상이라는 수용 과정에서도 작용한다. 특히 상상력은 비유적, 함축적인 표현 또는 불확정성(미정성)[10]이 많은 시를 이해하거나, 감상한 내용을 언어화하는 이해/표현의 과정에서 중요하게 작용한다.

구체적으로 시 교육은 학습자가 시를 이해하고 감상한 내용을 정서나 태도의 측면에서 내면화하는 것을 목표로 하지만, 학습자의 정서적 내면화는 말과 글로 다시 설명되어야만 그 실제를 확인할 수 있다. 그런 까닭에 이때에는 학습자의 문학적 상상력과 언어적 상상력이 함께 작동하게 된다. 이와 같은 상상력은 문학 작품의 생산(표현)의 측면에서는 작가의 창조적인 활동의 원동력이 되며, 수용(이해)의 측면에서는 학습자의 주체적인 문학 해석이나 감상 능력을 활성화하는 데 작용한다. 이러한 상상력의 작동 과정은 학습자의 정의나 체험과의 관계화라는 맥락으로 설명되기도 한다.

아울러 이러한 문학교육에서 문학의 창작, 수용에 작용하는 학습자의 다양한 능력, 즉 정서, 정의, 체험, 상상력 등을 문학 문식성 또는 문학능력(literary competence)[11]으로 설명하기도 한다. 특히 문학 창작과 수용 능력에 초점을 맞춘 문학능력이라는 개념은 융합적 특성을 지닌 예술로서의 문학을 중요한 교수-학습의 내용이자 활동으로 하는 국어교육의 본질이자 국어교육을 다른 교과와 구별해주는 특수성의 중요한 증거라고 할 수 있다.

....

10   잉가르덴(Ingarden)의 영향을 받은 이저(Iser)가 제창한 현상학적인 개념으로 부재요소, 미결정성 등으로 불리기도 한다.
11   한국문학교육학회 편, 『문학능력』, 역락, 2010.

(2) 매체와 신 문식성

지(Gee)는 20세기 후반에 '신 문식성'이라는 개념을 제안하였다. 이후 랭크셔어와 노벨(Lankshear & Knobel)은 지(Gee)가 'D/discourse'을 구분해서 설명한 방식을 모방(meme)해서 '신 문식성'을 'L/literacy'로 설명하였다. 먼저 'literacy'는 이미지나 소리에 대한 읽기, 쓰기, 보기, 듣기, 제작 등의 실제적인 과정으로, 서로 다른 아이디어, 단어, 상징들 사이의 관련성을 만들어내는 언어적 차원으로 설명하였다. 이에 비하여 'Literacy'는 세계 속에서 삶과 존재에 직접적으로 연결된 의미를 만들어내는 것으로, 언어를 사용할 때 유의미하고 사회적으로 인식 가능한 유형을 생성해내는 것이라는 거시적 차원으로 정리하였다.[12]

이러한 견해는 문식성을 미시적인 측면과 거시적인 측면에서 설명하는 것이며, 현대 사회의 매체의 발달에 대해 미시적인 측면에서의 소통을 넘어 거시적이고 이데올로기적인 측면에서의 소통에 주목해야 한다는 문식성의 개념과 실천을 확장하는 관점이다. 즉 'Literacy'는 인간의 삶에 관계하는 다양한 사회적 관계나 인식 등과 관련된 것으로, 특히 새로운 기술이라는 측면을 넘어 새로운 정신, 새로운 패러다임이라는 측면에서 신 문식성의 개념과도 의미가 상통한다. 이러한 문식성의 개념 확대는 프레이리(Freire)나 지(Gee) 등의 진보적 교육관이나 학문적 견해와도 연관이 있다.

이처럼 신 문식성은 현대 사회 미디어 산업의 발달에 따라 제기된

....

12   J. P. Gee, *Social Linguistics and Literacies: Ideology in Discourses*(5th ed.), Routledge, 2015, pp.45-100; C. Lankshear & M. Knobel, *New Literacy: Everyday Practices and Classroom Learning*(2nd ed.), Open University Press, 2006, p.233.

교육적 소통 차원의 담론이다.[13] 이러한 신 문식성(new literacy)에서 'new'는 인쇄 기술 이후(post-typographic)를 대표하는 디지털 전자 기술들(digital-electronic technologies)과 관련이 있으며, 이런 까닭에 매체 문식성(media literacy), 디지털 문식성(digital literacy) 또는 매체의 복합적 특성과 관련하여 복합 양식 문식성(multi-modal literacy)으로 명명되기도 한다.

그러나 신 문식성은 기술적인 것(technical stuff)일 뿐만 아니라 정신적인 것(ethos stuff)을 포함하는 개념이다. 이러한 신 문식성의 정신적 측면은 참여적, 협력적, 기여적이라는 특징으로 설명된다는 점에서 이전의 문식성과는 다른 사고방식(mindset)에서 접근할 것이 요구된다.[14] 또한 신 문식성은 현대 사회의 소통 방식이자 생산물인 새로운 매체를 다룰 수 있는 미디어 문식성이라는 개념을 넘어 프레이리 등의 진보적 교육관과 관련이 있는 비판 정신뿐만 아니라 새로운 시대의 요구에 부응할 수 있는 사고방식 등 비판적 문식성 개념을 포함하고 있다.[15]

이와 같은 신 문식성의 특징을 설명하는 데 중요한 역할을 하는 새로운 미디어 기술은 생산이라는 측면에서는 교환 가치를 추구하는 상품이며, 유통의 측면에서는 쌍방향적 소통을 기반으로 성장하였다. 그러나 그 이면에서 보면 물질주의와 잉여 가치를 추구하는 자본주의의 총화(總和)로, 그 실체와 결과들은 철저하게 산업과 연결되어 있다. 예를 들어 블로그(blog), 트위터(twitter), 유튜브(YouTube), 페이스북

---

13 이러한 맥락에서 지(Gee)는 담론(discourse)의 사회적 관계에 주목하였으며, 담론 차원의 언어를 넘어 비디오 게임과 같은 새로운 매체 산물을 읽어낼 수 있는 능력으로서 신 문식성을 설명하고 있다.

14 C. Lankshear & M. Knobel, 앞의 책, 2006, 24-26쪽.

15 파울로 프레이리·도날드 마세도, 허준 역, 『문해교육: 파울로 프레이리의 글 읽기와 세계읽기』, 학이시습, 2014; J. P. Gee, 앞의 책, 2015, 77-89쪽.

(Facebook), 인스타그램(Instagram), 밴드(Band), 카카오톡(KakaoTalk) 등은 다양한 소통 방식과 경로를 지향하는 사회적 소셜 미디어[(social media), SNS(Social Network Service)]임을 내세우면서 미래 산업을 선도한다고 강조하고 있지만, 궁극적으로는 기업의 현실적인 이익을 우선적으로 추구하면서 현대 산업의 중심으로 그 자리를 잡아가는 것을 목표로 하고 있는 것이다.

특히 새로운 매체의 소통 방식을 통해서 수많은 콘텐츠(contents)들이 생산되고, 이 소프트웨어(software) 콘텐츠들은 가상의 공간에서 문화 상품이라는 이름으로 유통된다. 또 가상의 공간에서 생산되어 유통되는 이와 같은 문화 상품들은 하드웨어(hardware)적인 기본재보다 더 빠른 자본주의 유통 구조 속에서 배급되어 소비된다. 아울러 이렇게 생산된 현대의 문화 상품은 자본주의 생산 양식에서 핵심적인 역할을 하는 소비자의 기호와 소비 욕구에 전적으로 의존하며, 이 상품을 배급해서 유통시키는 쌍방향적 네트워크는 이러한 유통 구조를 더욱 촉진하는 방향으로 작용한다.

아울러 새로운 미디어 산업은 유통망의 핵심인 플랫폼(platform)을 중심으로 거대한 기업 구조를 형성하며, 이들이 거미줄처럼 깔아 놓은 망(網, network)으로 연결된 시장과 광장(廣場)에 생산자와 소비자들이 모이면서 거래가 이루어진다. 이렇게 변화된 환경에서 소비자는 생산과 소비에서 중요한 역할을 하게 되며, 생산과 유통에 관여하는 적극적인 역할을 강조하는 생비자(生費者, prosumer)라는 용어로 설명되기도 한다.[16] 이처럼 새로운 매체가 상품의 유통과 인간의 의사소통 등에 중요

....

16   현대 자본주의 사회의 생산과 유통에서 대기업이나 다국적 기업 등이 중요하지만, 특히
      문화 상품의 경우 생산과 소비를 연결하는 유통망인 배급사와 생산과 배급을 독점하는
      기획사 등 배분의 문제도 중요하다.

하게 작용하는 현대 사회는 발상의 전환을 요구하는 사회이며, 이러한 맥락에서 신 문식성이라는 범주로의 전환을 요구하고 있다.

궁극적으로 현대 사회의 신 문식성이 요구하고 있는 이러한 사고방식의 변화는 더욱 가속화될 것으로 예측된다. 그 이유는 그동안 이러한 변화를 주도했던 디지털 전자 기술과는 다른 차원의 정보 처리 기술이 인공 지능, 빅 데이터 등의 이름으로 빠르게 발전하고 있기 때문이다. 이러한 측면에서 신 문식성은 언어에 주목했던 이전의 문식성 개념과는 달리 매체가 유통시키는 디지털 정보를 처리하는 능력에 초점을 맞추고 있으며, 이런 능력으로서의 신 문식성의 실제 역시 발 빠르게 변화하고 있다. 그리고 이러한 미디어 기술의 빠른 세대교체는 학습자들에게 새로운 기술에 대한 신속한 조작, 운용 능력을 요청하고 있다.

3) 융합 교과로서 국어교육의 내용

융합적인 문학과 매체를 교육 내용으로 다루는 국어교육은 융합 교과로서의 특성을 지닌다. 구체적으로 이러한 특성을 국어 교과의 내용과 활동의 측면에 주목하여 설명하면 다음과 같다. 먼저 국어교육은 다양한 교과의 내용을 교수-학습의 제재로 한다는 측면에서 교과 통합적 특성이 있는데, 이 점은 학습어로서 국어의 도구적 사용과도 밀접한 관련이 있다. 그리고 새로운 의사소통 수단으로 등장한 매체의 융합적 특성은 전통문화와는 다른 현실문화와 관련이 있으며, 이러한 현실문화에 대한 비판적 사고력 등을 요청하고 있다.[17] 아울러 국어교육의 중요 내

....

17 현대 사회가 요구하는 새로운 문식성에서 상호 문화, 멀티미디어 등을 중요시하고 있음은 이전의 논의(윤여탁, 2016)에서 밝혔다. 윤여탁, 앞의 글, 2016, 159-163쪽.

용이자 활동인 예술로서의 문학을 다루는 국어교육의 특성 역시 국어 교과의 융합적인 특성과 뗄 수 없는 관계라는 근거가 된다.

뿐만 아니라 국어 교과는 앞에서 살핀 것처럼 문학이라는 예술 교과이면서 도구 언어로서 언어 사용 교과, 언어문화 교과, 비판적 이념 교과라는 특수성을 지니고 있다. 아울러 예술, 문화, 이념과 같은 개념들은 인간, 사회, 환경 등 인문 과학, 사회 과학의 핵심적인 내용으로부터 분리될 수 없는 학문 영역이기도 하다. 이러한 국어 교과 특성은 국어교육의 영역을 확장할 수 있을 뿐만 아니라 다른 학문 영역의 다양한 내용을 교육 내용으로 다루고 있다는 점에서 통합과 융합 교과의 근거가 되기도 한다. 또 이러한 교과의 내용을 기반으로 언어적 교수-학습 활동을 지향한다는 점에서 통합적인 교수-학습 활동 구안이 가능하다. 이것은 교과 간 융합 교육의 실제를 보여주는 것이기도 하다.

그리고 앞으로 국어교육이 개척해야 할 융합적인 교수-학습 제재로 문학과 매체가 만나서 창조해내는 새로운 문화 상품을 들 수 있다. 인터넷 등을 통해서 유통되는 인터넷 시, 영상시 등이 그 초기적인 형태라면, 최근 새로운 서사 양식으로 주목받고 있는 웹(web) 소설, 컴퓨터 게임 등이 그 대표적인 예이다. 특히 후자는 현대 산업 사회의 문화 상품으로 문학과 매체의 특성을 공유하고 있는 생산물로, 국어교육의 분야에서 매체를 매개로 하는 교수-학습 방안을 적극적으로 마련해야 할 대상이다. 이 외에도 국어교육의 대상이자 내용을 웹 툰(web toon), 웹 드라마(web drama) 등 새로운 매체를 기반으로 하는 문화 상품으로 확장할 수 있다.[18]

....

18   문학과 매체의 만남을 통해서 생산된 새로운 문화 상품을 대상으로 하는 국어교육의 이론, 교수-학습 내용과 방법에 대한 논의도 필요하다.

아울러 국어 교과, 국어교육의 이와 같은 특성은 언어교육을 넘어 인간 교육을 지향하는 것이며, 전인교육(全人敎育)이라는 목표에도 부합하는 것이다. 궁극적으로 교육 일반이 그렇듯이 국어교육 역시 학습자들이 현대 사회에서 주체적인 정체성을 지닌 인간, 민주적이고 문화적인 세계 시민으로 성장하는 것을 목표로 한다. 이를 위해서 국어교육은 학습자들이 말과 글, 새로운 매체를 통해서 주체적으로 자신을 표현하고, 타인과 의사소통할 수 있는 소양(素養)과 능력을 길러주어야 할 것이다.

2. 언어 중심 교과 융합 교육의 내용 범주*

1) 교과 융합 교육의 속성

(1) 융합 교육의 목표와 한계

융합 교육은 극도로 전문화되고 분화된 학문 세계에서 각 영역의 경계를 넘어서 사고할 수 있는 능력을 요구한다. 즉, 특정 학문 경계 안에 머무르지 않고 하나의 주제를 중심으로 각 분과 학문의 지식을 종합적으로 동원할 수 있는 능력을 길러 보다 창의적인 결과물을 생산해 내도록 하는 것이 융합 교육의 목표라 할 수 있다. 그러나 현 시점에서 구현 가능한 중등 교육의 융합 교육은 시행 중인 교육 제도와 어우러져 이루어질 수밖에 없다는 한계를 안고 있다. 특히 교사 양성 및 교육과정 운영상의 현실적인 문제를 고려할 때 궁극적으로 나아가야 할 목표는

---

* 이 절은 이지수, 「언어 중심 융합 교육의 전제 및 내용 구성 층위 연구」, 『한국언어문학』 101, 한국언어문학회, 2017의 논의를 참조하여 이 책의 취지에 맞게 기술하였다.

위와 같다 하더라도 그 시작은 특정 교과를 중심축으로 한 융합 교육으로 실현될 수밖에 없다. 따라서 본 논의는 이와 같은 현실적인 한계 안에서 교육 실정에 맞는 융합 교육의 방안 중 하나로서 언어 중심 융합 교육, 즉 국어과 중심의 융합 교육을 위한 융합 교육의 내용 범주를 논의하고자 한다.

국어과 중심의 교과 간 융합 교육을 위한 내용 연구에서는 먼저 융합 교육의 배경에 따른 개념 합의 과정 및 융합 교육의 방향 정립이 요구된다. 특히 '융합'이라는 교육적 방법론이 등장하게 된 맥락과 국어과 중심의 융합 교육이 이에 기여하는 바를 명확히 하여 국어과를 중심으로 하는 교과 간 융합에서 구현 가능한 교육 내용 범주를 살피고, 이를 바탕으로 실제적인 융합 기제 개발의 기준 틀을 마련해야 한다. 그런 다음 교과 간 융합의 실제적 통합 기제를 통해 이를 활용한 구체적인 교육 내용 개발로 나아가야 할 것이다. 이 장에서는 이와 같은 연구의 진행 중 전개 부분, 즉 개념의 합의 과정 및 융합 교육 내용 범주 설정을 다루고자 한다.

(2) 교과 교육으로서의 융합 교육

논의의 시작에서 밝혔듯 본 논의는 언어 중심 융합 교육의 교과 교육적 실행을 염두에 두고 이루어지는 논의이다. '언어 중심 융합 교육'이 제도권 내의 '교과 교육'으로 수용된다는 것은 자연스럽게 다음과 같은 경계적(境界的) 특성을 전제하게 된다.

먼저 '중등 교육'을 전제한다는 것은 앞서 밝혔듯 기존 교육과정 체제에서 수용 가능한 내용 구성 요소 및 교육 방안을 구상해야 한다는 것을 의미한다. 이는 첫째, 교육의 주체이자 대상이 중학교 또는 고등학교 학교 급의 학습자가 된다는 것을 의미하고, 둘째, 적극적인 교육적 개입

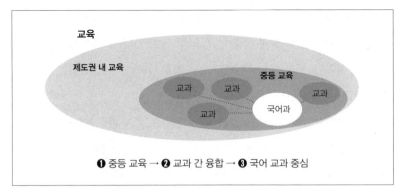

❶ 중등 교육 → ❷ 교과 간 융합 → ❸ 국어 교과 중심

[그림 2-1] 언어 중심 융합 교육의 교과 교육으로서의 전제[19]

혹은 장치가 가능한 반면 동시에 자율성을 해칠 우려와 획일적으로 수행될 가능성을 안고 있다는 것을 의미한다. 그리고 셋째, 구체적인 교육 목표와 범주 안에서 수행되어야 한다는 것을 의미한다.

다음으로 '교과 간 융합'은 교과 간의 '무엇', 즉 개별 교과의 교육 내용 간의 융합을 의미하는데, 이를 위해서는 교과마다 타 교과와의 통합이 가능한 연결 지점을 발견하여 융합 교육적 의의가 있는 내용을 선정하거나 혹은 새로이 조직해야 하는 사전 연구를 필요로 한다. 이는 융합 교육이 개별 교과 고유의 능력을 함양하는 데에 긍정적으로 작용하면서 동시에 융합을 통해 두 교과 모두에서 새로운 능력 함양을 기대할 수 있어야 한다는 것을 의미한다.

마지막으로 '국어 교과 중심' 융합 교육은 교과 간 융합 교육을 국어과를 중심으로 실시하는 것으로, 현재와 같이 개별 교과의 장벽이 공고한 교육과정 체제 하에서 실행 가능한 융합 교육의 첫 번째 구현 양상이라 할 수 있다. 이는 여기서 언급하는 융합 교육 내용 구성 범주가 철

19   이지수, 앞의 글, 2017, 184쪽.

저히 국어과의 관점에서 이루어지고 있다는 것을 의미하는 것이며, 또한 앞에서 언급했듯 교과 융합이 창의성과 모종의 관계를 맺고 있다고 할 때 국어과 중심의 융합 교육은 그 결과로서 언어적 창의성을 갖춘 인재 양상을 추구하고 있다는 것을 의미한다.

현재 개별 교과 중심으로 개발되는 융합 교육 내용은 위와 같이 중첩적인 경계를 안고 논의가 진행되게 될 것이다. 그러나 분명, 이상적인 융합 교육은 이러한 경계를 넘어서는 것이 가능할 때 이루어지리라는 것도 암묵적 동의로 전제되어야 하는데, 이와 같은 궁극적 목표 또는 방향 설정이 논의의 기본 태도와 접근 방식에 영향을 미칠 수밖에 없기 때문이다.

2) '언어적 창의성'과 '융합'

(1) '언어적 창의성'

융합 교육에 있어 '창의성'에 대한 개념을 고찰하는 것은 이 두 개의 키워드가 교육과정상에 나란히 등장하기도 하였거니와, 순차적으로 보자면 창의성이 등장한 이후 융합이 더욱 강조되었기 때문이다. 여기에서는 이 두 개념이 어떠한 연결 고리를 갖고 있는지를 논의하기 위해 먼저 국어 교과에서의 창의성의 개념을 명확히 하고, 융합이 어떻게 창의성과 연결되는지에 대한 논의를 펼치고자 한다. 이와 같은 개념적 합의가 교육의 방향 및 실제 교육 실행의 내용과 범위를 결정하기 때문이다.

'창의·융합형 인재'에서 '창의'와 '융합'은 어떠한 속성을 가지고 관계를 맺고 있는가? 초점을 '국어 교과'로 좁히면 국어과에서 추구하는 '창의적 인재'란 '언어적 창의성'을 갖춘 인재를 말하게 된다. '언어적 창의성'에 대한 가장 기본적인 개념은 '무한한 수의 문장을, 표현을 만들어 낼 수 있는 언어적 능력'에 관한 것으로, 언어가 갖는 본질적 특성 중 하나를 말한다. 그러나 이와 같은 언어의 본질적 속성은 모어 교육에서 성취하고자 하는 언어적 창의성을 설명하기에는 부족하다. "먼지 때문에 창문을 열어 놓을 수 없어."라는 문장을 태어나서 처음으로 만들어 사용한다고 해도 이 문장을 창의적인 문장이라고 생각하지 않는 것처럼, 언어의 본질적 속성으로서의 언어적 창의성과 교과 교육에서 추구하는 언어적 창의성은 서로 다른 차원에서의 언어능력을 요하는 것이다. 결국 국어 교과에서 말하는 언어적 창의성은 언어의 생산성이라는 본질적 속성에서 더 나아가 '창의적인 무엇' 즉 창의적인 개념, 창의적인 사고, 창의적인 이야기, 창의적인 아이디어 등 창의적인 '내용'을 품고 있는 언어 활동을 말한다.

제민경·구본관(2013)에서는 '국어적 창의성'과 '언어적 창의성'에 대한 기존 논의를 검토하고 '언어 창의성'이 '창의적 문제'와 '창의적 소통(이해와 표현)', '창의적 텍스트'의 관계에 의해 추동된다고 하였다.[20] 이는 곧 창의적 문제를 발견하고 이를 창의적으로 소통하는 과정에 창의적인 언어적 사고가 개입한다[21]는 것을 의미한다. 이러한 논의는 언어가 보편적인 창의성 발현에 어떻게 기여하고 있는가를 설명해 준다. 물론 엄밀히 말하면 '언어를 통한 창의적인 활동'과 '창의적인 언어 활동'은 다르다. 그러나 우리가 '언어적 창의성'을 말할 때 둘 중 하나를 배제하기는 어렵다. 이는 언어의 도구성과 관련하여 뒤에서 조금 더 상세하게 논의하고자 한다. 그렇다면 '창의적인 언어, 언어적 사고'란 구체적으로 어떠한 언어 활동을 말하는 것인가? 다음 문장을 보자.

....

20   제민경·구본관, 「언어 창의성 발현을 위한 교육적 체계의 구성 방향 탐색」, 『국어교육』 143, 한국어교육학회, 2013.
21   위의 글, 319쪽.

(ㄱ) "그 해에 나는 처음으로 젊었었다."

(ㄴ) "그 초라함과 삼켜도 안 넘어가는 모욕을 차가운 침묵의 태연한 재로 만들고 가볍게 이승의 바깥으로 나를 버렸다."

— 마종기, 〈마흔 두 개의 초록〉 중 '국적 회복'에서

주관적인 평가가 다를 수 있다는 점을 감안하더라도 위의 문장은 앞에서 제시했던 문장과 달리 창의적인 언어 표현으로 느껴진다. 사회와 개인 혹은 사회 속에서의 개인의 문제를 '시'라는 텍스트로 소통하는 과정에서 생산되는 언어적 창의성이다. 문학적 의미나 수사학적 맥락에 대한 해석이 더해진다면 창의적인 소통에 대해 더 깊은 의미를 찾을 수 있겠지만, 우선 표면적인 어휘 사용 차원만 보더라도 우리는 이러한 문장이 창의적으로 느껴지는 이유를 쉽게 찾을 수 있다. 예를 들어, (ㄱ)과 같은 경우 일반적인 언어 직관에 의하더라도 '젊다'라는 어휘는 '처음으로'와 같이 시작과 끝의 의미가 부여될 수 있는 어휘가 아니다. 이러한 두 어휘 간의 의미 충돌은 '젊다'의 의미를 새롭게 해석하게 만든다. 또한 (ㄴ)에서는 '모욕을 삼키다'라는 관용구를 변형함으로써 화자가 느낀 '모욕'이 얼마나 무거운 것이었는가를 강조함과 동시에 이러한 의미와 충돌되는 '태연한', '가볍게'라는 어휘를 사용하여 당시 화자가 느낀 심리적 좌절감을 아프게 드러내고 있다.

'창의적 문제'와 '창의적 소통(이해와 표현)', '창의적 텍스트'의 관계에 의해 추동되는 '언어적 창의성'을 언어 내적인 차원에서만 본다면 결국 언어적 창의성은 창의적인 소통과 창의적인 텍스트의 생성에서 발현되는 능력이라 할 수 있다. 구체적으로 말하면 어휘(소)나 구절의 의미가 언어 내적으로 새롭게 결합되거나 어휘나 문장이 텍스트에서 새롭게 해석될 때, 또는 새로운 구조나 이야기로 엮여 나가게 될 때 우리

는 그것을 언어적으로 '창의적'이라 느끼는 것이다. 이를 학습자들의 수행 가능한 언어 활동을 중심으로 기술해 보면 다음과 같다.

● 언어적 창의성
어휘소, 어휘, 구절의 의미를
① 언어 내적으로 새롭게 결합하는,
② 텍스트에서 새롭게 해석하고 의미 부여하는,
③ 새로운 구조나 이야기로 구성하는 능력이나 태도.

(2) '창의성'과 '융합'의 관계

언어 중심 융합 교육에 대해 논의하는 자리에서 언어적 창의성에 대해 먼저 살핀 것은 '창의'와 '융합'이 모종의 관계를 맺고 교육적으로 수용되고 있기 때문이다. 교육에서 말하고 있는 '(언어적) 창의성'은 교육적 활동을 통해 발현되거나 혹은 개발되는 결과물로서의 '도달 지점'으로 제시되고 있다. 그러나 '융합'은 이와 성격이 다르다. '융합'은 도달 지점으로서가 아니라 그것을 '통해' 새로운 무엇인가를 개척하거나 심도 있는 이해 및 지적 확장을 추구하는 '방법적 개념'이다. 현재 교육에서 추구하는 인간상이 '창의·융합형 인재'라 할 때 '창의'는 결과로 나타나는 산물이고 '융합'은 그리로 가기 위한 방법론적인 개념인 것이다. 그렇다면 '창의'와 '융합'이 이와 같은 관계를 맺을 수 있는 이유는 무엇인가? 이는 두 개념의 공통적 속성에서 찾을 수 있다.

독창성, 새로움으로 대변되는 '창의성'은 기존의 사고방식에서 '벗어나' 새로운 접근을 시도할 수 있는 능력이나 태도를 말한다. 즉 창의적인 사람은 하나의 공동체가 공유하고 있는 기존의 범주나 사고의 틀을 보다 수월하게 넘나들며 사고를 확장해 나갈 수 있는 사람이다. 그리고 예상할 수 있듯, '융합' 역시 분화된 영역 간의 넘나듦을 기본 전제로 하는 활동이다. 두 개념은 그 범주가 작든 크든 특정 경계를 허물거나 넘나들 수 있는 태도, 능력을 공유한다.

자유롭게 기존의 구도를 벗어나거나 영역이나 장을 넘나들 수 있다는 것은 사고의 유연성을 의미한다. 그렇다면 이러한 유연성은 교육할 수 있는 것인가? 교육을 구조화된 경험으로 본다면 넘나듦의 경험을 통해 유연성을 기르거나 창의성을 발현하는 교육은 가능하다. 그러나 그 결과 얻어지는 결과물로서의 창의성이나 사고의 유연성 그 자체는 직접적으로 교육의 대상이 되기 어렵다. '창의적 인재 육성을 위한 융합교육'은 가능하지만, '융합적 인재 육성을 위한 창의성 교육'은 개념적으로 쉽게 납득되기 어렵다는 점을 생각해 봐도 그러하다.

이러한 고찰에서 우리는 '융합'이 '창의성'을 발현하는 데 교육적 방법론으로 수용될 수 있다는 것을 알 수 있다. 그러나 융합적 사고가 반드시 창의적 결과물의 생산으로 이어진다고 할 수 없고, 창의성 또한 융합을 통해서만 발현되거나 성취되는 것이 아니라는 점도 함께 인지하고 있어야 한다.

'창의'와 '융합'의 관계를 도식화해 보면 다음과 같다.

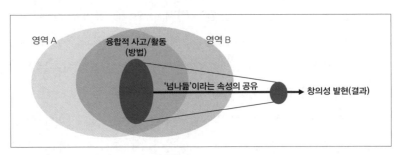

[그림 2-2] '창의'와 '융합'의 관계 맺음[22]

....

22   이지수, 앞의 글, 2017, 183쪽.

[그림2-2]는 '융합적 사고/활동'은 교육의 방법론이고 '창의성 발현'은 그로 인한 결과임을 나타내고 있다. 그리고 이 둘은 '넘나듦'이라는 속성을 공유하고 있다. 이는 반대로 창의성이 반드시 융합적 사고를 통해서만 발현되는 것이 아니며, 융합적 사고나 활동의 결과가 반드시 창의성 발현으로 이어진다는 것을 의미하는 것도 아니다. 다시 말해 '융합적 사고/활동'의 결과 중 일부가 특정 영역이나 사고의 넘나듦이라는 속성을 공유한 채 창의성 발현으로 나아간다는 것을 의미한다.

　　이러한 고찰은 '융합 교육'을 실시해야 하는 목적을 좀 더 명확하게 한다. 융합 교육은 단순히 혹은 모든 분화된 영역을 대상으로 융합하는 데 목적을 두는 것이 아니라 그러한 사고나 활동을 통해 중심 영역에서 혹은 융합된 영역에서 새로운 무엇을 창출해 나가기 위한 뚜렷한 목적을 가지고 나아가야 하는 것이다. 이를 위해서는 먼저 각 영역(혹은 교과)이 성립되는 중심 지점, 그리고 영역(교과) 간의 경계 지점 등에 대해 먼저 폭넓게 의미를 탐색하는 경험이 필요하고, 나아가 학습자들의 사고의 유연성을 기를 수 있는, 잠재적 창의성을 발현시킬 수 있는 융합 교육이 이루어져야 한다. 그리고 이러한 '융합'과 '창의'가 맺고 있는 방법과 결과로서의 관계를 고려한다면 융합 교육의 교육 내용으로 구성되는 다양한 언어 활동은 앞서 제시한 언어적 창의성을 고려해야 하는 것이다. 본 논의에서는 이와 같은 융합 교육의 내용 구성이 언어적 창의성의 발현으로 나아갈 수 있어야 한다는 전제를 갖고 있으며, 이러한 전제 하에 융합 교육의 내용 구성 층위를 좀 더 세분화하여 제시하고자 한다.

3) 언어 중심 교과 융합 교육의 범주

(1) 언어 중심 교과 융합 교육의 구성 방향

특정 교과를 중심축으로 하여 실행되는 융합 교육은 새로운 교과를 탄생시키는 것을 목표로 삼지 않는다. 이런 경우 각 교과가 중심이 되어 타 교과와의 융합을 시도하게 되는데, 국어과의 경우 융합 교육의 결과로 발생하게 되는 경험이나 사고가 언어능력 신장 그 자체에 궁극적인 목적을 두는가, 아니면 언어능력을 통한 다른 무엇의 발전적, 혹은 창의적 능력을 염두에 둔 것인가에 따라 두 가지 차원으로 나뉠 수 있다.

전자는 타 교과의 지식이나 사고의 양식, 언어를 국어과에서 수용함으로써 이를 국어능력 향상에 기여하는 방향으로 융합 교육을 구상하는 것이며, 후자는 국어과의 지식이나 사고의 양식, 언어를 특정 교과에서 활용할 수 있도록 국어과에서 이를 확장시켜 나가는 방향으로 융합 교육을 구상하는 것이다. 이는 언어가 가진 본질적인 속성에 기인하는 것으로, 언어 그 자체가 갖는 내재적 가치와 함께 언어의 도구적 속성에 관한 것을 말한다. 이때 언어의 도구성은 이미 국어과 내에서도 적극적으로 교육 내용으로 구성되고 있는 것으로, 타 교과나 교과 밖의 삶 혹은 사회적으로도 점점 더 요구되는 언어능력이다.[23] 이는 언어가 소통의 매개체로서 본질적으로 '통합성'을 내재하고 있기 때문으로, 언어의 도구성은 국어과 중심의 융합 교육의 실행 가능성을 담보하는 속성

....

23 언어 수행 영역(듣기/말하기, 읽기, 쓰기) 외에 전통적으로 언어 자체를 탐구하는 데 몰두해 왔던 문법 영역 역시 실제적 언어 수행에 문법 능력이 어떻게 기여하게 되는지 밝히거나, 더 나아가 어휘나 문법 요소를 통해 사회상을 파악하는 등의 활동이 이미 교육 내용으로 구성되고 있다. 문학 역시 언어 예술 그 자체로서의 가치를 넘어서서 문학이 삶에 미치는 영향력이나 문학을 통한 사회상 파악, 그리고 문학에서의 이야기 구조를 통해 문제 해결력을 기르는 등으로 교육 내용이 확장되어 나가고 있다.

이기도 하다. 이를 정리해 보면 다음과 같다.

- ㉮언어능력 중심 융합
  ▸궁극적 목적: 언어능력 신장
  ▸언어의 내재적 가치에 주목
  ▸국어과의 교육 내용을 심화, 확장하기 위한 목적

- ㉯언어의 도구적 융합
  ▸궁극적 목적: 언어능력을 통한 타 교과 능력 향상
  ▸언어의 도구적 가치에 주목
  ▸언어능력을 통한 타 교과 내용의 이해, 심화, 확산

(2) 언어 운용에 따른 내용 범주 구분

언어 중심 융합 교육이 실제 교육 수행으로 한 걸음 더 나아가기 위해서는 융합 교육의 실현 범주를 체계화하고 각 세부 범주별로 내용 요소를 개발한 후 단계별 교육 모형을 개발하는 과정이 필요하다. 이때 융합 교육의 실현 범주를 먼저 체계화하는 이유는 보다 구체적인 교육 목표를 설정하고 수행 가능한 교육의 범위를 타진하기 위함이며, 구체적이고 실제적인 내용이나 활동을 구상하기 위한 준거 틀을 마련하기 위함이다.

교과 간 융합에서 대상이 되는 교육 내용 요소는 기본적으로 각 교과의 '교과 지식'이라 할 수 있다. 이때 교과 지식이란 '교과의 교육 내용을 학습함으로써 획득하기를 기대하는 교과 고유의 지식 체계'라 할 수 있다. 이러한 지식 체계는 각 교과의 사유 방식 및 세계관을 담지(擔持)하고 있으며 그것은 각 교과의 논리에 의해 개념화된다. 현 교육과정 체제 하의 전문화된 영역 혹은 특정 교과 간의 융합은 각 분야에 대한 지식이 충분히 체화(體化)된 상태에서 가장 이상적으로, 자연스럽게 이루어질 수 있을 것이다. 체화된 지식은 이미 구조화된 지식 체계의 한 부분으로 작동하게 될 것이기 때문이다. 이러한 과정에서의 융합적 사고는 직접적으로 더 나은 무엇인가를 창출하는 데 기여할 수 있다. 그러나 지금 우리는 학습 중인 과정에서, 특히 중심축이 되는 국어 교과의 내용조차 충분히 학습하지 않은 학습자를 대상으로 융합 교육을 논의하고 있다. 그러므로 이때의 논의의 중심, 즉 교육 목적이자 내용은 '융합적 사고의 경험'이 중심이 된다. 다시 말하면 그것을 통해 새로운 무엇인가를 창출하는 것은 이차적인 목적이 되어야 하는 것이다. 물론 그렇다고 하더라도 앞의 창의와 융합의 관계에서 언급하였듯, 융합적 사고의 경험은 결과적으로는 누적되어 창의적 사고 발현에 기여할 수 있을 것이라는 기대는 여전히 유효하다.

국어과 중심의 융합 교육에서 '융합적 사고의 경험'은 결국 '언어'를 중심으로 한 융합 교육이며, 이때 '언어'는 국어과의 교육 내용으로서의 '언어㉮'이자, 또한 각 교과의 세계가 드러나는 언어화 과정에서의 '언어㉯'라 할 수 있다.[24] 이와 같은 '언어'를 중심으로 하는 융합 교육의 범주는 언어의 본질과 언어 운용의 원리에 따라 다음과 같은 범주 구성을 고려해 볼 수 있다.

언어의 본질적인 측면은 표상화되는 언어로서 언어의 기호성을, 언어 운용의 측면에서는 삶과 관련하는 맥락성을 중심으로 다음 그림과 같이 좌표를 설정하여 범주를 설정하였다. 가로축은 기호로서의 언어가 갖는 특성으로 각 교과의 핵심 개념이나 교과의 사유 방식, 교과 고유의

....
24 '언어㉮'와 '언어㉯'는 앞절에서 제시한 내용 구성 방향에서의 ㉮와 ㉯를 말한다.

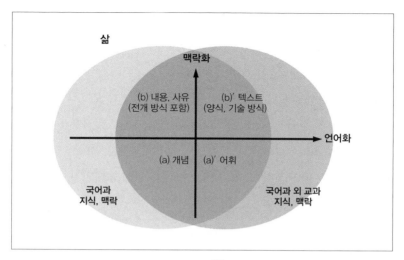

[그림 2-3] 언어 중심 융합 교육의 내용 구성 층위[25]

지식 체계 등이 언어로 표상화되는 정도성을 나타낸 것이며, 세로축은 언어가 삶을 바탕으로 맥락화되어 운용되는 것을 나타낸 것으로 개별 개념이나 어휘, 지식 등이 안고 있는 혹은 언어로 운용되면서 갖게 되는 맥락화의 정도를 나타낸 것이다.

　두 교과 간의 융합 교육 내용은 이러한 좌표에서 크게 (a) 개념, (a)′ 어휘, (b) 내용, 사유 방식, (b)′ 텍스트의 네 범주의 층위에서 교육 내용 구성이 이루질 수 있을 것으로 예상되며, 각 범주는 다시 앞서 언급한 ㉮언어능력 중심으로, ㉯언어의 도구성을 중심으로 융합 교육 내용을 구성할 수 있을 것이다.

　이때 (a)와 (a)′, (b)와 (b)′를 명확히 변별하기 어려운 지점이 있다. 언어 기술 자체가 사고를 내재하고 있고 어휘 자체가 개념과 분리되기 어렵기 때문이다. 그러나 개념을 어휘화화는 과정은 개념 자체에

....

25　이지수, 앞의 글, 2017, 188쪽.

대한 인식과는 별도의 지적 행위를 요구하고, 또 모든 개념이 교과 내용으로서 어휘화될 수는 없으므로 이론적으로 이를 변별하여 제시하고자 한다.

또한 이러한 융합 교육 범주의 규정은 그 경계가 모호하거나 정도성의 문제를 안고 있을 수 있으며 각 층위가 복합적으로 작용하게 될 수도 있다. 그럼에도 이와 같은 범주화를 시도하는 것은 언어를 중심으로 융합 교육 내용을 구성할 때 최대한 교육 내용 구성의 다양한 부면을 고려해야 하며, 어떠한 층위가 핵심적으로 작용하느냐에 따라 교육에 따른 성취 목표가 달라질 수 있기 때문이다.

(3) 각 범주의 상세화

앞서 제안한 '개념㉮/㉯, 어휘㉮/㉯, 내용·사유㉮/㉯, 텍스트㉮/㉯'의 각 범주는 실제 내용 구성에 있어 중첩적으로 표상화되어 나타날 가능성이 높다. 그러나 교과 내용을 마련하고 구상하는 과정에서 융합의 지점을 명확히 하는 것은 교육의 목표를 분명히 제시함과 동시에 주어진 기준 하에서는 놓치는 부분이 생기지 않도록 하는 기준 틀로서 유용하다.

(a) 개념

'(a) 개념 범주에서의 ㉮언어능력 중심의 융합'은 주로 타 교과에서 사용되고 있는 개념(혹은 내용)을 통해 언어적 사고를 확장해 나가거나 타 교과에서 사용되고 있는 어려운 개념을 언어로 학습해 나가는 국면에서 언어 자체에 의미를 두는 교육 내용 구성을 의미한다. 교과에서 사용되는 개념은 교과의 지식 체계 안에서 의미를 부여받는다는 점에서 영역 특수성을 띤 개념을 갖게 된다. 타 교과에서의 개념을 동원하여 국어 교과 내용 이해의 폭을 넓히거나 타 교과의 개념을 도구적인 예로 활용하여 그것이 언어화되는 맥락에 대해 학습해 나가는 활동이 (a)-㉮에서의 융합 교육 내용이라 할 수 있다.

다음으로 '(a) 개념 범주에서의 ㉯언어의 도구적 융합'은 타 교과의 개념을 이해하는 데 도움이 되는 언어 활동에 관한 교육 내용으로, 설명이나 비유, 유사 개념 활용 등을 통해 타 교과의 전문 개념을 학습하거나 이해하는 활동이 이에 속한다.

(a)′ 어휘

(a)′ 어휘 범주에서의 '어휘'는 개념을 수반한다. 그럼에도 어휘와 개념을 분리하여 다루는 것은 개념 자체에 주목한다기보다는 어휘로 표상되는 것을 차용하여 그 어휘가 환기시키는 분위기나 뉘앙스 등을 통해 특정 효과를 유발하는 방법으로 교과 간 융합이 가능하기 때문이다. 따라서 '(a)′ 어휘 범주에서의 ㉮언어능력 중심의 융합'은 주로 타 교과에서 사용되는 어휘를 국어의 표현 능력 신장을 위해 사용하거나 혹은 이러한 어휘를 형식적, 의미적 탐색 대상으로 삼아 언어 활동을 구상하는 교육 내용이 가능하다.

다음으로 '(a)′ 어휘 범주에서 ㉯언어의 도구적 융합'은 어휘 학습의 일환인 다양한 분야에 대한 전문 용어 학습이나, 어휘가 가져오는 문체적 특성에 관한 학습을 통해 다른 영역에서의 학습 능력을 향상시키거나 학습 효과를 높이는 데 목적을 둔 교육 내용 구성이라 할 수 있다. 어휘들의 집합을 통해 사용된 어휘 분석을 통해 사회상을 분석하거나 특정한 태도, 가치관 등을 분석해 보는 내용도 이에 속하게 된다.

(b) 내용, 사유(사고의 전개 방식 포함)

'(b) 내용/사유 범주에서 ㉮언어능력 중심의 융합'은 타 교과의 지식 체계나 사유 방식 등 지식의 구조로서의 각 교과 내용이 융합되는 층위이다. 각 교과의 지식과 사유 방식을 융합함으로써 언어능력을 향상시키거나 언어적 창의성을 발휘하게 되는 교육 내용 구성이 여기에 속할 수 있다.

'(b) 내용/사유 범주에서 ㉯언어의 도구적 융합'은 언어가 가지고 있는 교과 지식 체계나 혹은 언어가 가진 내러티브적 사고를 통해 해당 교과의 문제를 이해하거나 해당 교과의 논리를 구체적으로 파악해 보는 교육 내용 구성을 말한다.

(b)′ 텍스트(양식, 기술 방식 포함)

'(b)′ 텍스트 범주에서 ㉮언어능력 중심의 융합'은 타 교과에서 주로 사용되는 텍스트 구조를 분석해 봄으로써 각 교과가 가진 텍스트 구조의 흐름과 논리적 전개를 통해 언어 교육 내용의 지평을 확장하는 교육 내용 범주라 할 수 있다. 일상적인 언어 사용의 영역과 전문적인 영역의 텍스트 구성 차이, 혹은 전문적 영역 내에서의 텍스트 구성 차이를 분석해 봄으로써 장르성이나 텍스트 구성 방식에 대한 이해를 높일 수 있다.

'(b)′ 텍스트 범주에서 ㉯언어의 도구적 융합'은 '(b)′ 텍스트 범주에서 ㉮언어능력 중심의 융합'과 상호 보완적으로 구성되는 교육 내용 층위이다. 텍스트 구성 및 분석에 관한 언어능력을 바탕으로 타 교과에서 사용되는 텍스트를 전체 속에서 조망하고 이와 같은 언어적 접근을 통해 해당 교과 학습을 보다 수월하게 수행할 수 있도록 하는 데 중점을 두는 범주라 할 수 있다. 예를 들어 문장의 표현 효과, 교과별 텍스트 특성, 장르와 문체에 대한 이해, 문학적 표현에 대한 학습 등을 통해 타 교과의 학습 내용을 효과적으로 수행하는 데 목표를 둔 교육 내용 층위라 할 수 있다.

각 내용 범주의 예시를 들어 보면 다음과 같다.

[표 2-1] 언어 중심 교과 융합 교육의 범주별 예

내용 범주	예시	
	㉮ 언어능력 중심 융합	㉯ 언어의 도구적 융합
(a) 개념	• 추상 미술을 통해 '추상성'이라는 개념에 대해 고찰하는 것. • 20년대 소설에서 사용된 '개명(改名)'이 가질 수 있는 사회적 개념에 대해 학습함으로써 언어가 사회적 의미를 갖게 되는 것에 대해, 혹은 비판적 문식력에 대해 이해의 폭을 넓히는 것.	• '중력'이라는 개념을 이해하기 위해서 유사한 상황을 나타낼 수 있는 비유적 표현으로 설명하거나 나타내 보는 경험. • 1900년대 전후 도덕 개념의 의미장[26]에 대해 논한 이행훈(2013)과 같이 '의미장'이라는 개념을 방법론적으로 도입하여 도덕 개념 고찰.
(a)′ 어휘	• 생각을 '잉태하다', 감정의 '탄성력', '빅뱅', '변주하다' 등의 어휘를 사용할 때의 언어적 효과를 다른 방식의 언어 표현과 비교해 보기.	• 이행훈(2013)의 예에서 구체적인 차별 어휘 등을 통해 사회·문화 파악하는 것. • 신문에서 사용된 어휘를 통해 사태에 대한 태도나 가치관을 파악하는 것(ex: 불과 몇 킬로미터 옆에 초등학교가 위치해 있습니다.).

....

26　의미에 있어 서로 밀접한 연관이 있는 단어들의 집합을 의미장(意味場, semantic field)이라 하는데, 한 의미장에 속하는 단어는 같은 장 속에 있는 다른 단어들과의 상호 관계 속에서 그 의미가 결정된다; 윤평현, 『국어 의미론 강의』, 역락, 2013, 59-60쪽.

(b) 내용, 사유 (사고의 전개 방식 포함)	• '탐구학습'의 경우 가설을 설정하여 그것을 증명해 나가는 과학적 사고의 방식을 도입한 것. • 관점에 따라 달라지는 역사의 해석에 대한 탐색을 통해 '기록'이나 '해석'이 기본적으로 시대적 관점을 담지할 수밖에 없다는 것에 대해 이해함으로써, 기사문이나 비평문에 대한 접근 태도를 학습.	• 자신의 심리 문제나 타인과의 갈등에 관한 문제를 이야기 구성 방식으로 분석하기. • 다양한 장르에 대한 문식력 기르기, 읽기/이해 능력으로 핵심 내용 파악하기(정치, 경제, 예술 지문 등의 읽기 활동으로 구성).
(b)′ 텍스트 (양식, 기술 방식 포함)	• 수학 지문 구성의 양식 분석. • 역사 기술 방식(무엇에 초점을 두느냐에 따라 기술 방식이 변화).	• 해당 교과의 서술 방식의 특성 파악, 예를 들어, 수학 문제의 지문이 갖고 있는 장르적 특성이나 답을 기술할 때의 구조적 특성을 파악하여 학습에 적용. • 다양한 텍스트 양식에 대한 구조 분석 활용(+강조, 도치 등으로 구조에 변화를 주는 방식). • 내용과 별개로 텍스트의 구조를 대상화하여 조정하고 점검해 보는 경험.

3. 문학을 활용한 언어 중심 교과 융합 교육의 내용*

1) 교과 융합 교육 내용으로서의 융합의 경험

융합 교육에 주목하는 이유는 그것이 창의적인 미래형 인재를 육성하는 데 걸맞는 교육이라고 생각되기 때문이다. 창의적인 사람은 어떤 영역에서 이전에 없었던 새로운 시도를 한다거나 새로운 제도나 방법을 고안해 내고, 새로운 산물을 생산해 낸다. 이들은 새로운 아이디어를 바탕으로 인류의 사고와 활동의 범위를 확장한다. 기존에 없던 일이나 생각들은 대개 기존의 것들이 갖고 있는 틀이나 경계를 넘어서는 새로운 조합을 시도하는 데서 나온다. 그러니 이런 일들을 할 수 있는 인재를 육성하기 위한 미래지향적 교육은 교과의 경계 내에 갇히지 않는 융합적인 것이어야 한다는 것이다.

그런데 실제로 창의적인 성과를 내는 인물이나 융합적 활동과 성과로 주목받고 있는 사람들을 살펴보면 이들이 처음부터 융합적 인재로 출발하지 않았다는 것을 금방 알 수 있다. 이들은 대개 자신의 전문 분야에서 충분한 숙달의 과정을 거친 전문가다. 서울대 SSK 창의적 인재 육성을 위한 융합 교과 개발 연구단에서는 소형 단계 3년과 중형 단계

....

* 이 절의 내용은 다음 논문들의 내용을 참조하여 이 책의 취지에 맞게 기술하였다.
  서명희, 「고전시가를 제재로 한 교과 융합적 경험교육: 〈덴동어미화전가〉를 중심으로」, 『국어교육학연구』 52(2), 국어교육학회, 2017; 서명희, 「교과 융합적 제재를 도입한 고전시가 수업과 경험의 확장: 고교 자유학기제 오딧세이학교 고전시가 수업 실행 연구」, 『국어교육학연구』 51(3), 국어교육학회, 2016; 서명희, 「융합 교육의 지향과 시가의 생성적 향유: 〈고산구곡시화병〉을 중심으로」, 『새국어교육』 103, 한국국어교육학회, 2015; 서명희·김종철, 「창의적 문제 발견 능력 함양을 위한 문학.경제 융합 교육: 언어적 창의성을 중심으로」, 『학습자중심교과교육연구』 14(7), 학습자중심교과교육학회, 2014.

2년의 연구 기간 동안 창의적·융합적 성과를 거두고 있는 학자나 실무자들을 꾸준히 초청하여 강연회를 열었다. 이 강연회에 초청했던 강연자들, 과학과 예술, 인문학과 과학의 융합을 통해 학문적·실천적 분야에서 창의적인 성과를 거두고 있는 인물들은 모두 자신의 분야에서 전문가로서의 기반을 가지고 있는 사람들이었다.[27] 즉 자신이 가지고 있는 특정한 분야의 지식과 기술, 안목을 다른 분야에 접목하여 새로운 접근법이나 산물을 만들어내는 것이 우리가 주목하는 이들 융합적이고 창의적인 인물들의 특성이었던 것이다.

융합 교육을 통해 얻고자 하는 목표는 융합적 능력을 가진 학습자를 기르는 것이다. 학습자들이 어떤 문제 상황이나 새로운 과제에 직면했을 때 각 교과를 통해 학습한 지식과 기능을 융합적으로 활용하거나 적용할 수 있도록 하려는 것이다. 그런데 이런 목표를 위해 융합적 지식을 내용으로 하는 별도의 교과를 제공하는 것은 불가능하거나 무의미하다. 초·중등 학습자들에게 처음부터 융합적 지식 자체를 가르친다면, 그것이 아무리 체계적이고 풍부한 내용으로 이루어졌다 하더라도 융합적 능력을 기르는 데 도움이 될 것이라 기대하기 어렵다. 융합의 성과를 산출한 인물들이 특정한 영역에 입문하여 상당한 기간 동안 전문성을 획득하고 지식과 기능을 숙련해 왔다는 사실을 도외시한 채 그것을 기반으로 성취해 낸 결과만을 추수하는 꼴이기 때문이다. 이런 교육은 융합을 가능하게 하는 능력의 원천을 무시하고 그 능력으로부터 유래한

....

27 아마빌레(Amabile)는 창의성을 이루는 세 가지 요소 중 첫 번째로 '분야와 관련된 기술'을 꼽아 창의성이 일반적이고 보편적인 성격 특성이라기보다는 영역특수성을 가지는 것으로 보았다. 그는 "보통 분야와 관련된 기술의 증가는 창의성의 수준을 높인다"고 하고, "지식에 관한 한 '다다익선'이라는 옛말이 옳다고 할 수 있다"고 말하고 있다. 테레사 M. 아마빌레, 고빛샘 역, 『심리학의 눈으로 본 창조의 조건』, 21세기북스, 2010, 168쪽.

결과만을 취하려는 것이다.[28]

융합적 능력을 기르기 위한 교육의 내용은 지식이 아닌 다른 것, 즉 경험으로 구성해야 한다. 경험을 교육의 내용으로 제안하는 교육학적 관점은 교과와 만나 겪게 되는 마음의 작용 자체를 배우는 것이 교육의 내용이어야 한다는 생각을 기반으로 한다. 이 관점에 의하면 학습자가 교과와 자신의 마음 사이에서 일어나는 탐구의 과정을 강렬하고 의미 있는 것으로서 경험하는 것이 가장 교육적인 것이며, 학습자가 배워야 하는 것은 바로 그러한 경험이다.[29] 이와 같은 가치 있는 탐구와 발견의 경험을 추구하는 성향을 갖도록 이끄는 것이 교육의 목적이며, 이러한 의미 있는 경험을 일종의 습관과 경향성을 가지고 추구하게 되는 것이 학습자가 성장한다는 말의 의미이다.

다른 사람이 이미 자기 지식의 경계를 넘어 융합하는 시도를 통해 성취한 결과들을 습득하게 하는 것만으로는 학습자의 융합적 능력을 길러줄 수 없다. 학습자들은 각각의 교과 내용을 학습하면서 그것의 울타리를 넘는 경험을 하거나, 몇몇 교과가 협력적으로 마련한 내용으로 학습하면서 실제로 경계를 넘는 지적 활동의 경험을 해 보아야 하고, 그러한 경험을 제공하는 데 주력하는 방향으로 융합 교육의 내용을 구성해야 한다.

....

28 이는 지식을 탐구하는 과정과 분리하여 지식 탐구의 결과물인 중간 언어(middle language)만을 가르치는 교육이 결국 탐구하는 능력을 가르치지 못하게 되는 것과 유사하다. 스스로 탐구하는 과정을 겪지 못하고 중간 언어만을 배우게 되면 결국 학습자들은 단순한 사실들을 암기하는 데 그치는 한계를 갖게 된다. 박천환·박채형, 『교육과정 담론』, 학지사, 2013, 39-41쪽.

29 듀이(Dewey)에 의하면 이와 같은 강렬한 경험, 교육적 경험은 삶 속에서 예술적이고 심미적 성격을 가지는 '하나의 경험(An experience)'이다. 존 듀이, 박철홍 역, 『경험으로서 예술』 1, 2, 나남, 2016, 88-95쪽.

2) 문학을 중심으로 한 융합 경험의 양상

융합적 능력을 기르기 위해 문학 작품을 중심으로 제공할 수 있는 융합의 경험에는 어떤 양상들이 있을까.

문학 작품을 통해 학습자에게 제공할 수 있는 경험의 내용을 정리해 보면 다음과 같다. 먼저 문학의 내용 경험이다. 문학이 갖는 대표적인 효용이라 일컫는 간접 경험이 바로 이를 가리키는 것으로, 우리는 문학 작품을 통해 그곳에 등장하는 타인의 삶과 세계를 경험한다. 다음은 문학을 감상하는 경험이다. 문학의 내용과 형식, 표현이나 구조 등 작품의 미적 특질을 인식하고 정서적으로 체험하는 과정이다. 문학 감상뿐 아니라 창작을 포함한 제반 '문학 활동을 하는' 경험도 가능하다. 다음으로 문학을 탐구하는 경험이다. 이는 두 가지 방향이 가능한데, 문학 작품을 탐구함으로써 그 작품의 문학적 가치와 의미를 밝히는 인식적 경험이 하나이고 문학 작품을 경로나 방법으로 삼아 무언가 다른 것을 탐구하는 경험이 다른 하나이다. 가령 문학 작품을 통해 당대의 사회 문화를 탐구하거나 언어 문화적 현상을 탐구하는 것이 후자에 속한다.

문학이 다른 교과와 융합할 때 목적으로 다루어지는 경우, 방법이 되는 경우, 자료가 되는 경우를 나누어 관계를 설정해 볼 수 있다. 문학 작품이 목적이 되는 경우는 문학 작품에 대한 이해와 감상을 도와 '하나의 경험'으로 만드는 데 타 교과의 개념이나 방법, 제재가 동원되는 경우이다. 문학이 방법이 되는 것은 문학 활동을 방편으로 삼아 타 교과의 개념이나 지식을 학습하는 데 효율성을 높이거나 새로운 시각을 제공하여 창의적 적용을 돕는 경우이다. 문학 작품이 자료가 되는 경우는 문학 작품을 자료로 삼아 탐구하여 타 교과의 개념과 지식의 획득에 기여하는 경우이다.

문학 경험의 양상과 문학과 다른 교과의 경험에서 문학이 갖는 위상을 각각의 축으로 삼아 결합하여 다양한 융합 경험의 조합을 만들어 낼 수 있다. 여기서는 대표적으로 제안할 수 있는 세 가지 융합 경험의 양상을 살펴 보기로 한다.

(1) 목적으로서의 문학: 교과 융합적 제재의 도입을 통한 감상의
　　확장 경험

'문학 작품의 이해와 감상'이라는 문학교육의 목적을 효과적으로 성취하기 위해 타 교과의 제재를 도입하는 융합 교육을 마련할 수 있다. 문학 작품은 언어로 이루어졌으며 그것이 속한 장르의 질서를 따르고, 창작과 향유의 배경이 되는 사회와 문화를 반영하거나 작자의 사상이나 의도를 드러낸다. 상징과 비유 등 해석이 요구되는 다양한 표현의 방법들을 사용한다. 따라서 문학 작품의 의미를 이해하는 일은 해당 장르에 대한 리터러시를 비롯해 독해에 관여하는 다양한 지식과 능력을 요구한다. 깊이 있는 감상은 이해에 기반을 두고 이루어진다.

그런데 고전문학의 경우는 언어 표기부터 현대어와 차이가 있다. 사용되는 어휘도 다르고 문장의 형태와 문체도 낯설다. 이 때문에 학습자들은 감상은커녕 작품 해독 자체부터 어려움을 겪는다. 더욱 어려운 것은 작품이 지어지던 시대와 작자의 삶을 상상하고 그 안에서 그가 표현하고자 했던 사고와 감정을 상상하고 이해하는 일이다. 이처럼 고전문학 작품과 학습자 간에는 상당한 정도의 시공간적 거리가 존재하고, 이로 인한 여러 가지 어려움 때문에 학습자가 고전문학 작품이 제공하는 세계로 진입하는 새롭고 의미 있는 경험을 할 수 있게 하려면 다양한 방법적 고려가 필요하다.

이런 상황에서 교과 융합적 제재의 도입은 여러 가지 면에서 효과적

인 방법이 된다. 고어가 진입 장벽으로 작용하는 학습자들에게 있어 언어로만 제시된 고전문학 작품은 난해한 암호물과도 같이 여겨질 수 있다. 만일 해독하기 어려운 언어의 문제를 시각적이거나 청각적인 표현 제재로 보완할 수 있다면 학습자 입장에서 훨씬 접근 가능한 대상이 된다. 고전문학 작품에 대한 학습자의 서정적 체험을 어렵게 하는 시공간적 거리는 정확히 말하자면 학습자와 작품의 내포 독자 간의 거리이다.[30] 만일 고전문학 작품의 내포 독자의 시각을 분명하게 표현하거나 안내하는 또 다른 작품이 감상을 돕는 역할을 해 준다면 학습자는 이 작품을 징검다리 삼아 고전문학 작품의 세계를 더 잘 경험할 수 있을 것이다.

이상과 같은 역할을 하는 교과 융합적 제재 도입의 사례로 〈고산구곡가〉와 〈고산구곡도〉를 결합한 수업을 제안할 수 있다. 율곡 이이가 지은 〈고산구곡가〉는 16세기 사림인 작자의 세계관과 정서를 담은 10수의 연시조이다. 학습자들이 유독 공감하기 힘들어하고 재미를 느끼지 못한다는 사대부 시조의 대표작이다. 〈고산구곡도〉는 19세기 초엽에 만들어진 《고산구곡시화병》에 담긴 10폭의 그림이다.[31] 당대 최고의 문인화가 10명이 한 폭씩 나누어 그림을 그려 〈고산구곡가〉의 시의(詩意)를 표현하였다.

〈고산구곡도〉는 〈고산구곡가〉의 장면을 그림으로 그려 시각적으로 파악하고 이해하는 데 도움을 준다. 이 그림을 그린 사람들은 조선시대의 문인 화가들로, 율곡 이이와 같은 책을 읽고 공부했으며, 세계관과 가치관을 공유하고 있었다. 이들은 현대의 학습자들에 비해 율곡의 시 세계에 더 깊숙하게 들어갈 수 있었던 사람들이고, 율곡과 유사한 인식

·········

30   조희정, 『고전문학 교육 연구』, 한국문화사, 2011, 247-252쪽.

31   〈고산구곡도〉의 구성과 의미는 다음 논문 참조. 서명희, 앞의 글, 2015.

적, 정서적 기반을 가지고 이 시가들을 이해하고 감상했다. 〈고산구곡도〉는 그 결과를 그림으로 오롯이 담아낸 결과이다.

현대의 학습자들에게 〈고산구곡가〉 수업에서 〈고산구곡도〉를 함께 제시하고 감상하게 함으로써 〈고산구곡도〉를 〈고산구곡가〉의 세계에 들어가는 데 효과적인 비계로 사용할 수 있다. 선행 연구에 의하면 〈고산구곡가〉를 〈고산구곡도〉와 함께 해석하고 감상한 수업에서 학습자들은 흥미를 가지고 감상에 몰입하는 태도를 보여주었다. 수업 후 학습자들이 제출한 감상문에서는 시가의 정서를 선명하게 이해하고, 자신의 경험을 소환하여 시가의 내용과 정서를 자기화하는 모습을 보여주기도 하였으며, 감상의 결과를 구체적으로 언어화하는 결과를 관찰할 수 있었다.[32]

〈고산구곡가〉 2연과 7연을 중심으로 감상의 내용을 예시하면 다음과 같다.

일곡(一曲)은 어드믜오 관암(冠岩)에 히 비췬다
평무(平蕪)에 늬 거드니 원산(遠山)이 그림이로다
송간(松間)에 녹준(綠罇)을 노코 벗오는 양 보노라

| 해석 |

일곡은 어드메오 관암에 해 비친다
들판에 안개 걷히니 먼산이 그림이로다
솔숲에 술병 놓고 벗 오는 모습 보노라

— 율곡 이이, 〈고산구곡가〉 중에서

....

32 〈고산구곡도〉를 활용한 〈고산구곡가〉 수업의 실행, 학습자들의 반응과 그에 대한 분석은 다음의 논문 참조. 서명희, 앞의 글, 2016.

[그림 2-4] 〈일곡관암도〉

〈고산구곡가〉는 이이가 은거했던 황해도 해주 고산의 승경 아홉 구비를 선정하여 한 수씩 그 아름다움과 그곳에서의 삶을 노래하였다. 고산구곡의 첫 번째 굽이는 관 모양을 한 바위인 관암이다. 시간적 배경은 관암에 햇살이 비쳐들기 시작하고 넓은 들판에 안개가 개는 이른 아침이다. 안개가 걷히면서 서서히 멀리 있는 산들이 그림처럼 아름다운 윤곽을 드러낸다. 이 시각 시인은 솔숲 나무 사이에 술동이를 가져다 놓고 벗을 기다리고 있다. [그림 2-4]는 이 시가의 정경과 시의를 그린 〈일곡관암도〉이다.

김홍도가 그린 〈일곡관암도〉는 강렬한 느낌의 그림이다. 한가운데 독특한 모양의 거대한 바위가 있어 한눈에 관암임을 알 수 있다. 다소 거칠게 느껴지기도 하는 붓터치로 바위와 나무들을 세밀하게 묘사하고 있다. 오른쪽 위로 멀리 보이는 산들을 배경인 듯 펼쳐 두어 중장에서 노래한 '평무(平蕪)에 닉 거드니 원산(遠山)이 그림이로다'의 모습을 시각적으로 구현하였다. 시가는 율곡의 시각에서 관암에 비치는 해를 바라보고 먼산이 드러나는 모습을 본 후 소나무 숲 너머로 벗들이 오는 모습을 마주 바라본다. 하지만 그림은 관암에 해가 비치고 먼산이 드러나는 가운데 서서 벗들을 마주하고 있는 율곡을 표현의 대상으로 삼고 있다. 그렇게 함으로써 이 노래에 담긴 율곡의 마음을 그림에 담는 일이 가능해졌다.

율곡이 이른 아침 햇살을 받으며 기다리고 있는 벗들은 뜻을 같이하고 학문을 나눌 사람들이다. 무이구곡에서 학문하고 강학한 주자의 삶을 배우고자 하는 고산구곡의 삶[33]에 요체가 되는 존재들이다. 그림을 보면 관암을 내려다볼 수 있는 산의 위쪽 솔숲 사이에 벗을 마중나온 율곡이 서 있다. 소나무 밑둥에는 몇 개의 술동이가 놓여 있다. 그런데 시가에 등장하지 않는 인물인 율곡을 시중하여 나온 동자가 손에 든 물건이 있다. 초롱이다. 아침해가 이미 밝아 먼 데 산들이 다 바라다 보이는데 초롱이 무슨 소용일까. 아마도 이들이 초롱을 들고 있는 것은 날이 밝기 전 어둑한 새벽에 벗들을 기다리기 위해 나와 있었기 때문이리라. 율곡이 벗을 기다리는 마음의 간절함과 찾아오는 벗에 대한 반가움이 여기에 표현되어 있다. 이른바 "벗이 먼 곳으로부터 찾아온다면 또한 즐겁지 않겠는가[有朋自遠方來 不亦樂乎]"[34]의 마음이다.

다음은 육곡을 노래한 〈고산구곡가〉의 7연이다.

육곡(六曲)은 어드믹오 조협(釣峽)에 물이 넙다
나와 고기와 뉘야 더옥 즐기는고

....

33 　율곡은 〈고산구곡가〉 서수에서 "어즈버 무이를 상상하고 학주자(學朱子)를 ᄒ리라"라고 노래하였다.

34 　『論語』〈學而〉.

황혼(黃昏)에 낛ᄃᆡ를 메고 대월귀(帶月歸)를 ᄒᆞ노라

| 해석 |

육곡은 어드메오 조협에 물이 넓다
나와 고기와 누가 더욱 즐기는고
황혼에 낚싯대 메고 달빛 띠고 돌아가노라

— 율곡 이이, 〈고산구곡가〉 중에서

고산구곡의 여섯 번째 굽이는 낚시를 즐길 만한 계곡인 조협이다. 물이 넉넉한 조협에서 종일토록 낚시를 드리우고 즐기다가 해질녘에 낚싯대 둘러메고 달을 띠고 집으로 돌아온다. 낚시를 하는데 고기가 함께 즐거운 까닭은 사대부의 낚시가 고기잡이에 뜻을 두는 것이 아니기 때문이다. [그림 2-5]는 〈육곡조협도〉이다.

이재로가 그린 〈육곡조협도〉는 짙은 먹으로 어둠이 내린 조협의 분위기를 표현하였다. 은은한 달빛 아래 짙게 어둠이 드리운 숲과 달빛으로 하얗게 빛나는 냇물이 아름다운 밤의 조협이다. 낚시를 마치고 돌아가는 율곡이 화면의 왼쪽 아래에 보인다. 그림은 초장과 종장의 장면을 그려 보여주지만 관암도의 경우와 마찬가지로 율곡을 그려 넣음으로써 시의 정서와 의미를 시각적으로 표현하고 있다.

그림을 바라보는 감상자는 처음에 화폭의 중앙에 강렬하고 깊이 있게 묘사된 조협을 주목하고, 이어 물길을 따라 내려온 왼쪽 아래 여백에 크게 강조된 율곡을 바라보도록 이끌어진다. 그런데 아래쪽을 향해 걸음을 옮기는 율곡의 몸이 옆으로 기울고 시선은 뒤로 향하고 있다. 인물의 시선을 따라 감상자는 다시 한번 조협을 바라보게 된다. 시인의 마음이다. 달밤에 집으로 돌아가면서도 다시 뒤돌아보는 이 시선은 조협에

서의 낚시가 주는 흥취에 아직 깊이 젖어 있는 마음을 느끼게 한다.

간결하고 군더더기 없는 표현으로 심상하게 구곡을 노래하고 있는 〈고산구곡가〉에서 화자의 정서를 읽어내기 위해서는 강호시조에 대한 상당한 정도의 배경지식이 필요하다. 시조에 간간이 등장하는 한자 어휘에 대한 설명까지 동원하며 구절을 풀이하다 보면 감상은 종종 길을 잃곤 한다. 이때 그

[그림 2-5] 〈육곡조협도〉

림을 통해 시각적으로 시조에 표현된 풍경을 바라보며 그 안에 서 있는 시인을 상상하고, 나아가 당대 문인화가의 깊이 있는 감상을 거쳐 화폭에 재창조된 그림을 보면서 시의를 짐작해 보는 활동은 학습자들에게 새로운 경험이면서 시조를 좀 더 쉽게 이해할 수 있는 방법이 된다.

(2) 방법으로서의 문학: 문학을 통한 타 교과 개념의 학습과 창의적 적용의 경험

문학을 방법으로 사용하여 다른 교과의 개념이나 지식을 습득하는 데 도움을 주는 것 또한 교과 융합의 한 모습이다. 지식 중심 교과에서 이야기를 통해 개념을 습득하는 것은 개념을 이해하는 데서 나아가 그 것을 적용 가능한 것으로서 자기화하는 데까지 이르게 하는 좋은 방법으로 여겨지고 있다.

예컨대 경제교육에서는 학습자들에게 친근하게 이해될 수 있는 동화를 통해 한계효용이나 기회비용, 선택의 개념 등을 가르치는 방식이 적극적으로 사용되고 있다. 사설 기관에서 펴낸 창의성에 주안점을 둔 경제 교재 중 하나인 「맛있는 체험경제학」[35]은 학습자들에게 경제의 개념을 효과적으로 가르치기 위해 이야기를 활용하는 좋은 예를 보여준다. 이 교재의 "시장경제에서 정부의 역할" 단원에서 '외부효과'를 다룬 내용은 다음과 같이 이루어져 있다. 학습자들은 '우울한 호수에서의 생활'이라는 글을 읽고 그 내용을 바탕으로 '외부효과'[36]의 개념을 이해하고 적용하기 위한 활동을 하게 된다.

'우울한 호수에서의 생활'의 내용은 다음과 같다.

아름다운 호숫가에 철수네 가족이 살고 있다. 철수네 아이들은 호숫가

....

35 전국경제인연합회 홈페이지(http://ecoedu.fki.or.kr/issue/ecoedu/teaching/book_pub.aspx)에서 볼 수 있다. 전국경제인연합회에서 펴낸 자료이나, 저자와 발행일자는 명시되어 있지 않다.

36 외부효과는 어떤 경제 활동과 관련해 당사자가 아닌 다른 사람에게 의도하지 않은 혜택(편익)이나 손해(비용)를 발생시키는 것을 말하며 외부성(externality)이라고도 한다. 네이버 시사경제용어사전(https://terms.naver.com/entry.nhn?docId=300362&cid=43665&categoryId=43665).

에서 멀리 떨어진 쓰레기장에 쓰레기를 가져다 버리는 일을 담당한다. 그런데 아이들은 쓰레기장까지 가는 일이 귀찮고 번거로워 그만 쓰레기를 호수에 던져 버리고 만다. 한동안 그런 일이 반복되자 호수에서 악취가 나기 시작한다.

학습자들은 호숫가 가족들의 이야기를 통해 외부효과의 개념에 대해 사고한다. 먼저 철수네 가족들만 살고 있을 때 외부효과가 발생하는지 생각하는 과정을 통해 외부효과의 개념을 정리한다. 한 가족만 살고 있는 경우 그들의 행동에 의해 의도하지 않은 영향을 받을 '외부'가 존재하지 않으므로 '외부효과'의 문제가 아니다. 영희네 가족이 주민으로 추가되고 나서 쓰레기를 던져 넣을 때 비로소 외부효과의 문제가 된다는 점을 확인한 후, 이 문제의 해결에 대해 다각도의 질문을 통해 생각해 보게 한다.

이 교재의 질문들은 '외부효과'라는 개념을 학습하는 데 적합한 방식으로 잘 구조화되어 있는 훌륭한 질문들이며, 이 질문들을 따라 가다 보면 결국 외부효과의 문제를 해결하기 위하여 국가의 개입이 요청된다는 점을 깨닫도록 설계되어 있다. 이 교재는 이야기와 그 이야기에 토대를 둔 구체적인 상황에 대한 문제를 해결하는 활동을 통해 학습자들이 실제 생활의 장에서 부딪히게 될 문제 상황에 적용할 수 있도록 효과적인 지식 체득을 돕는다.

폴츠(Foltz) 등은 24편의 동화에 들어 있는 경제 개념을 추출하여 가르칠 수 있도록 교재화하는 작업을 하였다.[37] 이들이 다루고 있는 두

....

37   M. Foltz et al., *Teaching Economics Using Children's Literature*, Natl Council on Economic Education, 2005.

번째 동화는 〈아낌없이 주는 나무〉이다. 이들은 이 작품을 통하여 천연자원과 희소성, 경제욕구, 가격 등의 개념을 가르칠 수 있다고 제안한다. 아낌없이 주는 나무는 희소성을 가진 천연자원으로, 소년에게 끝없이 제공될 수 있는 재료일 수 없었다. 그런데도 소년은 끝없는 욕구를 추구함으로써 결국 천연자원인 나무를 모두 소진해버렸다. 이처럼 희소한 재화를 지속적으로 공급하다 결국 자기 존재를 다 주어 버린 나무의 행위는 희생이라고 할 수 있으며, 이와 같은 희생은 값을 매길 수 없는 종류의 행위라는 것이다.

물론 이처럼 동화나 기존의 문학 작품에서 경제 개념을 찾아내게 하는 것은 다소 기계적인 방법이 될 우려도 없지 않다.[38] '우울한 호수에서의 생활'과 같이 정교하게 창안된 이야기 속에서 경제 개념을 적용하고 이해하는 활동은 유사한 의도와 효과를 가지면서 좀 더 나아간 단계의 지식 교육을 가능하게 한다. 이와 같은 교육이 효과적으로 확장된 결과를 낳는다면 아마도 학습자로 하여금 현실을 경제학적 개념을 통해 바라보게 함으로써 현실에 대한 새로운 발견을 하도록 이끌 수 있을 것이다.[39]

개념 이해를 위해 문학 작품이나 문학적 이야기를 동원하는 것뿐 아니라 타 교과의 지식 교육에 문학 활동을 접목함으로써 더 창의적으로 관련 사태를 이해하고 문제 해결의 다양한 방법을 모색하도록 이끄는 방법도 제안할 수 있다. 문학교육에서 쓰기 활동은 창작 자체를 목적으로 하기도 하지만 작품의 깊이 있는 감상과 이해를 위해 시도되기도

....

38 가령 동화 속 주인공의 행동은 '선택'의 개념으로 설명될 수 있고, 모든 선택에는 '기회비용'이 따른다는 식이다. '기회비용'을 이렇게 해석한다면 모든 이야기에 천편일률적으로 적용할 수 있다.

39 다음 책들에 논의된 사례는 좋은 예가 된다. 오형규, 『경제학, 인문의 경계를 넘나들다』, 서울: 한국문화사, 2013; 팀 하포드, 김명철·이진원 역, 『경제학 콘서트』, 웅진하우스, 2006.

한다. 가령 흥부나 놀부의 시점으로 작품을 재창작하면 흥부의 심정이 나 놀부의 심리를 더 잘 이해하게 될 수 있다.[40]

이와 유사하게 가령 경제 교과와 같은 지식 교과에서 개념과 문제 상황을 포함하는 쓰기를 시도하는 일은 학습자를 해당 문제의 상황으로 깊게 집어넣어 체험하게 하는 활동이 된다. 더구나 이야기(소설) 쓰기를 하도록 하였을 때 학습자들은 상황 속 인물들의 성격과 인물 간 관계에 대해 상상하고, 이들 간에 벌어질 수 있는 사건을 구체적으로 전개시키면서 이 일이 진행되어 갈 방향과 그에 영향을 미치는 변수들에 대해 다각적으로 고려하게 된다. 개념적으로 사고할 때와는 질적으로 다른 문학적 사고력과 상상력이 개입되는 것이다. 이런 점에서 경제적 문제의 상황을 다루는 이야기(소설)쓰기 활동은 단순히 이야기를 소재로 활용하는 것보다 진일보한 융합 수업이다. 학습자들에게 외부효과와 관련된 극적인 문제 상황을 제시하고, 이 상황에서 비롯된 사태에 대한 소설 쓰기를 과제로 요구한 수업 실행에 대한 연구[41]에 이러한 효과가 보고되어 있다.

과제 상황에서 학습자들은 활동지에 제시된 이야기의 문면에 드러나지 않은 주민들 각자의 사연, 감정, 관계들에 대해 상상해야 한다. 학습자들이 이 과정에서 정말 질적으로 훌륭한 소설을 쓰게되는가는 부차적인 문제에 불과하다. 하지만 학습자들이 제시된 상황을 스스로 이야기로 만들어 보려는 시도를 하는 순간, 그들은 아주 단편적인 수준에

....

40 조희정은 고전시가를 쓰게 함으로써 학습자들을 고전 시대의 문학적 상상력과 문학적 형식 속으로 뛰어 들게 할 수 있고, 고전시가 이해 정도를 진단할 수 있으며, 학습자들이 지닌 기존의 이해를 '종합'하는 의의가 있다고 하였다. 조희정, 「고전시가 쓰기 교육 연구: 배경 설화를 지닌 실전(失傳) 고전시가의 재구(再構)를 중심으로」, 『고전문학과 교육』 18, 2009.
41 서명희·김종철, 앞의 글, 2014.

서라도 주민들의 관계와 사정에 대해 나름의 가설을 세워야 할 것이다. 또 동일한 문제에 대해 가해자와 피해자가 다른 입장일 수 있음을 이해하고, 그 각각의 입장을 언어화해야 한다. 뿐만 아니라, 어떤 식으로든 이야기가 진행되도록 하기 위해서는 격렬한 다툼이든 숨겨진 사실의 폭로이든 몰랐던 사연의 발견이든 무언가 극적인 장치를 마련하지 않으면 안 된다.

실제로 '외부효과'와 관련된 문제상황에 대한 소설 쓰기 과제를 실행하고 토론을 진행한 결과 학습자들은 사건의 당사자들이 다양한 문제를 안고 있으며, 각자의 사연과 사정이 있고, 서로 맺고 있는 고유한 관계가 있다는 점을 인식하게 되었다. 이에 경제학적 관점에서 외부효과의 문제를 해결하기 위해 정부의 개입이나 규율의 제정 등을 제안하는 것과 달리, 학습자들은 주민들의 관계의 질을 바꾸기 위한 다양한 활동을 근본적인 문제 해결의 방안으로 제안하였다.[42]

이처럼 학습자들로 하여금 스스로 이야기를 만들어 보는 문학 활동을 하도록 하는 것은 문제 상황이 맥락을 가지고 있다는 것, 인간과 인간 사이, 인간 삶의 문제라는 점을 총체적으로 인식하게 하는 효과를 낳는다. 학습자들은 사회적인 문제를 기계장치의 고장과 같이 단일한 원인을 찾아 조치를 취함으로써 해결되는 문제가 아닌 좀 더 복잡하고 다층적인 문제로 인식할 수 있다.

이와 같은 사례는 무엇보다 소설쓰기라는 문학 활동의 개입으로 인해 전형적인 경제학의 문제 상황을 다른 관점에서 바라보게 되었고, 다

....

42 학습자들은 이들에게 정부의 규제나 법률에 의한 인센티브 등을 제안하는 고전적인 문제해결법이 아니라, 정기적인 모임(바비큐파티)을 통해 친밀하고 서로 이해하는 공동체를 이루게 함으로써 자연스럽게 서로를 배려하는 행동을 이끌어내는 방안을 제안하였다. 위의 글, 90-94쪽.

른 문제를 발견함으로써 새로운 해결의 방안을 제안하는 데 이르렀다는 점에서 창의적 문제해결이라는 차원에서 볼 때 문제 자체를 다른 각도에서 바라보게 하는 데에 타 교과와의 융합이 의미 있게 기여한다는 점을 확인하게 해 준다.

(3) 자료로서의 문학: 문학 작품을 활용한 지식 탐구의 경험

문학 작품은 구체적인 삶에 대한 기록으로서, 타 교과의 개념과 지식을 탐구할 수 있는 좋은 자료가 되기도 한다. 조선후기 가사인 〈덴동어미화전가〉를 가지고 학습자가 할 수 있는 학습 경험을 따라가 보도록 하자. 〈덴동어미화전가〉는 화전놀이의 흥취를 노래하는 가운데 덴동어미라는 한 인물이 자신의 생애담을 들려주는 독특한 내용을 포함하고 있다. 덴동어미는 이방의 딸로 태어나 좋은 가문에 시집을 가지만, 불의의 사고로 남편을 잃고 개가하게 되며, 연이은 상부(喪夫)의 과정 속에 계층 몰락의 길을 걷게 된다. 마침내 최하층 빈민으로 도부장수 남편을 잃고 엿장수에게 개가하여 아들을 낳았으나 이 남편마저 화재로 잃고 장애를 입은 아들만 남은 채로 고향에 돌아오는 것이 덴동어미의 일생이다.

학습자들은 일차적으로 화전놀이를 떠나고, 화전놀이를 즐기고, 청춘과부와 덴동어미의 대화가 시작된 후 덴동어미의 일생담이 길게 펼쳐지는 작품의 내용을 경험한다. 별도의 조작이나 지시 또는 안내 없이 작품을 경험한다고 할 때, 작품의 내용은 가장 기본적이고 일차적인 경험의 대상이 된다.

다음으로, 학습자들이 경험할 수 있는 것은 〈덴동어미화전가〉의 표현이나 구조와 같은 문학적 형식이 가지는 특성이나 기능이다. 이 작품이 화전가라는 양식을 가지고 있기 때문에 갖게 된 놀이를 준비하고 겪고 마무리하는 내용적 구조, 가사 특유의 표현적 특징이나 운율, 고전적 어휘들이 자아내는 느낌, 화전가로서는 독특한 것이지만 이 작품이 개성적으로 가지고 있는 액자식 구성 등을 경험하는 것이다. 이러한 경험을 자각하게 되면, 단순한 내용 경험을 넘어서서 좀 더 풍부한 의미를 형성하게 된다.

그런데 이 두 층위의 경험, 즉 문학의 내용 경험과 문학적 형식의 경험은 문학 독자라면 누구나 자연스럽게 갖게 되는 경험이라 할 수 있다. 그가 어떤 지식, 수준, 배경, 목적을 가지고 있는 사람이든 일단 문학 작품을 독서물로 접한다면 누구나 이 두 층위의 경험을 하게 된다.

교과의 경계를 넘어선 경험이라는 것은 이를테면, 기존에는 누구나 문학적 방법과 개념으로 접근해야 한다고 생각하고 대면해 온 대상, 다시 말하면 문학적 세계에 속하는 대상이라고 간주되어 온 대상을 다른 영역의 방법과 개념을 사용해 경험하는 것을 의미한다. 가령 앞서 소개한 것처럼 경제학의 방법과 개념으로 문학 작품을 경험하거나 또는 지리학의 방법과 개념으로 문학 작품을 경험하게 되면, 대상은 다른 성격과 특성을 드러내면서 새로운 경험의 질을 선사한다.

가령 역사 교과의 개념과 지식을 가지고 〈덴동어미화전가〉라는 자료를 접하여 탐구한다면 어떤 내용을 깨닫게 되는가? 2015 개정 역사 교육과정은 고등학교 공통 과목인 〈한국사〉에서 조선시대의 역사에 대한 교육 내용으로 '정치 운영의 변화와 사회·경제적 변동'에 해당하는 학습 요소를 제시하고 있는데, 이 중 '삼정 문란', '대동법', '도고', '신분제 동요' 등이 〈덴동어미화전가〉에 직접적으로 관련되는 내용들이다.

덴동어미는 중인층의 자식이므로 중인이다. 구체적으로는 경상북도 순흥의 향리층이다. 16살에 경북 예천의 장이방 집으로 시집을 간다. 당대 중인 향리층의 계층내혼 실상을 볼 수 있는 대목이다. 이 첫 남편이 이듬해 사고로 죽자 양가 부모가 의논하여 개가시킨 곳이 경상북도

상주의 이상찰 집안이었다.

작품에서 '가셔도 웅장'하다고 표현한 만큼 시댁은 부유하였으나 '미양 안자 ㅎ는 마리 포가 마나 걱정'이라 하였다. 새 관장이 부임하여 '슈만양 이포乙 츄어닉니' 시아버지는 장독으로 죽고 온 집안이 풍비박산이 되었다. 이포란 수령과 관속이 자신들의 포흠분을 환곡대장에 첨부하여 농민에게 전가시키는 행위로, 환곡의 모순 중 중대한 내용이다. 교과서에 제시된 임술년(1862년) 농민 봉기 발생 지역을 보면[43] 상주가 주요 지역 중 하나라는 것을 알 수 있다. 이상찰의 집안이 농민들의 저항과 관련해 몰락하였다고 볼 수는 없으나, 이 지역이 농민들에 대한 수탈과 착취가 극심한 지역이었다는 점은 확인된다.[44] 환곡의 모순은 삼정의 문란 중 하나로, 한국사에서 중요하게 다루는 조선후기의 사회 문제이다. 대부분의 교과서에서 이 문제와 관련해 수령과 향리들이 축재를 위해 농민들에게 강제로 곡식을 꾸어 주고 비싼 이자를 받거나, 심지어 빌려주지도 않고 장부에만 기록하여 이자를 받는 경우도 있었다는 내용을 기술하고, 관련 사료를 제시하고 있다.

집안의 몰락 후 덴동어미 내외는 걸식을 하며 경주에 도착하여 군노가 경영하는 큰 여객에 들어가 안팎 담살이를 시작하게 된다. 덴동어미 내외의 노동은 당시 임노동이 일반화되었던 상황을 보여준다. 한국사 교과서들은 광작의 일반화로 인해 농민의 계층 분화가 초래되고, 노동 형태가 변화하여 노동력이 상품화되어가는 상황을 기술하고 있다. 덴동어미 부부는 일 년 단위의 계약을 하고 여객에 고용되는데, 선불로

....

43 이병희 외, 『고등학교 역사부도』, 금성출판사, 2014, 79쪽.

44 정흥모는 당시 기록을 상고하면 이상찰 집안의 몰락이 농민항쟁과 관련되기보다는 향리
    층의 자기도태 과정과 관련되었을 것이라 주장하였다. 정흥모, 「덴동어미화전가의 세계인
    식과 조선후기 몰락 하층민의 한 양상」, 『어문논집』 30(1), 민족어문학회, 1991, 87-89쪽.

임금을 받고 일손이 바쁠 때는 추가의 임금을 더 받기로 하는 등 구체적인 임노동의 실상을 엿볼 수 있다.

두 번째 남편이 괴질로 죽은 후 혈혈단신에 가진 것도 없는 덴동어미는 사기 장수인 황도령과 함께 살기로 하고 함께 도부장사를 시작한다. 한국사 교과서들은 조선후기 상품 화폐 경제의 발달과 관련해 사상의 성장을 주요 내용으로 다루고, 봇짐장수와 등짐장수들이 전국적으로 등장하였다고 소개하고 있다. 덴동어미와 황도령은 미약한 자본을 가지고 살아가는 도부장수였다.

황도령이 산사태로 죽은 후 만난 네 번째 남편 조첨지는 엿장수로, 장터를 다니며 엿을 파는 사람이다. 조첨지는 수동 별신굿을 크게 벌인다는 친구의 말을 듣고, 이때에 한몫을 보리라는 마음에 크게 투자하여 엿을 고다가 집에 큰불이 나서 죽고 만다. 별신굿뿐 아니라 정조의 현륭원 행차 등 국가적인 행사나 양반들의 잔치와 같은 행사에 구경꾼이나 장사꾼들이 등장한 것을 기록화를 통해 알 수 있는데, 18세기 말엽에 새롭게 나타난 이러한 현상은 서민이 성장한 당시 사회 변화를 반영한 것이라고 교과서에서 지적하고 있다.[45]

고등학교 〈한국사〉 교육과정과 교과서에서 직접 언급되거나 다루는 내용이 아닌 것들 중 당시의 생활상을 엿볼 수 있는 내용들도 많이 보인다. 가령, 덴동어미가 두 번째 남편과 경주의 여객에서 안팎 담살이를 할 때, 돈을 벌어 고향에 돌아가 다시 이방, 호장을 하겠다고 생각하는 것이나, 미리 받은 임금을 가지고 '日슈 月슈 체게노이' 고리대를 하는 모습은 당시 향리 계층이 어떻게 재산을 불려 나갔는지, 그들 사이에 어떻게 향리직의 거래나 승계가 이루어졌는지를 보여준다.

....
45   왕현종 외, 『고등학교 한국사』, 동아출판사, 2014, 142쪽.

또 두 번째 남편이 괴질로 죽는 대목과 관련해서는 18, 19세기에 창궐했던 전염병이 열악한 위생을 기반하여 기근과 맞물려 발생하고 가난한 민중들을 빈곤의 악순환에 빠뜨리는 주범이었음을 보여준다.[46] 이외에도 풍속과 관련하여 양반이 아닌 중인 이하 계층에서 이념상으로는 수절을 주장하나 실제 생활상의 요구로 개가가 자연스럽게 이루어졌음을 덴동어미의 삶을 통해 알 수 있기도 하다.

위에서 소개한 내용 중 상당 부분은 역사주의적 관점의 문학 연구[47]를 통해 밝혀진 내용과 관련되어 있다. 그렇기 때문에 문학 연구자들의 눈에는 이 내용이 완전히 새로운 것이 아니다. 하지만 문학교육의 현장에서 문학 작품은 작품 내 내용을 파악하고 가사로서 감상하는 범위를 넘어서 다루어지는 경우가 드물다.

말하자면 연구자들이 탐구하고 경험하는 의미의 범위에 비해 교과의 테두리는 훨씬 좁게 설정되어 있는 셈이다. 융합 교육이라는 기치 아래 새로운 내용이 발굴되는 것도 중요하겠지만, 이미 연구자들이 시도하고 있으나 교육의 완고한 틀 안에 수용되지 못하는 유연한 접합들을 적극적으로 적용하고 포용하는 것도 의미 있는 실천이다.

조선후기의 사회 변동에 대해 학습하는 역사 학습자가 역사적 지식을 기술한 내용과 이를 뒷받침하는 객관적 자료가 아닌 덴동어미의 생애 서사를 접했을 때 얻을 수 있는 것은 무엇인가? 먼저 학습자는 역사적 사실이 적용되는 구체적인 사례로서 덴동어미의 생애 서사를 경험함으로써 좀 더 역사적 지식을 생생하고 이해하기 쉬운 것으로 받아들이게 된다. 사상이 발달하고 임노동을 하는 사회라는 것이 구체적으로

....

46   정홍모, 앞의 글, 1991, 87-89쪽.
47   위의 글.

어떤 모습인지, 포구를 중심으로 무역이 발달하고 여객이 중요한 역할을 하면서 성장했다는 것이 어떤 의미인지 실감하게 되는 것을 의미한다. 역사 교과에서 학습해야 하는 개념과 지식에 대해 구체적인 상을 그릴 수 있게 된다. 이는 역사 사실을 이해하는 데 있어 더욱 효율적이거나 의미 있는 방법으로서 덴동어미 서사 감상 경험이 기여한다는 것을 의미한다. 나아가 〈덴동어미화전가〉와 같은 문학 작품을 역사적 관점에서 해석하고 이해하는 경험은 새로운 역사 자료를 발견하고 해석하는 안목을 기르게 한다.

그러나 이보다 중요한 것은 역사교육의 본질이나 목표와 관련된 의미이다. 역사교육이 갖고 있는 중요한 목표 중 하나는 역사의식을 기르는 것이다. 2015 개정 교육과정에서 역사 교과의 성격을 규정함에 있어 역사의식의 함양을 주요 과제로 삼고 있음을 다음과 같이 천명하고 있다.

'역사' 과목은 역사 사실 이해, 역사 자료 분석과 해석, 역사 정보 활용 및 의사소통, 역사적 판단력과 문제 해결 능력, 정체성과 상호존중을 중요한 역량으로 삼고 있다. …(중략)…정체성과 상호 존중은 우리 역사와 세계 역사에 대한 이해를 바탕으로, 우리의 관점에서 오늘날 요구되는 역사 의식을 함양하고 타인을 이해하고 존중하는 태도를 갖는 능력을 의미한다.

역사의식의 내용은 '시간의 흐름 속에서 자신의 위치를 발견하는 것', 이를 통해 '역사의 변화가 자신과 별개의 것이 아니라 자신의 삶과 하나라는 생각을 하게' 되는 것 등으로 이루어진다.[48] 하지만 많은 경우

....
48   정선영 외, 『역사교육의 이해』, 삼지원, 2001.

역사적 지식은 단지 객관적으로 존재하는 지식의 목록으로 객관화, 대상화되고 만다. 나 자신이 시간의 흐름 속에 있으며, 역사의 변화가 나의 삶과 별개의 것이 아니라는 사실을 깨닫기 위해 필수적이고 효과적인 교육의 내용은 과거 역사의 흐름 속에 개인들의 삶이 있었으며, 그들의 삶이 역사와 별개가 아니라는 사실을 아는 것이다.

〈덴동어미화전가〉를 감상하고 덴동어미의 생애 서사를 당대의 역사적 지식이라는 안목을 통해 경험하는 일은, 덴동어미의 고난과 희망, 절망과 노력이 한 개인의 그것이면서 동시에 당대를 살아간 이들이 역사와 사회의 조건 안에서 이루어진 것이라는 점을 이해하는 과정이다. 이러한 경험은 개인의 삶과 역사의 흐름이 어떻게 관련되어 있는가에 대한 학습자의 이해를 확장하는 데 중요하게 기여할 수 있다.

가사 작품인 〈덴동어미화전가〉를 학습하는 문학 학습자가 덴동어미의 생애서사와 관련된 역사적 맥락과 배경을 이해하게 된다면 무엇을 얻을 수 있는가? 우선 작가와 작품의 사회 문화적 배경을 이해함으로써 작품 이해를 심화할 수 있다.[49] 문학 작품을 통해 19세기에서 20세기에 걸친 조선에서 중인이었다가 하층민으로 몰락해 간 한 여성의 삶을 실증적이고 구체적으로 경험할 수 있다는 사실을 깨닫는 것은 곧 문학의 존재 의미와 역할에 대한 이해로 나아가는 길이 된다. 덴동어미라는 한 개인의 운명적 삶이, 역사의 조건 속에서 특정한 계층이 영위했던 삶의 방식이나 선택의 방식이 결합되어 필연적으로 배태될 수밖에 없는 비극이었다는 점을 가장 구체적이고 생생한 내용과 표현을 통해 드러내는 것이 바로 문학이 하는 일이라는 점, 그것이 바로 문학의 본질이

....

49 2015 개정 국어과 교육과정 중 문학 과목의 성취기준으로 '[12문학02-02] 작품을 작가, 사회·문화적 배경, 상호 텍스트성 등 다양한 맥락에서 이해하고 감상한다.'는 이와 직접적으로 관련을 갖고 있는 문학교육의 목표이다.

며 역할이라는 점을 알게 되는 것이 이와 같은 경험을 통해 체득할 수 있는 이해이다.

학습자의 경험을 더 밀고 나갈 수 있다면, 다른 시대의 인물을 선정하고 그의 생애담을 구성해서, 그 내용을 당대의 역사 흐름과 연관지어 바라볼 수 있는 작품을 쓰는 데까지 갈 수 있을 것이다. 그렇게 될 때 학습자는 역사 속 개인의 삶이라는 상을 확고하고도 구체적으로 형성할 수 있을 것이고, 그 인물이 자신에게 의미 있는 인물이라면 그 생애담을 작품화한다는 것이 자신과 그 인물, 혹은 독자에게 어떤 의미가 있는지까지도 체험하게 될 것이다.

이처럼 〈덴동어미화전가〉라는 문학 제재를 가지고 문학과 역사를 넘나들며 탐구하는 경험을 하게 될 때, 역사와 문학이 각각 목적으로 하고 있는 교육을 더 풍성하게 성취하는 결과를 낳을 수 있다. 뿐만 아니라, 학습자는 세상의 다양한 이야기와 자료들을 역사적 탐구의 대상으로 새롭게 발견하는 안목, 인간 삶에 대한 역사적 이해가 가져오는 문학적 감동과 발견을 누리는 즐거움, 한 인간의 삶이 동시에 여러 분야의 이해와 표현의 대상이 된다는 체감을 하게 된다. 그리고 이것이야말로 학습자를 평생 배우고 발견하는 자로서 살아가게 하는 동력이 되는 학습의 경험이다.

2부

언어 중심의 교과 융합 교육, 어떻게 할 것인가

3장

국어와 도덕의 융합 교육*

1. 국어와 도덕의 융합 교육의 필요성

1) 국어와 도덕의 융합의 전제

제1장에서 언급한 것처럼 현대 사회가 안고 있는 다양한 문제를 교육적으로 해결하기 위한 방안의 하나는 전면적 혹은 부분적 융합 교육이다. 그런데 교과 간 융합을 논의하기 위해서는 융합이 개별 교과 각각으로 이루어지는 것보다 교육적 효과가 있으며, 융합을 위한 준비가 갖추어져 있어야 한다. 구본관(2016)에서는 언어가 가진 확장성에 근거하여 언어 중심 교과 융합의 교육적인 효과에 대해 탐색한

....

* 　이 장은 구본관, 「언어 중심 교과 통합의 가능성 탐색」, 『국어국문학』 176, 국어국문학회, 2016; 구본관, 「국어과와 도덕과의 교과 통합 교육을 위한 내용 구성 방안 - '배려적 언어 사용' 교육 내용을 중심으로-」, 『어문론총』 72, 한국문학언어학회, 2017의 논의를 참조하여 이 책의 취지에 맞게 기술하였다.

바 있다.[1]

국어과는 언어인 국어를 교육의 대상으로 한다. 이때 언어는 단순한 의사소통의 기호에 그치는 것이 아니라 사용자의 정체성을 드러내는 언어적 행동이기도 하다. 김은성(2015)에서 언어를 단순히 표층 차원으로 볼 것이 아니라 언어 사용자의 양식이며 기호적 실천 행위인 '언어 행동'으로 보아야 함을 강조한 것도 언어의 행동의 측면을 강조한 것이다.[2] 그러므로 국어과 교육은 표층의 언어에 대한 교육에 머물러서는 안 되고 언어 사용자의 인식에 대한 교육으로 나아가야 하며, 언어적 행동으로서 도덕의 문제에도 관심을 가져야 한다. 이를 고려하면 언어 사용의 윤리를 다루게 되는 국어교육은 자연스럽게 도덕교육으로 이어지게 된다.

사실 국어과와 도덕과의 융합 교육은 전혀 새로운 시도는 아니다. 초등학교에는 4차 교육과정(1982년)부터 〈바른 생활〉, 〈슬기로운 생활〉, 〈즐거운 생활〉과 같은 융합 교과가 있었는데, 이 중 〈바른 생활〉은 '국어', '도덕', '사회'의 융합 교과적인 특성을 가진다. 이처럼 국어과와 도덕과의 융합은 실현 가능하기도 하고 이미 실현되고 있기도 한 것이다.

물론 교과의 융합이 개별 교과적인 접근을 배제하는 방향으로 나아갈 필요는 없으며, 교육적 효과가 있고 실현 가능한 만큼만 이루어지면 된다. 이는 국어과와 도덕과의 융합에 있어서도 마찬가지이다. 우리는 두 교과의 융합을 국어과와 도덕과의 융합이 가능하다고 생각되는 '배려적인 언어 사용'의 측면에서 논의하려 한다.

인간은 배려적 동물이다. 인간은 배려를 받아야 하는 존재일 뿐만

....

1   구본관, 앞의 글, 2016, 299-340쪽.
2   김은성, 「청소년어에 관한 청소년 문식 실천의 사례 연구」, 『국어교육연구』 36, 서울대학교 국어교육연구소, 2015, 383-424쪽.

아니라 배려를 하면서 자기 사람의 가치를 발견해 나가는 존재이기도 하다. 헬드(Held)는 배려가 가장 근본적인 도덕이며 배려 없이는 인간이 존재하지 않는다고 주장하였다. 배려는 인간의 타고난 본성일 뿐만 아니라 교육을 통해 길러질 수 있는 것이기도 하다. 나딩스(Noddings)는 전통적으로 중시되어 온 교양 교육 내지 자유 교육을 반대하면서 교육이 배려를 중심으로 재편되어야 한다고 주장하였다.[3] 그에 따르면 배려는 인간의 무한한 능력에 대한 존경심을 길러 줄 수 있다는 점에서 중요하고, 남성뿐만 아니라 여성과 연관이 있는 기능이나 태도, 능력을 강조하는 교육으로 나아갈 수 있다는 점에서도 중요하다.

이미 언급한 것처럼 국어과와 도덕과는 언어적 행동의 관점에서 융합 교육이 가능하다. 특별히 '배려'를 중심으로 융합 교육을 하게 된다면, 학습자들이 우리의 언어인 국어를 잘 사용할 수 있을 뿐 아니라 국어를 통해 바르게 사고하고 행동하는 교육으로 나아갈 수 있다. 뒤에서 자세하게 논의하겠지만 현재의 2015 개정 교육과정에서도 국어과와 도덕과에는 배려가 교육 내용으로 포함되어 있어서 이런 관점의 융합이 자연스럽게 이루어질 수 있음을 뒷받침해 준다. 따라서 이 장에서의 국어과와 도덕과의 융합 교육 논의는 '배려'를 중심으로 하는 주제 중심의 융합 교육에 집중될 것이다.

2) 언어 중심 국어와 도덕의 융합의 필요성

배려 교육은 국어과와 도덕과를 포함한 다양한 교과목에서 필요하고, 또 가능하기도 하다. 다양한 교과목에서 가능하기 때문에 중복을 줄

....
3   넬 나딩스 편, 추병완·박병춘·황인표 역, 『배려교육론』, 다른 우리, 2002, 13쪽.

이고 효과적으로 교육이 이루어지기 위해서는 '배려' 중심의 융합 교육이 필요하다. 배려를 중심으로 하는 융합 교육은 다양한 교과목 간의 융합으로 가능하겠지만 배려적인 행위의 핵심에는 언어적인 배려가 자리하고 있으므로 언어적 의사소통을 주로 다루는 국어과와 도덕과에서 효율적인 융합이 가능할 것이다. 우리는 배려적인 언어 사용을 주제로 하는 융합 교육의 필요성을 외적 필요성과 내적 필요성으로 나누어 제시하고자 한다.

먼저 외적 필요성을 제시해 보기로 하자. 미래 사회가 필요로 하는 문제 해결 능력을 기르기 위해서는 개별 교과적인 접근뿐만 아니라 융합 교육을 통해 교과 구분을 넘어서서 교과 내용을 구성할 필요가 있다.[4] 다른 사회도 그러하겠지만 우리 사회에서 청소년의 언어 사용에서의 배려 부족은 심각한 수준에 이르렀으므로 이에 대한 교육은 반드시 필요하다. 우리 사회가 다문화 사회로 나아가고 있다는 점 역시 배려적인 언어 사용 교육의 필요성을 말해 준다. 다문화 배경의 사회 구성원에 대한 배려적인 언어 사용은 사회 구성원을 통합하여 건강한 사회로 나아가기 위해서 반드시 필요하다. 이와 같은 배려적인 언어 사용의 문제는 국어과와 도덕과의 융합 교육을 통해 효율적인 접근이 가능하다.

다음으로 국어과나 도덕과 안에서의 내적 필요성에 대해 언급해 보기로 하자. 언어, 혹은 국어를 가르치는 국어과의 특성상 배려를 중요한 교육 내용으로 삼는 것이 반드시 필요한데도, 배려 교육은 충분히 이루어지지 못하고 있다. 국어과 영역 중 '화법' 영역에서는 특별히 배려가 중요하게 다루어질 만한데, 실제 국어과의 화법교육에서는 화법의 전략에 대해서 중요하게 다루어지지만 배려적인 듣기나 말하기에 대한

....

4   임정연, 「나딩스의 배려교육론 연구」, 성균관대학교 박사학위논문, 2012.

교육은 충분하지 않다. '작문' 영역에서는 배려하는 글쓰기에 대한 교육 내용이 필요한데도 충분히 이루어지지 못하고 있다. '문법' 영역에서도 자기 혹은 타인의 언어 사용에 대한 성찰, 즉 언어 인식을 통해 적절하고 타당한 언어 사용을 교육 내용으로 삼을 수 있는데, 이때 배려적인 언어 사용이 중요하게 다루어질 수 있다. 하지만 실제 교육 내용의 구성에서는 배려적인 언어 사용이 중요하게 다루어지지 못하고 있다. '문학' 영역에서도 '공감' 능력 등을 강조하면서 배려가 중요하게 다루어질 법하지만 실제 교육 내용에서는 그렇지 못하다. '독서' 영역에서도 배려적인 내용을 제재로 포함하여 가르칠 수 있을 법하지만 실제로 중요한 교육 내용으로 다루어지지는 못하고 있다. 따라서 국어과 내적 배려 교육, 특히 배려적인 언어 사용 교육은 반드시 필요하다.

뒤에서 언급할 것인바 도덕과의 경우 교육과정에는 특별히 타인과의 관계에서 배려가 중요하게 언급되고 있다. 하지만 배려는 타인과의 관계에서의 문제일 뿐만 아니라 자기 배려, 공동체 배려, 세계 전체 배려를 포함해야 한다는 점에서 충분하게 배려가 교육 내용으로 들어가 있다고 보기 어렵다. 이런 점에서 도덕과 내적으로도 배려 교육의 강화가 반드시 필요하다. 이미 언급한 것처럼 배려적인 언어 사용이 국어과와 도덕과의 융합으로 효율적인 달성이 가능하다고 볼 때 이들의 융합 교육은 교과 내적으로도 반드시 필요한 것이다.

2. 국어와 도덕의 융합 교육의 방향

1) 언어의 특성과 국어과와 도덕과의 융합

배려적인 언어 사용을 주제로 한 국어과와 도덕과의 융합 교육의 가능성은 제1부의 1장 4절에서 언급한 바와 같이 언어가 가진 특성이 융합을 용이하게 하기 때문이다. 우리는 앞에서 언어가 대부분의 경우 교육에서 가장 중요한 수단이 된다는 점, 언어는 그 자체로서 교육의 내용이 될 수 있다는 점, 언어가 학습자의 사고나 인지와 직접 연결되어 있다는 점 등을 들어 언어 중심의 교과 융합 교육이 가능하다는 점을 언급한 바 있다.

또한 최초의 학문 내지 교과는 미분화 상태에 있었으며, 언어를 중심으로 보아도 문자의 발달로 그림과 언어(문자)가 분리되기 시작했고, 악기의 발달로 언어(노래)와 음악이 분리되기 시작했음을 논의했다. 한편 언어를 중심으로 볼 때 학문이나 교과는 분리의 길을 걸어오기만 한 것이 아니라 융합의 방향으로도 나아갔다. 예를 들어 복합 양식 매체의 발달에서 볼 수 있듯이 근대 이후 현대에 이르기까지의 기술의 발달은 언어가 음악 등의 청각적 요소, 그림이나 사진 등의 시각적 요소 등과 융합되는 양상을 보여 주는 것이다.

이와 같이 언어가 다른 학문이나 교과와의 융합의 매개체가 될 수 있다는 점은 국어과와 도덕과의 융합 교육에도 긍정적으로 작용한다. 그리하여 배려적인 언어 사용을 주제로 하는 국어과와 도덕과의 융합이 자연스럽게 가능해지는 것이다.

2) 국어과와 도덕과의 융합 방향의 구체화

배려적인 언어 사용을 주제로 한 국어과와 도덕과의 융합 방향을 구체화하면 다음 몇 가지가 가능하다.

- 배려적인 언어 사용 중심의 국어과와 도덕과의 융합 방향
  가. 융합은 국어과와 도덕과의 교육의 성격에 부합하는 방향으로 이루어져야 한다.
  나. 융합은 인식과 실천이 조화되는 방향으로 이루어져야 한다.
  다. 융합은 자기 배려에서 타인에 대한 배려로, 더 나아가서 공동체와 세계 전체의 배려로 나아가는 방향으로 이루어져야 한다.
  라. 언어의 다양한 측면에서의 배려가 포함되어야 한다.

먼저, 융합은 어느 한 교과의 관점에서만 이루어져서는 안 된다는 점에서 국어과와 도덕과 교육의 성격에 부합하는 방향으로 이루어져야 한다는 것을 지적할 수 있다. 이미 언급하였듯이 융합은 개별 교과적인 접근을 배제하는 방향으로 나아갈 필요가 없으며 융합 교과적인 접근은 개별 교과적인 접근과 상호 보완적으로 이루어지는 것이 바람직하다. 아울러 어느 한 교과가 중심이 되고 다른 교과는 지엽적으로만 이루어지는 것도 바람직하지 못하다. 다만 우리의 논의는 언어 중심의 교과 융합이므로 상대적으로 국어과가 중심이 되기는 하지만, 국어과의 성격에만 부합하는 것이 아니라 도덕과의 성격에도 부합하는 방향으로 이루어져야 한다. 이런 관점에서 배려적인 언어 사용 중심의 국어과와 도덕과의 융합은 국어과와 도덕과의 성격에 부합하는 방향으로 이루어져야 하는 것이다.

다음으로 배려는 본질적으로 인식과 실천을 포함하고 있다는 점에서 배려적인 언어 사용 중심의 국어과와 도덕과의 융합은 인식과 실천이 조화되는 방향으로 나아가야 한다. 이때 언어적 인식이나 성찰은 도덕과적인 관점이, 언어적인 실천 행위는 국어과적인 관점이 우세하게 반영될 수는 있다. 하지만 자신 혹은 타인의 언어에 대한 성찰 역시 국어과의 중요한 교육 내용이고, 언어를 포함한 실천 행위 역시 도덕과의 중요한 교육 내용이 된다는 점에서 국어과나 도덕과 모두 배려적인 언어 사용의 융합의 방향에서 인식과 실천의 조화가 바람직한 방향이 된다.

이미 언급한 것처럼 도덕과 교육과정에서는 '배려'라는 용어를 타인에 대한 배려로 한정하는 경향이 있지만, 배려는 타인뿐만 아니라 자기 배려, 공동체 배려, 세계 전체의 배려를 포함하는 개념이다. 실제 도덕과의 교육 내용 역시 배려를 타인에 대한 배려로만 머무르는 것으로 구성하고 있는 것은 아니다. 루소(Rousseau)가 언급한 것처럼 자신에 대한 사랑에서 솟아나는 타인에 대한 사랑이 인간 정의의 원천이 된다.[5] 나딩스는 배려에 대해 논의하면서 자기에 대한 배려 없이는 타인에 대한 배려가 위선이 되거나 일회적인 행동에 그칠 위험이 있음을 언급하였다. 유교의 '수신제가치국평천하'나 불교의 배려 윤리 역시 배려가 자기에서 출발하여 점차 타인으로 확산되는 방향이 바람직함을 논의하고 있다. 배려적인 언어 사용 중심의 국어과와 도덕과의 융합 방향 역시 자기 배려에서 타인에 대한 배려로, 더 나아가서 공동체와 세계 전체의 배려로 나아가는 방향으로 이루어져야 한다.

마지막으로 우리가 논의하는 배려적인 언어 사용 중심의 국어과와 도덕과의 융합은 특별히 언어를 중심으로 하는 교과 융합이므로 언어

....
5   카츠·나딩스·스트라이크 편, 윤현진 외 역, 『정의와 배려』, 인간사랑, 2007, 142쪽.

의 다양한 측면에서의 배려가 포함되어야 한다. 배려적인 언어 사용은 구어(듣기, 말하기)와 문어(읽기, 쓰기) 모두에 해당되며, 표현(말하기, 쓰기)과 이해(듣기, 읽기) 모두에 필요한 것이기도 하다. 물론 언어의 특수한 사용으로서의 문학적인 언어 사용에서도 배려가 필요하며, 문법 영역에서의 교육 내용에도 배려가 관련이 된다. 이처럼 배려적인 언어 사용 중심의 국어과와 도덕과의 융합은 언어의 모든 국면을 포함하는 방향으로 이루어져야 하는 것이다.

3. 국어와 도덕의 융합 교육의 내용

1) 기존의 국어와 도덕의 교육과정 검토

배려적인 언어 사용 중심의 국어과와 도덕과의 융합 교육과정을 만들기 전에 기존 교육과정에 나타나는 배려 관련 교육 내용을 살펴보기로 하자.

[2015 교육과정 총론의 배려 관련 내용]

국어과와 도덕과의 교육과정을 살피기 전에 먼저 2015 개정 교육과정의 총론에서 배려가 반영되는 양상을 살펴보기로 하자. 교육부(2017가: 4-6)에는 학교급별 교육 목표를 제시하고 있는데, 여기에 '배려' 관련 내용이 구체적으로 제시되어 있다.[6]

....
6   교육부, 『초·중등학교 교육과정 총론(교육부 고시 제2015-80호[별책1])』, 교육부, 2017가.

- 2015 개정 교육과정의 총론에 제시된 배려 관련 내용[7]

   가. 초등학교 교육 목표

   　4) 규칙과 질서를 지키고 협동정신을 바탕으로 서로 돕고 배려 하는 태도를 기른다.

   나. 중학교 교육 목표

   　4) 공동체 의식을 바탕으로 타인을 존중하고 서로 소통하는 민 주 시민의 자질과 태도를 기른다.

   다. 고등학교 교육 목표

   　4) 국가 공동체에 대한 책임감을 바탕으로 배려와 나눔을 실천 하며 세계와 소통하는 민주 시민으로서의 자질과 태도를 기 른다.

2015 개정 교육과정의 총론에서는 주로 배려를 태도와 관련하여 다루고 있다. 또한 뒤에서 언급할 것인바 자기 배려에 대해서는 언급하 지 않고 타인이나 공동체 세계를 대상으로 하는 배려를 언급하고 있다.

[2015 교육과정 국어의 배려 관련 내용]

다음으로 국어과 교육과정에 나타나는 배려에 대해 언급해 보기로 하자. 총론과 마찬가지로 2015 개정 국어과 교육과정에서도 배려 관련 교육 내용이 드러난다. 2015 개정 교육과정 중 '성격'과 '성취기준'에서 '배려'가 나타나는 양상을 살펴보기로 하자.

………

7　2015 개정 교육과정 총론의 학교급별 교육 목표는 초등학교, 중학교, 고등학교로 나누 어 각각 네 가지씩 제시하고 있는데, 배려는 공통적으로 네 번째 항목에서 언급되고 있다.

- 2015 개정 교육과정 '성격'에 나타나는 배려 관련 내용

학습자는 국어를 활용하여 자아를 인식하고, 타인과 교류하면서 세계를 이해한다. … 나아가 자신의 말이나 글에 책임지는 태도를 지니고, 바람직한 인성과 공동체 의식을 기름으로써 국어 교육의 목적을 달성할 수 있다.

2015 개정 국어과 교육과정에서는 '성격'에서뿐만 아니라 구체적인 '성취기준'에서도 '배려'가 나타난다. 다음은 국민공통교육과정인 초등학교와 중학교의 성취기준에 나타나는 배려 관련 항목을 모아서 제시한 것이다.

- 2015 개정 교육과정 국어과 '성취기준'에 나타나는 배려 관련 내용

학년	영역	성취기준
초등 1~2	듣·말	[2국01-05] 말하는 이와 말의 내용에 집중하여 듣는다.
초등 1~2	듣·말	[2국01-06] 바르고 고운 말을 사용하여 말하는 태도를 지닌다.
초등 1~2	읽기	[2국02-04] 글을 읽고 인물의 처지와 마음을 짐작한다.
초등 3~4	듣·말	[4국01-06] 예의를 지키며 듣고 말하는 태도를 지닌다.
초등 3~4	읽기	[4국02-05] 읽기 경험과 느낌을 다른 사람과 나누는 태도를 지닌다.
초등 3~4	쓰기	[4국03-04] 읽는 이를 고려하여 자신의 마음을 표현하는 글을 쓴다.
초등 3~4	문법	[4국04-04] 높임법을 알고 언어 예절에 맞게 사용한다.
초등 5~6	듣·말	[6국01-07] 상대가 처한 상황을 이해하고 공감하며 듣는 태도를 지닌다.
초등 5~6	쓰기	[6국03-06] 독자를 존중하고 배려하며 글을 쓰는 태도를 지닌다.

학년	영역	성취기준
초등 5~6	문법	[6국04-01] 언어는 생각을 표현하며 다른 사람과 관계를 맺는 수단임을 이해하고 국어생활을 한다.
초등 5~6	문학	[6국05-05] 작품에 대한 이해와 감상을 바탕으로 하여 다른 사람과 적극적으로 소통한다.
중 1~3	듣·말	[9국01-02] 상대의 감정에 공감하며 적절하게 반응하는 대화를 나눈다.
중 1~3	듣·말	[9국01-06] 청중의 관심과 요구를 고려하여 말한다.
중 1~3	듣·말	[9국01-12] 언어폭력의 문제점을 인식하고 상대를 배려하며 말하는 태도를 지닌다.
중 1~3	쓰기	[9국03-05] 자신의 삶과 경험을 바탕으로 하여 독자에게 감동이나 즐거움을 주는 글을 쓴다.
중 1~3	문학	[9국05-04] 작품에서 보는 이나 말하는 이의 관점에 주목하여 작품을 수용한다.

위의 표에서 볼 수 있듯이 배려 관련 성취기준은 1~9학년에 걸쳐 나타나며, 듣기·말하기에 집중되어 있지만 읽기, 쓰기, 문법, 문학 등에서도 나타난다. 또한 태도 관련 성취기준이 많기는 하지만 지식이나 기능 관련 성취기준에서도 배려가 반영되어 있다.

[2015 교육과정 도덕의 배려 관련 내용]

이제 마지막으로 도덕과 교육과정에서 나타나는 배려 관련 성취기준을 살펴보기로 하자.

- 2015 개정 교육과정 도덕과 '성취기준'에 나타나는 배려 관련 내용

학년	영역	성취기준
초등 3~4	타인과의 관계	[4도02-01] 가족을 사랑하고 감사해야 하는 이유를 찾아보고, 가족 간에 지켜야 할 도리와 해야 할 일을 약속으로 정해 실천한다.
초등 3~4	타인과의 관계	[4도02-02] 친구의 소중함을 알고 친구와 사이좋게 지내며, 서로의 입장을 이해하고 인정한다.
초등 3~4	타인과의 관계	[4도02-03] 예절의 중요성을 이해하고, 대상과 상황에 따른 예절이 다름을 탐구하여 이를 습관화한다.
초등 3~4	타인과의 관계	[4도02-04] 협동의 의미와 중요성을 알고, 경청·도덕적 대화하기·도덕적 민감성을 통해 협동할 수 있는 능력을 기른다.
초등 5~6	타인과의 관계	[6도02-01] 사이버 공간에서 발생하는 여러 문제에 대한 도덕적 민감성을 기르며, 사이버 공간에서 지켜야 할 예절과 법을 알고 습관화한다.
초등 5~6	타인과의 관계	[6도02-02] 다양한 갈등을 평화적으로 해결하는 것의 중요성과 방법을 알고, 평화적으로 갈등을 해결하려는 의지를 기른다.
초등 5~6	타인과의 관계	[6도02-03] 봉사의 의미와 중요성을 알고, 주변 사람의 처지를 공감하여 도와주려는 실천 의지를 기른다.

　　도덕과 교육과정은 국어과 교육과정과 구조가 다르며 배려 관련 성취기준의 제시 방안도 다르다. 2015 개정 도덕 교육과정은 '듣·말, 읽기, 쓰기, 문법, 문학'으로 영역이 나누어져 있는 국어과와는 달리 '자신과의 관계, 타인과의 관계, 사회·공동체와의 관계, 자연·초월과의 관계'로 영역이 나누어져 있다. 이들 각각의 영역은 핵심 가치로 이어져 있는데, 자신과의 관계 영역은 '성실', 타인과의 관계 영역은 '배려', 사회·공동체와의 관계는 '정의', 자연·초월과의 관계는 '책임'을 핵심 가치로 한다. 따라서 (5)에서 제시한 것처럼 '배려'는 '타인과의 관계' 영

역에서 집중적으로 나타난다.

배려를 중요한 핵심 가치의 하나로 보는 것은 도덕과에서 배려가 매우 중요함을 의미하며, 위의 표에서 볼 수 있듯이 배려는 교육과정에 반영되어 있다. 다만 우리가 뒤에서 언급할 것인바, '배려'가 타인과의 관계에 한정되지 않고 자기 배려나 공동체 배려, 자연이나 세계에 대한 배려까지로 나아간다는 점을 고려하면 도덕과에서는 배려를 상당히 좁게 사용하고 있음을 알 수 있다.[8] 여기서는 배려를 타인 배려뿐만 아니라 자기 배려, 공동체 배려, 세계에 대한 배려를 포함한 넓은 의미로 사용한다.

우리는 지금까지 2015 개정 교육과정의 총론, 국어과 교육과정, 도덕과 교육과정에 나타나는 배려 관련 내용을 살펴보았다. 국어과의 배려 관련 내용은 언어인 국어를 대상으로 하므로 당연히 우리가 관심을 가지는 배려적인 언어 사용과 직접 관련이 있지만 도덕과의 배려 관련 내용은 배려적인 언어 사용과 직접 관련되는 것도 있고 그렇지 않은 것도 있다. 다음 절에서는 국어과와 도덕과의 배려 관련 내용 중 언어 사용에 주목하여 융합 교육의 내용을 제시하게 될 것이다.

2) 국어와 도덕의 융합 교육 내용의 제시

[국어와 도덕의 융합 교육과정]
이제 지금까지의 논의를 바탕으로 배려적인 언어 사용 중심의 국어

---

8   나딩스의 논의를 소개하면서 언급한 것처럼 배려는 '자기 배려', '타인 배려', '공동체 배려', '세계에 대한 배려' 등을 포함하는 개념이다. 도덕과에서 배려를 좁은 의미로 사용한 것은 '배려'뿐만 아니라 '성실', '정의', '책임' 등의 다른 핵심적인 가치들도 도덕에서 중요하다고 여기기 때문으로 보인다.

과와 도덕과의 융합 교육의 교육 내용을 제시해 보기로 하자. 구체적인 내용의 제시에 앞서 배려적인 언어 사용 중심의 국어과와 도덕과 융합 교육과정을 간략하게 만들어 제시해 보기로 하자. 편의상 교육과정의 틀은 2015 개정 교육과정의 틀을 원용한다. 주지하듯이 2015 개정 교육과정은 과목별로 1. 성격, 2. 목표, 3. 내용 체계 및 성취기준으로 나누어져 있다.

- 배려적인 언어 사용 중심의 국어과와 도덕과의 융합 교육과정의 성격과 목표[9]

  1. 성격

  '배려'는 배려하는 자가 상대방에 대한 관심과 염려를 바탕으로 상대방의 생각과 입장을 존중하면서 상대방을 위해 상대방과 자기 자신을 서로 조율해 가는 과정이다. 배려는 일반적으로 상대방에 대한 배려를 말하지만 자신이나 공동체, 세계 전체에 대한 배려도 포함된다. 배려는 특히 언어 사용의 과정에서 드러나는 측면이 강하다. 학습자는 배려적인 언어 사용을 통해서 자아를 인식하고 성찰하며, 타인과 교류하고, 세계와 조화롭게 살아가게 된다. 언어활동 과정에서의 배려 학습을 통해 학습자는 교육과정이 추구하는 역량인 비판적·창의적 사고 역량, 의사소통 역량, 공동체·대인 관계 역량, 자기 성찰 역량 등을 기를 수 있다. 배려적 언어 사용은 듣기·말하기, 읽기, 쓰기, 문법, 문학 등 언어 사용의 다양한 국면에서 필요한 지식을 갖추고, 기능과 태도를 기름으로써 '배려적인

....

9 여기에서의 성격과 목표는 2015 개정 국어과 교육과정의 성격 및 목표의 틀을 빌려서 배려적인 언어 사용의 성격과 목표를 기술한 것이다.

언어 사용 능력 신장'[10]이라는 목표에 이를 수 있다. 이를 위해서 배려적 언어의 사용을 이해하고, 배려적으로 언어를 표현하는 방법을 함양하는 것으로 내용을 구성하였다. 학습자는 이러한 활동에 적극적으로 참여하여 '배려'의 목표를 달성해야 한다.

2. 목표

배려적인 언어 사용의 본질을 이해하고, 언어적 의사소통이 이루어지는 맥락의 다양한 요소를 고려하여 자기와 상대방, 공동체와 세계와 조화롭게 살아가기 위한 능력과 태도를 기른다.

가. 듣기·말하기, 읽기, 쓰기, 문법, 문학 등 배려적인 언어 사용의 다양한 국면에 도움이 되는 기본적인 지식을 익힌다.

나. 다양한 언어 사용의 국면에서 배려적으로 사용된 언어를 이해하고 적절하게 표현하며 소통하는 데에 필요한 기능을 익힌다.

다. 배려적인 언어 사용의 중요성을 인식하고 적극적으로 배려적으로 언어를 사용하려는 태도를 기른다.

이제 배려적인 언어 사용 중심의 국어과와 도덕과의 융합 교육과정의 내용 체계에 대해 언급해 보기로 하자. 내용 체계 역시 틀은 2015 개정 교육과정을 따르기로 한다.

·········

10 '배려적인 언어 사용 능력'이란 도덕과에서 흔히 말하는 배려 능력을 언어 사용 국면으로 제한한 개념이다.

- 배려적인 언어 사용 중심의 국어과와 도덕과의 융합 교육과정의 내용 체계

영역	핵심 가치	일반화된 지식	내용 요소
자기 배려	자존감	올바른 언어생활을 위해서는 자기 언어를 성찰하여 자기의 언어 사용을 존중하고 자기의 감정을 적절하게 표현한다.	• 자기 언어 성찰 • 자기 언어 존중 • 자기감정 표현
타인 배려	타인 존중	대화를 할 때나 글을 쓸 때는 청자나 독자를 존중하고 상대의 입장을 고려한 언어 사용을 실천한다.	• 타인의 언어 경청 • 타인의 언어 존중 • 타인의 입장 고려한 언어 표현
공동체 배려	공동체 존중	대화를 할 때나 글을 쓸 때는 공동체의 언어 관습을 존중하고 공동체의 언어 발전에 도움이 되는 언어 사용을 실천한다.	• 공동체 언어 관습 존중 • 공동체 발전을 위한 언어 표현
세계 전체 배려	세계 존중	대화를 할 때나 글을 쓸 때는 동식물을 비롯한 자연을 존중하고 자연과 조화롭게 살아가는 데에 도움이 되는 언어 사용을 실천한다.	• 생명 존중의 언어 표현 • 자연과 조화를 이루는 언어 표현

위의 표는 2015 개정 교육과정의 틀에 따라 만들어 본 내용 체계 표이다. 우리 책에서는 내용 요소에 따른 구체적인 성취기준까지를 제시할 여력을 가지고 있지는 못하다. 구체적인 성취기준의 대략적인 모습은 다음 절에서 교육 내용을 언급하면서 전체적인 윤곽을 제시하게 될 것이다.

[국어와 도덕의 융합 교육 내용]

국어과와 도덕과의 융합을 통한 배려적인 언어 사용의 교육과정은 실제 교육 내용으로 구체화될 수 있다. 우리는 배려적인 언어 사용의 교육 내용을 배려 대상에 따른 교육 내용, 언어 사용 국면에 따른 교육 내

용, 언어 단위에 따른 교육 내용으로 나누어 간략하게 제시해 볼 것이다.

① 배려 대상에 따른 교육 내용

국어과와 도덕과의 융합을 통한 배려적인 언어 사용의 교육 내용을 배려 대상에 따라 나누면 자기 자신, 타인, 공동체, 세계 전체 등이다.

- 국어과와 도덕과의 융합 교육 내용 1(배려 대상에 따른 교육 내용)

  가. 자기 배려적인 언어 사용

  나. 타인 배려적인 언어 사용

  다. 공동체 배려적인 언어 사용

  라. 세계 전체 배려적인 언어 사용

서현석(2017)에 따르면 자기 배려 교육의 내용은 첫째로 자기 수용과 완성을 넘어 좋은 삶을 위한 적극적 자기 변형을 통해 자기 구원에 도달하는 것을 포함해야 하며, 둘째로 자기에 대한 정확한 이해와 자기 수용에서 시작해서 자기 수련과 자기 연마로 나아가야 하며, 셋째로 자기 인식과 자기 이해를 위해 자기 경청, 자기 대화, 자기표현적 글쓰기 등을 활용해야 한다.[11] 이를 고려하면 자기 배려적인 언어 사용은 결국 자기 언어를 성찰하고, 자기 언어를 존중하며, 자기감정을 언어로 표현하는 것에 의해 도달할 수 있는 것이다. 이는 듣기나 말하기, 읽기, 쓰기, 문법, 문학 등 국어교육의 모든 국면에 해당한다. 예를 들어 차경미(2013)에서 논의한 감정 어휘에 대한 연구나[12] 서현석(2017)의 혼잣말을 활용하는 자

....

11 서현석, 「국어교육에서의 배려연구의 동향」, 한국배려학회, 『배려 연구』, 하우, 2017, 215-238쪽.

12 차경미, 「감정 어휘 교육 내용 연구」, 서울대학교 석사학위논문, 2013.

기 배려 연구 등이 교육에 활용될 수 있다.[13] 자기감정을 표현하는 어휘를 적절하게 사용할 수 있는 것은 자기 배려의 기본이 된다. 자기 경청이나 자기 대화를 위해 흔히 말하는 혼잣말을 중요한 교육 내용으로 삼을 수도 있다. 혼잣말은 자기를 존중하는 형태로 나타날 수도 있고, 자기 비하의 형태로 나타날 수도 있다. 따라서 혼잣말을 자기 언어의 성찰과 자기 언어 존중의 교육적인 제재로 삼는 것이 필요하다. 특별히 자기표현적 글쓰기나 자전적인 소설 등을 통해 타인의 자기표현에 대해 이해하는 것도 자기 배려적인 언어 사용 교육의 교육 내용이 될 수 있을 것이다.

다음으로 타인 배려적인 언어 사용의 교육 내용에 대해 논의해 보자. 흔히 좁은 의미에서 '배려'에 대해 언급한다면 바로 타인에 대한 배려를 말한다. 따라서 배려적인 언어 사용의 교육도 상당 부분은 타인 배려적인 언어 사용 교육에 집중될 것이다. 앞에서 제시한 표에서 타인 배려의 내용 요소로 제시한 타인의 언어 경청, 타인의 언어 존중, 타인의 입장을 고려한 언어 표현을 중심으로 내용의 체계를 논의해 볼 수 있다. 배려의 정의에서 논의한 것처럼 타인을 배려하는 언어 사용을 위해서는 타인의 말에 마음을 완전히 열고 경청하며, 타인의 입장을 고려하며 표현해야 한다. 타인의 언어에 대한 경청은 앞의 "2015 개정 교육과정 국어과 '성취기준'에 나타나는 배려 관련 내용"에서 제시한 것처럼 국어과 교육과정의 '듣기·말하기' 영역에서 중요하게 다루어지고 있다. 하지만 타인의 언어에 대한 존중은 구어 형태의 의사소통인 듣기와 말

....

13 피아제(Piaget)와 비고츠키(Vygotsky)는 언어 발달에서의 혼잣말과 같은 자기중심적 언어의 특성을 다르게 이해한 바 있다. 피아제의 경우 혼잣말을 타인과의 대화 이전에 나타나는 미성숙한 언어로, 비고츠키의 경우 자기를 표현하고 문제를 해결하는 성숙한 언어 사용의 하나로 언급하였다. L. S. 비고츠키 편, 윤초희 역, 『사고와 언어』, 교육과학사, 2011, 85-140쪽.

하기뿐만 아니라 문어 형태의 의사소통인 읽기나 쓰기에서도 중요하게 고려되어야 한다. 우리가 다른 사람이 쓴 글을 읽을 때 필자의 언어에 대한 사려 깊은 이해가 필요하며 우리 자신이 글을 쓸 때에도 독자가 될 타인의 입장을 고려한 글쓰기가 필요한 것이다. 이는 일상적인 읽기와 글쓰기뿐만 아니라 문학 작품을 읽을 때에나 문학 작품을 창작할 때에도 해당하는 것이다.

이어서 공동체 배려적인 언어 사용의 교육 내용에 대해 논의해 보자. 앞에서 제시한 표에서 공동체 배려의 내용 요소로 제시한 공동체 언어 관습 존중, 공동체 발전을 위한 언어 표현을 중심으로 내용의 체계를 논의해 볼 수 있다. 사실 언어가 사회문화적인 산물임을 고려하면 공동체의 언어 관습을 존중하는 것은 선택이 아닌 필수적인 것이기도 하다. 주지하듯이 언어는 사회문화적인 맥락을 통해 표현되고 이해되며 소통하는 것이기 때문이다. 공동체 배려적인 언어 사용에서 중요한 것의 하나는 언어 사용이 바람직한 공동체를 형성하고 발전시켜 나아가는 데에 기여해야 한다는 것이다. 북한을 이탈한 주민이나 다문화 배경의 한국어 사용자가 늘어가고 있는 우리 사회에서 교육을 통해 공동체 배려적인 언어 사용을 이루어 나가야 하는 것은 반드시 필요한 일이 될 것이다.

마지막으로, 세계 전체 배려적인 언어 사용을 논의하기로 하자. 앞에서 제시한 표에서 세계 전체 배려의 내용 요소로 제시한 생명 존중의 언어 표현, 자연과 조화를 이루는 언어 표현을 중심으로 내용의 체계를 논의해 볼 수 있다. 황희 정승의 일화로 전해 내려오는 흰 소와 검은 소에 대한 평가는 우리 조상들의 인간을 넘어선 생명체 전체에 대한 배려적인 언어 사용을 잘 보여 준다.[14] 언어 사용에 국한되는 것은 아니지만

....
14   주지하듯이 황희 정승이 밭에서 일하는 두 소 중에 누가 일을 잘하는지 물었을 때 농부

마당에 더운 물을 뿌릴 때나 하수구에 더운 물을 부을 때 작은 생명체를 배려하기 위해 조심했다는 이야기 등은 우리 조상들의 생명 존중 사상을 잘 보여 준다. 자연과의 조화로운 삶은 우리의 사상의 기저를 이루고 있었으며, 문학 작품이나 미술 작품 등에서도 광범위하게 드러난다. 오늘날에 있어서도 우리는 이제 자연과의 공존은 선택이 아니라 필수적인 것이 되었다. 자연과 공존하기 위해서는 생각만으로는 안 되고 행동이 필요한데, 언어가 사고나 행동에 영향을 준다는 점에서 언어 사용에 있어서의 세계 전체 배려는 매우 중요한 것이다.

② 언어 사용 국면에 따른 교육 내용

국어과와 도덕과의 융합을 통한 배려적인 언어 사용의 교육 내용을 언어 사용의 국면에 따라 나누면 듣기·말하기, 읽기, 쓰기 등이고 여기에 특별히 국어교육적인 특성을 고려하여 문법과 문학을 더할 수 있다.

- 국어과와 도덕과의 융합 교육 내용 2(언어 사용의 국면에 따른 교육 내용)
  가. 듣기·말하기에서의 배려적인 언어 사용
  나. 읽기에서의 배려적인 언어 사용
  다. 쓰기에서의 배려적인 언어 사용
  라. 문법에서의 배려적인 언어 사용
  마. 문학에서의 배려적인 언어 사용

먼저 듣기·말하기 영역에서의 배려적인 언어 사용의 교육 내용에 대해 논의해 보자. 듣기·말하기 영역은 상대와의 상호 소통이 핵심이므

는 소가 듣지 못하게 조심스럽게 귓속말로 얘기했다는 일화이다.

로 이미 배려적인 언어 사용 교육 내용을 포함하고 있으며 배려적인 언어 사용이 가장 자연스럽게 적용될 수 있는 영역이기도 하다. 즉, 지금까지 국어과의 듣기·말하기 영역이 구어 발화에서의 말하기나 듣기 전략에 치중해 있었다면 자신의 언어 성찰을 통한 배려적인 언어 사용이 교육 내용으로 추가되어야 한다는 것이다. 배려적인 듣기·말하기는 흔히 최현섭(2005)의 상생화용의 관점과도 통하는데, 이는 진실한 언어 사용과 상대를 배려하는 언어 사용을 통해 언어 교육의 패러다임을 바꾸려는 논의이다.[15] 상대를 배려하는 듣기·말하기는 무엇을 말하는가? 이미 언급한 것처럼 듣기에 있어서는 자기의 관점이 아닌 열린 마음으로 타인의 말을 받아들이고 말하기에서는 이를 고려하여 말을 해야 한다는 것이다.

다음으로 읽기 영역에서의 배려적인 언어 사용 교육의 교육 내용에 대해 살펴보자. 읽기 영역은 다양한 읽을거리를 통해 읽기의 전략을 배우는 것뿐만 아니라 읽기 재료에 나타는 사상을 배우는 것을 포함하고 있다. 읽기의 주제가 최현섭(2005)에 나타난 사례나 앞에서 우리가 언급한 황희 정승의 일화와 같이 배려를 주제로 하는 것이라면 자연스럽게 배려적인 언어 사용 교육이 이루어질 수 있을 것이다. 최근의 우리 사회의 다문화 사회로의 변화와 관련하여 다문화를 받아들일 수 있는 문화 감응을 주제로 하는 자료를 선정한다면 이 역시 훌륭한 배려적인 언어 사용 교육 내용이 될 것이다.

이제 쓰기 영역에서의 배려적인 언어 사용 교육의 내용에 대해 알

....

15 서현석(2017: 218)에서 언급한 것처럼 최현섭의 상생화용은 배려적인 언어 교육 전반과 관련이 있지만 특히 배려적인 말하기와 직접적인 관련을 가진다. 최현섭, 「言語敎育의 새 paradigm을 위하여: 相生話用論 序說-」, 『청람어문교육』 30, 청람어문교육학회, 2005, 173-197쪽 참조.

아보자. 말하기에서뿐만 아니라 쓰기에 있어서도 필자는 독자를 고려하는 배려적인 언어 사용을 해야 함은 물론이다. 다만 말하기와 달리 쓰기의 경우 상대방이 현장에 존재하지 않으며 직접 상정되지 않는 경우도 있기 때문에 배려적인 언어 사용에서 멀어지기 쉽다. 그렇기 때문에 더욱더 교육을 통해 배려적인 쓰기의 필요성을 느끼고 실천할 수 있게 해야 한다.

이제 문법 영역의 배려적인 언어 사용 교육의 내용을 논의해 보기로 하자. 문법 영역에서 배려적인 언어 사용 교육은 흔히 말하기 교육에서와 마찬가지로 높임법 교육이나 공손성 표현과 관련하여 이루어져 왔다.[16] 높임법의 경우만 하더라도 어휘적인 높임법, 문장 차원의 문법적인 높임법 등 다양한 주제에서 배려적인 언어 사용 교육이 이루어질 수 있다. 문법 영역만에 속하는 것은 아니지만 특히 문법 영역과 밀접한 어휘 교육 영역에서도 배려적인 언어 사용의 교육 내용이 포함되어야 한다. 앞에서 언급한바, 윤천탁(2011, 2014)에서는 '살색' 대신 '살구색', '결손 가정' 대신 '한 부모 가정'을 사용하는 것과 같은 공정한 어휘 사용[17]에 대해 논의하고 있는데, 이는 어휘의 배려적인 사용을 언급한 것이다.[18]

마지막으로 문학 영역의 배려적인 언어 사용 교육의 내용을 논의해

·········

16 국어과에서 높임법을 다룰 때 상황에 맞게 높임법을 사용해서 말해야 한다는 당위적인 언급은 화법교육에서, 높이는 구체적인 방법은 문법교육에서 이루어지고 있다.

17 '공정한'이 의미하는 바는 기본적으로 '정의'에 가까운 것이다. 하지만 정의 윤리는 배려 윤리를 통해 보완되어야 한다. 윤천탁(2011, 2014)에서 말하는 '공정한'이란 객관적이고 공적인 '정의'의 문제일 뿐만 아니라 상대에 대한 '배려'의 성격을 강하게 지닌다.

18 윤천탁, 「"공정한 어휘" 사용의 생활화를 위한 어휘 교육 방안」, 『청람어문교육』 43, 청람어문교육학회, 2011, 407-440쪽; 윤천탁, 「인성 교육을 위한 어휘 교육 실천으로서 "공정한 표현" 지도 단계 구안」, 『청람어문교육』 49, 청람어문교육학회, 2014, 347-374쪽 참조.

보기로 하자. 사실 시나 소설 교육에서 강조하는 공감하기 능력 신장은 곧, 배려 능력 신장과 다르지 않다. 또한 문학 영역은 앞에서 언급한 읽기 영역처럼 다양한 문학 작품의 주제를 통해 배려적인 언어 사용을 교육하는 것이 가능하다. 카츠(Katz)는 샤튼의 '작은 방'이라는 작품을 통해 배려와 공정성에 대해 가르치는 것을 자세하게 설명하고 있다.[19] 이와 유사하게 김상한(2013)에서는 '촌놈과 떡장수'와 같은 동화를 통한 배려 교육을 강조하고 있다.[20] 배려적 주제를 교육하는 것이 일차적으로는 언어적 배려로 보기 어렵지만 이런 주제를 드러내는 작품은 다양한 언어적 배려 표현을 포함하고 있으며 문학 작품 자체 역시 언어적 표현이므로 배려적인 언어 표현 교육의 내용이 될 수 있다.

③ 언어 단위에 따른 교육 내용

국어과와 도덕과의 융합을 통한 배려적인 언어 사용의 교육 내용을 언어 단위에 따라 나누면 어휘 차원, 문장 차원, 단락 차원, 글 전체 차원 등이다.

- 국어과와 도덕과의 융합 교육 내용 3(언어 사용의 국면에 따른 교육 내용)

  가. 어휘 차원의 배려적인 언어 사용

  나. 문장 차원의 배려적인 언어 사용

  다. 단락 차원의 배려적인 언어 사용

  라. 글 전체 차원의 배려적인 언어 사용

....

19 카츠·나딩스·스트라이크 편, 윤현진 외 역, 앞의 책, 2007, 115-140쪽.

20 김상한, 「초등 국어과 교육과정의 배려 교육 양상과 동화를 활용한 실행 방안」, 『새국어교육』 95, 한국국어교육학회, 2013.

먼저 어휘 차원에서의 배려적인 언어 사용의 교육 내용에 대해 논의해 보자. 어휘 차원에서의 배려적인 언어 사용 교육의 사례는 윤천탁(2011, 2014)에서 풍부하게 나타난다. '살색 → 살구색', '결손 가정 → 한 부모 가정'뿐만 아니라 '안락사 → 존엄사 → 무의미한 연명 치료 중단',[21] '금융불량자 → 금융소외자', '불량 청소년, 비행청소년 → 관심청소년', '애완동물 → 반려동물', '탈북자 → 새터민 → 북한이탈주민',[22] '불구자 → 장애자 → 장애인' 등도 배려적인 어휘 사용 교육의 제재가 될 수 있을 것이다. 물론 '장님 코끼리 만지기'처럼 단어가 아닌 구나 문장 차원에서 차별적 어휘를 사용하지 않는 것도 배려적인 어휘 교육의 내용이 된다. 이들 어휘 중에는 '반려동물'처럼 자연스럽게 정착되어 가는 어휘도 있지만 아직 정착되지 않은 사례도 많고 '탈북자 → 새터민 → 북한이탈주민'의 경우처럼 논쟁이 되고 있는 경우도 많다.

다음으로 문장 차원에서의 배려적인 언어 사용의 교육 내용에 대해 논의해 보자. 문장 차원의 배려적인 언어 사용의 사례는 대표적으로 인사말과 높임법의 사용을 들 수 있을 것이다. 아침에 만날 때 '안녕.' 혹은 '안녕하세요?'라는 인사말을 사용하는 상황을 생각해 보자. 인사말은 친교적인 기능에 충실한 언어 사용이라는 점에서 상대를 고려한 배려적인 언어 사용임에 분명하다. 높임법은 청자의 나이나 지위 등에 따라 거의 자동적으로 결정된다는 점에서 의식적인 배려 표현으로 보기 어려운 점

---

21 '안락사'를 '존엄사'로 바꾸는 것이 안락사를 미화하여 인간의 존엄을 위협하는 것이라는 반박에 따라 최근에는 '무의미한 연명 치료 중단'을 사용하는 것을 권장하기도 한다. 윤천탁, 앞의 글, 2011 참조.

22 '탈북자'를 배려하여 '탈북자' 대신 '새터민'이라는 용어를 사용하였는데, '새터민'에 대해 북한 정권을 반대하는 탈북자의 정치적 색채를 매도하는 용어라는 북한이탈주민들이 있어서 '북한이탈주민'을 '새터민'과 함께 사용하게 되었다. 윤천탁, 앞의 글, 2011 참조. 이는 배려하는 사람이 아니라 배려받는 사람의 입장을 더 고려해야 함을 보여 주는 사례이기도 하다.

이 있다. 하지만 한국어의 높임법에서 높임의 여부가 자동적으로만 결정되는 것이 아니라 최종적인 높임의 여부를 화자가 결정하여 사용한다는 점을 고려하면 높임법 역시 배려적인 언어 사용의 사례로 볼 수 있다.

이제 단락 차원에서의 배려적인 언어 사용의 교육 내용에 대해 논의해 보자. 글 전체에서 어떤 단락이 배려적인 언어 사용의 언어 단위가 될 수 있는 것이다. 사실 구어 발화 상황을 고려하면 단순히 단락이라기보다는 인접쌍과 같이 화자와 청자가 잘 드러나는 단위가 언어적 배려 교육의 제재가 될 만하다. '창문 좀 열어 주시겠어요?'에 대해 '네 그렇게 하지요.'라고 대답하는 인접쌍을 예로 들어 보기로 하자. 이 경우 앞에서 언급한 배려하는 자와 배려받는 자의 관계가 잘 드러난다. 우리가 언급한 것처럼 배려란 배려하는 자의 배려적인 행동에 대해 배려받는 자의 수용에 의해 완성된다고 할 때, 어휘나 문장 단위로는 충분하지 못하고 담화 단위 내지 인접쌍만이 배려의 완성을 보여 주는 교육적인 제재가 된다고 할 수도 있다.[23]

마지막으로 글 전체의 배려적인 언어 사용의 교육 내용에 대해 논의해 보자. 앞에서 언급한 황희 정승의 일화나 샤튼의 '작은 방', 김상한에서 언급한 '촌놈과 떡장수'와 같은 배려를 주제로 하고 있는 글은 전체가 배려적인 언어 사용의 단위가 될 수 있는 것이다. 물론 이런 글은 글 전체가 배려적인 언어 사용의 교육 제재가 될 수도 있고 특별히 그중 일부의 소주제나 표현이 배려적인 언어 사용 교육의 자료가 될 수도 있다.

---

23 물론 어휘나 문장 차원의 언어 표현 역시 명시적이든 암묵적이든 청자나 독자를 고려하고 있으므로 청자와 독자를 고려한 배려와 무관한 것이 아님은 물론이다.

4. 국어와 도덕의 융합 교육의 실행 방안

1) 현행 학교 교육에서의 적용 방안

국어과와 도덕과의 융합 교육을 통한 배려적인 언어 사용 교육의 교육 내용이 마련되었다면 이제 실제 교실에서 가르치는 방안에 대해서 논의해 보아야 한다. 이 절에서는 배려적인 언어 사용 교육의 실행을 논의함에 있어 먼저 수업 시간에서 실제 교수-학습하는 방안에 대해 논의하고, 다음으로 배려적인 언어 사용 능력을 평가하는 것에 대해 언급해 보고자 한다.

[배려적인 언어 사용 교육의 교수-학습 방안]

배려적인 언어 사용 교육의 교수-학습 과정을 논의함에 있어 참고가 되는 것은 나딩스의 배려교육론이다.[24] 나딩스는 배려 교육의 기본적인 구성 요소로 모델링(modeling), 대화(dialogue), 실천(practice), 확증(confirmation)을 제시했다. 모델링이란 선생님의 실제 교육 등을 통해 학생들이 보고 따라할 수 있는 배려 교육의 모델을 제시하는 것이며, 대화란 열려 있는 순수한 의미의 대화를 의미한다. 이미 언급한 것처럼 배려 교육은 인식에 그쳐서는 안 되고 실천이 되어야 하며, 배려 교육을 가치 있는 것으로 여기는 확증을 하여야 한다. 모든 배려가 연속적일 필요는 없지만 배려 교육이 연속성을 가질 때 확증이 굳건해진다. 나딩스의 '모델링, 대화, 실천, 확증'은 단계의 개념이 아니라 기본 요소의 개념이지만 대체로는 '교사의 행동을 통한 모델 제시 → 대화 등의 배려의

....

24 넬 나딩스 편, 추병완·박병춘·황인표 역, 앞의 책, 2002, 53-63쪽.

방법 교수-학습 → 학습자의 실천 → 연속성을 통한 배려 능력의 신장'
등으로 해석하면 하나의 단계로 생각할 수도 있다.

도덕과의 관점에서 배려 교육을 다룬 오기성(2006)에서는 배려 수
업의 단계를 '문제 상황의 제시 → 문제 파악하기 → 감정 표현하기 →
배려하기 → 배려경험 반성하기'와 같이 제시하였다.[25] 국어과의 관점
에서 공정한 어휘 사용을 다룬 윤천탁(2014)에서는 '언어 표현의 제시
→ 공정성 판단 유도 → 공정성 관련 정보 제시 → 대체 표현 유도' 등의
단계를 제시하였다.[26]

나딩스나 오기성, 윤천탁의 논의에서 제시한 배려 교육의 단계는
각기 다르지만 대체로는 문제가 되는 상황을 제시하고 학습자에게 관
찰 등을 통해 문제를 인식하게 하며, 해결 방안을 찾고, 이를 연습을 통
해 정착하는 단계를 거친다. 이에 따라 우리는 다음과 같은 배려적인 언
어 사용 교육의 단계를 제안하고자 한다.

- 배려적인 언어 사용 교육의 단계

1단계: 언어 현상의 관찰

⇓

2단계: 언어에 나타난 문제 인식

⇓

3단계: 해결 방안 탐색

....

25 오기성(2006)에서는 이를 수업 모형으로 제시한 것인데, 여기서는 표현을 약간 바꾸
    고 단계의 명칭을 수정하여 단계의 개념으로 제시하였다. 오기성, 「배려 수업 모형과 사
    례 연구: 초등학교 도덕과를 중심으로」, 『교육과정평가연구』 9(2), 한국교육과정평가원,
    2006, 181-203쪽.
26 윤천탁, 앞의 글, 2014.

$$\Downarrow$$

4단계: 배려적인 언어 사용 연습

$$\Downarrow$$

5단계: 배려적인 언어 사용의 정착

1단계에 사용할 언어 재료는 구어 자료나 문어 자료 모두가 가능하며, 물론 문학 작품도 가능하다. 배려적인 언어 사용이 잘 드러난 글도 가능하며 반대로 배려적이지 못한 언어 사용이 드러난 글도 가능하다. 다만 학습자에게 실제성을 부여하기 위해서는 가능하면 학습자 자신이나 동료의 글이 가장 좋으며 문제를 인식하기 위해서는 배려적이지 못한 글이 더 좋을 것이다.

2단계는 문제를 인식하는 단계이다. 1단계에서 관찰한 자료가 자기 언어라면 자기 언어의 성찰이 될 것이다. 학습자가 배려적인 언어 사용을 이미 배운 상황이라면 배운 지식을 활용하게 될 것이며, 그렇지 않은 상황이라면 교사와 함께 배워 나가게 될 것이다. 물론 모둠 학습을 한다면 대화나 토론, 토의들을 적극적으로 활용하는 것이 좋다. 언어 사용의 문제점 인식은 어휘 단위, 문장 단위, 단락 단위, 글 전체 단위가 모두 가능할 것이다.

3단계는 해결 방안을 탐색하는 단계이다. 이 단계에서 학습자는 이전 차시나 혹은 1, 2단계를 통해 배려적인 언어 사용에 대해 이미 배웠으므로 이를 잘 활용하는 것이 좋을 것이다. 또한 모둠 학습을 한다면 대화나 토론, 토의들을 적극적으로 활용하는 것이 좋다.

4단계는 올바른 언어 사용을 연습하는 단계이다. 이 단계에서는 주어진 언어 자료를 수정해 보고 자기 검토나 상호 검토 등을 통해 수정된 언어 자료가 배려적인 언어 사용으로 적합한지 판단해 보고 비슷한 상황에서 어떻게 사용할지를 연습해 보는 단계이다.

5단계는 배려적인 언어가 정착되는 단계이므로 1~4단계와 달리 해당 수업 시간 안에 이루어지지 않을 수 있다. 학습자가 교수-학습한 배려적인 언어 사용의 학습 결과를 내면화하여 자신의 언어 사용 습관으로 정착시키는 단계이다. 이 단계가 잘 이루어지고 있는지를 판단하려면 뒤에서 언급한바 배려적인 언어 사용 척도 등을 활용하여 평가해 보는 것도 필요할 것이다.

[배려적인 언어 사용 교육의 평가 방안]

모든 교수-학습이 그러하듯 배려적인 언어 사용 교육도 평가가 이루어져야 할 것이다. 평가는 학습과 동시에 혹은 학습 후에 이루어질 수 있다. 평가는 배려적인 언어 사용의 지식, 기능, 태도 모두가 되어야 하며, 평가의 방향은 학습 지향적인 평가가 되어야 할 것이다. 다른 교육 내용도 그러하지만 특별히 배려적인 언어 사용이므로 배려적인 평가가 되어야 할 것이다. 학습자를 배려하는 배려적인 평가를 위해서는 학습자의 자기 평가나 모둠 등을 활용한 상호 평가가 적극적으로 활용되어야 하며, 학습자를 고려하는 배려적인 피드백이 이루어져야 할 것이다.

배려적인 언어 사용에 대한 평가가 객관성과 안정성을 가지려면 배려적인 언어 사용 척도를 개발하는 것이 필요하다. 언어 사용을 포함한 배려 척도 전체를 개발한 이연수·김성회(2009), 김수동·안재진·이정연(2014)에서 배려적인 언어 사용 문항을 뽑아 본 논의의 취지에 맞게 수정하면 다음과 같은 것들이 될 수 있다.[27]

....

27 이연수·김성회, 「초등학생용 배려 척도 개발」, 『상담학연구』 10(4), 한국상담학회, 2009, 2479-2493쪽; 김수동·안재진·이정연, 「배려척도 문항개발 연구」, 『사회과학연구』 25(1), 충남대학교 사회과학연구소, 2014, 81-104쪽.

- 배려적인 언어 사용 척도 문항 사례[28]

　가. 말로 상대에게 해를 끼치지 않으며 늘 격려한다.

　나. 평소 조용하게 말한다.

　다. 수시로 남을 위로하는 말을 한다.

　라. 남에게 질문을 많이 하는 편이다.

　마. 일이 잘못되었을 때 지적을 많이 하는 편이다.

　바. 상대방의 좋은 점을 자주 칭찬해 준다.

　사. 지시보다 권유하는 문장으로 말하는 편이다.

　아. 상대에게 감사하는 표현을 자주 하는 편이다.

　자. 말하기보다 듣기를 즐겨하는 편이다.

　차. 다른 사람이 칭찬해 주면 고맙다고 말한다.

　카. 이웃 주민이 인사를 하면 나도 인사한다.

　　(…)

　물론 본격적으로 배려적인 언어 사용 척도가 개발되려면 더 많은 논의가 필요하며 신뢰도나 타당도 등의 측정을 통해 수정·보완되어야 할 것이다. 이런 과정을 거쳐 배려적인 언어 사용 척도가 개발되면 교수-학습에 유용하게 활용될 수 있을 것이다.

28　우리가 참고로 한 이연수·김성희(2009), 김수동·안재진·이정연(2014)의 논의가 도덕과에서의 배려 논의이므로 제시된 배려 척도 문항 자체가 타인에 대한 배려의 경우로 한정되어 있다. 본 논의의 관점에 따라 배려적인 언어 사용 능력 척도를 만든다면 타인에 대한 배려뿐만 아니라 자기 배려, 공동체 배려, 세계에 대한 배려를 포함해서 만들어야 할 것이다.

2) 학교 교육의 개선을 위한 제안

현대 사회의 문제를 교육적으로 해결하기 위해서는 전면적이든 부분적이든 융합 교육이 필요하다. 융합 교육의 한 사례로 우리는 배려적인 언어 사용 교육을 중심으로 국어과와 도덕과의 융합 교육 방안에 대해 논의해 보았다.

우리가 논의한 것처럼 배려는 결국 실천의 문제이다. 마찬가지로 교육 연구는 교육적 실천을 전제로 하여야 의미 있는 논의가 된다. 배려적인 언어 사용 교육을 위한 교육과정을 새롭게 설계하고 이를 뒷받침할 수 있는 내용을 마련하고 교수-학습 방안을 제안한 것도 실천이 가능한 논의가 되기를 바랐기 때문이다. 우리 사회의 현실은 우리의 교육의 개혁을 요구하고 있다. 그럼에도 불구하고 여러 가지 장벽은 교과 간의 융합이나 새로운 교육 내용을 현장에서 실행하기 어렵게 하고 있다. 물론 우리의 논의가 학교 현장에서 실행되기 위해서는 더 많은 연구에 의해 구체화되고 검증되어야 한다. 그런 점에서 우리의 논의는 여전히 시론의 성격에 가깝다.

국어과와 도덕과의 융합 교육과정이 교육 현장에서 전면적으로 실행되기 위해서는 현행 교육과정의 전면적인 개편이 필요하다. 그리하여 기존의 교과목 중심의 교육과정을 개편하여 융합 교과로 나아가야만 본 논의에서 제시하는 교육과정이 교육 현장에 적극적으로 실행될 수 있다. 다만 현행 교육과정 안에서도 각 교육청별로 시행하는 인정 교과서로 만들어 실행하거나 창의 체험 시간을 이용하는 프로젝트형 수업은 가능하다. 아울러 전면적인 교육과정의 개편은 아니더라도 일부 교과목의 개편을 통한 부분적인 교과목의 개정을 통해 국어과와 도덕과의 융합 교육과정을 반영하는 것이 가능하다. 앞에서 언급한 것처럼 초등학교는 이미 사회과와 국어과와 도덕과를 합쳐 〈바른생활〉을 만들었고, 현행 교육과정에서도 융합 과목인 〈봄〉, 〈여름〉, 〈가을〉, 〈겨울〉, 〈학교〉, 〈가족〉, 〈이웃〉, 〈우리나라〉 등이 있어 이런 융합이 가능하다는 것을 알 수 있다. 특히 우리가 논의한 국어과와 도덕과의 융합 교육과정은 〈학교〉, 〈가족〉, 〈이웃〉, 〈우리나라〉 등에 부분적으로 반영하는 것이 가능할 것으로 생각된다.[29] 아울러 현행 2015 개정 교육과정에 따른 국어과의 〈실용 국어〉, 〈심화 국어〉, 〈고전 읽기〉에도 국어과와 도덕과의 융합 교육과정을 반영할 필요가 있다. 진로 과목의 경우 대학 진학보다는 취업을 통해 사회로 나아가는 학생들을 위한 교과의 성격이 강하므로 언어 사용에서의 배려 교육에 대한 필요성이 더 크다고 생각된다.

....

29   융합 교육과정을 현행 교육과정에 반영하는 것에 대한 논의는 구본관(2016)을 참조하였다. 구본관, 앞의 글, 2016.

4장

문학과 지리의 융합 교육*

1. 문학과 지리의 융합 교육의 필요성

1) 문학과 지리의 융합의 배경

(1) 문학과 지리의 융합의 전통

문학과 지리의 융합은 새로운 것이라기보다는 그 연원이 오랜 문화 전통이라 할 수 있다. 문학의 주요 속성이 기록이기 때문에 대부분의 문학 작품은 특정한 시·공간과 그 속의 사물을 반영한다. 소설과 기행문 등에서 이를 잘 볼 수 있다. '지리지(地理志)' 또한 자연지리 현상 외에 풍부한 인문·사회 정보들을 함께 기록해왔다. 따라서 문학과 지리의 융합은 이러한 문화 전통의 교육적 재구성이라 할 수 있다.

....

* 이 장은 김종철, 「〈춘향전〉과 지리—문학교육과 지리교육의 공동 영역의 탐색」, 『고전문학과 교육』 35, 한국고전문학교육학회, 2017의 논의를 참조하여 이 책의 취지에 맞게 기술하였다.

이를 좀 더 살펴보면 우선 일찍부터 발달한 기행문학은 지리 정보를 담고 있는 문학으로서 독자에게 정보 전달과 미적 체험을 동시에 주는 역할[1]을 해왔다. 예컨대 혜초(慧超)의 『왕오천축국전(往五天竺國傳)』은 인도와 중앙아시아 여러 나라의 문화와 함께 귀중한 역사지리(歷史地理) 정보를 담고 있으며, 신숙주(申叔舟)의 『해동제국기(海東諸國記)』는 일본과 유구(琉球)의 지도(地圖)를 포함한 지리 정보와 국가 정보를 상세히 기록한 문학으로서 조선시대의 교린(交隣) 외교에 절대적인 영향을 끼친 바 있다. 이처럼 문학을 통한 지리 정보 전달, 또는 문학과 지리 정보의 공존은 오래된 전통인 것이다.

그리고 행정 지역을 단위로 그 인문·사회 현상과 자연 현상을 함께 기술하여 통치를 위한 정보로 활용[2]한 조선시대의 '지리지'는 지리 기술의 상당 부분을 자연과학적 기반의 지리 정보의 기술(記述)이 아닌 지리를 형상화(形象化)한 문학 작품으로 채우고 있다. '지리지'는 일반적으로 행정, 역사, 자연 환경, 사회, 경제, 문화 등을 망라[3]하는데, 『신증동국여지승람(新增東國輿地勝覽)』의 남원도호부(南原都護府) 조의 항목을 보면 다음과 같다.[4]

건치 연혁(建置沿革), 속현(屬縣), 진관(鎭管), 관원(官員), 군명(郡名), 성씨(姓氏), 풍속(風俗), 형승(形勝), 산천(山川), 토산(土山), 성곽(城郭), 누

....
1 근대 이전 기행문학의 이러한 특성과 그 교육적 의의에 대한 종합적 연구로 한국고전문학교육학회 편, 『중세 여행 체험과 문학교육』, 월인, 2012를 들 수 있다.
2 양보경, 「18세기 지리서·지도의 제작과 국가의 지방 지배」, 『응용지리』 20, 성신여자대학교 한국지리연구소, 1997.
3 서인원, 「동국여지승람의 편찬 체재와 특징에 대한 일고찰」, 『역사와 실학』 12, 역사실학회, 1999.
4 『신증동국여지승람』(영인본), 명문당, 1981, 675-680쪽.

정(樓亭), 학교(學校), 역원(驛院), 교량(橋梁), 불우(佛宇), 사묘(祠廟), 고적(古跡), 명환(名宦), 인물(人物), 우거(寓居), 효자(孝子), 열녀(烈女), 제영(題詠)

위의 항목 중에 '형승'과 '제영'은 모두 남원을 소재로 한 문학 작품의 인용[5]으로 이루어져 있고, '산천',[6] '성곽',[7] '누정',[8] '역원',[9] '불우'[10] 등에도 지리 정보와 함께 관련 문학 작품을 제시하고 있다. '제영'은 원래 문학 영역이지만 '형승', '산천' 등등은 지리 정보 위주여야 마땅해 보임에도 상당 부분의 정보를 문학 작품으로 채우고 있다. '형승'과 '산천' 등 항목에서 자연 현상에 대한 객관적인 정보, 예컨대 수리적(數理的)·생태적(生態的) 정보를 제시하지 않고, 묘사(描寫)와 정서적 체험 자료를 제시한 것은 당시 지리학적 측정이 충분히 발달하지 못한 이유도 있었겠지만 문학과 지리를 특정 지역 이해를 위한 상호 연계되는 정보 단위로 인식한 것이라 할 수 있다. 이러한 '지리지'의 기술 방식은 조선 시대에 지속적으로 편찬된 읍지(邑誌)[11]에서도 볼 수 있다.

요컨대 기행문학과 '지리지'의 전통은 지리 현상에 대한 인간의 경험을 형상화한 문학 작품이 신빙성 있는 지리 정보를 담고 있는 자료이

....

5   '형승'에서는 이규보(李奎報)의 시와 황수신(黃守身)의 〈광한루기(廣寒樓記)〉에서 인용하고 있고, '제영'에서는 김극기(金克己)를 비롯한 7명이 남원을 노래한 시구(詩句)들을 인용하고 있다.
6   '지리산'에 양성지(梁誠之)의 시가 인용되고 있다.
7   '교룡산성'에 강희맹(姜希孟)의 시를 인용하고 있다.
8   '광한루'에 황수신의 기(記)와 강희맹의 시를 인용하고 있다.
9   '오수역(獒樹驛)'에 '의견(義犬) 설화'와 이규보(李奎報)의 시를 인용하고 있다.
10 '만복사(萬福寺)'에 강희맹의 시, '승련사(勝蓮寺)'에 이색의 기(記)를 인용하고 있다.
11 읍지(邑誌)에는 기술 항목으로 '방리(坊里), 도로(道路), 공해(公廨), 관액(關阨), 진보(鎭堡), 봉수(烽燧), 제언(堤堰), 장시(場市), 호구(戶口), 전세(田稅), 창고(倉庫), 군기(軍器)' 등이 더 포함된다. 다만 『동국여지승람』에 비해 문학 작품 인용이 줄어들고 있다.

자 지리에 대한 인간의 경험 양상을 보여주는 좋은 자료로 활용되어왔음을 보여준다. 물론 이 문학 작품의 지리 정보가 과학적으로 정확할 수 없었으므로, 지도와 그림 등 관련 자료의 정보도 함께 활용하였지만 지리 공간을 인식하거나 특정한 공간에서 장소감을 느끼고 그것을 문학으로 표현하는 것을 지리 정보의 생산으로 본 것은 분명하다. 이상에서 문학과 지리의 융합 전통이 오래되었음을 확인할 수 있다.

(2) 문학과 지리의 소통을 위한 모색들

근대에 학문이 분과 체제로 바뀌고 교육 역시 교과별로 나뉜 상태에서도 문학과 지리의 소통이 모색된 바 있다.

우선 근대의 문학 연구의 한 분야에서 문학과 지리의 융합과 밀접한 관련이 있는 모색을 볼 수 있다. 즉 작품의 공간 배경이 된 실제 공간 연구, 특정한 지역에서 전개된 문학 활동 연구, 특정 지역이나 특정한 산(山), 또는 강(江) 등을 형상화한 문학에 대한 연구 등이 그것이다. 작품의 배경이 된 공간에 대한 연구는 작품과 그 배경 공간의 관계를 밝혀 작품을 이해하려는 것으로 문학 연구에 일반적으로 쓰여 온 것이다. 이에 해당하는 연구는 매우 많은데, 예컨대 〈춘향전〉의 경우 작품의 배경으로 등장하는 남원의 지리 정보에 대한 고증[12]과 특히 서울과 남원 사이의 노정기(路程記)의 고증[13]이 있어 왔으며, 배경 답사를 통한 〈춘향전〉

....

12 김동욱, 「춘향전 배경으로서의 남원의 지지적 고찰」, 『증보 춘향전연구』, 연세대학교 출판부, 1976; 김석배, 「춘향전의 형성 배경과 남원」, 『국어교육연구』 47, 국어교육학회, 2010.

13 한명희, 「춘향전의 지소(地所) 연구―노정기의 답사를 중심해서」, 『겨레어문학』 7, 겨레어문학회, 1972; 矗博志, 「〈열녀춘향슈졀가〉에 나타난 전통교통로와 경유지의 비정」, 『문화역사지리』 16(2), 한국문화역사지리학회, 2004.

의 이해를 시도한 작업[14]이 있어 왔다. 주로 작품의 배경이 실제의 지리적 공간과 어떤 관련이 있는지를 살핀 것이지만 지리학의 관점에서는 〈춘향전〉을 자료로 하여 역사지리(歷史地理) 연구를 수행한 것이라 할 수 있다. 그리고 특정 지역이나 공간을 터전으로 하여 전개된 문학 현상에 대한 연구와 특정 지역과 장소를 형상화한 문학에 대한 연구는 그 지역의 지리적·문화적 환경이 문학의 생산에 어떻게 관여하는지를 연구하는 것이며, 다른 한편으로는 정치·문화적 중앙 중심의 문학사의 기술에서 지방 분권적 관점에서의 문학사를 기술하는 의의[15]를 지니기도 한다.

그런가 하면 지리학 쪽에서도 문학과 지리의 상관성에 대한 연구를 하는 문학지리학[16] 분야가 있다. 문학을 지리학 연구의 자료로 활용하는 문학지리학은 다른 자료에서는 찾을 수 없는 지리 정보를 문학 작품 속에서 찾아내어 이용하는 연구, 지리적 환경이 문학 작품의 창작에 영향을 끼치는 양상에 대한 연구, 특정한 지리 공간에 대한 인간의 이미지와 의식 및 장소 체험, 장소감의 변화, 그리고 지역의 정체성 형성 양상을 문학 작품을 통해 분석하는 연구, 문학 작품이 지리 경관(景觀)에 대한 대중들의 관점 형성에 영향을 끼치거나 문학 관광이 특정 지역의 경

....

14 김종철, 「봄향기의 행로를 따라―춘향전 산책」, 『민족문학사연구』 5, 민족문학사연구소, 1994.

15 다음의 연구서들이 그 대표적 사례들이다.
조동일, 『지방문학사―연구의 방향과 과제』, 서울대학교 출판부, 2004; 김태준 편, 『문학지리·한국인의 심상공간』(상)(국내편1), 논형, 2005; 권순긍, 『한국문학과 로컬리티』, 박이정, 2014.

16 이하의 문학지리학의 개괄은 이은숙, 「문학지리학 서설―지리학과 문학의 만남」, 『문화역사지리』 4, 한국문화역사지리학회, 1992; Y. Tuan, 최지원 역, 「문학과 지리학: 지리학적 연구의 함의」, 『지역문학연구』 5(3), 경남부산지역문학회, 1999; 심승희, 「문학지리학의 전개 과정에 관한 연구」, 『문화역사지리』 13(1), 한국문화역사지리학회, 2001; 심승희, 「문학과 지리학의 만남, 문학지리학」, 한국문화역사지리학회 편, 『현대 문화지리의 이해』, 푸른길, 2013 등을 참조하였다.

관 자체에 변화를 초래하는 것에 대한 연구 등으로 대별된다.[17]

이러한 연구 흐름 위에서 문학교육학 분야에서도 문학과 지리의 상관성을 주목하여, 특정한 지역을 형상화한 기행가사나 소설에서 지리적 상상력, 공간 체험, 그리고 인문지리적 사고력의 가치를 검토한 연구들이 나왔다.[18]

따라서 문학 연구, 문학지리학, 그리고 문학교육학의 세 분야에서 문학과 지리의 융합에 도움이 되는 터전이 마련되고 있다고 할 수 있다.

2) 문학과 지리의 융합의 필요성

앞에서 살펴 본 바와 같이 문학과 지리의 융합의 전통과 상호 소통의 모색은 학교 교육에서 문학과 지리의 융합이 필요하며, 또한 충분히 가능함을 보여준다.

첫째, 문학과 지리가 본래 맺고 있는 관계를 학습자들이 알 필요가

....

17 고전문학 작품을 대상으로 한 지리학 쪽의 문학지리학 연구로는 정치영, 「유산기로 본 조선시대 사대부의 청량산 여행」, 『한국지역지리학회지』 11(1), 한국지역지리학회, 2005; 오홍석, 『문학지리─문학의 터전, 그 지리적 특성』, 부연사, 2009; 김선희, 「조선시대 지리산 여행의 시공간적 특성」, 『관광연구저널』 23(2), 한국관광연구학회, 2009 등을 들 수 있다. 문학 연구 쪽의 문학지리학적 접근의 연구사는 권혁래, 「문학지리학 연구의 정체성과 연구방법론 고찰」, 『우리문학연구』 51, 우리문학회, 2016 참조. 여기에 〈춘향전〉의 작중 공간과 〈춘향전〉의 무대가 되는 광한루원(廣寒樓苑)에 대한 조경학(造景學) 분야의 연구도 포함할 수 있을 것이다. 정동오, 「춘향전을 중심으로 한 춘향의 집 주변 경관과 후원에 관한 고찰」, 『호남문화연구』 24, 전남대학교 호남문화연구소, 1996; 이원호 외, 「광한루원의 경관변화양상에 관한 고찰」, 『한국전통조경학회지』 32(2), 한국전통조경학회, 2014.

18 염은열, 「금강산 가사의 지리적 상상력과 장소 표현이 지닌 의미」, 『고전문학연구』 38, 한국고전문학회, 2010; 염은열, 「기행가사의 '공간' 체험이 지닌 교육적 의미」, 한국고전문학교육학회 편, 『중세 여행 체험과 문학교육』, 월인, 2012; 황혜진, 「문학을 통한 인문지리적 사고력 교육의 가능성 탐색」, 『고전문학과 교육』 13, 한국고전문학교육학회, 2007.

있다. 앞의 배경 설명에서 본 바와 같이 문학과 지리가 본래 맺고 있는 관계는 현재 분과 체제의 교과 교육에서는 흔히 간과되고 있다. 지리 현상을 반영하는 문학의 속성이 변하지 않는 한, 또 지리 현상을 문학으로 표상하는 전통이 사라지지 않는 한 문학과 지리의 관계는 지속될 것이므로 학습자가 이를 이해하면 지리와 문학의 관계에 대한 입체적인 인식이 가능할 것이다.

둘째, 문학 작품, 또는 지리 현상을 두 교과의 학습 경험으로 상호 소통함으로써 학습자는 문학 작품이나 지리 현상을 입체적으로 이해하고, 나아가 세계와 삶을 총체적으로 인식하는 안목을 형성할 수 있다. 첫 번째 필요성이 학습자가 인식하거나 이해해야 할 대상들이나 지식들이 분리되어 있지 않고 연결되어 있음을 강조하는 것이라면 이 두 번째 필요성은 인식하거나 이해하는 주체의 전인적(全人的) 성숙을 강조하는 것이다.

셋째, 지리 현상의 경험을 문학으로 전환하는 능력을 기를 필요가 있다. 지리 현상의 지리학적 이해와 기록은 일반적으로 전문가의 임무라 할 수 있지만 지리 현상을 경험하고 그것을 문학 작품으로 표현하는 일은 누구나 할 수 있다. 기행문이나 수필이 그 좋은 예이다. 이러한 활동을 통해 학습자는 스스로를 발전시킬 수 있고, 문화 창조에 기여할 수 있다.

2. 문학과 지리의 융합 교육의 방향

1) 문학과 지리의 융합 교육을 위한 공동 영역 설정

문학과 지리의 융합 교육은 두 교과의 고유의 교육 목표를 추구하는 바탕 위에서 이루어지는 것이다. 즉 두 교과의 소통을 통해 두 교과의 교육 목표 추구에 도움이 되면서 동시에 각각의 교과 교육으로는 추구하기 어려운 영역을 개척하거나 새로운 과제를 해결하는 창의적 능력을 기르는 것을 목표로 한다.

문학교육은 문학 작품을 수용·생산하는 능력을 신장하는 것을 기본 목적으로 한다. 이를 중심으로 작품에 대한 심미적 이해 능력, 생활경험을 언어로 형상화하는 능력, 언어를 예술적으로 다루는 능력, 작품의 소통에 참여하여 사회적 의제에 참여하는 능력, 문학과 문화의 전통을 계승하고 창조적으로 발전시키는 능력 등을 추구한다.

지리교육은 공간을 주된 교수·학습의 대상으로 삼는다. 지표(地表) 위에서의 인간과 환경간의 상호작용, 곧 삶에 대하여 지리적인 관점에서 이해, 설명하고, 참여하는 지리적(地理的) 문해력(文解力)을 갖추게 하는 것,[19] 또는 지리적 안목의 육성 즉, 장소감(場所感) 기르기, 공간능력 형성, 공간적 의사결정과 문제해결 능력 신장, 지리 도해력(圖解力)의 발달, 그리고 인간·사회·환경의 관계에 대한 인식의 고양 등을 목적[20]으로 한다.

이러한 두 교과의 목적 달성에 기여하면서 새로운 교육 목적으로서 융합을 추구하고자 할 때 우선 두 교과의 연결 고리를 설정할 필요가 있고, 여러 가능한 고리들 중 두 교과에 공통되는 중심 범주로서 '공간'을 생각해 볼 수 있다. 앞에서 보았듯 지표(地表) 위에서의 인간과 환경 사이의 상호 작용, 즉 '삶'에 대한 지리적 문해력을 기르는 것이 지리교육의 목적이라면 바로 이 '삶'을 형상화하는 문학의 수용과 생산 능력을

....

19   남상준, 『지리교육의 탐구』, 교육과학사, 1999, 44쪽.
20   서태열, 『지리교육학의 이해』, 한울아카데미, 2005, 63-68쪽.

기르는 것이 문학교육의 목적이라 할 수 있고, 이 공통의 '삶'에 작용하는 핵심 조건은 특정한 지표(地表) 위에 형성된 '공간'이라 할 수 있다. 구체적인 삶은 특정한 공간에서 전개되기 때문이다. 물론 이 공간은 다양해서 지리에서 '공간'이 소규모 지역에서부터 대륙, 또는 지구 전체에 이르기까지 여러 차원으로 등장하듯이 문학에서도 '공간'은 작품 속 공간, 작품의 배경이 된 공간, 작품이 산출된 공간, 작가가 생활한 공간 등으로 등장한다.

따라서 공간은 문학과 지리의 융합을 위한 연결 고리, 또는 공동 영역이라 할 수 있다. 인간과 공간의 기본적 관계를 중심에 놓고 보면, 공간은 인간에게 무엇이며, 어떤 작용을 하는가, 인간은 공간을 어떻게 인식하며, 어떻게 적응하며, 어떻게 활용하는가 등등의 교육 과제를 설정할 수 있다. 지리교육은 주로 지리 현상에 대한 자료를, 문학교육은 문학 작품을 제재로 하여 이 과제들을 수행하는데, 지리교실에서 더러 해 왔듯이 문학 작품이 지리 자료를 대신할 수 있으며, 또는 함께 쓰일 수 있는 것이다.

물론 공간은 지리에서 중심적인 교수·학습의 내용인 반면 문학교육에서 그렇지 않다. 문학은 공간만큼 시간도 중요하고, 인물의 심리 등등도 중요하기 때문이다. 이로써 공간을 중심으로 한 문학과 지리의 연결과 소통에서 상호 교환할 수 있는 정보의 종류와 양에서도 격차가 있을 것임을 예상할 수 있다. 그렇지만 학습자가 공간을 이해·경험하거나 공간에 적응하거나 공간을 이용할 때 지리 학습과 문학 학습에서 얻은 지식과 경험을 유기적으로 활용하면 보다 효과적일 경우가 적지 않을 것임은 분명하다. 지리 교과는 공간 및 공간과 인간의 관계에 대한 인식과 그 인식의 유용한 적용을 지향하고, 문학 교과는 공간 재현에 대한 심미적 접근과 공간 체험의 언어적 형상화를 지향하는데, 공간에 대한 인간의 대응에는 대부분의 경우 실용(實用)의 관점과 미적(美的) 관점이 결합되어 있기 때문이다. 또 학습자를 중심으로 보면 특정한 공간을 지리적 안목으로 인식할 수 있고, 그 공간을 형상화한 문학 작품의 수용을 바탕으로 이해하거나 즐길 수 있으며, 또한 지리적 이해와 미적 향유를 함께 할 수 있는 것이다.

2) 문학과 지리의 융합 교육의 과제

공간을 문학과 지리의 융합을 위한 연결 고리, 또는 공동 영역으로 설정하고, 두 교과가 공간과 관련하여 각각 지향하는 객관적·실용적 지향의 인식과 주관적·미적(美的) 지향의 경험을 유기적으로 결합하기 위해서는 두 교과의 교육 목표들 사이의 관련성을 보다 체계적으로 검토할 필요가 있다. 그렇지 않을 경우 작품 속의 지리적 정보의 실증적 확인에 그치고 말거나 특정 공간과 문학 작품이 관련이 있다는 사실 확인에 그치고 말 수 있다. 따라서 작품 속의 지리 정보에 대한 다양한 인지 활동을 설정하고 그것을 체계화하는 작업이 요청[21]되며, 나아가 문학교육에서 추구하는 것과 지리교육에서 추구하는 것을 체계적으로 관련지어 볼 필요가 있다.

지리교육의 목표가 지리적 문해력, 또는 지리적 안목의 육성이라고 할 때 여러 범주의 하위 영역과 세목들이 설정될 수 있고, 이 모든 영역과 세목에 문학교육의 하위 영역과 세목들이 대응될 수는 없으나 일부는 가능하다. 그중에서 지리교육에서의 공간 능력과 장소감, 그리고 공

....

21 문학 연구와 문학지리학에서 이와 관련한 반성이 제기되었다. 김진영·신정엽, 「문학지리학 연구의 정체성과 공간 논의에 대한 재고찰」, 『지리교육논집』 54, 서울대학교 지리교육과, 2010; 권혁래, 앞의 글, 2016.

간 중심의 인간과 사회와 환경에 대한 인식 등은 문학교육과 밀접한 관련을 맺을 수 있다.

예컨대 문학교육에서 공간이 서사(敍事)의 전개 과정에서 하는 역할을 인식하는 능력을 지리교육에서 추구하는 공간 능력 향상과 결부시켜 볼 수 있다. 그런가 하면 지리교육에서 획득하는 공간 지각 및 조망 능력, 정향(定向) 능력, 공간적 가시화 능력, 공간 관계 능력[22] 등의 공간 능력이 문학 작품을 공간 중심으로 이해하고 해석하는 데 기여할 수 있다. 공간은 문학 작품의 배경에 머물지 않고 작중 인물의 행위와 의식에 영향을 끼치며, 작가의 공간 처리 방식에 따라 독자의 수용 심리에도 영향을 끼치기 때문이다. 이를테면 〈춘향전〉의 공간 배치가 전반부와 후반부가 다르며, 각각의 공간은 등장인물의 동선(動線)과 결부될 뿐만 아니라 의식(意識)과 관점의 표출, 또는 변화와도 연계되어 있으므로 이를 파악하는 능력은 작품 수용 능력 신장에 기여하며, 또한 지리교육의 공간 능력 추구에도 기여할 수 있는 것이다.

이러한 구체적인 과제 차원의 두 교과의 교호 작용은 학습자로 하여금 특정한 실제 공간을 입체적으로 인식하는 방향으로 나아가도록 해야 하며, 동시에 공간에 대한 총체적 관점을 가질 수 있도록 해야 한다.

3. 문학과 지리의 융합 교육의 내용 생성 — 〈춘향전〉을 제재로

이상의 관점에서 〈춘향전〉을 교육 제재로 하여 문학과 지리의 융합

---

22   서태열, 앞의 책, 2005, 72-73쪽.

교육의 내용을 생성해 보고자 한다. 〈춘향전〉을 선택한 까닭은 이 작품이 중등 교육의 정전(正典)의 하나라는 점, 지리 정보를 많이 내포하고 있다는 점, 그리고 그 정보들이 작품의 예술적 성취에 기여하고 있다는 점 때문이다. 〈춘향전〉 대상 자료는 고등학교와 대학의 교재로 많이 쓰이고 있는 〈열녀춘향수절가〉(완판 84장본)[23]을 중심으로 하며, 필요한 경우 다른 〈춘향전〉의 다른 이본(異本)들도 이용하기로 한다.

내용 생성의 초점은 다음 세 가지로 설정한다.

첫째, 〈춘향전〉을 대상으로 실재했던 지리 공간이 작품에 반영되어 서사의 전개에 어떤 역할을 하는가? 둘째, 〈춘향전〉 등장인물들은 작중의 지리 공간을 어떻게 의식하며, 장소감은 어떻게 형성되는가? 셋째, 남원을 배경으로 한 〈춘향전〉이 남원의 지리 공간에 어떤 영향을 끼쳤는가?

첫째 과제는 문학교육의 과제로 보이지만 공간 활용이라는 점에서는 지리교육의 과제이기도 하다. 둘째 과제는 공간과 인물의 의식 및 행위와의 상관관계를 밝히는 점에서는 문학교육의 과제이며, 동시에 인간이 공간을 인식하고, 장소감을 형성하는 전형적인 사례를 살필 수 있는 것으로 지리교육의 과제이기도 하다. 셋째 과제는 특정한 지리 공간을 배경으로 삼은 작품이 그 명성으로 인해 배경이 된 지리 공간의 경관[24]에 변화를 초래하는 현상을 살필 수 있는 것으로 본다. 즉 독립된 주체로서의 작품이 독자를 매개로 지리 공간에 영향을 미치는 것은 문학의 사회적 영향력에 해당하는 것이자 문학지리학의 대상이기도 한 것이다.

………

23   구자균·정규복 교주,『춘향전』, 교문사, 1984에 수록된 교주본을 이용한다.

24   본 논의에서 경관은 산천(山川)과 같은 자연 경관과 여기에 인공을 가하여 만들어진 누정(樓亭), 가옥 등의 문화 경관을 포함한다.

1) 〈춘향전〉의 서사 전개와 지리(地理) 공간의 관계

〈춘향전〉은 남원 일대를 주된 공간 배경으로 하고 있고, 허구로 설정된 춘향의 집을 제외하고는 대부분 실재했던 지리 공간들이 그대로 작품 속에 등장하고 있다. 그리고 이 공간들은 사건의 전개와 등장인물의 심리는 물론 이 작품을 수용하는 독자의 심리에도 영향을 끼친다. 그 사례로 경관(景觀)과 공간 이동이 서사 전개에 어떻게 활용되고 있는지를 보기로 하자.

(1) 서사 전개의 발단(發端)의 계기로서의 남원의 경관(景觀)

〈춘향전〉에서 사건의 발단은 이도령의 남원 경관 구경에서 비롯된다. 책방에서 공부하던 이도령이 춘흥을 못 이기어 경관 구경을 나서고, 이를 계기로 춘향을 만나게 된다.

일일은 방자 불러 말씀하되,

"이 골 경처(景處) 어디냐? 시흥(詩興), 춘흥(春興) 도도하니 절승경처(絶勝景處) 말하여라."

방자놈 여쭈오되,

"글공부하시는 도련님이 경처(景處) 찾아 부질없소."

이도령 이른 말이,

"너 무식한 말이로다. 자고로 문장재사(文章才士)도 절승강산(絶勝江山) 구경키는 풍월작문(風月作文) 근본이라. 신선(神仙)도 두루 돌아 박람(博覽)하니 어이하여 부당하랴. 사마자장(司馬子長)이 남으로 강회(江淮)에 떴다 대강(大江)을 거스를 제 광랑경파(狂浪驚波)에 음풍(陰風)이 노호(怒號)하여 예로부터 가리키니, 천지간(天地間) 만물지변(萬

物之變)이 놀랍고 즐겁고도 고운 것이 글 아닌 게 없느니라. 시중천자(詩中天子) 이태백(李太白)은 채석강(采石江)에 놀아 있고, 적벽강(赤壁江) 추야월(秋夜月)에 소동파(蘇東坡) 놀아 있고, 심양강(潯陽江) 명월야(明月夜)에 백낙천(白樂天) 놀아 있고, 보은(報恩) 속리(俗離) 문장대(文藏臺)에 세조대왕(世祖大王) 노셨으니, 아니 노든 못하리라."[25]

이도령의 물음은 그가 남원에 처음 온 외지인(外地人)이며 특별한 목적이나 사전 정보 없이 부친의 임지에 따라온 인물임을 드러낸다. 그러나 방자의 시비조의 대응에 답변하는 데서 그의 경관 유람의 관점이 드러난다. 즉 경관 유람은 문인(文人)의 개성(個性) 형성과 밀접한 관련이 있다며, 사마천(司馬遷)의 사례를 들고, 또 유명 시인들의 명승지 유람을 예로 들고 있다. 이것은 산수유람(山水遊覽), 또는 변방에서의 유배 생활과 같은 특별한 자연 환경의 체험이 문학 능력이나 문학 세계의 질적 변화를 가져온다는 동아시아 한문문화권의 전통적 관념에 기초해 있는 것이다.

"서울로 이를진대 자문 밖 내달아 칠성암, 청련암, 세검정과 평양 연광정, 대동루, 모란봉, 양양 낙산대, 보은 속리 문장대, 안의 수승대, 진주 촉석루, 밀양 영남루가 어떠한지 몰라와도, 전라도로 이를진대, 태인 피향정, 무주 한풍루, 전주 한벽루 좋사오나, 남원 경처 들조시오. 동문 밖 나가오면 장림 숲 선원사(禪院寺) 좋사옵고, 서문 밖 나가오면 관왕묘(關王廟)는 천고 영웅 엄한 위풍 어제 오늘 같삽고, 남문 밖 나가오면

....
25   구자균·정규복 교주, 앞의 책, 1984, 9-11쪽(교주본대로 인용하되 원문의 오류 부분은 교감하여 바로잡고, 가능하면 표준어 표기로 함. 이하 다른 인용도 마찬가지임.).

광한루(廣寒樓), 오작교(烏鵲橋), 영주각(瀛洲閣) 좋삽고, 북문 밖 나가
오면 청천삭출금부용(靑天削出金芙蓉) 기벽(奇僻)하여 우뚝 섰으니 기
암(奇巖) 둥실 교룡산성(蛟龍山城) 좋사오니 <u>처분대로 가사이다.</u>"[26]

방자의 남원 경관 소개는 두 가지 주목할 점이 있다. 하나는 전국에
이름난 경관을 들고 있는 것이다. 방자가 서울, 평안도, 강원도, 충청도,
그리고 경상도의 이름난 경관을 열거하는 것은 조선 후기 각 지역의 명
승지들이 지역의 차원을 넘어서 전국적으로 알려졌음을 보여주고 있다.
이것은 전국적인 경관 형성의 역사를 구성하는 데 유용한 자료라 할 수
있다. 다른 하나는 전라도에도 그에 못지않은 경관들이 있으며, 특히 남
원에도 그러한 수준의 경관들이 많다는 방자의 자부심이다. 동서남북
모두에 경관이 있다는 방자의 답변은 외지인인 이도령에게 정보를 제
공하는 것이기도 하면서 동시에 남원이란 지방에 대한 서울 출신 이도
령의 우월한 인식을 바꾸는 것이기도 하다. 인용문의 밑줄 친 부분에서
남원 사람들이 모두 인정하는 경관들인 선원사, 관왕묘, 광한루, 오작교,
영주각, 교룡산성이 전국적 수준이라는 자부심을 읽을 수 있다. 여기에서
경관의 등장에는 경관 자체의 미적 수준만이 아니라 그 경관이 위치하고
있는 지역 주민들의 애정과 자부심이 중요한 역할을 함을 볼 수 있다.
방자의 답변을 듣고 이도령은 광한루를 선택하여 놀러가게 되고,
이 경관의 구성 요소인 오작교를 보고 다음과 같이 말한다.

"광한(廣寒) 진경(眞境) 좋거니와 오작교(烏鵲橋)가 더욱 좋다. 방가위
지(方可謂之) 호남(湖南)의 제일성(第一城)이로다. 오작교 분명하면 견

....
26   위의 책, 11-12쪽. 밑줄 인용자.

우(牽牛) 직녀(織女) 없을쏘냐. 이런 승지(勝地)에 풍월(風月)이 없을쏘냐."[27]

광한루에서 이도령은 방자의 남원 경관 자랑이 사실임을 체험하게 된다. 즉 이도령은 남원 경관에 대해 눈 뜨게 된 것이다. 나아가 이도령은 경관의 이름에서 그 배경설화를 연상하고, 스스로 그 설화의 주인공이 되고자 한다. 다시 말해 경관과 자신을 일체화하고자 하는 심리를 드러낸 것이다. 이러한 이도령의 욕망에 부응이나 하듯이 춘향이 등장하게 되고, 이때부터 두 인물 사이의 사랑과 이별, 그리고 재회의 드라마가 시작되게 된다. 이처럼 경관과 경관 유람의 문화가 〈춘향전〉 서사의 발단(發端)의 계기가 되고 있는 것이다.

이상에서 실제의 남원 경관이 작품 속에 반영되어 서사의 전개에 관여하고 있으며, 이도령과 방자는 경관에 대한 나름대로의 관점과 적응 방식을 보여주고 있음을 확인할 수 있다. 지리교육의 관점에서는 지리 정보로서 남원의 경관, 그 경관에 대한 지역민들의 의식 및 새로운 경관을 체험하는 이도령의 방식을 확인할 수 있고, 문학교육의 관점에서는 실제의 경관을 서사의 구성요소로 활용하는 방식과 그 방식에 작용하는 문화 관념을 읽을 수 있다.

(2) 인물의 표징(表徵)으로서의 경관 — '춘향 집'

어떤 경관은 또한 그 경관 속에 거주하는 인물의 표징(表徵)이 되기도 한다. 다음은 이도령이 춘향의 집을 보고 춘향의 성격을 유추하는 대목이다.

....

27 위의 책, 17쪽.

"저기 저 건너, 동산은 울울(鬱鬱)하고 연당(蓮塘)은 청청(清清)한데, 양어생풍(養魚生風)하고, 그 가운데 기화요초(琪花瑤草) 난만하여 나무나무 앉은 새는 호사를 자랑하고, 암상에 굽은 솔은 청풍이 건듯 부니 노룡(老龍)이 굼니는 듯, 문 앞에 버들 유사무사양류지(有絲無絲楊柳枝)요, 들쭉 측백 전나무며, 그 가운데 행자목은 음양(陰陽)을 좇아 마주서고, 초당(草堂) 문전(門前) 오동, 대추나무, 깊은 산중 물푸레나무, 포도, 다래, 으름넌출, 휘휘친친 감겨 담장 밖에 우뚝 솟았는데 송정(松亭) 죽림(竹林) 두 사이로 은은히 보이는 게 춘향의 집입니다."

도령님 이른 말이,

"장원(墻苑)이 정결하고 송죽(松竹)이 울밀(鬱密)하니 여자(女子) 절행(節行) 가지(可知)로다."[28]

방자가 가리키며 묘사하는 춘향의 집 경관은 물론 기생집이 아니다. 〈열녀춘향수절가〉(84장본)는 〈춘향전〉의 역사에서 후대(後代)에 등장한 이본으로서 춘향을 기생이 아닌 여염집 처녀로 설정하고 있는데, 인용 부분의 춘향 집은 조경(造景)이 잘 된 사대부가(士大夫家)라 해도 무방할 정도이다.[29] 이것은 주인공의 신분의 변화에 조응하여 그 가옥의 형태와 구성까지 바꾼 것이며, 여기서 서사에서 주인공과 관련한 특정한 장소가 주인공의 사회적 위상에 따라 변화함을 볼 수 있다. 어떻든 이러한 설정은 성공하여 이도령은 춘향 집의 배치와 구성을 일종의 텍스트로 보고 그것을 여성의 정절(貞節)의 심상으로 읽어내고 있다.[30] 물

......

28   위의 책, 33쪽.
29   20세기 전반기의 명창 정정렬이 부른 〈춘향가〉에서는 이도령이 춘향의 집을 조망하고
     는 사대부댁(士大夫宅) 같다고 한다. 정병욱,『한국의 판소리』, 집문당, 1981, 239쪽.
30   경관과 이념의 관계에 대해서는 데이비드 앳킨스 외 편, 이영민 외 역,『현대 문화지리

론 이러한 정절의 표징은 춘향이 정절을 지키는 고난의 서사가 전개되리라는 암시이기도 하다.

요컨대 인공적으로 조성된 특정한 공간이 이념과 관련이 있음을 볼 수 있고, 이것은 문학교육에서는 주인공의 사회적 위상 및 개성과, 지리교육에서는 공간 조성의 사회·문화적 의미와 관련된다.

(3) 사회의 상하(上下) 질서를 전복(顚覆)하는 장소 ― '춘향 집' 가는 길

이도령은 광한루에서 춘향을 만난 뒤 책방에 돌아와 해 저물기만 손꼽아 기다리다 저녁이 되자 방자를 앞세워 춘향 집을 찾아간다. 이때 방자는 이도령이 남원 읍내의 지리에 어둡다는 점을 이용하여 골탕을 먹인다.

방자 불 들려 앞에 세우고 삼문거리 홍살문 네거리로, 향청(鄕廳) 뒤로 도로 홍살문 네거리를 지나갈 제 방자놈 이도령을 속이려고 부중(府中)을 감돌아 홍문(紅門)거리를 오륙차나 가니 도련님 의심하여, "이애 방자야, 남원부사 홍살문이 몇 채더냐?" "홍살문이 일곱이요." "어떤 홍살문이 일곱이냐?" "그러기에 대무관(大廡官)이지요." "그러면 춘향의 집이 몇 리나 되노?" "아직 멀었소." "내가 온 분수 가량(假量)하면 삼사십리 걸었는데 이제도 멀었다니 아무래도 모르겠다." 방자놈 돌아서며, "도련님 말씀 들으시오. 기생의 집 가는 길에 우리 둘이 편발(編髮)인즉 방자라고 마시고 이름이나 불러주오." "그리하마, 네 이름이 무엇이냐?" "이름이 몹시 거북하지요. 소인의 성(姓)은 아시오?" "성이 무엇이냐?" "벽성(僻姓)이지요." "무엇이냐?" "아가(哥)요." "성

....
학─주요 개념의 비판적 이해』, 논형, 2011, 112-114쪽 참조.

도 고약하다. 이름은 무엇이니?" "버지요." "그 놈 성명도 고약하다. 양반이야 부르겠더냐? 상놈일다." "여보 도련님 말씀 들으시오. 구성명(其姓名)하여 불러주시면 모시고 가려니와 방자라고 부를 터이면 도련님이 혼자 가시오. 소인은 다른 데로 갈 터인즉 가려건 가고 말려건 마시구려."[31]

이도령으로서는 읍내 길을 모를 뿐만 아니라 밤인지라 방자의 안내 없이는 춘향 집을 찾을 수 없고, 그 부친 몰래 나왔으니 남에게 물어서 갈 수도 없고, 낮에 춘향을 본 후로 상사병에 걸릴 지경이 되었으니 춘향 집에 가는 것을 포기할 수 없는 노릇이다. 이러한 처지를 잘 아는 방자는 자기가 훤히 하는 읍내의 길을 이용하여 이도령을 골탕 먹인 뒤 자신의 요구를 내세워 이도령과 자신의 상하(上下) 관계를 역전시킨다. 자기도 이름이 있으니 이름을 불러달라고 하여 이도령을 자신의 아들로 만든 것이다. 대낮의 관아(官衙) 책방에서의 상전과 하인의 관계가 밤의 읍내 골목길에서 아버지와 아들의 관계로 완전히 역전되는 것이다. 지역의 지배자인 남원부사의 아들이라 해도 읍내의 골목길에서는 그 지위를 상실하고, 피지배층 관노(官奴)인 방자의 통제권에 들 수밖에 없음을 보여주고 있는 것이다.[32] 따라서 이 대목은 읍내의 골목길이라는 지리적 공간이 상황에 따라서는 사회적 질서의 역전을 초래하는 특별한 장소[33]가 될 수 있음을 보여준다고 하겠다. 아울러 이 대목은 남원에 처

....

31 성현경 풀고 옮김, 『이고본 춘향전』, 보고사, 2011, 176쪽.
32 물론 방자는 처음부터 이도령을 대하면서 상하 관계에 도전하는 모습을 보이나 주로 골계적 언어 행위를 통한 것이었다.
33 어떤 공간이 의도적으로 경계 지워질 때, 또는 문화가 공간에 담겨질 때 장소가 형성된다고 본다. 이에 대해서는 존 앤더슨, 이영민·이종희 역, 『문화·장소·흔적』, 한울아카데미, 2013, 제4장 참조.

음 와서 그 지리에 익숙하지 않은 신참자(新參者) 이도령이 겪어야 하는 입사 의례(入社儀禮)의 성격도 띠기도 한다. 이 사건 이후에 이도령은 이 골목길에 익숙해져 이런 수모를 다시 겪지 않고 매일 춘향 집을 마음대로 드나들기 때문이다.

이 대목은 문학적으로는 골계미를 창조하고, 또 방자의 성격을 잘 구현하며, 동시에 이도령의 심리를 잘 드러낸다. 지리교육의 관점에서는 외부인의 공간 익히기에서 생길 법한 문제이기도 하고, 또한 특정 위치의 공간이 어떤 상황에서는 특별한 장소로 전환됨을 보여주는 사례여서 공간 활용의 교육 자료가 될 수 있다.

(4) '노정기(路程記)'와 서사 심리, 그리고 역사지리(歷史地理)

〈춘향전〉 스토리에서 이도령은 사실 서울과 남원 사이를 두 번 왕복 이동을 하고, 변학도는 편도 이동을 한 번 하는데, 작품에서 실제로 공간 이동 과정이 서술된 것은 이도령이 서울 갈 때, 변학도가 남원 부임할 때, 그리고 이도령이 암행어사로 남원 갈 때이다. 이도령 부자가 처음 남원 갈 때의 이동 과정은 서술되지 않고, 그 이후의 남원과 서울 사이의 공간 이동들은 상세히 서술하는 까닭은 이것들이 등장인물과 독자의 심리와 밀접한 관련을 맺을 뿐만 아니라 그 공간 자체가 등장인물과 독자에게 각별하게 재인식되기 때문이다. 이에 대해서 검토해 보기로 하자.

도련님은 방자에게 붙들리어 말위에 올라앉으며, "춘향아 나는 간다. 너는 부디 울지 말고 노모 하에 잘 있거라." 춘향이도 일어나서 한 손으로 말고삐를 잡고, 또 한 손으로는 도련님 등자(鐙子) 디딘 다리를 잡고, "아이고 여보 도련님, 한양이 멀다 말고 소식이나 종종 전하여 주오.” 말은 가자 네 굽을 치는데, 님은 꼭 붙들고 아니 놓네. 저 방자 미워라고 이랴 툭 쳐 말을 몰아 따랑 따랑 따랑 따랑 따랑 훨훨 달려가니, 그 때에 춘향이는 딸아 갈 수도 없고 높은 데 올라서서 이마 위에 손을 얹고 도련님 가는 데만 물끄러미 바라보니, 가는대로 적게 뵌다. 이만큼 보이다가 저만큼 보이다가, 달만큼 별만큼 나비만큼 불티만큼 망종 고개 깜박 넘어가니 우리 도련님 그림자도 못 보겠구나.[34]

이도령과 춘향이 오리정에서 이별하는 대목이다. 이도령이 멀어지는 거리(距離)에 반비례하여 춘향의 시야에서 점점 작아지는 이도령의 모습을 잘 묘사하고 있다. 춘향을 두고 떠나는 이도령의 심정도 마찬가지이지만 이도령의 신의(信義) 외에는 기댈 바가 없는 춘향에게는 남원과 서울의 거리만큼 벌어지는 두 사람 사이의 거리 자체가 불안과 슬픔의 정도를 나타내는 표징이 된다.

그리고 이 거리(距離)는 교통 수단으로 극복할 수 있는 물리적 거리가 아니라 이도령이 신의를 지켜야 극복되는 정신적 거리이며, 기생과 양반 자제 사이에 놓여 있는 사회 제도와 관습의 문제가 해소되어야 하는 사회적·제도적 거리이기도 한 것이다. 여기서 서울과 남원 사이의 지리적 거리가 문학 작품에서는 지리적 거리이면서 동시에 정신적·사회적 거리로 형상화됨을 확인할 수 있다.

한편 변학도가 신관 사또로서 서울에서 남원으로 부임하는 과정과 그 노정기(路程記)는 변학도의 심리와 독자의 작품 수용 심리와 관련이 있다. 변학도는 남원에서 올라온 신연(新延) 하인에게 춘향의 안부를 묻고, 또 서울에서 남원까지의 거리와 소요시간을 묻고는 급히 준비하여

....

34   정병욱, 앞의 책, 1981, 266-267쪽.

가자고 한다. 이 대목이 〈남원고사〉에서는 다음과 같이 묘사되고 있다.

"(…) 네 고을이 서울서 몇 리나 되나니?" "서울서 본관 읍내가 육백 오십 리로소이다." "그러면 내일 일찍 내려가면 저녁참에 들어 닿으랴?" "젓사오되, 내일 숙배(肅拜)나 하옵시고, 조정(朝廷)에 하직이나 하옵시고, 각사(各司) 서경(署經)이나 도옵시고, 우명일(又明日) 한겻쯤 떠나옵시면, 자연 날 궂은 날 끼이옵고, 가옵시다가 감영(監營)에 연명(延命)이나 하옵시고, 혹 구경처(求景處)에나 놀이하옵시고, 연로(沿路) 각읍(各邑)에 혹 연일(連日) 유숙(留宿)이나 되옵시고 천천히 내려가옵노라 하오면 한 보름이나 하여야 도임(到任)하옵시리이다." "어허 이놈 고이한 놈, 보름이라니? 어허 주뢰(周牢)를 할 놈. 보름이라니 그 놈이 곧 구어 다힐 놈이로구나.(…)"[35]

변학도의 물음에 답하는 인물은 길방자인데, 그 답변은 당시 남원부사가 도임할 때의 과정과 걸리는 시간을 잘 반영한 것으로 보인다. 『증보문헌비고(增補文獻備考)』에 제시된 서울에서 통영(統營)에 이르는 제6로(路)에 표시된 구간별 거리를 기준으로 하면 서울에서 남원까지는 636리이고, 『동국여지지도(東國輿地之圖)』를 비롯한 조선 후기의 지도에 표시된 소요 시간에 따르면 서울에서 남원까지는 7일이 걸린다.[36] 따라서 부임을 위한 서울에서의 행정적 절차와 부임 도중의 관례적인 일을 고려한다면 보름이 걸린다는 길방자의 말이 타당하다고 하겠다. 이처럼 객관적으로는 보름이지만 변학도의 심정으로서는 출발하는 날 당장 남

....

35   〈남원고사〉, 김동욱 외, 『춘향전비교연구』, 삼영사, 1979, 221-222쪽.
36   김종철, 앞의 글, 1994, 228쪽.

원에 도착하고 싶은 것이다. 여기서 공간적 거리는 변학도에게는 심리적 부담으로 작용함을 볼 수 있고, 독자의 수용 심리에서 보면 서울에서 남원까지의 공간적 거리에 대응하는 변학도의 언행은 그를 희극적 인물로 만든다.

그런데, 대부분의 〈춘향전〉에서 서술자는 변학도가 실제로 남원으로 부임하는 도정(道程)을 자세하게, 그리고 길게 서술하지 않는다. 뒤에 보듯이 이도령이 암행어사로 남원에 내려가는 도정의 서술에 비하면 상대적으로 짧고, 대신 그 행차의 위의(威儀)를 대단하게 묘사한다. 이러한 설정은 변학도의 부임이 야기하는 새로운 상황의 조성을 위한 것으로 보인다. 즉 춘향을 목표로 한 탐관오리가 대단한 위세를 떨치며 조급하게 남원을 향함으로써 춘향에게 의외로 빨리 큰 고난이 닥치고 있음을 보이는 것이다. 작품에서 춘향에게 색욕(色慾)을 품은 변학도가 남원에 부임한다는 사실은 춘향은 물론 이도령에게도 알려지지 않는 정보이며, 작품 속에서는 신연(新延) 하인으로 상경한 남원 관속들, 작품 밖에서는 독자만이 아는 정보이다. 따라서 변학도의 조급한 남원 부임은 춘향에게 화(禍)가 점점 박두하고 있음을 독자가 먼저 알게 되는 효과를 가져 온다.

요컨대, 변학도의 남원 부임 노정(路程)은 변학도에게는 가급적 이동 시간을 줄이고 싶은 거리이고, 독자(그리고 춘향)에게는 그 이동 시간을 지체시키고 싶은 거리여서, 동일한 지리적 거리가 목적과 처지가 다른 인물에게는 다른 심리적 거리로 지각됨을 잘 보여주고 있다. 앞에서 본 춘향과 이도령의 이별 대목에서 공간적 거리에 대해 인물이 느끼는 심리적 거리감과 이 대목에서 변학도가 느끼는 공간적 거리에 대한 심리 및 변학도의 공간 이동에 대한 독자의 심리는 공간과 인간 심리 사이의 관계 양상을 살필 수 있는 지리교육의 자료이다.

한편 이도령이 암행어사가 되어 남원으로 이동하는 노정은 변학도의 그것에 비해 매우 상세하고, 그 서술 시간 또한 크게 확장되어 있다.

(…) 전라도로 행할 새, 남대문 밖 썩 나서서, 서리, 중방, 역졸 등을 거느리고 청파역 말 잡아 타고, 칠패, 팔패, 배다리 얼른 넘어 밥전거리 지나 동작이를 얼른 건너 남태령을 넘어, 과천읍에 중화(中火)하고, 사그내, 미륵당이, 수원 숙소(宿所)하고, 대황교, 떡전거리, 진개울, 중미, 진위읍에 중화하고, 칠원, 소사, 애고다리, 성환역에 숙소하고, 상류천, 하류천, 새술막, 천안읍에 중화하고, 삼거리, 도리치, 김제역 말 갈아타고, 신·구 덕평을 얼른 지나 원터에 숙소하고, 팔풍정, 활원, 광정, 모로원, 공주, 금강을 건너 금영(錦營)에 중화하고, 높은 한길, 소개문, 어미널티, 경천에 숙소하고, 노성, 풋개, 사다리, 은진, 까치당이, 황화정, 장애미고개, 여산읍에 숙소참(宿所站)하고, 이튿날 서리, 중방 불러 분부하되, "전라도 초읍(初邑) 여산이라. 막중국사거행불명즉(莫重國事擧行不明則) 죽기를 면치 못하리라." 추상같이 호령하며, (…중략…) 각기 분발(分撥)시킨 후에, 어사또 (…중략…) 내려 올 제, 통새암, 삼례 숙소하고, 한내, 주엽쟁이, 가리내, 심금정 구경하고, 숲정이, 공북루, 서문을 얼른 지나 남문에 올라 사방을 둘러보니 서호(西湖) 강남(江南) 여기로다. 기린토월(麒麟吐月)이며, 한벽청연(寒碧淸淵), 남고모종(南高暮鐘), 건지망월(乾止望月), 다가사후(多佳射帿), 덕진채련(德眞採蓮), 비비낙안(飛飛落雁), 위봉폭포(威鳳瀑布) 완산팔경(完山八景)을 다 구경하고, 차차로 암행하여 내려 올 제[37]

....

37   구자균·정규복, 앞의 책, 1984, 173-175쪽.

스토리 차원에서 보면, 춘향과의 재회를 꿈꾸어 온 이도령의 절실한 심정으로는 서울과 남원 사이의 거리감은 변학도가 느낀 것과 같이 심리적으로 매우 먼 것인데다 암행어사의 직무가 그를 바로 남원에 갈 수 없게 만들므로 더욱 멀리 느껴진다고 할 수 있다. 그렇지만 실제 서술의 차원에서는 반드시 위의 인용문처럼 매일의 여정을 상세히 서술하지 않고 간단히 요약적으로 서술할 수도 있는 것이다.

그럼에도 불구하고 서울에서 남원까지의 모든 경유지를 다 제시하고, 심지어 완산팔경(完山八景) 유람까지 포함한 것은 서술자가 이도령의 여정(旅程) 서술을 전략적으로 활용하는 것이라 하겠다. 즉 고초를 겪고 있는 춘향의 처지에 몰입되어 있는 독자의 심정에 비추어 보면, 중간 경유지의 상세한 목록 제시 형태로 길게 서술되는 이 노정기는 암행어사가 된 이도령이 빨리 남원으로 가 춘향을 구출해야 한다는 심리적 기대와는 어긋나는 것이다. 서사의 전개에서 보면 이도령의 남원행(南原行) 노정기는 사건의 전진적(前進的) 진행을 늦추는 기능을 하고 독자의 서사 체험의 차원에서는 독자의 기대 실현을 지연시키는 것이다. 이 대목을 판소리로 연행할 때에는 자진머리 장단으로 불러서 청중의 기대 지연이 어느 정도 해소되지만, 이 대목의 공간의 서사 방식은 앞에서 본 이도령과 춘향의 이별 대목과는 정반대이다.

이상에서 공간이 서술자에 의해 전략적으로 활용되어 등장인물의 심리 표출과 독자의 수용 심리 조절에 밀접한 관련을 맺는 것을 확인하였다.

한편 위의 인용문에 등장하는 이도령의 남원행 노정기는 역사지리(歷史地理)의 중요한 자료이다. 이 노정기의 여정(旅程)과 주요 경유 지명들은 조선 후기의 서울에서 남원에 이르는 공로(公路)의 지명들과 일치[38]

....

38 이에 대해서는 한명희, 앞의 글, 1972 참조.

하는데, 『증보문헌비고(增補文獻備考)』의 「여지고(輿地考)」 '도리(道里)' 조(條)에서 확인해 보면 서울에서 통영(統營)에 이르는 제6로(路)[39]에 해당함을 알 수 있다. 뿐만 아니라 당시의 지방 행정 중심지나 주요 교량, 그리고 군사적 요지 등을 중심으로 한 역로(驛路)의 기반 위에 상인이나 일반 여행객에게 필요한 하위 경유지들을 많이 반영하고 있는 점[40]에서 18세기 이후의 도로망 및 여정(旅程)의 복원에 긴요한 자료이다. 특히 하위 경유지들은 조선 후기의 관찬(官撰) 문헌이나 지도에서 보기 힘들고 〈춘향전〉의 노정기에서만 볼 수 있고, 그 경유지들은 허구가 아니라 실재했던 것들이라는 점에서 그렇다. 이 점에서 〈춘향전〉의 노정기 연구는 문학지리학의 범례적 사례가 될 수 있다.

2) 〈춘향전〉 등장인물의 공간 의식과 장소감 형성

〈춘향전〉의 등장인물들은 남원의 토착 인물들과 서울에서 온 인물들 두 부류로 나눌 수 있다. 이 두 부류의 인물들은 남원 지역에 대한 나름의 의식을 지니고 있고, 서사의 전개에 따라 그 의식이 변하는 인물들도 있다. 즉 사건이나 경험을 통해 하나의 지역으로서의 남원에 대한 새로운 의식을 갖는 양상을 보이는 것이다.

(1) 공간의 위치 의식과 계층의식의 결합

이별 대목에서 춘향은 서울에 올라가서도 잊지 않겠노라는 이도령의 말에 다음과 같이 울며 말한다.

....

39   『동국문헌비고(東國文獻備考)』(上)(영인본 재판), 명문당, 1981, 372쪽.
40   이에 대해서는 김종철, 앞의 글, 1994, 228-229쪽 및 轟博志, 앞의 글, 2004 참조.

"도련님 올라가면 행화춘풍(杏花春風) 거리거리 취하는 게 장시주(長時酒)요, 청루미색(靑樓美色) 집집마다 보시느니 미색(美色)이요, 처처(處處)에 풍악소리 긴 곳마다 화월(花月)이라. 호색(好色)하신 도련님 주야 호강 노실 제 날 같은 하방천첩(遐方賤妾)이야 손톱만치나 생각하오리까. 애고 애고 내 일이야."[41]

춘향의 이 발언을 이해하기 위해서는 이도령은 서울 사람이자 양반이며, 춘향은 남원 사람이자 천민인 기생임을 재확인해야 한다. 그리고 이도령이 부친의 승진으로 상경해야 한다는 말에 춘향이 반색하며 자기도 따라간다고 한 것, 즉 기적(妓籍)에서 벗어나 남원을 떠나려는 의식을 갖고 있음도 염두에 두어야 한다. 이 두 사실에서 보면 춘향이 스스로를 하방천첩(遐方賤妾)이라 한 것은 과장이 아니며, 호색(好色)하는 이도령이 남원과는 비교할 수 없는 수준의 서울의 고급 청루에서 일등 기생들과 놀며 자신은 손톱만큼도 생각하지 않으리라는 추측도 억단이라 할 수 없다.

춘향은 이도령과의 이별을 지방의 한 고을인 남원과 정치와 문화 중심지 서울의 위치적 관계에서 파악하고, 이 위치적 관계 인식에 기초하여 서울에 가서도 자기를 잊지 않으리라는 이도령의 약속이 신빙성 없는 허언(虛言)으로 되고 말 것임을 예측하고 있다.[42] 따라서 남원과 서울의 위치적 관계에 대한 춘향의 의식에는 서울과 남원의 공간적 거리, 중앙과 지방의 정치적·문화적 위상 차이, 지배층과 피지배층의 신분 차

....

41 구자균·정규복, 앞의 책, 1984, 107쪽.
42 이러한 예측이 상식적임은 역설적이게도 변학도의 다음 말에서 확인할 수 있다. "이수재(李秀才)는 경성(京城) 사대부(士大夫)의 자제로서 명문귀족 사위가 되었으니 일시 사랑으로 잠깐 노류장화(路柳墻花)하던 너를 일분(一分) 생각하겠느냐?" 위의 책, 135쪽.

이 등이 중첩되어 있는 것이다.[43]

이와 같은 춘향의 남원과 서울의 위치 관계 중심의 공간 의식이 틀리지 않음을 다음 변학도의 발언에서 확인할 수 있다.

"어여쁘다, 어여쁘다. 보던 중에 처음이다. 계집이 어여쁘면 침어낙안(沈魚落雁)한단 말을 과히 추는가 하였더니 폐월수화(閉月羞花)하는 태도 오늘 너를 보았구나. 설도(薛濤) 문군(文君) 보려하고 익주자사(益州刺使) 원(願)을 하여 삼도몽(三刀夢)을 꾼다더니, 네 소문이 하 장(壯)하여 경향(京鄉)에 낭자(狼藉)키로 밀양(密陽) 서흥(瑞興) 마다하고 간신히 서둘러서 남원부사 하였더니(…)"[44]

변학도는 중앙 중심적 사고방식을 가진 지배층이 지방을 어떻게 인식하고 있는가를 단적으로 보여주고 있다. 재물을 많이 챙길 수 있는 고을인 밀양과 서흥의 수령 자리를 마다하고 서둘러 남원 부사를 한 것이 춘향 때문이라는 발언은 지방을 재물, 또는 색욕과 같은 사적(私的) 욕망 실현의 수단으로 인식하고 있음을 노골적으로 드러내고 있다. 이러한 의식은 앞에서 춘향이 보여준 바와 같은, 중앙과의 위치 관계에 입각한 지방민들의 자기 지역에 대한 복합적이고 중층적인 의식을 자극하고, 중앙과 지배층에 대한 지방과 피지배층의 대결 의식을 일깨운다.

"사대부 사또님은 사민공사(四民公事) 살피잖고 위력(威力) 공사 힘을 쓰니 사십팔방(四十八坊) 남원 백성 원망함을 모르시오? 팔자 좋은 춘

....

43 이은숙, 「문학 공간의 인식 체계와 특성」, 『현대문학이론연구』 36, 현대문학이론학회, 2009, 7-9쪽에서는 이를 공간의 '계층성'으로 보고 있다.

44 신재효, 〈남창 춘향가〉, 강한영 교주, 『신재효 판소리사설집(전)』, 민중서관, 1971, 39쪽.

향 몸이 팔도방백(八道方伯) 수령 중에 제일(第一) 명관(名官) 만났구나.
팔도방백 수령님네 치민(治民)하러 내려왔지 악형(惡刑)하러 내려왔
소?"45

춘향은 남원의 48방(坊) 주민들을 대변하여 남원이 중앙에서 파견
된 수령의 욕망 충족 장소가 아니라 주민의 삶을 보살펴 줄 관리를 만날
권리가 있는 곳임을 천명한다. 팔도방백 수령 모두의 임무가 지방민에
게 악형(惡刑)을 가하는 것이 아니라 지방민의 삶을 보살피는 치민(治民)
이라고 주장함으로써 춘향은 지방을 중앙에 종속된 곳이 아니며, 중앙
과 마찬가지로 삶을 누려야 하는 곳이라는 의식을 드러낸다. 다시 말해
남원과 서울을 위치적 관계 중심으로 의식하는 것이 반드시 서울을 우
월한 위치의 장소로만 보지 않음을 드러내고 있는 것이다.
　이러한 양상은 다음의 발언들에서도 확인할 수 있다.

"(…) 올라간 이도령인지 삼도령인지 그 놈의 자식은 일거후무소식(一
去後無消息)하니 인사(人事) 그렇고는 벼슬은커녕 내 좆도 못 하제."46

"(…) 오늘이 며칠인고. 천리(千里) 길 한양성을 며칠 걸어 올라가랴. 조
자룡의 월강(越江)하던 청총마가 있으면 금일로 가련마는 불쌍하다 춘
향이는 이서방을 생각하며 옥중에 갇히어서 명재경각 불쌍하다. 몹쓸
양반 이서방은 일거(一去) 소식 돈절하니 양반의 도리는 그러한가."47

....
45　구자균·정규복, 앞의 책, 1984, 145쪽.
46　위의 책, 181쪽.
47　위의 책, 183쪽.

앞엣것은 이도령이 암행(暗行) 중에 만난 농부의 말이고, 뒤엣것은 춘향의 편지를 들고 서울로 가는 방자의 한탄이다. 중앙인 서울에 사는 양반 이도령의 처사를 지방인 남원에 사는 평민인 농민과 천민인 방자가 각각 인간의 기본적인 도리를 기준으로 비판하고 있다. 즉 서울에서 '내려오는 곳'인 남원이라는 지방에 사는 낮은 신분의 자신들도 알고 있는 인간의 도리를 '올라가야 하는 곳'인 서울에 사는 이도령이 모른다는 비판이다.

이상에서 〈춘향전〉의 등장인물들은 각자가 처해 있는 공간을 다른 공간과의 위치 관계에 의해 인식하고, 이 위치 관계에 사회적, 문화적, 정치적 관계를 중첩시켜 인식하고 있음을 보여주고 있는데, 이는 공간 지각 능력을 인간과 사회에 대한 이해 능력으로 연결 짓는 지리교육의 자료임에 틀림없다. 다시 말해 지리교육 시간에 학습자들은 이상의 자료들에서 공간들의 위계와 그 위계에 관여하고 있는 정치적, 문화적 역학 관계를 생생히 볼 수 있는 것이다.

(2) 사건의 경험과 장소감 형성

춘향이 변학도에 항거하다 매를 맞고 거의 죽게 되자 이를 지켜보던 동료 기생들은 춘향을 구호하려 하는데, 이때 어떤 기생이 다음과 같은 말을 하며 춤을 춘다.

또 어떤 기생은, "아이고 불쌍하고 아까워라." 이리 앉아 울음 울더니 벌떡 일어서 손뼉을 치고 춤을 춘다. "얼씨구나 좋네, 얼씨구 장히 좋네." 여러 기생들이 어이없어, "아이고 저년 미쳤구나. 춘향에게 무슨 혐의(嫌疑)가 있어 생죽음을 당하였는데 춤을 추다니 웬 말이냐." "몰랐네 몰랐어. 자네들이 내 속 몰랐어. 진주(晉州) 기생 논개(論介)부인,

평양(平壤)기생 월향(月香)부인 충렬문(忠烈門)을 세워 있고, 청주(淸州)
기생 해월(海月)부인 삼충사(三忠祠)에 들어있고, 안동(安東)기생 일지
홍(一枝紅)씨 산 열녀문을 세워 천추(千秋) 유전(遺傳)을 하건마는, 남
원 같은 대무관(大廡官)에 우리 몸이 기생되어 쓸 데가 없었더니, 이제
춘향 열녀 나서 교방청(敎坊廳)에 문을 짓고 노방청(奴房廳)에 현판(懸
板) 붙여 천추유전(千秋遺傳)할 것이니 이런 경사(慶事)가 어디가 있느
냐. 얼씨구 절씨구 지화자 좋네. 너의 어머니는 내가 살릴 테니 죽을 테
면 꼭 죽어라."[48]

여러 기생들이 비난하지만, 이 기생의 발언은 남원 주민들에게 남
원에 대한 새로운 장소감(場所感)이 형성되고 있음을 보여주는 것이다.
이 기생의 주장은 춘향이 수절하다 죽게 되었으니 열녀(烈女)라는 칭호
를 받게 될 것이며, 그래서 남원은 수절하다 죽은 기생 춘향을 배출한
곳이 된다는 말이다. 이것은 기생에게 충렬(忠烈)이 있을 리 없다며 수
청을 강요하는 변학도에게 춘향이 충효열녀(忠孝烈女)에 상하(上下)가 없
다며, 기생으로 충렬을 지킨 해주(海州)의 농선(弄仙), 진주(晉州)의 논개
(論介), 평양의 월선(月仙) 등을 예로 들어 반박한 것에 조응하는 것이다.
즉 이제 춘향이 수절하다 죽게 되었으니 춘향은 이들과 나란히 이름을
올릴 것이고, 남원도 해주, 진주, 평양과 같이 될 것이라는 말이다. 이 기
생은 춘향이 변학도에게 항거하는 현장에 있으면서 자신이 목격한 사
건이 남원이라는 공간에 어떤 의미를 갖는지를 깨달은 것이다. 또한 변
학도의 관점에서는 춘향과 같은 미색(美色)이 있는 색향(色鄕)이었던 남

....

48 정병욱, 앞의 책, 1981, 283-284쪽. 완판 84장본에도 "얼씨고 절씨고 좋을씨고, 우리 남
    원도 현판(懸板)감이 생겼구나. 죽을 테면 꼭 죽어라."라는 기생 낙춘의 발언이 나온다.
    구자균·정규복, 앞의 책, 1984, 149쪽.

원이 이 기생의 관점에서는 충렬의 인물을 배출한 곳으로 지역적 정체성이 극적으로 전환되는 것이다. 이 기생이 보이고 있는 남원에 대한 이러한 인식 전환의 양상은 장소감과 지역 정체성이 특정 공간에서 벌어진 사건의 경험에 의해 형성됨을 잘 보여준다.

〈춘향전〉 등장인물 중 공간에 대한 재인식과 장소감 형성을 제일 잘 보여주는 인물이 이도령이다. 결론부터 말한다면 이도령은 암행어사가 되어 남원을 다시 찾으면서 남원을 제대로 보게 되고, 자신의 흔적이 남은 곳들에 대한 각별한 정서를 불러일으키고, 나아가 춘향이란 존재의 의미를 재인식하게 되는 것이다.

〈열녀춘향수절가(84장본)〉의 경우 이도령은 남원 지역에 들어서면서 농민들과 방자를 만나 춘향의 상황을 알게 되고, 또한 춘향과 자신에 대한 남원 사람들의 시각을 알게 된다. 이본에 따라서는 민란(民亂)을 일으켜 변학도를 축출하겠다는, 춘향에 대한 남원 주민들의 절대적 지지를 확인하는 경우도 있고, 또는 춘향이 죽었다는 속임수에 넘어가 남의 무덤에 가서 통곡하는 희극을 연출하기도 한다. 어떻든 이도령이 남원에 다시 가는 과정은 처음 부친을 따라 남원에 갔던 그것과는 질적으로 다른 것이다. 처음에는 남원에 대한 특별한 의식이나 정서가 없이 갔으며, 또 수령인 아버지를 따라 지배자의 일원으로 갔으나 두 번째는 춘향과의 특별한 사랑이 있었던 곳을 다시 찾아가는 것이며, 민심을 파악하며, 춘향과 남원이 처한 문제의 해결자로서 가는 것이기 때문이다. 처음 남원을 갔을 때 이도령은 외부인으로서 일종의 경관(景觀) 유람객(遊覽客)으로 춘향을 만났다면,[49] 다시 남원을 가는 과정은 이도령으로서는

....

49 이도령이 서울로 가기 전까지의 남원에서의 공간 이동은 '관아(책방)-광한루-춘향 집-
    오리정'으로 한정되어 있었다. 이 공간 속에서 이도령은 남원의 지배자인 아버지에 부속
    된 존재로서 남원을 낭만적인 시선으로 보았으며, 이별할 때 비로소 춘향의 현실 인식과

춘향과의 관계 속에서 자신의 존재와 위상을 재정립하게 되는 과정이라 할 수 있다. 이 과정에서 이도령은 남원을 농민과 방자의 시각, 나아가 춘향의 시각에서 재인식하게 된다.

남원 지경(地境)에 들어가 농민과 방자를 만나 저간의 사정을 알게 된 이도령이 드디어 남원 읍내에 도착하는 부분을 보기로 하자.

남원으로 들어올 제, 박석티를 올라서서 사면을 둘러보니, 산도 예 보던 산이요 물로 예 보던 물이라. 남문 밖 썩 내달아, "광한루야 잘 있더냐, 오작교야 무사하냐? 객사청청유색신(客舍靑靑柳色新)은 나귀 매고 놀던 데요, 청운낙수(靑雲洛水) 맑은 물은 내 발 씻던 청계수라. 녹수진경(綠樹秦京) 넓은 길은 왕래하던 옛길이요." (…) 어사또 누(樓)에 올라 자상히 살펴보니 석양은 재산(在山)하고 숙조(宿鳥)는 투림(投林)할 제, 지 긴니 양류목(楊柳木)은 우리 춘향 그네 매고 오락가락 놀던 양을 어제 본 듯 반갑도다. 동편을 바라보니 장림심처녹림간(長林深處綠林間)에 춘향집이 저기로다. 저 안에 내동원(內東園)은 예보던 고면(故面)이요, 석벽의 험한 옥(獄)은 우리 춘향 우니는 듯 불쌍코 가긍하다. 일락서산황혼시(日落西山黃昏時)에 춘향 문전 당도하니 행랑은 무너지고 몸채는 괴를 벗었는데 예 보던 벽오동은 수풀 속에 우뚝 서서 바람을 못 이기어 추레하고 서 있거늘, 담장 밑에 백두루미는 함부로 다니다가 개한테 물렸는지 깃도 빠지고 다리도 징금 찔룩 뚜루룩 울음 울고, 빗장 전 누렁개는 기운 없이 조을다가 구면객(舊面客)을 몰라보고 꽝꽝 짖고 내달으니, "요 개야, 짖지 마라, 주인같은 손님이다. 너의 주인 어디 가고 네가 와서 반기느냐?" 중문을 바라보니, 내 손으로 쓴 글

심각한 조우를 하지만 자신의 처지로서는 어쩌지 못한 채 남원을 벗어나고 말았다.

자가 충성 충자(忠字) 완연터니 가운데 중자(中字)는 어디 가고 마음 심자(心字)만 남아 (…) 이내 수심 도와낸다.[50]

이도령은 박석티에서 남원 읍내를 조망하고, 광한루에서 춘향 집과 옥을 바라본 뒤, 춘향 집에 도착한다. 이 과정에서 과거의 추억을 회상하면서 불변하는 경관[산천과 누대]과 달라진 경관[춘향 집]을 대면한다. 이도령은 남원의 경관들을 다시 보며 불변하는 경관이 주는 반가움과 함께 변화된 경관이 주는 아픔을 체험하는 것이다. 그리고 서울로 떠난 자신에게 아름다웠던 추억으로, 기억 속에 정지된 상태에 있었던 경관들 중 일부인 춘향 집이 시간의 흐름 속에 변화하고, 그 변화가 춘향의 고난과 결부되어 있음을 깨닫는다. 자신을 보고 짖는 개를 보고 자신이 그 사이에 국외자가 되어버렸음을 느끼고, 자신이 남긴 흔적인 글씨가 찢어진 것을 보며 수심에 잠긴다. 즉 이도령은 춘향 집에서 과거의 추억과 현재의 목격 사이의 연속과 불연속이 중첩된 장소감을 느끼고 있는 것이다. 그리고 자신이 떠난 뒤 시작된 춘향의 고난의 장소에 자신은 함께 있지 않았으며, 그 고난을 함께 하지 않았음을 자각하게 된다. 즉 이도령의 남원과 춘향 집에서의 장소감 체험은 반가움, 아픔, 책임감 등이 복합된 것이다.

이도령의 장소감 체험은 춘향 집에서 끝나지 않고 춘향을 면회하러 간 감옥(監獄)에서 그 극에 이른다. 감옥에서 이도령은 빈사지경의 춘향을 만나고, 기대에 반하여 걸인으로 온 자신을 원망하지 않고 오히려 모친에게 잘 돌봐달라고 하는 춘향의 변함없는 사랑을 확인하게 된다. 그리고 다음 날 변학도에게 맞아 죽으면 자신의 시신을 서울로 옮겨가 이

....

50   구자균·정규복, 앞의 책, 1984, 185-189쪽.

도령의 선산 발치에 묻되 비문(碑文)에 '수절원사춘향지묘(守節寃死春香
之墓)'라 새겨달라는 춘향의 유언을 듣는다. 결국 이도령은 감옥에서 춘
향의 말과 유언을 듣고 춘향이 사랑의 믿음을 실천하는 매운 정신의 인
물임을 깊이 인식하게 된다.

요컨대 이도령은 암행어사가 되어 서울을 출발하여 남원에 이르는
긴 여정과 남원의 농촌과 도로에서의 농민과 방자와의 만남, '박석티-
광한루-춘향 집-감옥'의 순으로 이동하면서 남원 지역을 내부자의 시
점에서 인식하게 되고, 추억이 어린 특정한 장소들에서 장소감을 체험
하고, 나아가 춘향을 재인식하게 된 것이다. 그리고 〈춘향전〉의 전반부
의 공간배경이 관아, 광한루, 춘향집, 오리정 등으로 제한된 것에 비해
후반부의 공간배경이 이처럼 확대된 것 역시 남원 지역에 대한 이도령
의 시야의 확대와 조응한다.

이러한 양상은 장소감이 어떻게 형성되고, 또 재인(再認)되며, 그것
이 공간만이 아니라 그 공간 속의 인간에 대한 재인식으로 이어지며, 동
시에 공간 지각의 편폭이 달라지는가를 보이는 지리교육의 제재가 될
수 있다. 또한 이러한 지리교육의 학습을 〈춘향전〉 이해에 도입하면 인
물의 인식이나 시각 변화가 서사의 전개에 따라 어떻게 변화하는가를
파악하는 유용한 방법이 될 수 있다.

한편 〈춘향전〉의 대단원이 또한 장소감의 전복(顚覆)으로 이루어져
있다는 것도 주목할 필요가 있다. 앞에서 본 바와 같이 서울에서 남원에
이르는 여정 즉, 이도령의 탐색과 체험, 그리고 재인식의 여정은 심야에
춘향이 갇혀 있는 감옥에서 끝나고, 그 재인식의 결과에 따른 이도령의
행위는 다음날 대낮의 변학도의 생일연을 뒤엎는 암행어사 출도이다.
이로써 중앙에서 파견된 수탈자 변학도의 지배하에 있던 남원의 질서
가 전복되고, 변학도의 생일잔치가 춘향을 비롯한 남원 사람들의 해방

의 잔치로 전환되는 것이다.

일반적으로 관아(官衙)는 행정 공간으로서 그 법률적 지위와 임무에 의해 엄숙(嚴肅)과 공정(公正) 등 그 나름의 심리적 이미지를 표방하고자 하는데, 남원의 관아는 수탈자 변학도에 의해 억압의 이미지를 갖게 되었다가 암행어사 이도령에 의해 그 억압의 이미지가 제거되게 된 것이다. 즉 남원 주민들은 이 사건을 통해 관아에 대해 갖고 있었던 억압과 공포, 또는 수탈 등의 장소감이 해소되고 전복되는 체험을 하게 되었다고 할 수 있다.

3) 남원의 경관(景觀) 재구성과 〈춘향전〉

(1) 〈춘향전〉 이본 파생에서의 남원의 경관화

조선시대의 『신증동국여지승람』의 남원도호부(南原都護府) 조를 보면 '누정(樓亭)' 항목에는 광한루(廣寒樓)를 제일 먼저, 그리고 가장 비중 있게 다루었지만 연국루(戀國樓) 등 다른 누정들도 경관으로 다루고 있다. 그러나 현대의 남원지(南原誌)와 오늘날 인터넷상의 남원시의 소개에는 광한루가 누정의 범주를 넘어서 남원 전체의 대표적 상징물로 되어 있다. 이처럼 광한루가 남원의 대표 경관으로 부상되는 데에는 단연코 〈춘향전〉의 역할이 컸다. 광한루 자체의 아름다움과 〈춘향전〉의 전국적 인기에 힘입은 결과인데, 〈춘향전〉 이본 파생에서 남원의 경관이 재인식될 뿐만 아니라 작품의 제목을 남원의 경관화에 기여하는 방향으로 바꾸는 경향도 이에 일조하였다고 본다.

절대가인(絶代佳人) 생길 적에 강산정기(江山精氣) 타서 난다.
저라산(苧羅山) 약야계(若耶溪)에 서시(西施)가 종출(鍾出)하고, 군산만 학부형문(群山萬壑赴荊門)에 왕소군(王昭君)이 생장(生長)하고, 쌍각산(雙角山)이 수려(秀麗)하여 녹주(綠珠)가 생겼으며, 금강활이아미수(錦江滑膩峨嵋秀)에 설도(薛濤) 환출(幻出)하였더니, 호남좌도(湖南左道) 남원부(南原府)는 동(東)으로 지리산(智異山), 서(西)으로 적성강(赤城江) 산수정기(山水精氣) 어리어서 춘향(春香)이가 생겼구나.[51]

신재효의 〈남창 춘향가〉의 서두이다. 신재효의 독창적인 첨가로 보이는 이 서두는 이후 판소리 〈춘향가〉에 수용되어 오늘날까지 이어지고 있다. 신재효는 중국의 사례들을 들어 절대가인은 강산정기를 타고난다고 하고는 춘향도 남원의 산수정기를 타고 났다고 했는데, 이러한 주장은 사실 춘향이 영웅적인 존재임을 전제한 것이다. 즉 춘향이 권력과 제도 및 관습에 맞서 끝내 자신의 의지를 관철하는 결구에서 춘향을 영웅적 존재로 재발견하고, 이러한 존재가 어떻게 탄생할 수 있었는가를 인걸(人傑)은 지령(地靈)을 타고난다는 풍수지리(風水地理)적 사고에 결부시켜 설명한 것이다.[52] 다시 말해 신재효는 기존의 〈춘향가〉를 수용하여 춘향을 재평가한 다음 그것을 〈춘향가〉 개작에 피드백한 셈이다. 그 결과 〈남창 춘향가〉에서 남원의 경관은 '춘향'을 배출한 특별한 '장소'가 되었다. 이것은 앞에서 본, 춘향이 매를 맞아 거의 죽게 되었을 때, 어떤

....

51   강한영 교주, 앞의 책, 1971, 3쪽.

52   이와 유사하게 인간의 특성을 풍수지리의 관점에서 보는 사례를 〈춘향전〉에서 방자가 춘향에게 이도령을 만나보라고 권하는 대목에서 볼 수 있다. "(…) 사람이라 하는 것은 그 도(道) 산 지형에 따라 다 타고나는 법이여. 그러니 내 이를께 들어보소. 경상도 산세(山勢)는 산이 웅장하기로 사람이 나면 정직하고, 전라도 산세는 산이 촉하기로 사람이 나면 재주 있고, 충청도 산세는 산이 순순하기로 사람이 나면 인정 있고, 경기도로 올라 한양 터 보면 천운봉이 높고 백운대 섰다. 삼각산 세 가지 북주가 되고 인왕산이 주산이요, 종남산이 안산이라. 사람이 나면 선할 때 선하고, 악하기로 들면 벌악지상이라.(…)" 〈김소희 창본 춘향가〉, 김진영 외, 『춘향가전집』 2, 박이정, 1997, 304-305쪽.

기생이 춤을 추면서 남원에도 현판감이 생겼다고 한 것과 같다.

〈춘향전〉 내부에서의 이러한 변화와 함께 〈춘향전〉의 제목이 남원의 경관화 지향으로 해석될 수 있는 방향으로 바뀐 것도 주목할 만하다. 작자 미상의 〈남원고사(南原古詞)〉, 윤달선(尹達善)의 〈광한루악부(廣寒樓樂府)〉, 수산(水山)의 〈광한루기(廣寒樓記)〉, 이해조(李海朝)의 〈옥중화(獄中花)〉 등이 그 사례들로, 이야기의 주인공 '춘향'보다 사건이 벌어진 '장소'를 제목으로 내세웠다. 윤달선과 수산은 작품명에 '전(傳)'이 들어 있는 것이 통속적이라고 생각하여 '악부(樂府)'나 '기(記)' 등의 고급 문학의 제목을 붙이면서 또한 경관을 제목으로 내세워 한문 독자층의 관심으로 끌어보려 했다고 볼 수 있고, 이해조는 춘향이 옥(獄)에서 고난을 겪으면서도 끝내 자신을 지키는 이미지를 포착하여 '옥중화(獄中花)'라 했을 가능성이 있다. 그 의도가 어떠하든 그 결과로 보면, 주인공의 이름 대신에 사건의 주 무대인 남원, 또는 춘향과 이도령이 처음 만난 광한루, 더 나아가 춘향이 고난을 겪던 장소인 남원의 감옥(監獄)을 제목으로 내세운 것은 작품이 제목 명명을 통해 그 배경 공간을 경관화(景觀化)하는 것이라 할 수 있다. 그리고 〈광한루악부〉와 〈광한루기〉는 〈춘향전〉 등장 이전에 이미 경관으로 이름난 광한루를 재차 경관화한 것이기도 하다.

(2) 〈춘향전〉의 고전으로의 승격과 남원의 재경관화(再景觀化)

19세기 말까지 판소리에서는 〈춘향가〉가, 소설에서는 〈춘향전〉이 서사문학의 대표적인 작품이 되면서 〈춘향전〉은 20세기에 민족 고전의 반열에 오르게 되었다. 판소리와 소설 외에 시, 창극, 영화, 드라마, 오페라, 대중가요 등 다양한 장르로 재창작되어 현재에도 널리 수용되고 있고, 해방 이후 중등학교와 대학에서 교육의 대상이 되고 있고, 그리고 국문학계의 주요한 연구 대상이 되어 있다. 즉 〈춘향전〉은 민족의 고전이 되었을 뿐만 아니라 정전(正典)이 되었다.

이러한 〈춘향전〉의 흐름과 함께 남원의 경관 구성에 변화가 일어났다. 1931년 춘향의 사당 '춘향사(春香祠)'가 광한루 옆에 세워지고,[53] 아울러 축전(祝典)로서의 '춘향제(春香祭)'와 춘향을 위한 제사 및 '춘향묘(春香墓)' 참배 행사가 매년 거행되어 오고 있다.[54] 춘향의 묘가 언제 조성되었는지는 미상이나 사당과 묘가 갖추어지고, 나아가 그에 따른 의식(儀式)은 물론 축전까지 행해지게 된 것은 우리 문학사에서 소설의 인기로 인해 그 소설의 배경이 된 공간의 경관을 변화시킨 최초의 사례라 할 수 있다. 그 뒤 남원 교외에 오리정(五里亭)이 세워지면서 춘향과 이도령의 이별 장소로 규정되고, 광한루원에 '월매집'이 조성되고, 남원으로 연결되는 국도의 터널이 새로이 생기면서 '춘향 터널'로 명명되었다.

이처럼 남원을 서사의 배경으로 하여 등장한 〈춘향전〉이 인기를 끌고 민족의 고전이 되면서 역으로 남원의 경관 구성이 〈춘향전〉 중심으로 재편성된 것은 특정한 장소를 배경으로 한 문학 작품이 그 장소를 새롭게 만든 대표적 사례라 할 것이다.[55] 다시 말해 이것은 문학지리학의 자료이면서 문학이 무엇을 할 수 있는가를 학습할 수 있는 문학교육의 사례인 것이다.

....

53   김기형, 『춘향제 80년사』, 민속원, 2015, 18-23쪽.
54   위의 책, 194-208쪽.
55   심승희, 앞의 글, 2013에서 이를 '장소 만들기'라 명명하고 있다.

4. 문학과 지리의 융합 교육의 실천과 그 지원

1) 개별 학교 차원의 실천

문학과 지리의 융합 교육은 학습 내용 차원에서는 문학과 지리가 불가분의 관계에 있으며, 문학에 대한 지식과 지리에 대한 지식 사이에 연결 관계가 형성될 수 있음을 학습자가 아는 것과 학습자의 능력 발달 차원에서는 문학과 지리를 총체적으로 인식할 수 있는 안목을 형성하는 것과, 그리고 지식의 종합과 총체적 안목 형성 과정에서 창의력을 기르는 것을 목적으로 한다.

이러한 목적을 달성하기 위해서는 무엇보다도 지리와 문학의 융합 교육에 대한 학교 공동체의 올바른 관점이 형성되어야 한다. 즉 융합 교육은 문학과 지리 두 교과 교육의 고유한 목표를 더 잘 달성할 수 있다는 점을 문학교사와 지리교사가 확신할 수 있어야 하며, 아울러 두 교과의 융합이 전인(全人) 교육을 구현하면서 미래 사회에 잘 대비할 수 있는 창의력을 기르는 데 유용함을 인식할 수 있어야 한다. 또한 교사와 학습자 사이의 민주적인 의사소통을 통해 융합 학습의 과제를 선정하는 풍토가 형성되어야 한다.

교실에서의 문학과 지리의 융합 교육은 문학과 지리의 교과 교실에서 각각 실천될 수 있으며, 또는 학교 단위의 융합 교육을 위한 교실[56]에서 실천될 수 있다. 개별 교과 교실에서는 한 교과의 교사 혼자서 담당할 수도 있고, 두 교과의 교사가 공동으로 담당할 수도 있다. 물론 실제

....

56 이 경우 꼭 '융합교실'이란 이름을 달 필요는 없다. '창의교실'일 수도 있고, '실험교실'일 수도 있다.

융합 교육의 교수·학습은 학교 교실만이 아니라 학교 밖에서도 이루어질 수 있다. 특히 문학과 지리의 융합은 그 성격상 문학과 지리의 공동 영역이 되는 실제 공간에서 이루어질 수 있는 것이다.

문학과 지리의 융합 교육은 여러 수준에서 이루어질 수 있다. 예측 가능한 것들을 예시로 들면 다음과 같다.

첫째는 개별 교과 중심으로 타 교과와 융합하는 것으로 지리 시간에 해당 학습 내용과 관련이 있는 문학 작품을 이용하거나 문학 시간에 작품과 관련된 지리 정보와 그것에 대한 지리 지식을 이용할 수 있다. 예컨대 문학 시간에 이효석의 〈메밀꽃 필 무렵〉을 교수·학습한다고 할 때 작품의 배경이 되는 강원도 봉평에서 대화에 이르는 지역에 대한 지리 지식, 즉 지리 환경과 농업 작물, 지리 환경과 상업의 형성 등의 지식은 이 작품의 서사 구조를 형성하는 시·공간적 특징을 이해하는 데 큰 도움이 된다. 나아가 특정한 지리 환경 속에서의 삶이 곧 문학에서 다루는 삶이기도 함을 알 수 있다. 이러한 지리 지식의 호출에서 보다 전문적인 지식이 필요할 경우 지리 교사가 문학 교사와 협동으로 수업에 참여할 수 있다. 지리 시간에 〈메밀꽃 필 무렵〉을 이용할 경우에도 마찬가지이다. 이러한 융합 교육은 개별 교과에서 볼 수 없는 '새로운' 세계를 두 교과의 결합을 통해 볼 수 있다는 점에서 '창의적'이라 할 수 있다.

둘째는 개별 교과 중심이 아니라 특정한 과제를 중심으로 교과들의 융합 교육이 추구될 수 있는데, 예컨대 생태·환경 문제를 중심으로 한 문학과 지리의 융합 교육이 설정될 수 있다. 생태·환경 문제를 다룬 문학 작품과 특정 지역에서의 생태·환경 문제에 대한 지리학적 접근은 생태·환경 문제에 대한 지식의 체계화와 인식의 틀을 마련하는데 기여할 수 있다. 이러한 융합은 현실 문제의 창의적 해결 중심의 교과 융합이라 할 수 있으며, 학교와 사회를 통합하는 것이라 할 수 있다.

셋째는 모든 교과는 인간의 보편적 능력을 각 교과의 특수성의 차원에서 신장한다는 관점에서 보면 인간의 사고와 표현의 보편적 활동을 중심으로 교과 융합 교육을 할 수도 있다. 예컨대 '상징'을 중심으로 문학과 지리의 융합 교육이 가능한데, 언어의 상징 기능을 활용하는 문학과 그림과 부호로 구성된 지리에서의 지도는 인간의 '상징' 활동을 잘 보여주는 대표적 사례이며, 또한 두 교과의 주요한 교육 내용이다. '상징'이 여러 방식으로 구현될 수 있으며, 그 역할 또한 다양함을 학습자가 이해하고, '상징'의 보편성과 특수성에 대한 이해를 바탕으로 창의적인 '상징' 활동을 할 수 있다면 두 교과의 융합은 성공적이라 할 수 있는 것이다.

이상의 예시 외에도 여러 가지 융합 교육은 가능할 것이다. 핵심은 어떤 융합 교육이든 문학과 지리의 두 교과의 교육 목표 달성에 기여하면서 문학과 지리가 연결된 세계라는 것, 문학과 지리의 학습 경험이 결합되면 학습자의 인격이 보다 더 전인(全人)의 인격으로 성숙한다는 것, 그리고 창의적 능력도 기를 수 있음을 염두에 두는 일이다.

2) 교육과정 운영 차원의 지원

문학과 지리의 융합 교육이 학교에서 제대로 실천되기 위해서는 몇 가지 지원이 필요하다.

첫째는 교육과정 차원의 지원이다. 물론 문학의 교육과정에 지리교육과의 융합을 위한 성취기준을 제시한다거나 지리 교육과정에 문학과의 그것을 위한 성취기준을 구체적으로 제시하기는 어렵다. 그러나 각 교과의 교육과정에 타 교과와의 융합 교육과정을 각급 학교와 학급의 실정에 맞게 자율적으로 구성하는 것을 권장하는 조항을 넣을 수는 있다. 교과 사이의 소통이나 지식의 상호 활용 등은 교수·학습 방법 차원에서 제시할 수 있으나 지식의 융합, 또는 지식의 융합을 통한 창의적 사고 능력의 신장은 성취기준 쪽에 반영하는 것이 바람직하다. 이러한 권장 조항이 들어가면 문학의 경우, 작품의 소재나 주제로 잘 등장하는 자연, 환경·생태, 작품의 시·공간적 배경 등의 학습과 관련하여 지리 교과와의 보다 적극적인 융합 교육이 실천될 가능성이 있으며, 지리 교과에서도 보다 적극적으로 문학 교과와의 융합 교육을 추구할 수 있다.

둘째는 교육과정과 개별 교과 운영을 탄력적으로 할 수 있는 권한을 개별 학교와 교사에게 부여하여야 한다. 개별 교과의 운영이 경직되어 있으면 융합 교육은 불가능하기 때문이다. 수업 시수를 늘리지 않으면서 융합 교육을 할 수 있기 위해서는 개별 교과의 교육과정상의 일부 성취기준들을 융합 교육을 통해 달성하도록 해야 하며, 이러한 교육과정의 탄력적 운영이 개별 학교의 교사들의 협의를 통해 이루어질 수 있도록 보장해야 한다. 문학과 지리의 경우 교사들의 협의를 통해 학기 단위의 교수·학습 일정을 조정할 수 있으며, 경우에 따라서는 수학여행이나 현장 체험 학습 등에서 융합 교육을 실천할 수 있다. 산업화 현장, 생태·환경 문제의 현장, 명작의 고향, 그리고 역사와 문학과 건축과 자연이 결합된 관광 명소 등은 문학과 지리의 융합 교육을 위한 훌륭한 현장 체험 교실이 될 수 있기 때문이다.

셋째, 융합 교육을 위해서는 교재 선정의 자율권을 교사와 학습자에게 부여해야 한다. 융합 교육은 분과 교육의 한계를 넘어서는 것을 기본 전제로 하는 것이므로 개별 교과의 교과서 중심의 교육으로는 융합 교육이 제대로 되기 힘들다. 따라서 교과서 외의 다양한 교재가 교사와 학습자에 의해 선정될 수 있어야 한다. 특정한 공간을 중심으로 한 문학과 지리의 융합 교육의 경우 그 공간에 대한 다양한 정보들이 교사와 학습자의 노력과 협의에 의해 교재로 선정될 수 있어야 한다.

요컨대 융합 교육을 위해서는 교육과정 운영과 수업 운영, 그리고 교재 선정에서 교사와 학습자에게 자율성을 보장해야 한다.

과학적 설명모형의 구성과
서사구성의 융합 교육 방안
—가추법과 도상적 사고실험을 중심으로

1. 도입

과학적 설명모형은 관심의 대상이 되는 자연 현상의 특정한 유형을 특정한 이론의 맥락에서 표상하고 설명할 수 있는 개념 체계를 의미한다.[1] 과학적 설명모형의 구성은 학생들에게 이론의 추상성을 구체화하여 실재와 이론을 연결시켜 주는 역할을 한다는 점에서 과학교육 분야에서 새로운 교수-학습 전략으로 주목받고 있다.[2] 그러나 국내외 학생

....

[1] I. A. Halloune, *Modeling Theory in Science Education*, Kluwer Academic Publishers, 2004, p.20.

[2] 배대성 · 유준희, 「중학생의 힘과 운동 현상 관련 과학적 모형구성 수준의 상세화」, 『새물리』 62(8), 한국물리학회, 2012, 809-824쪽; J. J. Clement & M. A. Rea-Ramirez(eds.) *Model Based Learning and Instruction in Science*, Springer, 2008; J. K. Gilbert & D. M. Watts, "Concepts, Misconceptions and Alternative Conceptions: Changing Perspectives in Science Education", *Studies in Science Education* 10(1), 1983, pp.61-98; I. A. Halloune, 앞의 책, 2004; D. Hestenes, "Toward a modelling theory of physics instruction", *American Journal of Physics* 55(5), 1987, pp.440-454; 이

들을 대상으로 한 연구 결과에 따르면, 중학생의 경우는 모형 구성의 기본 단계인 주어진 현상을 관련 이론과 연관시킬 수 있는 비율이 40% 이내인 것으로 보고되고 있으며,[3] 고등학생의 경우에도 부적절한 개념 모형을 선택하거나 직관이나 추측에 의해 해를 선택하는 비율이 18%이고 설명모형의 모든 분면을 타당하게 구성하지 못하는 비율이 36%로 나타났다.[4] 즉 많은 학생들이 주어진 현상에 대하여 적절한 관련 개념이나 원리가 어떤 것인지 인출하고 이를 현상에 대응시키는 과정에서 어려움을 가지고 있다고 할 수 있다. 특히 자신이 구성한 설명모형이 과학적으로 타당한지를 평가하고 수정보완하기 위해서는 모형이 어떻게 구동하는지, 그리고 그 결과가 어떻게 도출되는지를 가상적 모의실험을 통해 추론하는 능력이 필요하다.[5] 갈릴레이의 '새로운 두 과학'에서 볼 수 있듯이 서사를 활용한 사고실험은 물리학사에서 새로운 지식을 생성할 때 보고되는 중요한 전략이었다.[6] 많은 경우 사고실험은 독자 혹은 청자에게 어떤 상황을 가상적으로 모의실험을 하도록 요청하는 서사의

....

동욱 · 유준희, 「열음향 냉각 현상에 대한 대학생의 모형구성」, 『새물리』 66(6), 한국물리학회, 2016, 719-733쪽; B. J. Lopes & N. Costa, "The Evaluation of Modelling Competence: difficulties and potentials for the learning of the science", *International Journal of Science Education* 29(7), 2007, pp.811-851; 오필석, 「중등학교 지구과학 수업에서 과학적 모델의 활용 양상 분석: 대기 및 해양 지구과학 관련 수업을 중심으로」, 『한국과학교육학회지』 27(7), 한국과학교육학회, 2007, 645-662쪽.

3 배대성 · 유준희, 앞의 글, 2012, 809-824쪽.

4 이일, 「역학 문제해결에 대한 동료교수 활동에서 고등학생의 모형구성 및 소집단 상호작용 분석」, 서울대학교 박사학위논문, 2018.

5 J. Clement, A. Zietsman & J. Monaghan, "Imagery in science learning and in students and experts", in J. K. Gilbert(ed.), *Visualization in Science Education*, Springer, 2007, pp. 173-176.

6 N. J. Nersessian, "How do scientists think? Capturing the dynamics of conceptual change in science", in R. N. Giere(ed.), *Cognitive Models of Science*, University of Minnesota Press. 1992, p.31.

형태(narrative)로 보고되었다는 점을 지적하면서 내러티브(narrative)가 어떻게 생각만으로 실험적 상황을 구성하는 것을 촉진하는지 밝힐 필요가 있다고 하였다.[7]

국어교육에서 "서사 또는 이야기는 '특정의 화자가 일련의 시간적 연속을 지닌 사건에 의미 있는 질서를 부여한 표현 형식'으로 파편화된 정보들에 의미 있는 전체를 부여할 수 있다"[8]는 장점이 있다. 최인자[9]는 포괄적인 논리인 가추법을 적용하여 서사 창작의 과정을 문제적인 사안에 대한 가설생성의 과정으로 보고 이를 교육할 수 있는 방안으로 (1) 모티프로 서사적 문제의 발견 및 설정 (2) 모티프에 전제된 일상의 행위 도식과 전통의 서사문화 탐구하기 (3) 모티프를 구체화, 변형, 결합하여 줄거리 만들기 (4) 서사적 논리의 개연성을 검증하는 과정을 제안하였다. 또한 방은수[10]는 서사 창작을 위한 발상과정으로서 장면 구성의 원리를 전문작가들의 창작과정을 분석하여 제안하였는데, 영상적 형태로 재생한 과거의 경험을 장면으로 구성하여 창작에 활용하거나, 상이한 경험들의 편집적 결합, 인물의 내면과 행위에 대한 도상적 실험을 제안하였다. 최인자가 제시한 가추법은 과학교육에서 귀추법으로 명명되며, 과학지식의 생성에서 연역법, 귀납법과 함께 중요한 논리적 방법으로 논의되며 관련한 과학교육 논문도 활발하게 보고되고 있다. 방은수가 장면구성에서 제안한 도상적 실험은 앞서 논의한 사고실험 또는 가상적 모의실험과 비교될 수 있다. 이 글에서는 과학적 모형의 구성과 서

....

7   위의 글.
8   최인자, 「'모티프' 중심의 서사적 사고력 교육」, 『국어교육학연구』 18, 국어교육학회, 2004.
9   위의 글.
10   방은수, 「서사 창작을 위한 발상으로서 장면 구성 교육 연구」, 『새국어교육』 113, 한국국어교육학회, 2017, 431-444쪽.

사 구성의 유사성과 차이점에 대해 논하고 이를 바탕으로 상보적으로 기여할 수 있는 융합 수업의 방향에 대해 제안하고자 한다.

2. 과학교육에서 과학적 설명모형의 구성

과학적 모형(scientific model)과 모형구성(modeling)에 대한 정의는 여러 선행 연구에서 다양하게 나타난다. 헤스티네즈(Hestenes)는 모형을 실제 사물에 대한 표상이자 대리적인 것으로 정의하였으며, 대상 및 대상과 상호작용하는 동인, 대상의 특징을 기술하는 기술 변수, 모형의 방정식 및 기술 변수를 대상의 특성과 관련짓는 해석 등 4개의 요소로 구성된다고 하였다.[11] 기술 변수에는 대상 변수, 상태 변수, 상호작용 변수 등 3가지 유형이 있으며, 대상 변수는 질량, 전하량 등과 같이 대상의 고유한 특성을, 상태 변수는 위치, 속도와 같이 시간에 따라 변하는 값을, 상호작용 변수는 대상과 동인 사이의 상호작용을 표상한다고 하였다.[12] 헤스티네즈에 따르면, 모형은 관심의 대상이 되는 자연 현상의 특정한 유형을 특정한 이론의 맥락에서 표상하고 설명할 수 있는 개념 체계로 4개의 요소를 가지고 있다.[13] 또한 모형구성은 어떤 물리적 대상이나 물리적 과정에 대한 모형을 만들기 위해서 이론을 고안하는 원리를 적용하는 인지적 과정으로 기술단계, 형성단계, 적용단계 및 타당화 단계에 따라 진행된다. 할룬(Halloun)은 과학적 설명모형 구성의 도식

....

11 D. Hestenes, "Toward a modeling theory of physics instruction", *American Journal of Physics*, American Association for Physics Teachers, 1987, pp.440-443.
12 위의 글.
13 위의 글.

(Modeling Schemata)을 모형도식(Model Schema)과 개념도식(Concept Schema)으로 세분화하였고, 모형도식은 모형영역(Domain), 모형요소(Composition), 모형구조(Structure) 및 모형조직화(Organization)의 차원으로, 개념도식은 개념범위(Scope), 개념표현(Expression), 개념조직화(Organization) 및 개념수량화(Quantification)의 차원으로 구성된다고 제안하였다.[14] 할룬은 헤스티네즈와 달리 모형구성 도식을 통한 모형구성 과정을 주장하였지만, 근본적으로 모형구성 과정은 헤스티네즈가 제시한 모형구성 과정과 같다. 할룬이 제시한 모형요소는 대상과 동인, 고유 개념, 상태 개념, 상호작용 개념 등인데, 이를 추출하는 것이 헤스티네즈가 제시한 모형의 기술단계이다. 헤스티네즈가 제시한 모형의 형성단계는 운동 법칙과 상호작용 법칙을 적용하여 모형의 요소들을 조직화하여 초기 모형을 구성하는 단계이다. 모형구성 도식에서 모형구조는 기하학적 측면, 상호작용적 측면, 상태적 측면, 인과적 측면을 가지는데, 이 중 기하학적 측면은 헤스티네즈가 모형구성에서 제시한 '좌표계 설정'에 해당한다. 헤스티네즈의 운동 법칙과 상호작용 법칙은 각각 할룬의 모형구조 중 상태적 측면과 상호작용 측면에 해당한다고 할 수 있다. 운동 법칙과 상호작용 법칙과의 관계를 이어주는 것은 헤스티네즈에 의하면 운동방정식, 또는 구속방정식이며, 할룬에 의하면 인과적 측면이다. 할룬의 개념조직화는 상호작용적 측면과 상태적 측면을 인과적 측면으로 연계하면서 이루어지며, 형성한 모형을 표현할 때 개념표현과 개념수량화가 이루어진다. 할룬이 제시한 모형구성 도식의 나머지 차원인 모형영역, 모형조직화 및 개념범위는 각각의 이론 안에서 모형의 범위, 모형들 사이의 관계 및 개념의 위치를 정해주는 역할을 한다.

....

14   위의 글.

로페스(Lopes) 등은 모형구성을, 과학적 개념을 구성하고 사용하는 수단으로 이해하였으며, 이러한 관점에서 모형구성 능력을 정보와 지식을 동원, 선택, 사용하며 표현하는 효과적인 능력이라고 하였다.[15] 로페스 등은 모형구성 능력을 개념화하기 위하여 [그림 5-1]과 같이 모형구성의 차원을 도입하였다.[16]

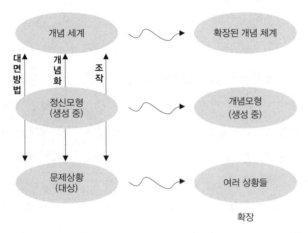

[그림 5-1] 로페스(Lopes) 등이 제시한 과학적 설명모형 구성의 차원[17]

이상과 같은 선행연구를 바탕으로 이 글에서는 과학적 모형을 실제 세계에서 일어나는 물리적 현상에 나타난 물리적 실체와 사건 및 그것들의 특성을 추상적인 개념 세계에 있는 과학적 개념으로 표상하고 그 개념들의 조직화와 표현을 통해서 목표인 물리적 현상을 기술·설명하고 예측하는 개념체계로 설정하였다. 과학적 설명모형의 구성 과정은 자신의 개념세계에 있는 개념체계를 바탕으로 해당 물리적 현상에 적

....
15   B. J. Lopes & N. Costa, 앞의 글, 2007.
16   위의 글.
17   위의 글.

절한 모형의 요소를 추출하고 조직하여 모형의 구조를 만들고 적용·평가하는 인지과정이라고 할 수 있다.

3. 과학적 설명모형 구성의 관점에서 본 서사적 사고력의 핵심

과학교육과 서사교육의 융합을 사고력 측면에서 접근하기 위하여 과학적 모형의 관점에서 서사교육의 핵심적 사고력을 다음과 같이 최인자의 논문[18]과 방은수의 논문[19]을 위주로 서사구성에서의 귀추법과 도상적 사고실험(시뮬레이션)으로 도출하였다.

1) 서사구성에서의 가설생성적 사고와 가추법

최인자는 '모티브' 중심의 서사적 사고력 교육 - 서사표현교육의 주제론적 접근 - 서사 창작의 과정을 문제적인 사안에 대한 가설 생성의 과정으로 보고 이를 교육할 수 있는 방안으로 1) 모티브로 서사적 문제의 발견 및 설정 2) 모티브에 전제된 일상의 행위 도식과 전통의 서사문화 탐구하기 3) 모티프를 구체화, 변형, 결합하여 줄거리 만들기 4) 서사적 논리의 개연성을 검증하는 과정으로 제안하였다.[20] 과학교육계에서는 'abduction'을 귀추법으로 명명하며, '사실에 대한 검토와 그것들을 설명하는 이론의 고안으로 구성되어 있고 사실을 관찰한 다음 어떤

....

18 최인자, 앞의 글, 2004.
19 방은수, 앞의 글, 2017.
20 최인자, 앞의 글, 2004.

관념이 그 사실을 일으킨 것인지에 관해 주장하는 것을 가능하게 해준다.'라는 이해 하에 과학적 탐구의 가설 설정과정에서 요구되는 사고과정으로 인식하고 다양한 연구가 이루어져 왔다.[21] 또한 피어스(Pierce)가 새로운 지식이나 아이디어를 도출할 수 있는 유일한 논리적 조작이라고 주장한 바에 따라 과학자의 새로운 지식이 생성되는 과정을 귀추법의 관점에서 분석한 연구도 있다.[22]

최인자는 브루너(Bruner)가 줄거리 구성 과정이 피어스의 "개연적 삼단논법의 추론", 곧 가추법으로 진행된다고 지적한 바 있다는 가정 아래, 가추법을 어떤 사실로부터 전제를 추론하여 드러난 사실로부터 드러나지 않은 '사실에 대한 개연성 있는 가설'을 설명하는 사고방법으로 소개하고 이를 서론에 적용하여 다음과 같은 사고과정을 제시하였다.[23] 이를 과학적 설명모형의 구성과 비교하여 아래의 표에 제시하였다.

....

21   정수인·박종원, 「갈릴레오의 자유낙하 사고실험에 대한 중학생의 사고과정 분석」, 『한국과학교육학회지』 21(3), 한국과학교육학회, 2001, 566-579쪽; 오필석·김찬종, 「지구과학의 한 탐구 방법으로서 귀추법에 대한 이론적 고찰」, 『한국과학교육학회지』 25(5), 한국과학교육학회, 2005, 610-623쪽; 박은미·강순희, 「유사 경험의 제공이 귀추에 의한 가설 설정에 미치는 효과」, 『한국과학교육학회지』 26(3), 한국과학교육학회, 2006, 356-366쪽; 정용재·송진웅, 「Pierce의 귀추법에 관한 이론적 고찰을 통한 과학교육적 함의 탐색」, 『한국과학교육학회지』 26(6), 한국과학교육학회, 2006, 703-722쪽; 김영민, 「Kepler의 망막 상 이론 형성 과정에서의 과학적 문제 발견과 귀추적 사고」, 『한국과학교육학회지』 26(6), 한국과학교육학회, 2006, 835-842쪽; 맹승호 외, 「야외 지질 학습에서 나타난 중학생의 귀추적 추론 사례 연구」, 『한국과학교육학회지』 27(9), 한국과학교육학회, 2007, 818-831쪽; 김동현, 「귀추적 추론 모형을 적용한 초등 과학 수업의 입자 개념 형성」, 『한국과학교육학회지』 37(1), 한국과학교육학회, 2017, 25-271쪽; 오필석, 앞의 글, 2007.
22   양일호 외, 「과학자의 과학지식 생성 과정에 대한 심층 면담 연구」, 『한국과학교육학회지』 26(1), 한국과학교육학회, 2006, 88-98쪽.
23   최인자, 앞의 글, 2004.

[표 5-1] 피어스의 가추법에 근거한 서사적 구성의 과정과 과학적 설명모형의 구성 비교

과정	피어스(Pierce)의 가추법의 논리 과정[24]	서사적 구성의 과정[25] (Narrative thinking)	과학적 설명모형의 구성
과정	놀라운 사실 C의 발견 (문제 확인 단계)	핵심적인 사건	현상 또는 문제인식
과정	가설 A가 진리라면 C는 당연히 참이다(문제해결을 위한 솔루션) (가설 발견 단계)	줄거리 만들기 왜 그 일이 일어났는가? (분석적 추론)	관련된 이론 모형 영역
		그래서 어떻게 되었는가?	도상적 사고실험
	가설 A가 참인지 검증(솔루션 검증 단계)	서사논리의 검증: 사회문화적 개연성	평가

2) 서사 창작에서의 도상적 모의실험

방은수는 서사 창작을 위한 발상과정으로서 장면 구성의 원리를 전문작가들의 창작과정을 분석하여 제안하였는데, 영상적 형태로 재생한 과거의 경험을 장면으로 구성하여 창작에 활용하거나, 상이한 경험들의 편집적 결합, 인물의 내면과 행위에 대한 도상적 실험을 제안하였다.[26] 방은수에 따르면, 창작 주체는 인물의 내면과 행위를 중심으로 사건 전개의 다양한 가능성을 서사적으로 모의실험하는데, 창작 주체는 이를 통해 인물에게 부여된 목표, 욕망, 성격에 따라 특정 상황에서 내면 상태와 선택 가능한 행위를 구성할 수 있고 인물의 행위가 어떤 후속 사건을 가져올지에 대해 상상적으로 탐색하는 등 이를 통해 개연성을 갖춘

....

24 위의 글.
25 위의 글.
26 방은수, 앞의 글, 2017, 431-444쪽.

일련의 사건들로 이루어진 장면을 구성한다고 하였다.[27]

이러한 과정은 과학적 모형구성에서 시뮬레이션과 유사하다. 클레멘트(Clement)에 따르면, 자신이 초기에 만든 탐구문제를 평가하고 수정하는 과정에서 '도식에 근거한 가상 모의실험(Schema Driven Imagistic Simulation)'이 중요한 역할을 한다.[28] 도식에 근거한 가상 모의실험은 머릿속에서 자신이 만든 모형이 어떻게 접근하고, 자료는 어떻게 얻을 것이며, 그 결과는 무엇이 되며, 결과에 근거하여 도출될 결론이 무엇인지를 그려보는 것이다. 모의실험을 통해 그려진 방법, 결과 및 결론을 놓고 모형을 평가해보면 탐구문제를 어떻게 수정할지에 대한 방향을 설정할 수 있다.

4. 과학적 모형구성과 서사구성의 융합 교육 모색

과학적 탐구뿐 아니라 학교에서 학생들에게 주어지는 다양한 과제는 교사의 입장에서는 교과서에 제시된 증명된 명제로부터 연역적으로 추리하여 전개하는 것으로 생각되지만 학생의 입장에서는 본인이 가지고 있는 생각(과학적 개념으로 발전하고 있는 단계에서 과학적으로 옳지 않을 수도 있는)을 적용하여 주어진 과제를 설명하고 평가하는 과정에서 귀추법이 요구된다고 할 수 있다. 또한 적용하고 결과를 예측하는 과정에서는 도상적 사고실험이 필수적으로 요구된다고 할 수 있다. 과학적 용어와 방법을 어려워하는 학생들을 대상으로 과학적 모형구성과 서

....

27 위의 글.
28 J. Clement, A. Zietsman & J. Monaghan, 앞의 글, 2007.

사구성의 방법을 설명할 때 양쪽의 방법을 비유적으로 활용할 수 있다. 즉, 과학적 설명모형의 과정을 서사구성의 관점에서, 서사구성의 과정을 과학적 설명모형의 관점에서 서로 교차적으로 바라볼 수 있도록 하는 것이다. 이러한 방법은 고차적이고 창의적인 사고력을 필요로 하는 귀추법과 도상적 사고실험 능력을 함양하는 데 기여할 수 있을 것이다.

다음은 과학적 설명모형의 구성과정과 서사의 구성과정에 대한 기존의 연구 자료를 재구성하여 양쪽의 관점에서 분석한 예시이다.

설명해야 할 관찰사실 1[29]

 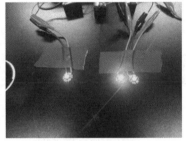

[사진 가] 컵으로 덮인 두 개의 빛
(똑같이 주황색으로 보인다.)

[사진 나] 컵 안의 다이오드
(왼쪽 컵 안에는 주황색 LED가 한 개, 오른쪽 컵 안에는 초록색과 빨간색 LED가 두 개 들어있다.)

사람이 빛의 색을 어떻게 인식하는가에 대한 설명모형을 구성하도록 하기 위해 제시한 과제이다. 학생들에게 먼저 [사진 가]와 같은 실험장치를 보여주고 각 컵에서 나오는 빛의 색이 같은지 다른지 관찰하게 하였다. 이후 컵을 제거하고 오른 쪽과 왼쪽의 컵 안의 다이오드가 다르게 들어있는데 어떻게 같은 색으로 보였을지를 설명하게 하였다.

아래의 표는 교사 A의 설명모형을 모형구성의 관점과 서사구성의

....
29 이 과제와 이 과제에 대한 교사 및 학생의 응답유형은 이동욱, 「중학생과 과학교사의 색 인식에 대한 개념세계 및 모형구성」, 서울대학교 박사학위논문, 2015의 자료를 재구성한 것임.

5장 과학적 설명모형의 구성과 서사구성의 융합 교육 방안 **205**

관점에서 분석한 것이다. A는 처음에 적용할 이론을 찾고 이를 적용하여 중간 기작을 설명하여 결과를 도출한다. 이러한 설명은 적용할 이론이 과학적으로 타당하지 않은 경우이다. 이러한 설명모형을 새로운 관찰사실 2인 "스펙트럼에 없는 마젠타 색의 인식"에 적용하면 설명이 안 되는 것을 알고 다음의 [표 5-2]와 같이 적용할 이론을 새로 탐색하고 이를 적용하여 설명모형을 수정하기도 한다. 그러면서 보다 발전된 설명모형을 구성할 수 있다.

[표 5-2] 가추법과 도상적 사고실험을 활용한 서사구성의 관점에서 본 과학적 설명모형의 구성 예시

과제 제시	교사의 설명모형[30] (이동욱, 2015)	모형구성의 과정	가추법과 도상적 사고실험을 활용한 서사적 사고과정
관찰사실 1 (등색조건)		현상의 기술	놀라운 사실의 발견
	빛이 파동이니까	적용할 이론 1의 탐색	가설의 설정
	파와 파가 합해서 이미 반응을 해서 간섭을 해서 색이 나와서 우리가 보게 된 거지.	이론 1을 적용하여 중간 기작 설명	도상적 사고실험
	그 색으로 우리는 인지할 뿐이야. 원추세포의 시신경으로.	결과	결과
관찰사실 2 (마젠타)		이론 1로 설명이 안 되는 현상의 기술	놀라운 사실 2의 발견
	원추세포에서 각각의 빛을 인식해서 합한 색깔이 된다는 이론이 맞는 거야.	이론 간의 평가	가설의 설정
	파란색이 들어오고 빨간색이 들어와서 각각의 원추세포가 흥분이 되는 거야.	이론 2를 적용하여 중간 기작 설명	도상적 사고실험

....

30   위의 글.

그게 마젠타 색깔로 보이는 인식이 되는 거지.	결과	결과
사이언은 아까 말한 대로(파동 상호작용 모형)해서도 설명할 수가 있는데, 마젠타는 설명이 안 되는 걸로 봐서 그 생각(파동 상호작용 모형)은 버려야 될 것 같아.	모형의 수정	서사적 논리의 개연성 평가

다음은 전문작가의 창작과정[31]을 서사구성의 관점과 과학적 모형 구성의 관점에서 분석한 것이다.

[표 5-3] 과학적 설명모형 구성의 관점에서 본 서사적 구성과정의 예시

전문작가의 창작과정[32] (이순원, 1999, 370쪽, 방은수, 2017에서 재인용)	서사구성의 관점	과학적 설명모형 구성의 관점
그러자 그 친구가 뒤늦게 그 얘기를 하는 것이다. 사실은 그 때 자기 아버지가 노새를 끌고 여름이면 남대천의 모래를 퍼나르고 겨울이면 산판장을 찾아다니며 목재를 실어나르고 했다고. 그 때 그 친구는 그것이 부끄러웠다고 했다. 그래서 친구들한테 맘대로 집으로 놀러가자는 소리를 하지 못했다고.	핵심적인 사건	현상
그 얘기를 들으며... 나는 이 두 가지의 이야기를 잘 조합하면 뭔가 기가 막힌 소설 하나가 나올 것 같다는 생각이 들었어. 그러나 아버지와 아들 사이의 단순한 얘기는 재미가 없을 것 같다는 생각이 들었다. 아버지와 아들 사이의 상징물이 노새인데...	※ 적절한 서사논리의 탐색	대응이론의 탐색
그러면 노새를 매개로 또 다른 형태의 아버지와 아들 사이는 어떤 것이 있을까. 그래서 떠오른 것이 양자였다. 아들을 낳지 못하는 당숙집에 양자를 가는 어린이라면 어떨까?	줄거리 만들기 (왜 그 일이 일어났을까?)	가설설정
그러면 노새를 끄는 양아버지도 싫고 노새도 충분히 싫었을 것이다.	그래서 어떻게 되었는가?	결과 도상적 사고실험

....

31 방은수, 앞의 글, 2017.
32 위의 글.

새로운 이야기를 만들어내는 전문작가의 창작과정을 서사구성의 관점에서 본다면, 놀라운 사실 혹은 관찰된 흥미로운 사실을 설명할 수 있는 적절한 서사논리를 탐색하고 서사논리를 근간으로 가설을 설정하고 그에 따라 사실을 다시 재구성하는 것으로 볼 수 있다. 이러한 과정을 과학적 설명모형 구성의 관점에서 본다면, 가추법을 활용하여 주어진 현상을 적절한 이론에 대응시켜 가설을 설정하고 그 가설에 따라 도상적 사고실험을 하여 결과를 예측하는 과정으로 볼 수 있다. 학생들에게 새로운 과학탐구 문제를 구성하도록 하거나 주어진 현상에 대해 설명모형을 구성하도록 할 때 대응되는 이론을 찾고 그 이론을 적용했을 때 시간에 따른 인과적 결과를 예상하게 할 때, 새로운 이야기를 구성하는 서사구성의 과정을 차용하도록 할 수 있다. 과학적 설명모형 구성과 서사구성의 과정에서 다른 점이 있다면, 대응해야 할 이론의 엄격성(Exact Science)이라고 할 수 있다. 서사구성에서의 논리는 사회문화적으로 용인 가능한 논리인지를 평가하지만, 과학적 이론은 보다 엄격하며 재현 가능성이 있어야 한다.

6장

문학과 과학의 융합 교육*
―과학 소설을 중심으로

1. 제4차 산업혁명과 문학·과학 융합 교육의 필요성

한국 사회에서 융합 학문, 융합 연구, 융합 교육 등 융합(conver-gence)이 화두로 떠오르고 있다. 원래 '융합'은 과학 기술에서 비롯된 것으로서 카메라·전화기·인터넷 등 각기 다른 원리를 가진 기술들을 하나의 시스템에 통합하는 스마트폰을 위한 수렴 기술(converging technolo-gy)을 의미했다. 기술의 각 분야는 독자적인 체계를 지니고 있기에 이러한 여러 기술을 하나의 시스템으로 제어할 수 있는 통합된 기술은 일종의 수렴 기술이라 할 수 있지만, 그것이 하나의 기술 체계가 되기 위해서는 그 사이에 어떤 강한 결합이 있어야 하고 그 점을 표현하기 위해 '융합'이라는 번역어가 사용되어 학문 전반으로 퍼져나갔다고 한다.[1] 이처

....

*   이 장은 윤대석, 「과학 소설과 융합 교육」, 『구보학보』 16, 구보학회, 2017의 논의를 참조하여 이 책의 취지에 맞게 기술하였다

1   김유신, 「융합 연구와 교육에서 '융합'의 의미」, 『한국교양교육학회 학술대회 자료집』,

럼 과학 기술에서 시작한 융합 논의는 진화생물학을 통해 인문학 분야까지 포괄하고자 하는 '통섭'에 대한 논의를 거쳐 인문학 분야로까지 번져나갔다.[2] 그뿐만 아니라 학령인구의 감소를 대비한 대학 개혁과 맞물려 대학 인문학의 학제 개편으로까지 이어졌고, 또 그러한 대학에서의 융합 논의는 2015 개정 문·이과 통합 교육과정으로 대표되는, 중등 교육의 융합 교육에 대한 요구로도 이어졌다. 과학 기술이 선도하는 학문과 교육의 재편에 인문학도 동참하라는 요구는 제4차 산업혁명의 논의와 더불어 그 극점에 달하게 되었다.

19세기를 전후한 제1차 산업혁명은 철도 건설과 증기기관의 발명으로 인한 기계의 생산으로 대표되고, 20세기 초의 제2차 산업혁명은 전기와 생산 조립 라인에 의한 대량 생산으로 대표되며, 20세기 말의 제3차 산업혁명은 반도체, 메인 프레임 컴퓨팅, 인터넷에 의한 정보 기술로 대표된다. 이에 비해 제4차 산업혁명은, 그 주창자에 따르면, 제3차 산업혁명을 이어받아 유비쿼터스 모바일 인터넷, 작고 강력해진 센서, 인공지능과 기계 학습으로 대표되는 "종전의 그 어떤 혁명과도 근본적으로 궤를 달리"하는 "모든 것을 완전히 바"꾸는 "중대한 변화"이며 "피할 수 없는 현실"[3]이라고 한다. 그것은 제3차 산업혁명과 근본적으로 다른 원리가 아니며 아직 징후가 드러나는 수준이기에 변화가 완료된 이후에 부여할 수 있는 '혁명'이라는 명칭은 부적절하다는 비판이 있기는 하지만, 그동안의 산업혁명이 인간 확장의 도구로서 과학 기술을 생각해왔다면 인공지능으로 대표되는 제4차 산업혁명은 인간과 닮은, 그러

....

　　2015, 381쪽.
2　최재천·주일우 편,『지식의 통섭: 학문의 경계를 넘다』, 이음, 2007 참조. 이에 대한 비판은 이인식 편,『통섭과 지적 사기』, 인물과사상사, 2014 참조.
3　클라우스 슈밥, 송경진 역,『클라우스 슈밥의 제4차 산업혁명』, 새로운 현재, 2016, 24-29쪽.

면서도 인간의 능력을 넘어서는 인공적 인간을 만들어내는 '포스트 휴먼'을 상정한다는 점에서 그 이전의 패러다임과는 다른 새로운 점이 인정된다. 그동안 과학 기술은 인간의 능력을 확장하기 위해서, 인간의 능력을 상회하는 자연을 모방함으로써 자연을 넘어서고자 했지만 그러나 인공 지능은 인간을 모방함으로써 인간을 넘어서고자 하기 때문이다.

이때 과학 기술에서 인문학에 요구하는 융합의 내용은 인간의 사고와 감각, 행동 등을 알고리즘화할 수 있는 체계적 지식을 생산하는 것이다. 스티브 잡스가 자신의 아이패드 신제품을 소개하면서 그러한 기술 개발에 인문학이 얼마나 도움이 되었는지를 역설한 것이 그 점을 잘 드러낸다. 여기서 융합은 새로운 시대에 어울리는 새로운 지식의 생성이라는 창의적 목적이라기보다는 아이폰과 같은 융합 제품에 필요한 융합 기술을 습득한 융합 인재의 양성이라는 산업적 목표를 지향한다.[4] 그러나 이러한 과학 기술 주도의 융합 담론은 인간의 사고와 행동을 너무 협소하게 파악하고 있을 뿐만 아니라 거꾸로 인간 자체를 그러한 협소한 테두리 속에 가둬 놓을 위험이 있다.[5] 그렇기 때문에 과학 기술의 관점이 아니라 인문학의 관점에서도 융합을 생각해 보아야 온전한 융합 담론이 생성될 수 있다.

인문학의 관점에서 과학과의 융합 교육을 생각할 때 참조할 수 있는 개념은 '우회(detour)'이다. '우회'란 과학 기술의 자율성과 정치성을 모두 인정하는 과학 철학자 부뤼노 라투르(B. Latour)가 제안한 것으로서 과학 기술과 여타 삶의 영역 사이에 단절을 인정하는 대신에 그 관련

....

4   박찬길, 「융합, 인문학의 살 길인가」, 『안과밖』, 영미문학연구회, 2016, 28-29쪽.
5   이에 관해서는 니콜라스 카, 최지향 역, 『생각하지 않는 사람들』, 청림출판, 2011, 257-259쪽 참조.

성을 인문학적으로 파악하는 방법으로 제안한 개념이다.[6] 과학 기술과 여타 영역은 단절되어 있는 것이 아니라 우회하거나 구성된다는 것인데, 여기서 구성이란 과학 이론 자체가 자율성을 가지는 것이 아니라 사회·역사·문화적 담론에 의해 구성된다는 구성주의(constructivism)에서 말하는 구성(construction)을 의미하지 않는다. 그것은 오히려 과학 이론과 여타 담론의 혼종(hybrid)으로서의 구성(composition)을 의미한다. 이 관점에서 보면 앞에서 말한 제4차 산업혁명의 담론은 과학 기술의 자율성으로 완전히 회수되지 않는 일종의 우회라 할 수 있다. 그러니까 제4차 산업혁명은 자율적인 과학 기술이 번역되어 사회적 담론으로 구성된 것이며 논쟁의 대상이 된다. 그렇기 때문에 그것은 증명(과학)이면서 동시에 수사학(정치)이며 또 그 구분을 무화하는 것이기도 하다.[7] '제4차 산업혁명'이라는 혼종(hybrid)과 구성(composition)의 담론은 과학 기술의 지향점을 말함으로써 과학 기술의 패러다임을 형성하는 과학 담론이면서도 동시에 새로운 사회의 지향점을 제시하는 정치 담론이기도 한 것이다. 그렇기 때문에 증명과 수사학을 넘나드는 '제4차 산업혁명' 선언을 증명의 차원이 아니라 담론의 차원에서 판단할 수 있다. 이러한 담론 차원에서 판단하는 것을 인문학에서 접근하는 융합 담론이라 할 수 있으며 이처럼 과학 기술이 자율적 담론에서 벗어나 사회적 담론으로 내려앉는, 혹은 세속화되는 경로를 '우회'라 할 수 있고 그것을 분석하는 것을 라투르는 과학인문학이라 부른다.[8]

　인문학에서 융합에 접근하는 길은 빅데이터를 활용한 디지털 인문

....

6　　부뤼노 라투르, 이세진 역,『부뤼노 라투르의 과학 인문학 편지』, 사월의 책, 2012, 36쪽.
7　　위의 책, 122쪽.
8　　위의 책, 34-36쪽.

학[9]이나 뇌이머징 기술을 활용한 읽기 연구처럼 과학 기술을 활용하여 기존의 인문학이 시도·해결하지 못했던 문제들을 해결하거나 그러한 해결을 염두에 두고 새로운 주제를 개발하는 길도 있을 수 있다. 또 다른 접근법은 과학 기술의 진전에 따라 변화된 인간과 사회를 인문학적으로 탐구하거나,[10] 위에서 본 것처럼 과학 기술이 번역되고 세속화된 '우회'를 추적·비평·판단하는 길이 있을 수 있다. 그것은 과학에서의 재현의 영역으로도 볼 수 있고 응용 예술로도 볼 수 있는 중간 영역에서 과학과 예술이 상호작용하는 접점을 볼 수 있고 그것이 융합적 접근의 대상이 될 수 있다는 지적[11]과 상통한다. 문학교육에서 그러한 중간 영역, 곧 '우회'는 과학 소설을 교육 제재로 삼음으로써 마련될 수 있다. 과학 소설이란 과학과 문학이 상호작용하는 접점에 있으면서 과학이란 무엇이며 그것이 세계에서 어떻게 존재하는가를 (인)문학적인 방식으로 묻는 것이기 때문이다. 더군다나 교육의 측면에서 보면 그것은 윤리적이고 가치평가적인 역량 접근법[12]을 채택한 현행 교육과정에 더욱 부합되는 길이기도 하다.

---

9   홍정욱, 「디지털 기술 전환 시대의 인문학」, 『인문콘텐츠』, 인문콘텐츠학회, 2015, 42쪽.

10   포스트 휴먼 시대의 인간이란 무엇인가를 철학적으로 탐구한 것은 이진우, 『테크노 인문학』, 책세상, 2013이고, 디지털 미디어가 인간 정신을 어떻게 바꾸고 있는가를 탐색한 것으로 니콜라스 카의 작업(『생각하지 않는 사람들』 및 『유리감옥』, 한국경제신문, 2014)이 소개되어 있다. 후자는 엄밀한 의미에서 인문학적 탐구라기 어려운데, 인문학의 시선에서 본 디지털 미디어 이후의 인간에 대해서는 이시다 히데타카, 윤대석 역, 『디지털 미디어의 이해』, 사회평론, 2017이 기호학에 의거한 본격적인 탐구라 할 수 있다.

11   홍성욱, 「과학과 예술: 그 수렴과 접점을 위한 시론」, 『과학기술학연구』, 한국과학기술학회, 2005, 18쪽.

12   마사 누스바움, 한상연 역, 『역량의 창조』, 돌베개, 2015, 44쪽.

2. 교육과정, 교과서로 본 문학·과학 융합 교육의 현재

2009 개정 교육과정에서부터 강조되기 시작한 융합 교육은 2015 개정 교육과정에서는 "폭넓은 기초 지식을 바탕으로 다양한 전문 분야의 지식, 기술, 경험을 융합적으로 활용하여 새로운 것을 창출하는 창의적 사고 역량"[13](총론)으로 구체화되었다. 과학교육과정에서는 다양한 첨단 과학 기술과 오늘날의 과학과 관련된 사회적 쟁점, 우주의 기원 등 다양한 내용이 추가되었고,[14] 그에 따라 과학 소설과 과학 영화가 교과서에 등장하기 시작하였다. 한편 문학교육에서는 "문학이 예술, 인문, 사회 등 인접 분야와 맺고 있는 관계를 이해한다."[15](2009 개정 교육과정), "문학과 인접 분야의 관계를 바탕으로 작품을 이해하고 감상하며 평가한다."[16](2015 개정 교육과정)라는 성취기준을 통해 과학 소설을 활용하여 융합 교육을 할 수 있는 가능성을 열었다.

교육과정의 총론에서는 융합 교육이 창의적 사고 역량과 관련되어 있는 반면에 과학교육과 문학교육의 각론에서는 과학의 사회적 성격이나 문학의 통합적 성격을 이해하는 데 그치고 있다. 이는 각 교과목이 자율성을 가진 독자적인 체계로 이루어져 있어 다른 교과와 소통할 여지가 그다지 많지 않기 때문에 생겨난다. 각 교과는 자기 분야의 창의성에 관심을 가질 뿐 융합에 의한 창의성에는 그다지 관심을 두지 않는다. 과학 교과목이 "자연 현상과 사물에 대하여 흥미와 호기심을 가지

....

13   교육부 고시 제2015-74호, 『국어과 교육과정』, 교육부, 2015 ㄴ.
14   조헌국, 「과학교육에 대한 철학적 담론」, 『인문과학연구』, 강원대학교 인문과학연구소, 2013, 346쪽.
15   교육과학기술부 고시 제2011-361호, 『국어과 교육과정』, 교육과학기술부, 2011.
16   교육부, 앞의 책, 2015.

고, 과학의 핵심 개념에 대한 이해와 탐구 능력의 함양을 통하여, 개인과 사회의 문제를 과학적이고 창의적으로 해결하기 위한 과학적 소양을 기"[17](2015 개정 과학 교육과정)르는 것을 목표로 삼으며 '과학적 창의성'을 강조하는 데 반해 국어 교과목은 "'국어'에서 추구하는 비판적·창의적 사고 역량은 다양한 상황이나 자료, 담화, 글을 주체적인 관점에서 해석하고 평가하여 새롭고 독창적인 의미를 부여하거나 만드는 능력"[18](2015 개정 국어 교육과정)이라고 하여 언어적 창의성을 내세우고 있는 것에서 그것을 잘 알 수 있다. 이러한 교육과정의 총론과 각론에서 규정하는 창의성 개념의 괴리는 창의성이란 무엇인가를 다시 묻게 한다.

과학이 주로 분석, 이성, 판단과 같은 지적 능력에 바탕을 두고 있는 데 반해 예술은 종합, 상상력, 재치와 같은 능력에 바탕을 두고 있다.[19] 칸트의 용어를 빌리자면 과학은 범주를 통해 사고하며 규정적 판단력에 의거하는 데 비해, 예술은 상상을 통해 사고하며 종합적 판단력에 의거한다. 그러나 쿤의 패러다임 이론을 비롯한 구성주의적 과학 이론이 등장함에 따라 과학 이론의 맥락 의존성이 제기되고[20] 맥락을 재구성하여 패러다임을 바꿀 수 있는 자유로운 창조와 구성의 측면이 강조된다.[21] 정상 과학 하에서는 기존 패러다임에 따른 문제 풀이가 주를 이루며 여기서는 분석이나 이성, 규정적 판단력이라는 사고력이 관건이 되지만, 이상 과학(abnormal science)의 단계에서는 종합이나, 상상력과 같은 종합적 판단력이 관건이 된다. 이 지점에서 과학은 예술과 만난다

....

17 교육부 고시 제2015-74호, 『과학과 교육과정』, 교육부, 2015ㄱ.
18 교육부, 앞의 책, 2015ㄴ.
19 홍성욱, 앞의 글, 2005, 5쪽.
20 서예원, 「과학의 본질과 과학교육에 관한 구성주의적 관점」, 『교육과학연구』 38, 이화여자대학교 교육과학연구소, 2007, 277쪽.
21 홍성욱, 앞의 글, 2005, 10쪽.

고 할 수 있지만, 예술 분야에서도 예술적 패러다임이라 할 수 있는 사조를 바꿀 만큼 세상을 완전히 새롭게 보는 방법을 고안하는 혁명가는 그리 많지 않고 대부분의 예술가는 제한적인 상상을 통해 당대의 사조가 제시하는 문제 풀이에 몰두한다.[22] 예술가란 새로운 경험을 묘사하는 것이 아니라 이미 알려진 경험을 구현하는 것이며 외로운 탐험가가 아니라 그가 속한 공동체의 목소리이기 때문이다.[23]

예술이나 과학이나 평소에는 각각의 분야에서 창의성을 발휘하지만, 사회적 변동 속에서는 융합을 통해 창의성이 생겨날 수 있다고 할 수 있다. 사회적 변동이 우선인가 융합이 우선인가는 닭과 달걀의 관계에 놓여 있어 뭐라 말할 수 없지만, 현재 우리 사회에서 이루어지는 융합에 대한 요구는 그 자체가 사회적 변동의 징후이며 사회적 변동은 학문 내부에서 융합에 대한 요구를 불러일으킨다. 하나의 학문 분야, 하나의 시각에서 해결할 수 없는 다양한 일들이 사회변동과 더불어 발생하기 때문인데, 이때 여러 가지 시각에서 하나의 문제를 해결하는 지혜를 얻는 것도 창의성 훈련 가운데 하나이지만, 한 시각을 다른 시각으로 대체해보는 것도 창의성 훈련의 일종이라 할 수 있다. 일종의 '고장' 개념[24]이다. 한 시스템이 고장 났다고 가정했을 때 다른 시스템으로 문제 해결을 도모함으로써 개념들이 그 자체 영역의 사고에만 의존하는 것이 아니라 다른 형태의 사고에도 의존적임을 아는 것이 그것이고 이는 융합 교육이라기보다 융합적 교육이다.[25]

2009 교육과정에서 융합 교육을 도입했다고는 하지만, 교과서에

....
22   위의 글, 13쪽.
23   레이먼드 윌리엄스, 성은애 역, 『기나긴 혁명』, 문학동네, 2007, 68쪽.
24   부뤼노 라투르, 이세진 역, 앞의 책, 2012, 54-66쪽.
25   김유신, 앞의 글, 2015, 395쪽.

서 융합 교육은 여전히 제한적이다. 우선 과학교육에서 문학 텍스트는 거의 사용되지 않는다. 대상을 영화로까지 넓히더라도 과학 교과서에서 관련 텍스트가 사용되는 경우는 거의 없다.[26] 고등학교『과학』에서 문학 혹은 영화가 조금이라도 언급된 교과서는 세 종뿐이고, 그마저 학습자의 스키마를 활성화시키는 도입 역할을 하고 있다. 예를 들면 천재교육(조현수 외) 교과서에서는 쥘 베른의 〈지구중심으로의 여행〉(1864)과 그것을 영화화한 〈잃어버린 세계를 찾아서〉(2008)라는, 지구 내부에 관심을 가진 소설과 영화가 있음을 도입부에서 간단히 언급한 후 곧바로 지구 내부의 구조와 구성 원소에 대한 설명으로 넘어간다.[27] 또한 지구 역사와 생물의 흥망성쇠를 설명하기 앞서 영화 〈쥬라기 공원〉(1993, 1997, 2001, 2015)을 제시하거나,[28] 급작스러운 기후 변화를 가져온 '영거드라이아스 사건'을 설명하기 위해 영화 〈투모로우〉(2004)를 언급한다.[29] 스키마의 활성화라는 관점에서 본다면 과학 소설과 영화의 활용이 의미를 지니겠지만, 과학과 관련된 사회적 쟁점에 대한, 과학이 아닌 분야의 시각을 고려하지 못한다는 점에서 융합 교육으로서 한계를 지닌다.

또 다른 천재교육(오필석 외) 교과서에서는 사회적 쟁점에 대한 해결을 모색하는 단원에서 과학 영화를 활용하고 있어 다소 진전된 융합 교육의 면모를 보이고 있다. 미래의 에너지와 관련하여 '자원 고갈에 따른 문제점을 알고 그 대안을 창의적으로 찾는다.'라는 성취기준하에 영화 〈더 문〉(2009)과 〈아바타〉(2009)를 소개하며 학습자로 하여금 가까

....

26 2009 개정 교육과정에 따른 고등학교 통합 과학 교과서 7종을 대상으로 조사하였다.
27 조현수 외,『고등학교 과학』, 천재교육, 2011, 103쪽.
28 위의 책, 146쪽.
29 위의 책, 326쪽.

운 미래에 발생할 에너지 고갈 문제를 생각해 보도록 하였다.[30] 그러나 이 단원에서도 대체 에너지로서 〈더 문〉이 제시하는 헬륨3, 〈아바타〉의 가상의 '언옵타늄'에 관심을 가질 뿐, 〈아바타〉의 주제라 할 수 있는 인간과 자연이 조화롭게 공존하는 삶에 대한 (인)문학적 통찰은 제시되지 않는다. 그러한 인간과 자연의 관계에 대한 통찰과 반성이 이 단원이 활동으로 제시하는 '에코 스쿨 만들기'라는 과학적 문제 해결과 깊이 연결되어 있지만, 그러한 인문학과 과학 기술의 관련성은 제시되지 않는다.

더텍스트(곽영직 외) 교과서에서는 〈이상한 앨리스〉에서 묘사한 상황을 과학의 원리와 비교하는 활동을 제시하고 있다.[31] 아무리 달려도 위치가 변하지 않는다는 푸념을 하는 앨리스에게 여왕이 한 말, 즉 배경이 더 빨리 변하고 있어서 위치를 변화시키려면 그보다 더 빨리 달려야 한다는 말을, 진화의 속도에 따라 상대적으로 적자생존이 결정되는 '붉은 여왕 가설'과 면역 체계와 병원체의 상호적 진화 과정과 나란히 제시하여 생물과 세포 단위의 진화를 이해시키고자 한다. 이 활동은 〈이상한 앨리스〉에서 제시한 상황을 자신의 경험에 적용하도록 하여 이것이 우화적인 상황임을 인지시키는 비계를 설정함으로써 문학과 과학 원리 사이를 일상적 경험으로 매개한다. 문학을 통해 삶을 해석하고 이렇게 해석된 삶을 바탕으로 과학 원리를 이해하는 방법을 제시함으로써 문학-일상-과학이 서로 연관된 것으로 인식할 수 있도록 한 데 이 활동의 의의가 있다고 할 수 있다. 그러나 이 경우에도 (인)문학의 시각을 우화와 상징의 차원에서만 다룸으로써 과학과 문학을 표면적으로 연계하고 있다는 문제점이 있다.

....

30   오필석 외, 『고등학교 과학』, 천재교육, 2011, 392쪽.
31   곽영직 외, 『고등학교 과학』, 더텍스트, 2011, 224-225쪽.

2009 개정 교육과정에 따른 문학 교과서도 또한 과학에 대해 큰 관심을 기울이지 않았다. 인접 분야와의 관계 속에서 문학을 이해하는 성취기준을 다룬 단원에서도 대개의 교과서는 경제·정치·역사와 같은 인문·사회 과학과의 관계를 논제로 삼았고 과학을 논제로 삼는 교과서는 단 한 종뿐이었다. 물론 지학사(권영민)에서는 과학 소설이라 할 수 있는 조지 오웰의 〈1984〉를 제재로 하였지만, '한국 문학의 보편성과 특수성'에서 외국 문학 번역의 하나로 소개하였을 뿐이고 논제는 과학이라기보다 전체주의 사회에 대한 비판이다. 이처럼 문학 교과서 속에 과학이 등장하지 않는 것은 성취기준에 이미 "예술, 인문, 사회 등의 인접 분야"(2009 개정 교육과정)로 제한되어 있다는 점도 크게 작용했을 것이다. 그런 점에서 쥘 베른의 〈해저 2만리〉(1870)를 제재로 과학과 문학의 관련성을 논제로 삼은 비상 교과서(우한용)가 오히려 독특한 것이라 할 수 있다.

　　이 교과서는 문학이 인문학, 사회학, 과학 등의 여러 인접 분야와의 상호 관계 속에서 생산되고 향유된다고 하는 성취기준을 제시한 후 거기서 조금 더 나아가 "인간의 현실적인 제약을 뛰어넘으려는 욕망이나 미래에 대한 전망, 문명과 자연에 대한 성찰 등을 문학적으로 형상화하는 데 과학의 발전이 새로운 상상력을 불어넣는"[32]다고 하여 과학이 문학적 상상력의 원천 가운데 하나이고, 문학은 과학적 상상력에 바탕을 두고 현실의 제약을 뛰어넘으려는 욕망이나 미래에 대한 전망을 표현하거나, 과학 기술이 낳은 문명에 대해 성찰함으로써 과학과 연관을 맺는다고 한다. 이러한 과학과 문학의 관련성에 대한 적확한 서술에도 불구하고, 이 교과서는 과학을 "인류에게 희망과 행복을 가져다 줄 수 있는 원동력"이라고 생각하여 "그의 시대가 품은 그 희망의 원동력인 과

....
32　　우한용 외, 『고등학교 문학』, 비상교과서, 2011, 56쪽.

학 정신을 자신의 다량의 과학 소설을 통해서 옹호하고 전파하는 전도
사 역할을 자임"[33]한 쥘 베른의 소설을 제재로 함으로써 과학과 문학의
관련성 가운데 한 측면만을 다룬다. 또한 과학 기술에 대한 희망으로 들
끓었던 쥘 베른 시대의 다양한 사회상을 통해 과학 기술과 여타 분야의
관련성을 보여주지 못한다는 한계를 지니고 있다.[34]

3. 문학·과학 융합 교육 제재로서의 과학 소설

과학 소설이란 Science Fiction의 번역어로서 1923년 휴고 건스백
(H. Gernsback)이 『과학과 발명』지를 모두 과학 소설 특집호로 꾸미면
서 명명한 Scientifiction에서 유래한 말이다.[35] 과학 소설을 '공상' 과학
소설이라고 부르는 것에서도 알 수 있듯이 이 장르의 소설은 현실에 존
재하지 않는 공상적인 세계와의 접촉을 그린다. 그렇기 때문에 과학 소
설의 기원을 스위프트의 〈걸리버 여행기〉(1726)나 토마스 무어의 〈유토
피아〉(16C), 심지어는 이상 사회를 논한 플라톤의 〈공화국〉(B.C. 4C)으
로까지 거슬러 잡기도 한다.

....

33   김중현, 「과학 정신의 전도사 쥘 베른」, 대중문학연구회 편, 『과학소설이란 무엇인가』,
     국학자료원, 2000, 200쪽.
34   임종기, 『SF 부족들의 새로운 문학 혁명, SF의 탄생과 비상』, 책세상, 2004, 19쪽.
35   과학 소설의 또 다른 측면은 그것의 기원이라 할 수 있는 메리 셸리의 『프랑켄슈타인』
     (1818)을 비롯한 디스토피아 소설에서 드러나는 "합리화의 질서에 대한 불안 의식"(임
     성래, 「과학소설의 전반적 이해」, 대중문학연구회 편, 『과학소설이란 무엇인가』, 국학자
     료원, 2000, 5쪽)이다. 과학과 합리적 이성을 상징하는 프랑켄슈타인 박사는 그가 창조
     한 일그러지고 추잡한 괴물이기도 했던 것인데, 과학이 창조한 세계는 인간에게 해방을
     의미하기도 했지만, 그 자체가 또한 억압과 구속, 통제를 의미하기도 했고, 그러한 과학
     의 양가성을 문학적으로 형상화한 것이 디스토피아 소설이다.

이런 논리에 따르면 조선시대에 나온 〈구운몽〉 같은 몽유록 소설도 이 범위에 포함시켜야 하지만, 과학 소설은 과학과 테크놀로지에 의해 가능하거나 가능하다고 예상되는 세계만을 그 대상으로 한다는 점에서 분명히 현대의 문학 형식이다.[36] 과학 소설이 하나의 문학 형식으로 존재할 수 있게 된 것은 "인간이 현재와는 다른 미래, 특히 새로운 지식, 새로운 발견, 새로운 모험, 새로운 돌연변이가 인생을 과거와 현재의 친숙한 양식과는 전혀 다른 것으로 만들어 놓을 미래를 상상할 수 있을 때만 가능하기 때문"[37]인 것이다. 그런 점에서 과학 소설은 현대 세계에 등장하는 유령이나 초능력자를 그리거나 현실 세계와 병행적인 환상 공간을 그리는 판타지 소설과 구분된다. 과학 소설 작가이기도 한 하인리히(Heinrich)가 과학 소설을 "현실 세계, 과거와 미래에 대한 충분한 지식, 자연과학적 방법의 중요성에 대한 철저한 이해에 확고한 기반을 두고 있는, 가능한 미래의 사건에 대한 현실적 고찰"이라고 정의한 것도 그와 상통한다.[38]

그러나 판타지 소설이나 과학 소설이 모두 현실에 존재하지 않는 공간이나 인물을 통해서 현실 세계를 비판·성찰한다는 주제적인 유사성을 가지고 있고, 과학과 테크놀로지에 바탕을 둔 상상이 어디에서 한계를 지니는지 불분명하다는 점에서 그 둘의 경계 또한 모호한 것도 사실이다. "과학 소설은 있을 법하지 않은 가능한 것들을 다루고, 환상소설은 그럴 듯한 불가능한 것들을 다룬다"[39]는 기준도 둘 사이의 분명한

....

36   로버트 스콜즈·에릭 라프킨, 김정수 외 역, 『SF의 이해』, 평민사, 1993, 15쪽.

37   위의 책, 16쪽.

38   디터 보호메이어·빅토르 쯔메각, 진상범 역, 「과학소설」, 대중문학연구회 편, 『과학소설이란 무엇인가』, 국학자료원, 2000, 25쪽.

39   복거일, 『벗어남으로서의 과학』, 문학과지성사, 2007, 271쪽.

경계선을 지시하기보다는 경향적인 차이를 가리키는 것이라 할 수 있다. 그렇기 때문에 과학 소설과 판타지 소설의 경계를 과학이 만들어낸 미래와 환상이 만들어낸 세계로 구분하기보다는 앞에서 보았듯이 과학 기술의 '우회'를 만들어 냄으로써 과학 기술과 여타 사회를 연관시키고 있는가를 기준으로 구분할 필요가 있다.

"2042년 12월 1일 오전 7시부터 저녁 11시까지. 소설가 류 씨의 일일은 이러하였다."로 끝나는 유성식의 1993년 『동아일보』 신춘문예 당선작인 〈아주 사소한, 류 씨 이야기〉는 박태원의 〈소설가 구보 씨의 하루〉의 미래판이라 할 수 있는 소설로서 과학의 우회를 잘 보여주는데, 이 소설의 검토를 통해 문학과 과학의 융합 교육에서 과학 소설이 교육적 의의를 지니며 그 방향이 어떠해야 하는지 시사점을 얻고자 한다.

이윽고 카메라의 신분 확인이 끝나고 모니터가 작동되며 "안녕하십니까? 류 씨."라는 글씨가 나타나자 류 씨는 쓴 웃음을 지었다. 류 씨? 사실 소설가의 이름으로서는 그리 어울리지 않는 이름이었다. 한창 문단에서 명성을 날리고 있는 사람들의 이름을 보면 유리 씨, 사리 씨, 진리 씨 등등 벌써 이름에서부터 소설가의 냄새가 풀풀 날리지 않는가! 류 씨는 구보란 이름을 떠올렸다. 「소설가 구보 씨의 일일」.[40]

이 소설이 발표된 해는 486 컴퓨터가 출시(1993)되기 직전으로서 아직 카메라의 신체 정보 확인 기술도 발달하지 않은 때였지만, 이 소설은 발표될 시점에서 생각할 수 있는, 미래 사회의 과학 기술에 의해 가동되는 일상의 모습을 구체적으로 형상화하고 있다. 그러나 이 소설

....
40   유성식, 〈아주 사소한, 류 씨 이야기〉, 《1993 신춘문예 당선 작품집》, 예하, 1993, 113-114쪽.

이 시간적 배경으로 설정한 2042년이 아직 많이 남아 있는 지금의 눈으로도 이 소설이 형상화하는 과학 기술은 참신하다기보다 식상한 느낌을 준다. 예를 들면 벌써 사장되어 버린 레이저 비디오 시스템이나 카폰과 같은 기기들뿐만 아니라 현재에 와서야 비로소 실현되거나 실현이 임박한, 컴퓨터를 통해 소설이나 신문을 보거나 전자 저널에 소설을 발표하거나 '전자 사서함'으로 문서를 보내거나 '자동 운전 장치'를 사용하여 자동차를 타는 장면이나 카메라를 통해 신체를 읽어 건강을 분석하는 '건강 관리 시스템' 같은 것이 그것이다. 물론 음식 종류와 영양소를 입력하면 자동으로 음식을 조리해주는 '키친박스'나, 파리까지 한 시간 반에 도달할 수 있는 비행기 등은 여전히 실현되지 않은 기술이긴 하지만 그것도 지금의 시각에서 보면 이미 폐기된 것, 이미 실현되어 있는 것 등과 함께 공존하여 해방감을 주지 못한다. 과학 소설이란 현실에서는 불가능한 과학 기술의 미래를 펼쳐 보임으로써 현실로부터의 해방감을 주지만, 이미 실현된 과학 기술은 그러한 해방감을 줄 수 없기 때문이다. 그런 점에서 보면 과학 기술은 반증되었을 때 폐기되지만, 과학 소설에서 형상화된 과학 기술은 실현되었을 때 폐기된다고 할 수 있다. 이 점에서 과학 소설은 그것이 펼쳐 보이는 미래의 기술들을 얼마나 정확하게 예견했는가, 혹은 그것이 현재 시점에서 얼마나 개연적인가에 그 성패가 놓여 있지 않다.

그렇기 때문에 과학 소설의 예측이라는 기능은 과학 기술 자체에 대한 예측[41]이라기보다는 그것이 만들어내는 사회 상황에 대한 예측 쪽으로 좀 더 기울어진다. 그런 점에서 과학 소설은 목적합리적인 과학보다는 가치합리적인 문학에 가깝다. 물론 과학교육에서 보면 동일한 시

....

41   이 관점에서 과학 소설을 높이 평가하는 것이 고장원, 『SF의 힘』, 추수밭, 2017이다.

기에 가능하리라 예측된 과학 기술이 왜 불균등하게 실현되는가는 탐구 주제가 될 수도 있을 터이다.

앞에서 말한 과학 기술이 모두 실현되었을 때 생길 수 있는 사회 상황을 이 소설은 형상화하고 있는데, 그것은 '국립 컴퓨터 시스템'이라는 중앙 컴퓨터와 그에 연결된 개별 단말기, 카메라, 로봇에 의해 생활과 직업 활동이 세밀하게 관리되는 사회이다. 무선 통신망인지 유선 통신망인지는 명확하지 않지만 현재 사물인터넷(IoT)이라고 불리는 것과 유사한 장치가 가정 관리 시스템과 건강 관리 시스템 등에 부착되어 개인의 건강과 일상에 대한 정보를 취합하여 '국립 컴퓨터 시스템'에 보내면 거기서 개인에 맞는 일상 관리와 건강 관리를 제공한다. '국립 컴퓨터 시스템'은 소설가인 류 씨가 작업해야 할 시간을 알려주고 감시하며 건강에 해로운 담배를 제한하거나 신체에 필요한 영양분을 공급할 수 있는 음식을 제공한다. 조지 오웰의 〈1984〉에서 묘사된 빅브라더를 연상시키는 존재가 바로 '국립 컴퓨터 시스템'인데, 오웰의 소설과는 달리 이 소설은 컴퓨터가 그 기능을 대신한다. 중앙 통제 시스템이라는 측면에서 두 소설이 그리는 미래 사회는 동일한데, 과학 기술이 낳을 미래가 전체주의적인 것이고 그 속에서 인간은 컴퓨터에 의해 관리되고 통제된다는 예측을 이 소설은 담고 있는 것이다.

이 소설은 386, 486으로 상징되는 컴퓨터 개발 경쟁의 와중에 창작된 것인데, 이 시대 컴퓨터 개발의 핵심은 빠른 정보 처리로서 용량이 큰 슈퍼컴퓨터를 지향했고[42] 인터넷은 도입은 되어 있었지만 상용화되지는 않았다. 이런 상황에서 이 소설은 컴퓨터의 용량이 커져 정보 처리 속도가 빨라지고 컴퓨터끼리 연결된다면 어떤 사회가 펼쳐질지를 상상

....
42   이시다 히데타카, 윤대석 역, 앞의 책, 2017, 214-215쪽.

을 통해 형상화하였다. 그러한 상상은 일상적인 삶의 영역에 소설가를 놓았고, 그러한 일상적 삶 속에서 사회의 전체 시스템을 읽을 수 있도록 하였다. 그러나 현재의 시점에서 보면 그것도 어긋난 미래이다. 이 소설에서 그리고 있는 컴퓨터에 의한 중앙 통제는 실현되지 않았기 때문이다. 지금은 오히려 빅브라더 같은 인칭적인 통제가 문제가 아니라 정보가 변동되고 유통되는 만큼 인간의 행동이 원리적으로 제어된다는 인공지능에 의한 분산적인 알고리즘형 통제가 문제라고 한다.[43] 〈아주 사소한, 류 씨 이야기〉가 세상의 모든 정보를 하나의 컴퓨터에 집적할 수 있는 슈퍼컴퓨터를 최종적인 목표로 둔 패러다임의 산물이기에 분산적으로 존재하는 정보가 네트워크를 통해 연결되는 현재 사회를 충분히 예측할 수 없었던 것이다. 과학 기술이 낳을 사회에 대한 예측이라는 과학 소설의 기능도 시간의 흐름과 패러다임의 변화를 견딜 수 없는 것이다.

그렇다면 과학 소설이 시간의 흐름에도 살아남을 수 있는 힘은 무엇일까. 그것은 미래를 당겨 형상화함으로써 현재를 성찰하는 데 있다. 억압적이고 폭력적인 주권 권력에 의한 통치(독재)에서 시선과 관리에 의한 규율 권력에 의한 통치(문민화)로 넘어가던 시기에 발표된 이 소설은 예측을 통해 미래의 통치가 규율 권력에 의한 것이고 그 매개가 당대의 과학 기술일 것임을 당겨서 보여줌으로써 당대의 규율 권력을 비판·성찰한다. 그것은 미래에 대한 이야기라기보다 미래를 미리 당겨봄으로써 드러난 당대의 과학 기술 패러다임에 대한 비판과 성찰이었다. 슈퍼 컴퓨터 – '국립 컴퓨터 시스템' – 규율 권력이라는 축에서 규율 권력에 의한 통제 사회(과학의 정치성)는 당대에 속도와 용량의 경쟁을 벌이던 컴퓨터(과학의 상대적 자율성) 속에 이미 내장되어 있었고 그것을

....

43   위의 책, 151-152쪽.

우회하여 형상화한 것이 '국립 컴퓨터 시스템'인 것이다. 과학 소설은 예측을 통해 미래를 보여주는 것이 아니라 성찰적 예측을 통해 과학 기술을 사회적 담론으로 번역하는 '우회'인 것이다. 과학 소설이 교육적으로 의미를 갖는다면 그 점에 있을 것이고 과학 소설이 그리는 미래 사회가 거짓이라 판명 나더라도 문학으로서 의의를 갖는 것도 그 때문이다.

4. 문학·과학 융합 교육의 방향

과학과 예술은 재현을 추구한다는 점에서 공통적이며 이러한 재현은 과학과 예술의 상호작용에서 중요한 접점을 제공한다.[44] 문학과 과학의 접점에는 과학 소설이 존재하는데, 과학 소설은 앞에서 본 것처럼 과학적 상상력을 바탕으로 미래를 그리고, 그렇게 형상화된 미래를 바탕으로 현재의 과학을 성찰한다. 현재의 과학이 생성할 수 있는 사회문제를 미리 당겨서 형상화함으로써 과학 소설은 과학 기술을 세속화한다. 세속화된 '우회'로서의 과학 담론은 구성주의적 과학 철학의 고찰 대상이 되는데, 과학과 문학의 융합 교육 밑바탕에는 구성주의적 과학 철학이 놓여 있기 때문에 이 관점에서 융합 교육의 방향을 설정할 필요가 있다.

과학 철학에 따르면 엄격한 귀납적 관찰만으로 과학 이론이 나온다는 과학적 객관주의는 이미 폐기된 지 오래되었다.[45] 아인슈타인은 "법칙으로 이어지는 논리적 경로는 없다. 그런 법칙은 경험 대상에 대한 지성적 사랑과 같은 것에 근거하여, 직관에 의해서만 얻어질 수 있다."라

....

44   홍성욱, 앞의 글, 2005, 18쪽.
45   에드워드 슬링거랜드, 김동환 외 역, 『과학과 인문학』, 지호, 2015, 130쪽.

고 말했는데,[46] 그 직관이란 쿤의 패러다임 이론에 따르면 정상 과학의 시대에는 기존의 과학 이론이고 관찰이나 실험을 특정한 방향으로 유도하는 그러한 과학 이론이 패러다임을 형성한다는 것이다. 나아가 파이어벤트(Feyerabend)는 관찰과 실험의 방향을 정하는 패러다임이란 사실의 체계라기보다 "선전, 정서, 임시 가설, 온갖 종류의 편견에 대한 호소 같은 비합리적 수단",[47] 즉 신념의 체계라고 비판하는데, 이 두 관점이 결합하여 구성주의적 과학 철학을 이루었다. 나아가 세계에 대한 우리의 경험이 언어나 문화에 의해 내재되고 중재되며 우리 인간이 근본적으로 언어적·문화적 존재라고 하는 포스트모더니즘의 영향 하에서 사회적 담론의 일부로서 과학 이론을 보고자 하는 관점을 사회구성주의적 과학 철학이라 한다.[48] 구성주의적 관점이나 사회구성주의적 관점이 모두 과학 기술을 개인적·집단적·사회적 담론의 산물, 즉 의미의 효과로 보는 데 반해 라투르는 "과학기술 없는 인문학은 원숭이 놀음에 지나지 않"[49]는다고 말하며 인류가 쌓아올린 과학 기술의 영향 하에서 사회적 담론이 생산되며, 또 거꾸로 사회적 담론은 과학 담론에 영향을 미친다고 하는, 구성주의(constructivism)가 아닌 구성주의(compositionisme)를 내세운다. 그렇기 때문에 과학에 대한 담론은 과학 기술의 실용화나 대중화를 의미하는 것이 아니다. 오히려 연쇄로 엮인 것, 즉 관심사, 실천, 서로 다른 언어들이 겹겹이 쌓인 구성된 층상 속에서 우리 모두가 사고하고 행위하고 있음을 의미하며[50] 과학 소설이란 그러한

·········

46   위의 책, 131쪽.
47   위의 책, 138쪽.
48   위의 책, 146쪽.
49   부뤼노 라투르, 이세진 역, 앞의 책, 2012, 70쪽.
50   위의 책, 39쪽.

연쇄 담론의 주요한 형태 가운데 하나이다.

우회로서의 과학 소설이 가진 기능은 크게 두 가지로 이야기되고 있는데 이에 대한 고찰을 통해 과학 소설을 활용한 과학·문학 융합 교육의 방향을 도출해 낼 수 있다. 하나는 과학 기술에 의해 가능해지는 것에 대한 전망을 얻을 수 있는 것이고, 또 하나는 과학 소설을 통해 그러한 사회에 대해 시뮬레이션을 해봄으로써 현재의 방향을 재점검하게 한다는 것이다. 첫 번째 기능은 문학이 드러난 과학 지식을 넘어선 '드러나지 않는 지식'을 그리는 데 뛰어나며 그에 바탕하여, 마샬 맥루한(M. McLuhan)이 말한 것처럼 "오늘날 새로운 기술들의 잠재적 능력을, 우리가 인식할 수 있는 상황들을 제시"하는 역할[51]을 과학 소설이 할 수 있다는 것이다. 이른바 '개념적 돌파(conceptual breakthrough)'라는 패러다임 변화가 과학 소설의 하나의 기능이라 하지만, 과학 소설도 미래학이나 예언이 아닌 소설이기에 그것은 과학 소설의 본질이라 할 수 없다. 과학 소설의 본질은 과학 기술의 능력보다 과학 기술이 잠재하고 있는 사회성을 드러내는 데 있고 그것이 융합 교육의 첫 번째 방향이 될 것이다. 앞에서 말한 과학 기술의 '우회'를 포착하고 드러내는 것이 그것인데, 이는 과학 소설 속에서 과학 기술과 사회의 관계를 파악하는 이해 활동이나 간단한 창작을 통해 그러한 관계를 드러내는 '우회'를 그려 보이는 창작 활동을 통해 실현될 수 있다.

과학 소설의 또 다른 기능은 현재의 과학 기술을 통해 가능한 상황을 시뮬레이션으로 보여줌으로써 현재의 추세를 성찰하는 데 있다. 그러니까 "현재의 추세들이 그냥 이어질 경우 이러이러한 상황이 나올 수 있다."라거나 "따라서 우리는 현재의 추세들을 바람직한 경우엔 강화

----

51   복거일, 앞의 책, 2007, 272-273쪽.

하고 바람직하지 못한 경우엔 바꾸어서, 미래의 모습을 보다 낫게 만들어야 한다."[52]라는 것이다. 스콜즈(Scholes)도 또한 과학 소설의 가장 큰 장점 가운데 하나를 어떤 변화가 일어나기에 앞서 사람들이 어떻게 반응하는가를 보여주기 위해서 '가상적인 실험'을 수행하는 데 있다고 한다.[53] 그것은 과학 소설도 소설이기에 가능한 것으로서 근대 소설이 현재 있을 수 있는 허구 속에서 현재를 성찰한다면, 과학 소설은 미래에 있을 수 있는 허구 속에서 현재를 성찰한다. 이처럼 미래의 전망을 당겨서 현재의 과학 기술을 성찰하는 것이 융합 교육의 또 다른 방향이다. 이는 과학 소설에서 묘사된 과학 기술의 전사(前史)를 현재의 과학 기술 속에서 찾고 그것이 만들어낸 사회 상황을 비판적으로 고찰하는 활동을 통해 실현될 수 있다.

....

52   위의 책, 274쪽.
53   로버트 스콜즈·에릭 라프킨, 김정수 외 역, 앞의 책, 1993, 155쪽.

7장

과학 교육에서 은유와 서사의 활용

1. 은유와 서사를 활용하는 과학 융합 교육의 필요성

요즈음 인간의 활동에서 언어가 차지하는 역할의 중요성이 부각되고 언어는 인간의 사고 과정에서 핵심적인 기능을 하고 있음이 알려졌다. 언어활동의 한 측면에 속하는 은유와 서사는 단지 언어의 기능적 측면에서 관심을 끌어왔다가 최근에는 좀 더 광범위하게 인간의 삶에 지배적 영향력을 행사하고 인간의 사고 과정에서 중심적인 역할을 수행한다는 점이 새롭게 주목을 받고 있다.

한편 과학은 기술상의 발전을 통하여 산업을 발전시키며 자연재해를 극복하고 식량 문제를 해결할 뿐 아니라 인간을 질병으로부터 해방시키며 생명 연장의 꿈을 현실화시키고 있다. 과학은 통신과 교통의 혁신을 통하여 인간의 삶의 범위를 확장시킬 뿐 아니라 지식의 유통을 가속화시켜 인간 사회를 변혁하고 있다. 과학은 인간 삶의 외적 개선뿐 아니라 물질의 근원, 우주의 시작과 종말, 그리고 뇌의 작동에 대한 새로운 이해 등을 통하여 인간 자신과 주변에 대한 근원적인 이해의 장을 열어감으로써 자신의 정체성을 새롭게 형성하고 있다. 한편 과학은 이러한 긍정적 측면뿐 아니라 환경오염과 대량 살상 무기, 핵전쟁의 위협, 종교와의 마찰, 생명공학의 발전으로 인한 인간 존엄성의 위협을 야기하고 있다.[1]

이렇게 과학이 인간의 삶에 미치는 영향이 커짐에 따라 과학 교육의 내용과 목적에 대하여 끊임없는 성찰이 요구되고 있는 실정이다. 우리나라는 과학기술 후발 주자로서 서양의 과학기술을 빠르게 배우는 수준을 뛰어넘어 스스로 과학기술을 선도하는 역할을 요구받고 있다. 그러므로 과학 교육은 지식 전수를 핵심으로 삼는 교육이 아니라 탐구 정신을 가르치고 훈련하는 데 초점을 맞추는 교육으로 탈바꿈하고자 한다. 또한 우리나라에서도 환경오염, 산업재해, 핵 위협, 생명 윤리 등 과학의 부정적 효과에 대한 우려가 현실로 나타나고 있기 때문에 이러한 문제를 해결하기 위한 비판적 자세에 대한 교육이 선진국 못지않게 과학 교육의 내용으로 중요시되어야 할 시점이다.[2]

이렇게 미래 세대를 위한 과학 교육이 당면한 복합적 문제를 해결할 수 있는 방안으로서 필자는 언어 중심의 융합 과학 교육을 제안하고자 한다. 언어 중심의 융합 과학 교육은 기본적으로 스노우(Snow)의 두 문화의 문명 위기 진단에 대한 응답의 일환이다. 과학 교육이 인간을 이해하고자 하는 인문학적 및 사회과학적 마인드를 도외시함으로써 사물에 대한 이해는 심화시켰으나 인간을 위한 과학기술을 만들어내지 못

---

1   박이문, 『과학, 축복인가, 재앙인가: 과학 문명에 대한 철학적 성찰』, 이화여자대학교 출판부, 2009, 105쪽; 이윤갑, 『인문 정신의 회복과 한국학의 길 찾기』, 계명대학교 출판부, 2008, 18쪽.
2   위의 책, 19-20쪽.

하고 과학기술 종사자를 인간과 사회에 무지한 지식 노동자로 전락시키는 문제를 교정하기 위한 노력이 요청되고 있는 것이다.[3] 인간 소외가 사라진 과학, 인간의 가치가 우선시되는 과학을 만들어가는 노력이 중요하다. 과학이 그렇게 성공적일 수 있었던 방법상의 장점이 무엇인지를 깨닫고 그러한 정신과 방법론을 습득할 뿐 아니라 과학 지식의 한계에 대한 인식을 통하여 과학에 대한 맹신에서 벗어나 반성적 태도를 취할 수 있도록 교육이 이루어져야 한다. 또한 과학적 방법의 습득이란 실험과 수학을 통하여 경험적 토대와 엄밀한 논리를 채용하는 과학 고유의 방법을 제대로 습득하여 실행할 수 있는 능력을 갖추는 것뿐 아니라 창의적인 사고를 수행함으로써 새로운 지식을 창출할 수 있는 토대를 굳건히 하는 것을 포함한다.

이 장에서는 언어 중심의 융합 과학 교육의 일환으로서 은유와 서사를 활용하는 융합 과학 교육의 가능성과 효용성을 살피고 그러한 교육을 실현하기 위한 실제적이고 구체적인 몇 가지 제안을 하고자 한다.

2. 인간의 언어생활에서 은유와 서사의 가치

1) 은유와 인간의 삶

은유는 고대부터 표현법의 하나로서 오랫동안 주목을 받아 왔다. 은유에 해당하는 영어 단어인 'metaphor'는 그리스어 'metapherein'

....

3   김병익·정문길, 『오늘의 한국 지성, 그 흐름을 읽는다, 1975-1995』, 문학과지성사, 1995, 430쪽; C. P. 스노우, 오영환 역, 『두 문화』, 사이언스북스, 2001.

에서 유래했는데 'meta'는 '넘어서'의 의미이고 'pherein'은 '옮기다'의 의미를 가지고 있어서 'metaphor'는 '의미를 전용한다'는 뜻이다.[4] 그러므로 은유는 어떤 단어가 가지고 있는 원래의 의미로 그 단어를 쓰는 것이 아니라 다른 의미를 갖는 것으로 그 단어를 쓰는 것을 말한다. 아리스토텔레스는 은유를 "어떤 사물에 다른 사물에 속하는 이름을 전이시켜서 적용하는 것"이라고 하여 비유적 의미 이동을 모두 은유의 범주 안에 포함시켰다.[5] 리차즈(Richards)의 용어를 빌리자면 우리에게 친숙한 대상을 지칭하는 단어인 '매개'(vehicle) B에 우리에게 친숙하지 않은 대상을 지칭하는 단어인 '취의'(vector) A를 실어서 'A는 B이다.'의 표현이 수립된다. 가령, "내 마음은 호수요"라고 했을 때 '내 마음'은 취의이고 '호수'는 매개이다.[6] 이 시구는 알기 어려운 '내 마음'을 알기 쉬운 '호수'에 실어서 표현한 은유이다. 이와 같이 같지 않은 A와 B를 같다고 간주하므로 이러한 표현은 논리적으로 참이 아니지만 이러한 표현이 거짓이 아닌 것은 이 표현이 어떤 사실을 전달하고 있기 때문이다.

　　이와 같은 의미의 은유를 세분하여 은유와 환유(metonymy)로 차별화하는 이들도 있다. 이렇게 세분화된 의미의 은유는 유사성을 연결의 토대로 삼는 반면에 환유는 근접성을 연결의 토대로 삼는다.[7] 'A는 B이다.'로 등치시키는 것은 은유와 환유가 마찬가지이지만 그러한 연결의 근거가 유사성이냐 근접성이냐에 차이가 있는 것이다. 앞서 은유의 예로 든 '내 마음은 호수요'에서 '내 마음'과 '호수'는 유사한 속성이 있

....

4　　S. Foss, *Rhetorical Criticism: Exploration and Practice*, Waveland Press, 2009, p.267.
5　　박성창, 『수사학과 현대 프랑스 문화이론』, 서울대학교 출판부, 2002, 28쪽.
6　　I. A. Richards, *The Philosophy of Rhetoric*, Oxford University Press, 1936, pp.96-97.
7　　박성창, 앞의 책, 2002, 69쪽.

기 때문에 연결이 된 것이다. 반면 '평양은 핵 실험 성공을 발표했다.'라는 문장에서 '평양'은 '북한 정부'를 의미하므로 이러한 연결은 근접성에 연유한다. 여기에서 근접성이란 공간적, 관계적, 또는 접촉적 연관을 의미한다. A와 B가 유사한 속성을 가진 대상이 아닌데도 사람들의 심상에 A가 B를 떠올리는 어떤 연관을 가지고 있다면 'A는 B이다'의 환유가 가능하다.

은유든 환유든 직설적으로 말하지 않고 돌려서 말하기를 시도한다는 점에서 표현상의 변화를 통하여 관심이나 흥미를 유발하는 것이 이러한 비유의 효과라고 말할 수 있을 것이다. 이러한 창의적인 언어 대체를 통하여 화자(필자)는 청자(독자)에게 참신함과 즐거움을 안겨줄 수 있다. 하지만 또 한편으로는 오해와 모호함을 유발할 여지도 있다. 들을 귀 있는 사람만 들으라는 측면에서 보면 오해와 모호함을 통한 경계 짓기가 은유나 환유의 사용자에게 의도되기도 하지만 의사소통의 측면에서 야기되는 문제 때문에 이러한 비유가 비판 받을 이유가 농후한 것도 사실이다.

17세기에 홉스, 베이컨, 로크 등의 사상가들은 지식의 혁명을 부르짖으면서 언어에서 은유의 배격을 공통적으로 주장하였다. 과연 그러한 언어 쇄신의 주창은 과학 논문과 저술에서 은유의 배격으로 나타났고 이러한 엄정하면서 건조한 문체가 엄밀성의 증진을 가져와 과학의 발전에 긍정적 영향을 끼친 것은 지식의 신비적 경향을 떨쳐버리려는 근대적 가치가 잘 구현된 것으로 평가할 수 있다.[8] 그렇지만 이렇게 사물을 객관화하려는 노력은 사물이 인간과는 별개로 존재할 수 있다는 믿음을 진작시킴으로써 사물 자체에 대한 과학적 탐구를 촉진시킨 만

....
8   S. Foss, 앞의 책, 2009, 267-268쪽.

큼 사물에 대한 인간의 소외를 가속화시켰다. 인간의 가치를 배제한 사물에 대한 지식이 가능하다는 믿음이 책임지지 않는 과학기술을 등장시켰고 과학기술이 야기한 모든 부정적 결과는 지식의 창출자인 과학기술자의 잘못이 아니라 과학기술의 산물을 잘못 사용한 권력자들에게 있다는 책임 회피를 오늘날까지 당연시하게 하고 있다.

은유가 1980년대 들어와서 새롭게 주목을 받게 된 것은 '인지적 은유 이론'의 성립을 통해서이다.[9] 레이코프(Lakoff)와 존슨(Johnson)은 『삶으로서의 은유(Metaphor We Live By)』를 집필하여 은유가 단순히 표현상의 도구로서 특정한 천재들에 의해 사용되는 언어의 장식이 아니라 인간의 의식의 저변을 형성하여 인간의 사고와 언어를 지배하는 기본적인 개념 틀임을 보였다.[10] 인지적 은유 이론에서 은유는 하나의 경험 영역을 다른 경험 영역으로 부분적으로 사상하여 첫 번째 영역을 통해 두 번째 영역을 부분적으로 이해하려는 인지적 메커니즘이다.[11] 인간은 누구나 은유를 매일같이 사용하고 은유에 의지하여 숨 쉬고 활동하고 있다는 것이다. 은유는 개념적으로 암묵적 가정이나 관점, 또는 평가를 전제하고 있기 때문에 사물이나 상황을 바라보는 다른 시각을 제공한다. 우리가 현실에 이름을 붙이는 다른 방식에 따라 다른 태도가 도출되기 때문에 은유는 인간의 생각뿐 아니라 행동도 통제한다.[12] 개념적 틀이 된 개념적 은유들은 인간의 언어 속에 녹아들어가서 그것이 은유인지도 모를 정도로 식상해져 있는 화석과 같은 존재가 되어 있

....

9   오예옥, 『언어 사용에서의 은유와 환유』, 도서출판 역락, 2011, 4-5쪽.

10 조지 레이코프·마크 존슨, 노양진·나익주 역, 『삶으로서의 은유』, 박이정, 2006.

11 A. Barcelona, *Metaphor and Metonymy at the Crossroads*, Mouton de Gruyter, 2003, p.3.

12 구자현, 「과학 교재의 은유 분석: 진스의 『과학과 음악』에서 은유의 역할」, 『수사학』 28, 한국수사학회, 2017ㄱ, 9쪽.

다.[13] [기쁨은 위이다], [슬픔은 아래이다]와 같은 구조적 은유는 '그는 합격 소식에 날아올랐다.'라든지, '남편의 전사 소식에 그녀는 무너졌다.'와 같은 표현에 반영된다.[14] [인생은 항해이다]와 같은 개념적 은유에서 '인생의 풍랑에서 난파되지 않도록 주의하라.' '책은 인생의 나침반이다.'와 같은 표현들이 도출된다. 이와 같이 개념적 은유는 특정 언어 사용자들에게 공통적으로 친숙해진 개념들을 반영하고 있기 때문에 그 언어 집단이 공유하는 개념 틀을 반영한다.[15]

포코니에(Fauconnier)는 인간의 사고 과정에서 흔하게 일어나는 혼성 과정을 통하여 은유가 얼마나 빈번하게 인간의 사고 과정을 지배하고 있는가를 보여준다. 포코니에의 정신 공간 이론에 따르면, 은유는 두 입력 공간인 근원 영역(source area)에서 목표 영역(target area)으로의 공간 횡단 사상(cross mapping)에 의해 혼성 공간(blending space)이 창발됨으로써 일어난다. 여기에서 근원 영역은 친숙한 개념들로 이루어진 입력 공간이고, 목표 영역은 덜 친숙한 개념들로 이루어진 입력 공간이다. 혼성 공간은 근원 영역과 목표 영역으로부터 특성을 이어받아 창출된 새로운 정신 공간이다.[16] 이러한 은유는 단순히 언어적 표현뿐 아니라 인간의 의례, 관습, 광고, 포스터 등의 온갖 인공물에서 나타난다. 입력 공간1(근원 영역)에서 입력 공간2(목표 영역)로의 공간 횡단 사상이 각 입력 공간에 속한 두 대상물의 공통점을 지정하는 총칭 공간(generic space)의 매개에 의해 이루어지고, 짝지어진 두 대상물로부터 혼성 공간의 대상물로 선택적 투사(projection)가 일어나면서 혼성 공간에는 창

....

13   I. A. Richards, 앞의 책, 1936, 92-94쪽.
14   조지 레이코프·마크 존슨, 노양진·나익주 역, 앞의 책, 2006, 142쪽.
15   위의 책, 23쪽.
16   이종열, 『비유와 인지』, 한국문화사, 2003, 155쪽.

발 구조가 만들어지게 된다.[17] 가령, 입력 공간1이 컴퓨터이고 입력 공간2가 사무실이면 컴퓨터의 파일에서 사무실의 서류로 공간 횡단 사상이 이루어지고, 컴퓨터의 저장 폴더에서 사무실의 서랍 속 서류철로 공간 횡단 사상이 이루어지고, 컴퓨터의 파일의 삭제에서 사무실의 서류의 폐기로 공간 횡단 사상이 이루어진다.[18] [컴퓨터는 사무실이다]라는 은유에 토대를 둔, 입력 공간 간의 공간 횡단 사상은 '컴퓨터의 파일 관리 시스템'이라는 혼성 공간을 창출하는데 여기에는 사무실의 서류장을 닮은 폴더가 있고 서류장 속에 서류철이 들어가듯이 큰 폴더 안에는 작은 폴더가 들어가 있다. 폴더에는 사무실의 서류장이나 서류철처럼 이름을 붙일 수 있고 사무실의 서류를 휴지통에 구겨 버리듯이 폴더 안의 파일은 바탕 화면의 '휴지통'에 끌어다가 넣을 수 있다. 이렇게 '컴퓨터의 파일 관리 시스템'은 컴퓨터와 사무실의 공간 횡단 사상을 토대로 창출된 창발 공간인 것이다. 그런 점에서 '컴퓨터의 파일 관리 시스템'은 사무실의 서류 관리 시스템의 '은유'인 것이다.

인간은 이렇게 무엇인가 새로운 것을 생각해 낼 때 과거에 친숙했던 대상들을 새로운 것에 덮어씌움으로써 새로운 대상에 친숙함을 창출하는 것이고 이러한 모든 정신 작용을 은유의 범주에 포함시킬 수 있다. 이로써 은유는 온갖 창의적 사고 활동의 모태가 됨을 알 수 있고 인간에게는 자연스럽게 은유를 활용함으로써 주변 세계를 이해하고 새로운 인공물을 자신이 이해한 방식으로 작동되도록 만들어내고 있다는 것을 알 수 있다.

....

17   구자현, 「양자역학 교재의 은유 분석: 그리피스의 『양자역학 개론』에서 은유의 역할」, 『수사학』 29, 한국수사학회, 2017ㄷ, 10-11쪽.
18   질 포코니에·마크 터너, 김동환·최영호 역, 『우리는 어떻게 생각하는가?』, 지호, 2006, 71-84쪽.

2) 서사와 인간의 삶

인간의 삶에서 서사가 치지하는 비중은 매우 중요해서 '이야기하는 인간(Homo narrans)'이라는 말이 있을 정도이다.[19] 인간의 문화적 전통은 이야기를 통하여 수립되었고 이야기를 통하여 다음 세대로 전수되었다. 조상들이 겪은 일을 이야기하는 것은 크건 작건 온갖 삶의 지혜를 전달하는 수단이었고 이를 통하여 인간은 자신의 정체성을 수립하게 되었다. 인간이 언어를 갖게 된 이후로 인간은 서사를 통하여 의미와 가치를 전달하는 것을 발전시킴으로써 DNA 속에 이야기를 만들고 이야기를 즐기고 이야기를 전달하는 특질을 각인시키게 되었다.

오늘날에도 이야기는 인간 사회에서 의미와 가치를 전달하는 가장 중요한 수단으로 여겨진다. 역사와 온갖 서사 문학뿐 아니라 영화, 애니메이션, 드라마, 연극, 뮤지컬, 오페라, 컴퓨터 게임 등의 서사적 장르는 물론이거니와, 심지어 음악, 회화, 조소, 건축 등 예술 분야에 이르기까지 의미와 가치를 이야기 형태로 전달하는 것으로 여겨진다. 이러한 집단적으로 공유되는 서사들은 그 사회의 가치와 의미뿐 아니라 지식을 공유하는 중요한 수단이 된다.[20] 사람들은 만나면 언제나 이야기를 만들어내고 이야기를 전달하고 이야기 속에 의미와 가치를 공유하고자 한다. 어떤 이야기가 전달하고자 하는 지식, 의미, 가치가 사회에서 널리 공유되는 것과 일치하지 않을 때 이런 이야기는 배격되고 폄하된다. 사람들은 기존의 가치, 의미, 지식에 부합하는 이야기를 선호면서도 또한 새로운 이야기를 늘 갈구하고 있다. 이러한 새로운 이야기의 허용을

....

19 W. Fisher, *Human Communication as Narration: Toward a Philosophy of Reason, Value and Action*, University of South Carolina Press, 1987, p.62.
20 위의 책, 78쪽.

통하여 사회의 가치, 의미, 지식은 서서히 변천하여 새로운 양상으로 진입하게 된다. 사회 변천은 결국 새로운 가치와 의미와 지식을 전달하는 서사의 창출과 함께 일어나게 된다.

문화 전반의 의미 전달에만 서사가 기여하는 것이 아니라 개인의 삶, 더 나아가서 일상적으로 이루어지는 행동과 사건에 대한 의미 파악에까지 서사는 인간 의식 수준의 모든 영역에서 깊이 개입한다. 인간은 잠에서 깨어나며 하루를 시작할 때 자신이 어떤 사람인가에 대한 정체성을 가지고 어떤 행동을 할 것인가를 결정하는데 지금까지 자신이 서사의 형식으로 설정해 온 자신에 대한 서사에 부합하는 이야기를 그 하루도 써나가려고 한다.[21]

서사는 둘 이상의 사건의 인과적 연쇄이다. "9.11 사태가 발생했다."처럼 하나의 사건만으로는 이야기가 되지 않는다. "까마귀가 날자 배가 떨어졌다."처럼 둘 이상의 사건이 있어야 한다. 그렇지만 "봄이 왔다. 영수는 다리를 다쳤다."처럼 둘 이상의 사건이 아무런 연관성을 갖지 않고 일어났다면 그것은 이야기가 되지 않는다. "봄이 왔다. 날이 따뜻해지자 개미들이 굴 밖으로 나왔다."처럼 인과적 연관성을 가진 둘 이상의 사건이 일어나야 이야기가 구성된다. 마지막으로 사건의 연쇄가 이야기가 되기 위해서는 사건들의 진술이 통일된 주제를 위하여 배열되어야 한다. 사건들이 일관된 주제를 다루기 위하여 응집력 있게 결합되어야 한다. "오늘은 춘분이다. 폭설이 왔다. 지난겨울 전기 요금이 엄청나게 많이 나왔다." 세 사건이 연관을 가진 것 같지만 응집력이 부족하기 때문에 이야기를 이루지 못한다.[22]

·········

21   위의 책, 24쪽.
22   S. Foss, 앞의 책, 2009, 307-308쪽.

서사가 인간의 삶에서 중요한 역할을 하는 이유는 서사의 관여성 때문이다. 이야기는 특수한 내용을 다루기 때문에 듣는 사람의 상상력을 자극하여 과거의 경험을 떠올려 자신과 들은 이야기를 연결시킨다. 그리하여 사람들은 자신이 접한 이야기를 통해서 간접적으로 체험한 세계를 자신의 경험 세계에 추가시킨다. 또한 이야기는 하는 사람과 듣는 사람이 모두 공통의 체험을 하도록 유도하여 삶을 나누는 효과가 나타나게 한다. 이로써 그들은 공유된 세계를 통하여 가치와 의미를 소통하게 된다. 또한 이야기는 듣는 사람에게 들은 이야기에 대한 평가를 요청하여 화자와 청자가 모두 동의할 수 있는 도덕적 가치를 공유할 수 있는지를 점검하게 한다.[23]

3. 과학에서 은유와 서사의 역할

1) 과학과 은유

과학 저술에서 은유를 삭제하려는 노력은 치열하게 벌어졌고 많은 과학 교재들이 은유를 채용하지 않고 서술하기 위하여 언어를 통제하곤 했다. 그러나 과학이 인간의 사고를 요구한다면 표현적 은유를 피할 수는 있을지라도 개념적 은유를 피할 수는 없다. 개념적 은유는 인간의 사고를 지배하는 틀이며 행동과 문화를 창출하는 모태이기 때문이다. 과학에서 어떤 개념을 창안할 때는 개념적 은유가 채용되어야 하며 이러한 은유는 동료 과학자들에게 전달되고 공유됨으로써 그 개념을 사

………
23 위의 책, 309쪽.

용하고 확장하는 데 암묵적 지침으로 기능한다.

이렇게 과학에서 은유가 개념의 형성 과정에서 널리 활용되는 이유는 구조적 은유가 갖는 특성에 기인한다. 구조적 은유는 근원 영역이 목표 영역에 비하여 더 풍부한 지식 구조를 제공하기 때문에 목표 영역에 있는 낯선 개념을 이해하기 위하여 근원 영역의 익숙한 개념을 동원하는 것이 이점이 있게 된다.[24] 가령, [시간은 물체의 운동이다] 은유는 미래는 우리 앞에, 과거는 우리 뒤에 있는 물체로 상정하게 하고 추상적인 시간에 구체적인 사물의 특성을 부여함으로써 쉽게 이해할 수 있게 해준다. [마음은 물체이다] 은유는 실체를 이해하기 어려운 마음을 구체적인 사물인 물체로 상정하여 눈에 보고 만지듯이 감정을 다룰 수 있는 실마리를 제공한다.[25]

과학에서 새로운 현상이나 사물을 발견하면 과학자들은 역시 구조적 은유를 사용하여 친숙하게 알려진 현상이나 사물을 근원 영역에 두고 새롭게 발견한 현상이나 사물을 목표 영역에 두는 개념적 은유를 형성하여 가설을 수립하고 그것을 확인해 나가는 작업을 하게 된다. 가설이 입증됨으로써 긍정적인 결과를 양산하게 되면 가설의 개념적 틀이 된 개념적 은유는 해당 분야의 과학자 공동체에서 과학자들의 의식 속에 서서히 견고해진다. 실례로 18세기에는 [열은 유체다]라는 개념적 은유가 널리 받아들여져 물체가 열을 내는 것은 열의 알갱이가 물체에서 빠져오는 것이라고 이해되었다. 여기에서 열과 같이 이해하기 어려운 현상을 이해하기 쉬운 유체(열소, caloric)로 봄으로써 개념화의 용이함이 확보되었다. 그렇지만 19세기 중반에 이르러 열소설은 18세기 말

....

24   졸탄 커베체쉬, 이정화 외 역, 『은유: 실용 입문서』, 한국문화사, 2003, 55-56쪽.
25   구자현, 『과학 대중화의 수사학적 비평: 《내셔널 지오그래픽》의 과학 기사 분석』, 한국문화사, 2017ㄹ, 80쪽.

에 이미 벤저민 톰슨(B. Thompson)이 제기한 열운동설로 대체되게 되었다. 톰슨은 주철 원통의 속을 깎아 대포를 만드는 일을 했는데 대포를 깎는 천공기의 날이 무뎌졌을 때 깎여 나오는 철 조각의 양은 적어지고 힘이 많이 들어가면서 오히려 많은 열이 발생하는 현상을 통하여 가해진 힘이 대포 속의 철 입자들을 격렬하게 운동시킴으로써 열이 발생한다는 가설을 제기하기에 이르렀다.[26] 이러한 가설은 [열은 운동이다]라는 개념적 은유에 토대를 둔 것이다. 이렇게 과학에서 개념적 은유는 그 자체가 가설로 제기되기도 하고 가설과 같은 명제로 표출되지는 않더라도 가설의 근원에 자리 잡아 개념적 틀을 제공하는 역할을 하기도 한다.

그러므로 우리는 많은 과학의 혁신들이 개념적 은유의 혁신을 동반할 때 보다 근본적인 혁신이 된다는 것을 발견한다. 예를 들어, [땅은 움직이지 않는 토대이다]라는 은유는 고대부터 중세까지 견고한 개념적 은유로 일반인뿐 아니라 과학 종사자들의 의식에 자리 잡고 있었다. 여기에서 '토대'는 모든 만물의 밑바닥이 되는 대상으로 그 자체가 고정을 본성으로 갖는다. "해(달 또는 별)가 뜬다."와 같은 표현은 고정된 땅을 기준으로 다른 천체들이 움직이는 것을 당연시했음을 보여준다. 그렇지만 코페르니쿠스의 혁명을 유발한 여러 천문학적 발견들로 인하여 [땅(지구)은 움직이는 물체이다][27]라는 은유가 제기되었고 그러한 개념을 토대로 태양 중심설에 해당하는 다양한 가설들이 제기되었다.[28] 이

....

26 H. H. Schobert, *Energy and Society: An Introduction*, CRC Press, 2002, p.143.
27 여기에서 '물체'라는 말은 우리가 일상적으로 접하는 물체를 가리키는 것으로 땅 자체를 일상적인 물체와 동등하게 보는 것 자체가 고대인들에게는 확인하기 어려운 문제였기에 [땅은 물체이다] 자체가 은유로 도입된 것으로 볼 수 있다.
28 구자현, 『쉬운 과학사』, 한국학술정보, 2009, 55-60쪽.

러한 가설들이 17세기를 거치면서 검증 과정을 거쳤고 18세기 중반에 이르면 과학계에서 [땅(지구)은 움직이는 물체이다] 은유가 [땅은 움직이지 않는 토대이다] 은유를 대체했다고 말할 수 있게 된다.[29] 이 단계에 이르게 되면 사람들의 일상적인 언어 속에서 이러한 과학적 개념이 개념적 은유로 작용하여 많은 표현들을 만들어내게 된다.

2) 과학과 서사

가다머(Gadamer)는 "모든 과학 연구는 언어에 속박되어 있는 한 문학적 형식을 갖는다."라고 말했다.[30] 과학은 연구의 결과를 언어의 형태로 표출한다는 점에서 언어에 종속된다. 과학은 자연과 인간의 상호작용 속에서 인간의 경험을 구조화하여 표출한다. 앞서 논의했듯이 인간이 자신의 경험에 의미와 가치를 부여하는 과정은 서사를 통하여 이루어진다. 그러므로 온갖 과학 텍스트는 서사와 연결되어 있다.

과학에서 서사의 활용을 논의하려면 내부 서사(inner narrative)와 외부 서사(outer narrative)를 구분하는 것이 우선되어야 한다.[31] 내부 서사는 글의 형식이 서사의 특징을 가지고 있어서 글의 맥락과는 무관하게 글 자체로 서사가 성립하는 경우이다. 내부 서사에서 서사는 글의 형식 자체에 서사가 실현되어 있는 것이다. 반면에 외부 서사는 글을 포함하는 인공물이 그 자체로서는 서사의 형식을 가지고 있지 않지만 인공

....

29 구자현, 앞의 글, 2017ㄷ, 12쪽
30 W. Fisher, 앞의 책, 1987, 95쪽.
31 구자현, 「과학 교재의 수사학적 스펙트럼: 벅(Percy Buck)의 『음악가를 위한 음향학』 (*Acoustics for Musicians*)의 수사 비평」, 『인문과학』 65, 성균관대학교 인문학연구원, 2017ㄴ, 271-272쪽.

물이 놓여 있는 맥락을 고려하면 서사를 담고 있다고 볼 수 있는 경우이다. 가령, 특정한 그림이 표현한 장면이 어떤 서사를 연상시킨다면 이것은 외부 서사를 갖고 있는 것이다. 외부 서사에서 서사는 인공물이 가지고 있는 것이 아니라 수용자들의 의식이 인공물이 촉발시키는 서사를 구성하는 것이다.

과학 텍스트에는 이 두 가지의 서사가 다 나타난다. 많은 사람들이 과학 텍스트가 과학의 내용을 전달할 때에는 서사보다는 설명의 형식을 취하는 경우가 많다고 생각할 것이다. 과학 텍스트에 등장하는 설명 중에는 서사에 해당하는 것이 있다. 연구사, 자연사, 반응 메커니즘, 실험 수행 등은 서사의 형식으로 등장하므로 과학 텍스트에서 우리는 내부 서사를 발견할 수 있다. 연구사는 관련 개념과 연관된 이론과 실험의 진척을 다루는 서사이다. 시간적 순서에 따라 과학의 개념이 어떻게 변천하는지를 다루는데 좀 더 시야를 넓히면 과학의 진척이 다른 과학 분야나 사회 다른 요소들에 미친 영향까지 다루기도 한다. 자연사는 우주와 지구의 자연이 시간의 진척에 따라 어떻게 변모해 왔는가를 다루는 서사이다. 우주의 생성과 팽창의 역사, 별의 생성과 소멸, 지구에서 대륙의 분포의 변천, 암석의 변천, 생물의 진화 등은 과학이 탐구하는 내용 자체가 서사의 특성을 갖는 주제들이다. 이러한 분야에서는 시간의 요소가 중요한 고려 사항으로 등장하며 현상과 사물의 인과적 연결이 중요한 요소가 된다. 자연사가 긴 시간의 변천을 요구하는 반면에 더 짧은 시간의 경과 속에서 자연의 변천을 추적하는 것으로 반응 메커니즘이 있다. 실험실에서 일어나는 화학 반응이나 핵반응, 생물체 내에서 일어나는 생화학 반응 등은 시간의 경과에 따라 자연의 양상이 인과적으로 연결되어 일어난다. 이러한 메커니즘들은 그 반응 속도가 매우 빠르기 때문에 추적하기 어려움에도 불구하고 과학자들은 그러한 반응에 개입하는 물질과 힘의 상호작용을 면밀하게 인과적으로 밝혀내기 위해 노력해 왔고 그에 대하여 상당히 정확한 지식을 갖게 되었다. 광합성이나 호흡, 유전자의 전사와 번역, 원자핵의 방사성 붕괴나 핵분열 반응, 핵융합 반응 등 각종 반응에 대한 상세한 서사가 과학 교재에 자세히 제시되어 있고 여전히 과학 논문들은 암의 발생과 치료, 특정 약물의 작용 메커니즘 등을 포함하여 새로운 반응 메커니즘을 밝히는 일에 매진하고 있다. 과학 교재에서 두드러지는 실험 수행을 위한 가이드 제시는 학생들이 시간의 순서에 따라 실험을 진행하는 것을 통하여 실험에 대한 경험 자체가 하나의 이야기의 형태로 제시될 수 있게 한다. 그러므로 실험 수행은 자연 현상에 관련된 탐구 활동에 동참함으로써 자연을 직접 체험할 수 있게 하여 학생들의 삶 속에서 자연과의 상호작용의 경험이 하나의 서사로 형성되게 하는 것이다. 이와 같이 과학 텍스트에서 내부 서사는 상당 부분의 내용을 차지하게 된다.[32]

내부 서사뿐 아니라 외부 서사까지 서사에 포함시키면 더 많은 과학 텍스트의 논의를 서사의 분석 대상으로 삼을 수 있다. 구조적 맥락, 연구의 맥락, 교육의 맥락에서 보면 과학 텍스트는 그 자체로 외부 서사를 구성한다. 구조적 맥락에서 볼 때 과학 텍스트는 전체 목차가 어떠한 짜임새를 가지고 내용을 순서대로 포함하고 있다. 그런 점에서 글은 어떤 구조를 갖게 되는데 글의 구조는 순서에 따라 앞에서 뒤로 읽어가는 통상적 방식에 따라 하나의 서사적 흐름을 갖게 된다. 그런 점에서 보면 모든 글은 구조를 갖는다는 점에서 외부 서사를 갖는다. 연구의 맥락에서는 어떤 과학 텍스트가 관련 분야의 연구와 어떤 관련성을 갖고 제시됨으로써 관련 분야의 연구사의 일부분을 이루게 된다. 과학 논문은

....
32   마이클 툴란, 김병욱·오연희 역, 『서사론』, 형설출판사, 1995, 17쪽.

말할 것도 없이 연구사의 맥락을 갖게 되겠지만 과학 교재나 대중적 과학 기사조차도 특정한 입장을 따름으로써 연구사의 맥락에 자체를 위치 지우게 된다. 그런 점에서 연구의 맥락에서 모든 과학 텍스트는 외부 서사를 갖게 된다. 또한 교육의 맥락에서 어떤 과학 교재는 관련 분야의 교육의 필요를 채우기 위한 노력의 일환으로 등장한다. 교재는 해당 주제를 학생들에게 잘 가르치기 위한 목적으로 만들어지는데 기존의 교재가 있는데도 새로운 교재가 나오는 것은 그 교재만이 해결할 수 있는 필요가 있다는 의식이 있기 때문이다. 그런 점에서 교육의 맥락상의 서사 속에 과학 교재는 위치를 점유하게 된다. 새로운 과학 내용을 포함시키기 위한 것일 수도 있고 특정한 수준의 학생들의 필요에 맞게 내용의 수준을 올리거나 내리는 일이 일어날 수도 있고 교육적 효과를 위한 새로운 체제를 요청하는 것일 수도 있다. 어떤 경우든지 과학 교재는 교육의 맥락에서 서사 속에 포함되게 된다.

4. 과학 교육에서 은유와 서사의 활용

1) 과학 교육과 은유

우리나라의 과학 교육은 기존에 수립된 지식을 전달하는 데 교육의 목적이 주로 맞추어져 있다. 이에 대한 반성으로 탐구 활동이 강조되고는 있지만 우리나라에서 수능 시험에서 요구되는 탐구 능력이란 실험 활동을 이해하고 기존의 이론과 일치하는 결과를 찾아내는 능력을 묻는 범위에 머물고 있다. 초·중·고 과학 교육뿐 아니라 대학의 실험 과목에서도 탐구 활동은 기존의 지식을 실험을 통해 확인하는 것에

맞추어져 있다. 현재의 과학 교육의 탐구 활동에서 결여되어 있는 것
은 과학 지식의 생성 과정을 체험하고 그 방법을 체화하는 것이다. 과
학 교육은 지식의 전수뿐 아니라 방법의 전수이기도 해야 하는 것이다.
현재의 탐구 활동에서 방법의 전수 영역을 이론과 실험으로 나눌 수 있
다. 이론에서는 귀납적 추론과 연역적 추론을 통해 새로운 이론을 도출
하는 과정이 핵심이다.[33] 이러한 이론적 논의는 교재의 본문에서 주로
이루어진다. 실험에서는 가설을 수립하고 그것을 검증하는 실험을 설
계하고 실험 기구를 잘 사용하여 예상되는 결과를 잘 얻는 것이 목표이
다. 이때 예상과 다른 결과가 나오면 그것을 오류로 간주하고 왜 오류
가 발생했는지를 분석하는 활동을 수행한다. 이러한 활동을 통하여 실
험자의 기량을 개발하는 측면이 긍정적으로 평가되기는 하지만 예상
되지 않은 결과에 대하여 보다 적극적으로 대응할 때 탐구 교육의 의의
가 더 잘 살아날 수 있다. 이 과정에서 관찰한 현상을 적극적으로 해명
하기 위하여 은유를 도입하는 교육을 통하여 창의성의 배양이 이루어
질 수 있다.

과학 연구 단계에서 모든 가설들은 실험으로 검증받아야 하는데 검
증 받을 가설을 수립하는 것 자체가 생산적인 일이다. 반면에 수립된 가
설을 검증하는 단계는 기존의 방법과 개념들을 활용하게 되므로 매우
규범적이고 여기에서는 실험의 정밀성과 이론의 엄밀성이 감시역을 하
게 된다. 흔히 과학의 가치로서 존중받아 온 것이 이러한 특성들이었다.
반면에 이 단계에 진입하기 전에 더 자유롭고 상상력이 풍부한 사고 과
정을 거쳐야 한다는 것은 간과되어 왔다. 가설을 수립하기까지 요구되
는 이러한 과정은 그 자유로움 때문에 아무런 규칙이 없이 이루어질 수

....

33   M. Chang, *Principles of Scientific Methods*, CRC Press, 2014, pp.27-31.

있는 것으로 여겨져 왔고 훈련이나 교육이 요구되지 않는 영역으로 간주되어 과학 교육 영역에서 제외되었다. 그렇지만 과학 탐구에서 요청되는 창의성은 유창성과 긴밀하게 연결되어 있는데 다양하고 유연하게 사고를 할 수 있는 능력은 상상력의 차원과 긴밀하게 맞닿아 있다. 이런 점에서 과학 교육에서는 가설을 생산하는 작업에서 자유롭고 다양하게 사고하는 훈련이 요구된다.

이런 요구에 대응하여 은유는 과학에서 창의적 사고를 개발하는 데 요긴하게 활용될 수 있다. 어떤 새로운 현상이나 사물 A를 발견했을 때 그것에 대한 설명이 요구되는데 사람들은 그것을 설명하기 위하여 자신에게 친숙한 다른 현상이나 사물 B로부터 추론에 의해 그것을 이해하려고 시도한다. 이때 [A는 B이다]라는 은유를 가설로 상정하게 된다. A와 B가 같지 않은데도 이러한 은유가 A를 이해하는 데 많은 도움을 줄 수도 있고 또는 실제로 별로 도움이 되지 않을 수도 있다. 이렇게 도움 여부는 가설의 검증을 통해 확인된다. 시간이 경과하면서 더 많은 관련된 은유들이 창출되면서 이론이 정교화되게 된다. 그러므로 학생들은 은유를 알고 은유를 상정하는 방식으로 창의성을 발휘하는 훈련을 받으면 창의적 탐구 활동에서 진보가 있게 된다. 현재의 과학 교육 방식에서는 답을 알고 실험으로 확인하는 방식이 고작이다. 탐구 가설의 설정은 뻔한 답을 얻기 위한 예상에 불과하다. 그러므로 제대로 탐구 활동을 지도하려면 학생들에게 현상을 보게 하고 그 현상이 왜 생기는지 설명해 보기를 요구하되 책이나 자료에서는 답을 찾을 수 없게 해야 한다. 이때 은유의 형태의 가설을 제시하도록 지도한다면 창의성의 개발에 많은 도움을 줄 수 있다. 은유의 형태로 가설을 제시한 후에는 학생들이 함께 그러한 가설로 설명할 수 있는 현상과 설명할 수 없는 현상에 대하여 논의하고 이 가설을 검증하기 위하여 수행할 수 있는 실험이나 관찰을 제안하고 실험 관찰 수행 계획을 수립하거나 수립한 계획에 맞추어 탐구 활동을 수행한다면 창의성 교육이 더욱 완전해 질 수 있을 것이다.

가령, 한의학에서 경혈에 침을 놓으면 특정한 기관에 통증이나 증세가 사라진다고 한다. 서양 의학으로는 경혈의 해부학적 의미를 규명하지 못하고 있다. 이에 대하여 학생들에게 [경혈과 특정 기관을 연결하는 것은 ( )이다.]라는 형태의 문장을 완성하도록 한다. ( )에 들어갈 수 있는 것은 어떤 물질, 통로(관), 신경, 림프, 기(氣) 등 다양하다. 중요한 것은 이렇게 문장을 완성한 후 왜 그런 생각이 그럴듯한지 기존의 지식을 가지고 정당화해야 한다. 여러 학생들이 긍정이든 부정이든 이 가설적 명제에 대하여 할 수 있는 말을 다 해보는 활동을 한다. 그 다음 단계는 누구의 말이 맞는지를 확인하기 위한 후속 탐구 과제를 도출하고 수행하는 것이다. 이 과업이 완수되지 않더라도 학생들은 많은 것을 배울 수 있다. 학생들은 은유로부터 열린 사고가 시작되고 거기에서 생산적 탐구 활동이 나온다는 것을 깨닫게 될 것이다.

또한 은유는 과학 교육에서 개념을 이해하는 데 적극적으로 활용될 수 있다. 유비 모형을 제시하는 것은 이미 교육 현장에서 널리 사용되고 있다. 화산 폭발을 설명하기 위하여 화산 모형 속에서 기체가 발생하는 반응을 일으키는 것, 분자 구조를 설명하기 위하여 찰흙 구슬과 막대로 분자 모형을 만드는 활동, 우주 팽창을 설명하기 위하여 풍선에 바람을 넣는 활동을 하는 것 등이 유비 모형의 형태로 은유가 활용되는 것이다. [화학 결합은 연결 막대이다], [우주는 풍선 표면이다]와 같은 은유가 성립하는 것은 유사성을 찾을 수 있는 하나 이상의 특성을 두 사물이 공유하기 때문이다. 화학 결합과 연결 막대 사이의 공통점은 일정한 거리를 두고 두 물체 사이를 고정시킨다는 데 있다. 연결 막대의 굵기에 해당하는 것을 화학 결합에서는 찾을 수 없다.[34] 우주와 풍선 표면 사이의 공통점은 사물이 팽창하면서 그 안에 속한 두 점이 서로 멀어진다는 것이다. 팽창하는 원인이나 차원을 비교하면 전혀 유사성이 없다. 이런 점에서 유비 모형은 제한적으로 과학적 개념에 대한 이해에 도움을 주는 것이다. 이러한 목적을 분명히 할 때 유비 모형의 은유는 제대로 교육적 목적을 달성할 수 있다.

실례로 파동의 전달을 가르치기 위하여 과학 교재에 도입된 모형실험을 살펴보자. 이 모형은 은유가 어떻게 교육적 가치를 갖는지를 보여 준다. 100명의 사람들이 일렬로 서 있는 줄에서 한쪽 끝에 열 명이 쪼그리고 앉는다. 1초 후에 11번째 사람이 앉으면서 동시에 첫 번째 사람이 일어선다. 2초 후에는 12번째 사람이 앉으면서 2번째 사람이 일어선다. 이런 식으로 앉고 일어서는 동작을 지속한다. 그러면 이 광경은 멀리서 보는 사람에게는 10명이 앉아 있는 상태가 옆으로 이동하는 것으로 보인다.[35] 여기에서 사람은 수평 운동이 없고 오로지 수직 운동만 할 뿐이지만 운동은 수평으로 일어나는 것으로 보인다. 이를 통해 횡파의 진행을 모형화하는 것이다. 사람들은 매질을 구성하는 입자에 해당하고 10명의 앉은 사람은 펄스에 해당한다. 실제 횡파와 이 모형은 중요한 점에서 차이가 있다. 횡파는 매질과 매질의 에너지의 전달을 위하여 힘을 전달하는 메커니즘이 있지만 이 모형에서는 에너지의 전달은 없고 힘의 전달이 해야 할 역할을 자신이 움직일 시각을 지시 받은 각 사람의 판단과 행동이 대신한다. 이러한 중요한 차이에도 불구하고 독자는 눈에 보

....

34   R. K. Coll, "The Roll of Models, Mental Models and Analogies in Chemistry Taching", in P. J. Aubusson, A. G. Harrison & S. M. Ritchie(eds.), *Metaphor and Analogy in Science Education*, Springer Science Business Media, 2006, p.65.

35   S. Taylor, *Sound and Music*, London: Macmillan, 1898, pp.9-10.

이지 아니하는 횡파의 이동 메커니즘을 가시적으로 인식할 수 있는 기회를 얻는다. 독자는 상상력을 발휘하여 눈에 보이지 않는 입자의 수직 운동을 머리에 그릴 수 있게 된다. 이러한 개념의 형성 과정에 이 모형은 실질적으로 기여하기 때문에 과학에서 은유의 역할은 지대하다고 평가할 수 있다. 은유가 유발할 수 있는 오개념이 있지만 오개념을 피할 수 있도록 돕는다면 과학에서 활용되는 은유는 언제나 가치를 갖는다.

현재의 과학 교육은 형성된 지식을 전수하는 데 초점이 맞추어져 있지만 미래 과학 교육은 지식을 형성하는 방법을 가르치는 것이 중요해진다. 새로운 현상이나 사물을 접했을 때 그것을 어떠한 기존의 현상이나 사물과 연결시켜 이해하려고 할 것인가를 정하고 그것을 테스트해야 한다. 이 과정에서 얼마나 창의적으로 사고할 수 있는가가 성공적인 이론의 수립 가능성을 높인다. 이러한 다양한 가설을 수립하는 과정 자체가 기존의 친숙한 개념을 덜 친숙한 현상을 이해하는 데 활용하는 과정이므로 이것은 은유적 사고 과정에 해당한다. 탐구 활동에서 [A는 B이다] 형식의 은유적 표현을 적극적으로 채용함으로써 가설을 수립하는 방법을 학생들에게 가르칠 수 있다. 이렇게 함으로써 [A는 B이다]라는 주장은 모든 점에서 참으로 성립할 수는 없다고 하더라도 사고 과정을 전개하는 데 실마리를 제공할 수 있다는 점에서 탐구 과정의 좋은 가이드 역할을 할 수 있다.

2) 과학 교육과 서사

과학 교육에서 서사를 활용할 용도는 다양하다. 우선 과학 학습의 동기 부여와 연구 윤리를 가르치기 위하여 연구사를 서사적으로 가르칠 필요가 있다. 인류가 과학을 통하여 얼마나 변화된 삶을 살게 되었는지, 과학이 어떻게 사회와 환경에 부정적 영향을 미쳤는지를 역사 공부를 통해 가르치는 것이 요청된다. 현재는 과학 교육에서 과학의 내용을 가르치는 데 치중하고 왜 과학을 공부해야 하는지는 잘 가르치지 않아 동기부여가 미약하게 이루어지고 있고 과학이 사회나 환경에 어떤 영향을 미쳤는지 잘 가르치지 않아 과학의 사회적 책임과 윤리 의식이 배양되지 않고 있다. 그러므로 초·중·고 과학 교과서에 '과학과 인간의 삶'이라는 단원을 마련하여 과학으로 인간의 삶, 사고 과정 및 정체성이 어떻게 변모했는지를 이야기 형식으로 배우도록 할 필요가 있다.

다른 차원에서 서사가 요청되는 것은 연구사이다. 과학이 어떠한 본성을 갖는지를 이해시키기 위해서 과거의 과학이 어떠한 전개 과정을 거쳐서 오늘날에 이르게 되었는가를 가르칠 필요가 있다. 과학자들이 연구 과정에서 당면한 문제를 어떻게 이해하고 어떻게 해결해 나갔는가를 가르침을 통해서 탐구 방법의 구체적인 사례를 배울 뿐 아니라 과학의 방법의 형성 과정에 대한 이해를 얻도록 하는 것이 필요하다. 학생들은 이러한 연구사를 이야기 형식으로 전달하고 듣고, 들은 이야기에 대하여 토론하는 수업을 통해서 언어 교육상 서사와 관련된 교육 목적을 달성하면서 동시에 과학의 탐구 방법에 대한 학습을 도모할 수 있다.

또한 과학 교육에서 서사를 활용하는 다른 방법은 탐구 과정의 서사성을 인식하고 그것을 통하여 학생들에게 서사와 과학을 함께 가르치는 방법을 쓰는 것이다. 탐구 활동 자체가 학생들이 자연에 대한 탐구 경험을 쌓는 과정이라는 점에서 탐구 활동은 학생들 각자의 생의 서사(narrative of life)의 일부를 구성한다. 탐구 일지를 서사를 활용한 일기 형식으로 작성하면서 탐구의 계기, 문제의 인식, 탐구의 시작, 탐구의 설계, 탐구의 수행, 해결해야 할 새로운 문제의 인식, 탐구의 재설계, 추가적인 탐구의 수행, 데이터의 분석, 결론의 도출, 발표와 반성 등 탐구와 관련된 일련의 과정을 서사의 과정으로 인식하고 수행해 나감으로써 학생들은 과학의 내용뿐 아니라 탐구 방법을 익히면서 서사 능력을 배양할 수 있는 융합적 교육을 받을 기회를 얻게 된다.

주변에서 인식할 수 있는 문제 상황을 특수 사례로 설정하고 이렇게 환기된 관심을 통하여 관련된 일반적인 지식을 습득하고 그것을 특수한 문제에 적용하는 방식을 채택하는 것도 서사적이라고 할 수 있다. 과학 책이라고 할지라도 이러한 수사적 전략을 구사한다면 독자의 관심을 집중시키고 다른 책과도 차별화를 도모할 수 있을 것이다. 이러한 서술 방식은 일반적으로 PBL(problem-based learning)이라고 알려진 교수 방법에서 채택하는 전략과 방불하다고 할 수 있다.[36] 독자의 관심을 끌 수 있는, 독자가 일상적으로 실제 경험했거나 할 법한 상황을 제시함으로써 이 과목의 학습에서 다루고자 하는 관심사의 핵심으로 바로 접근하는 것이다. PBL에서는 이 당면한 문제의 해결을 위하여 필요한 개념이 무엇이고 어떤 접근법을 써서 문제를 풀어가야 할지를 학생들은 조별 토의를 통해서 정해가야 한다. 이러한 맥락은 문제의 발생과 문제의 해결이라는 흐름을 보여주고 이 과정은 자연스럽게 서사적 구조를 드러내게 되는 것이다. 이로써 학습자들은 스스로의 학습 과정이 거대한 이야기의 흐름 속에 내재해 있음을 인식함으로써 그 학습 과정의 의미를 더 잘 이해할 수 있고 서사적 흐름에 스스로 참여함으로써 학습에 더 많은 흥미를 느낄 수 있게 된다.

과학 교육에서 서사를 활용하는 것은 과학 활동의 의미와 가치에 대한 인식을 서사를 통하여 추구함으로써 과학 교육이 단순히 수립

....

36 D. L. Ronis, *Problem Based Learning for Math and Science*, Corwin Press, 2008, p.6.

된 지식을 전달하는 과정이 아니라 왜 자연을 탐구하고 어떻게 탐구하고 어떻게 인간에게 이익을 끼칠 것인가를 종합적으로 궁구할 수 있도록 가르친다는 점에서 과학, 언어, 사회, 도덕 등의 교과를 통합한 교육의 목표를 달성할 수 있다. 이를 통하여 인간에게 친밀한 과학, 인간을 소외시키지 않는 과학을 추구할 뿐 아니라 탐구 방법의 전수를 효과적으로 달성하여 미래 지향적 과학 교육의 목표에 근접할 수 있게 될 것이다.

문법과 수학의 융합 교육*

1. 문법과 수학의 융합 교육 가능성

문법과 수학의 융합 교육은 다소 낯선 개념으로 느껴질 수 있다. 문법과 과학의 융합 교육은 과학 텍스트의 언어적 특질에 관한 논의[1]가 국내에서도 이루어진 바 있어 개략적인 상이라도 그려볼 수 있으나, 문법과 수학의 융합 문제는 국내에서 별로 다루어진 바 없어 개략적인 상조차 가늠해 보기 어렵다.[2] 그러나 수학 교과의 지식 구성 과정에서 문

....

*   이 장은 SSK-Networking 지원사업단 제3차 심포지엄(심화형)(2018.02.23.)에서 발표한 조진수, 「문법과 수학의 융합교육 연구 -문법적 은유를 통한 사태의 수학적 변환 문제를 중심으로」의 논의를 참조하여 이 책의 취지에 맞게 기술하였다.

1   예컨대 다음과 같은 연구를 참고할 수 있다. 신선경, 「과학의 언어」, 『사고와 표현』 2(1), 한국사고와표현학회, 2009, 35-60쪽; 소지영·주세형, 「과학 교과서의 '문법적 은유'를 중심으로 본 국어과의 도구 교과적 본질 탐색」, 『국어교육연구』 39, 서울대학교 국어교육연구소, 2017, 119-158쪽.

2   문법 교과와 수학 교과의 융합 문제를 본격적으로 다룬 것은 아니지만, 최근 발표된 다음 연구는 수학 문장제 텍스트의 이해 과정을 문법적 은유의 관점에서 설명하고 있다는

법이 중요한 역할을 한다는 점은 국외 연구에서 '문법적 은유(grammati-cal metaphor)'라는 개념을 중심으로 활발히 논의되고 있다.[3]

수학적 지식을 구성하는 과정에서 문법이 중요한 역할을 한다는 주장은 문법과 수학의 융합 교육을 바라보는 특별한 시각을 담고 있다. 우선 수학 교과의 관점에서는 융합의 대상이 '수학 연구의 결과물로 산출된 수학 지식 그 자체'가 아니라 '학습자들이 수학적 지식을 구성해 가는 과정'이라는 점에 주목할 수 있다. 구성주의에 바탕을 둔 수학적 지식의 구성 문제는 현재 수학교육학에서도 중요한 화두로서 활발히 논의되고 있는 개념이다.[4] 수학적 지식 구성 과정에 문법이 어떠한 역할을 수행하는지에 관한 융합 교육적 논의는 학습자의 수학 지식 구성 과정을 새로운 시각에서 접근할 수 있는 길을 열어줄 수 있다.

문법 교과의 관점에서는 수학적 지식 구성 과정에 관여하는 문법이 구체적으로 무엇을 가리키는지에 주목할 수 있다. 다양한 문법 지식이 활용될 수 있겠으나, 여기서는 최근 '문법적 은유' 개념을 중심으로 활발한 연구가 이루어지고 있다는 점을 고려하여 명사적 표현에 초점을 두고 논의한다. 명사적 표현은 국어의 품사 중 하나인 '명사'가 무엇인지, '명사구'란 무엇인지, 국어에서 명사가 아닌 것을 명사적으로 표현하는 방법은 무엇인지 등의 문법 지식을 포함한다.

....

　　점에서 주목할 만하다. 조진수, 「문법적 은유를 활용한 수학 텍스트의 이해 과정 연구 - '수학 문장제(word problem) 텍스트'를 중심으로」, 『한국텍스트언어학회 2018년 봄철 학술대회 발표 자료집』, 한국텍스트언어학회, 2018ㄴ, 3-14쪽.

3　　K. O'Halloran, "Intersemiosis in mathematics and science: Grammatical metaphor and semiotic metaphor", in M. Taverniers & I. Ravelli(eds.)(2003), *Grammatical Metaphor: Views from systemic functional linguistics*, John Benjamins Publishing Company, Amsterdam, 2003.

4　　남진영, 『수학적 지식의 구성』, 경문사, 2008.

중요한 것은 문법이 수학적 지식을 구성하는 과정에서 어떤 역할을 하는지에 대한 융합 교육적 탐색이 수학 교과와 문법 교과 양 측을 바라보는 새로운 시각을 제공한다는 점이다. 이하의 논의에서 상세히 밝혀지겠으나, 이와 같은 융합 교육을 통해 수학 교과에서는 실제 현실에 존재하는 현상을 수학적으로 표상하는 과정에서 문법이 어떤 역할을 하는지에 대한 이해를 얻을 수 있고, 결과적으로 '사태의 수학화'를 보다 정교하게 모형화할 수 있을 것이다. 문법 교과에서는 국어 단어만을 대상으로 품사 분류를 해 보는 것이 아니라 현실에 존재하는 대상이나 사태를 명사 혹은 명사적으로 표현한다는 것이 어떤 의미를 지니고 다른 교과에서 어떤 기능을 하는지를 이해할 수 있도록 하는 새로운 교육 내용을 구성할 수 있을 것이다. 물론 이 둘은 수학 교과만의 것이거나 문법 교과만의 것이 아니라 두 교과를 융합함으로써 얻을 수 있는 관점이자 내용일 것이다.

　이와 같은 관점에서 문법과 수학의 융합 교육이 갖는 구체적 모습을 제시하기 위하여 우선 '수학적 지식의 구성'과 '문법의 지식 구성적 기능'에 관한 기존 논의를 검토한 후 수학적 지식의 구성 과정에서 문법이 어떠한 역할을 하는지 살펴본다. 그 다음 문법과 수학의 융합 교육 내용을 제시하고, 구체적 학습 활동 사례를 바탕으로 융합 교육의 실행 방안을 살펴본다.

2. '수학적 지식의 구성'과 '문법의 지식 구성적 기능'

1) 수학적 지식의 구성

수학 교육에서 학습자에게 제공하는 교육 내용은 '학자들이 구성한 결과로서의 수학 지식'에 국한되지 않고, '수학적 지식이 형성되는 과정에 대한 추체험(追體驗)'을 포함한다. 후자는 학습자에 의한 '수학적 지식의 구성 경험'이라고 할 수 있는데 이러한 경험은 수학 교육에서 매우 중요하게 다루어지며 여러 수학자, 수학교육자들에 의해 다양한 방식으로 명명되어 왔다.

수학자이자 수학교육학자인 프로이덴탈(Freudenthal)은 "학생들은 수학자들이 수학을 창조하듯이 수학을 배워야 한다."라는 주장을 펼치며, "학생들이 현실을 수학화"하는 경험을 할 수 있도록 수학 교육을 실행해야 한다고 주장하였다.[5] 그의 논의에 따르면, '학습자의 수학적 지식 구성'이란 수학적으로 표상되지 않은 현실 세계의 현상을 수학적 표현으로 변환하는 과정이라고 규정할 수 있다.

현실 세계에 존재하는 현상을 수학적 표상으로 변환하는 문제는 '교수적 상황 이론(Theory of Didactical Situations)'에서도 중요한 문제로 다루어졌다. '교수적 상황 이론'을 제안한 브루소(Brousseau)는 '20 먼저 말하기 게임(the race to 20)'을 예로 들어 학습자들이 이 게임에 참여하는 과정에서 게임에 내재한 원리를 수학적으로 표현해 보도록 지도하는 방안을 제안하였다.[6] 프로이덴탈과 브루소의 논의는 모두 수학

....

5   위의 책, 125쪽.
6   이 게임은 학생들을 두 팀으로 나누어, 각 팀별로 1 또는 2의 숫자를 더한 숫자를 말하여 최종적으로 20을 말한 팀이 이기는 방식으로 진행된다. 이 게임을 활용하여 교사는

적으로 표현되지 않은 현실 세계의 현상을 수학적 방식으로 표현해 내는 과정과 능력에 주목했다는 점에서 공통된다.

'현실 사태의 수학화'를 수학교육학에서는 '수학적 모델링'이라고 명명하기도 한다. "수학적 모델링은 비수학적 대상에서 수학적 표상을 찾는 것으로, 대상이나 체계 또는 과정의 중요한 특징을 조정하는 수학적 구조나 이론을 세우는 것을 말하며, 어떤 현상에 관한 문제를 해결하기 위하여 원래의 문제 상황을 수학적으로 표현하고 번안하는 수학화를 중시한다."[7] 수학적 지식의 범위가 넓기 때문에 수학적 지식의 구성이라는 개념은 매우 다양한 의미로 규정될 수 있으나, 여기에서는 여러 의미 중 '현실 사태의 수학화'에 초점을 두고 논의하기로 한다. 여기서 '현실 사태의 수학화'는 트레퍼스(Treffers)의 구분에 따르면 '수평적 수학화'에 해당한다. 트레퍼스(Treffers)는 '수평적 수학화'와 '수직적 수학화'를 구분한 바 있는데, '수평적 수학화'는 "현실 내의 문제 장면을 형식적인 수학적 처리가 가능하도록 변환하는 것"을 의미하고 '수직적 수학화'는 "세련된 좀 더 높은 수학적 처리가 가능하도록 하는 것"을 의미한다.[8]

현실 세계에 존재하는 현상을 수학적으로 표현하는 수학화 능력에 대한 강조는 수학과 교육과정에서도 확인할 수 있다. 2015 개정 수학과 교육과정에서 목표와 관련된 내용을 살펴보면 초등학교급에서는 "생활 주변 현상을 수학적으로 관찰하고 표현하는 경험"이라는 진술을, 중학

....

학습자들이 게임에서 이기기 위한 방법을 수학적으로 표현해 보도록 유도한다. 이에 관한 자세한 설명은 다음 논저 참조. G. Brousseau, *Theory of Didactical Situations in Mathematics*, N. Balacheff, M. Cooper, R. Sutherland & V. Warfield(eds.), New York: Kluwer Academic Publishers, 2002, pp.3-18.

7   황혜정 외, 『수학교육학신론』, 문음사, 2016, 232쪽.
8   위의 책, 346쪽.

교급에서는 "사회 및 자연 현상을 수학적으로 관찰, 분석, 조직, 표현하는 경험"이라는 진술을 확인할 수 있다.[9] 생활 주변 현상과 사회 및 자연 현상은 다양한 관점에서 관찰하고 그 결과를 다양한 방식으로 표현할 수 있는데, 여기서는 수학적 관점에서 관찰하고 수학적 방식으로 표현하는 경험에 주목하고 있다.

사회기호학적 관점에서 수학 교수·학습 과정을 연구한 래드포드(Radford)는 최근 '대상화 이론'을 통해 수학적 지식의 구성 과정을 보다 구체적 차원에서 설명하고 있어 주목된다. 그는 방정식을 풀이하는 과제 수행 시 학습자들이 수학적 기호를 사용한 대수적 방식에 도달하기까지 매우 다양한 수준의 수학적 사고를 한다는 점을 예증하였다. 이 문제는 수학적 지식의 구성에서 '문법'이 어떤 역할을 하는지의 문제와 깊이 관련되어 있기 때문에 구체적 사례를 직접 확인하며 논의한다. 다음은 래드포드가 학생들에게 제시하였던 문제이다.[10]

[학생들이 풀어야 할 문제] 매트와 매틱의 어머니는 아이들에게 선물을 주기로 하였다. 어머니는 아이들에게 카드가 들어 있는 봉투를 준다. 봉투가 서로 동일하도록 각각의 봉투에 같은 개수의 카드를 넣는다. 매트는 이미 7개의 카드가 있고 어머니는 1개의 봉투를 더 주었다. 매틱은 이미 3개의 카드가 있고 어머니는 그에게 3개의 봉투를 더 주었다. 이제 두 아이는 같은 수의 카드를 갖고 있다. 각각의 봉투에는 몇 개의 카드가 들어 있는가?

9 교육부, 『수학과 교육과정(교육부 고시 제2015-74호)』, 2015, 4-5쪽.
10 루이스 래드포드, 권오남 외 역, 『사회기호학적 관점의 수학 교수·학습: 대상화 이론』, 경문사, 2016, 98-106쪽.

대수적 방법을 활용하면 위의 문제는 '7+1n=3+3n(단, n은 봉투 안에 든 카드의 개수임.)'과 같은 수식으로 표현할 수 있다. 대수적 방법을 활용한 일차 방정식의 활용 문제에 익숙한 학생들에게는 이와 같은 대수적 표현이 너무 쉽고 당연하게 느껴질 수도 있으나, 그러한 방식에 익숙하지 않은 학생들에게 이러한 대수적 표현은 당연한 것이 아닐 수도 있다. 래드포드는 학생들이 문제의 상황을 그림으로 표현하여 풀이하는 단계에서 추상화 과정을 거쳐 대수적 기호를 활용하는 단계로 나아간다고 보았다.

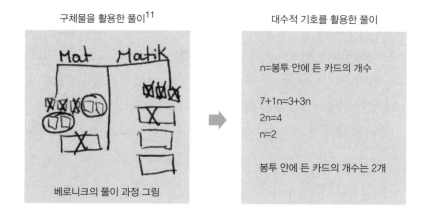

구체물을 활용한 풀이[11]

베로니크의 풀이 과정 그림

대수적 기호를 활용한 풀이

n=봉투 안에 든 카드의 개수

7+1n=3+3n
2n=4
n=2

봉투 안에 든 카드의 개수는 2개

래드포드의 논의를 참고하면, 대수적 기호를 사용하는 단계로 이행하기 위해 언어적 차원에서 거쳐야 하는 단계가 있음을 확인할 수 있다. 대수적 기호를 사용하기 위해서는 '봉투 안에 든 카드의 개수'를 'n'으로 규정하는 단계가 필요한데, 이를 위해서는 문제에 제시된 "각각의 봉투에는 몇 개의 카드가 들어 있는가?"라는 표현을 바탕으로 '봉투 안에 든 카드의 개수'라는 표현을 만들어 내는 단계가 선결 과제로 요구된

----

11 위의 책, 99쪽

다. 이러한 언어적 표현 방식의 조정은 성인의 경우 너무 쉽고 당연하게 느껴질 수도 있으나 학습자에게는 쉽거나 당연한 문제가 아닐 수 있고, 제시된 문제가 일차 방정식의 활용이 아니라 더 복잡한 대수적 변환을 요구할 경우 성인도 언어적 표현 방식의 조정 단계에서 어려움을 느낄 수 있다. 이 문제는 사태의 수학화 과정에서 문법이 어떤 역할을 하는지의 문제와 관련되므로 이하 논의에서 좀 더 자세히 살펴본다.

2) 지식의 구성에서 '문법'의 역할

문법이 지식의 구성에 관여하는 방식은 다양할 수 있으나, 여기에서는 체계기능 언어학을 기반으로 최근 많이 논의되고 있는 '문법적 은유' 개념을 중심으로 논의하기로 한다.[12] 그간 과학 텍스트에 명사적 표현이 많이 사용된다는 점은 여러 연구에서 지적되어 왔다. 일상적 텍스트에 비해 과학 텍스트에 명사적 표현이 빈번히 사용된다는 점은 과학 텍스트의 장르적 특성이라고 할 수 있다. 그러나 중요한 것은 이러한 현상이 나타난다는 사실 그 자체가 아니라, 이러한 현상이 나타나는 원인이 무엇인지에 있다. 과학 텍스트에 명사적 표현이 많이 사용되는 이유는 무엇이고, 여기서 명사적 표현은 어떤 기능을 하는가?

할리데이(Halliday)는 이와 같은 과학 텍스트의 특성이 과학적 사유의 본질적 속성을 반영한 것이라고 보았다. 그는 실제 현실에서 하나의 개체(個體)로 인식되지 않는 동적(動的) 현상까지도 과학 연구에서는 개체화하여 현상을 '개체'와 개체 간의 '관계'로 설명한다고 보았다. 그

....

12 문법적 은유가 과학과 역사 교과의 지식 구성에서 어떤 역할을 하는지에 대해서는 다음 논문 참조. J. R. Martin, "Embedded literacy: Knowledge as meaning", *Linguistics and Education* 24, 2013, pp.23-37.

리고 이러한 과학적 사유의 특성이 과학의 언어에 반영되어, 과학의 언어는 실제 현실에서 동적으로 존재하는 것들도 명사적으로 표현하여 하나의 개체로 다루어질 수 있도록 한다고 보았다. 그의 논의에 따르면 과학적 사유가 개체화를 요구하기 때문에 과학 텍스트에는 명사적인 표현이 많이 사용될 수밖에 없다. 다음은 그가 과학의 언어가 갖는 이와 같은 특성을 보여주기 위하여 든 사례 중 일부이다.[13]

① Glass cracks more quickly the harder you press on it.
② Cracks in glass grow faster the more pressure is put on it.
③ Glass crack growth is faster if greater stress is applied.
④ The rate of glass crack growth depends on the magnitude of the applied stress.
⑤ Glass crack growth rate is associated with applied stress magnitude.

①에서 ⑤로 갈수록 과학의 언어에 가까워진다. 앞서 설명했듯이 과학의 언어는 '개체'와 개체 간의 '관계'로 기술되기 때문에 "① 유리는 세게 누를수록 더 빨리 균열된다."라는 표현이 "⑤ 유리의 균열 증가율은 작용한 압력의 크기와 관련된다."와 같은 표현으로 변형된다. 여기서 '유리의 균열 증가율', '작용한 압력의 크기'는 명사적으로 표현되어 각각 하나의 개체로 다루어지고 있으며, 이를 통해 유리를 세게 누를수록 유리가 더 빨리 균열된다는 일상적 경험 차원의 현상을 두 개체 간의 관계로 새롭게 표상할 수 있게 된다.

....

13 M. A. K. Halliday, *The Language of Science*, Continuum, 2004, p.34.

'문법적 은유'는 '실제 현실의 사태와 언어 형식 간의 불일치(in-congruent)'를 가리키는 개념으로, 현실 층위에서는 동적으로 존재하는 현상이 언어 층위에서는 명사적으로 표현되는 방식을 대표적 사례로 들 수 있다.[14] 현실 층위에서 나타나는 현상을 명사적으로 표현하는 문제는 과학적 사유의 언어적 전제에 해당한다는 점에서 매우 중요하다.

예컨대, 문법적 은유를 통해 현실 세계에서 동적으로 존재하는 현상을 '유리의 균열 증가율', '작용한 압력의 크기'와 같이 명사적으로 표현할 수 있다면, 그 다음 단계로 각각을 A, B와 같이 기호로 변환할 수 있고 결과적으로 해당 현상을 기호 간의 관계로 표상할 수 있게 된다.

앞 장에서 예로 든 래드포드의 대수 문제 역시 마찬가지로 설명할 수 있다. 제시된 문제를 '7+1n=3+3n'과 같이 대수적 방식으로 표현하기 위해서는 "각각의 봉투에는 몇 개의 카드가 들어 있는가?"라는 표현에서 '봉투 안에 든 카드의 개수'라는 명사적 표현을 추출해 내는 과정이 요구된다. 이와 같이 어떤 현상 혹은 현상에 내재한 대상을 명사적으로 표현하는 과정이 전제되어야 명사적으로 표현된 대상을 A, B 혹은 n과 같이 기호로 표현하는 작업이 가능해진다.

문법적 은유는 이러한 점에서 문법이 지식 구성 과정에서 어떤 역할을 할 수 있는지를 잘 보여주는 사례라고 할 수 있다. 이러한 관점에서면, 국어 문법에서 별도로 가르치는 '명사', '명사구', '관형절+명사

....

14 문법적 은유의 개념과 특성에 관해서는 다음을 참조할 것. 소지영 · 주세형, 앞의 글, 2017, 119-158쪽; 박진희 · 강효경 · 조진수, 「문법교육의 관점에서 본 교과 지식의 소통 및 구성에 관한 연구 – 2007, 2009 개정 교육과정 교과서의 문장 표현을 중심으로」, 『한국어교육학회 발표 자료집』, 한국어교육학회, 2017, 291-309쪽; 소지영 · 성경희 · 주세형, 「중학교급 학습자 서술형 답안의 언어적 특성 연구 – 사회과 학업성취도평가 서술형 문항을 중심으로」, 『국어교육』 161, 한국어교육학회, 2018, 159-187쪽.

(구)' 등도 지식 구성 과정에 관여하는 명사적 표현이라는 측면에서 통합하여 다루어 줄 수 있다. '유리의 균열 증가율'과 같은 명사구 형태, '봉투 안에 든 카드의 개수'와 같이 관형절과 명사가 결합한 형태 모두 명사적 표현으로서 지식 구성 과정에 관여하기 때문이다.

문법적 은유에 관한 국내 연구는 주로 과학, 역사 등의 교과를 중심으로 이루어져 왔는데, 여기에서는 수학 교과의 지식 구성에서 문법이 어떠한 역할을 할 수 있는지를 중심으로 살펴보도록 한다.

3. 문법과 수학의 융합 교육 내용

1) 수학 지식의 구성 과정에서 문법의 매개 기능

문법과 수학이 융합되는 방식에는 여러 가지가 있겠으나, 여기에서는 현실 세계의 현상을 수학적으로 표현하는 과정에 문법이 관여하는 양상을 중심으로 문법과 수학의 융합 교육 내용을 구안하도록 한다. 문법과 과학의 융합 문제와 달리 문법과 수학의 융합 문제는 국내 연구에서 거의 이루어진 바 없으나, 최근 구체적 사례를 바탕으로 사태의 수학화 과정을 문법적 은유의 관점에서 설명한 발표가 이루어진 바 있어 자세히 살펴볼 필요가 있다. 본 절에서는 이 사례를 중심으로 문법과 수학의 융합 교육 내용에 대해 논의해 보기로 한다.

이 발표[15]에서는 학생들에게 대화 자료를 주고 대화 내용을 바탕으

....
15 조진수, 「문법과 수학의 융합교육 연구-문법적 은유를 통한 사태의 수학적 변환 문제를 중심으로」, 『SSK-Networking 지원사업단 제3차 심포지엄(심화형) 자료집』, SSK-Networking 지원사업단, 2018ㄱ, 17-21쪽.

로 수학 응용문제를 한 단락 정도의 글로 써 보는 과제를 부여한 사례를 다루고 있다. 학생들에게 제시된 과제는 다음과 같다.

[과제] 다음 두 학생의 대화 내용을 읽고, '을' 학생이 의도하는 내용을 한 문단 정도 분량의 글로 써 보시오.

갑 뭘 그리 고민하고 있어?

을 어, 숙제로 수학 응용문제를 만들어 가야 하는데, 말 만들기가 참 어렵네.

갑 무슨 문제를 낼 건진 결정했고?

을 응. 그건 다 정해졌어. 그 내용을 말로 쓰기가 어려워.

갑 어떤 내용인지 한번 설명해 봐.

을 그래. 그러니까 어느 회사에서 엄청 단단해서 잘 깨지지 않는 컵을 만든 거야.

갑 그래서?

을 그래서 그 컵이 얼마나 센가, 그러니까 어느 정도 되어야 깨지는지 그걸 알아보려고 실험을 한 거야.

갑 무슨 실험을 어떻게 했는데?

을 보통 컵을 가지고 실험을 해 보니 아파트 2층에서 깨졌어.

갑 1층에서는 안 깨지고?

을 그렇지.

갑 그래? 그럼 그 회사에서 만든 컵은 어떤데?

을 실험해 보니까 4층까지는 안 깨지고, 5층에서 던지니까 깨지더래.

갑 그래. 그럼 그걸로 무슨 문제를 낼 거야?

을 그러니까, 새로 만든 그 회사의 컵이 몇 배 센지를 묻는 거지?

갑 원래 컵과 비교해서 말이지?

을 그래. 그런데 그 내용이 알아듣기 쉽고 간결하게 쓰려니까 너무 어려워.

갑 다른 조건들이 주어져야 문제를 풀 수 있는 거 아니야?

을 응. 우선 이것들만 가지고 좀 써 봤으면 좋겠어.

이 과제의 본래 의도는 학생들이 간결하고 명확하게 글을 써 보도록 하는 데 있었다. 그런데 학생들이 작성한 글은 사태를 수학적으로 표현하는 과정에서 나타날 수 있는 여러 단계를 보여주고 있었고, 해당 발표에서는 이를 문법적 은유가 수식화 과정을 매개하는 단계를 중심으로 다음과 같이 유형화하였다.[16]

[표 8-1] 문법적 은유의 수식화 과정 매개 사례

유형	학생들이 쓴 글
일상적 표현에 가까운 형식	어느 회사에서 단단해서 잘 깨지지 않는 컵을 만들었다. 그 컵이 얼마나 센지 알아보기 위해 아파트에서 떨어뜨리는 실험을 했다. 보통 컵은 아파트 1층에서 떨어뜨리면 깨지지 않았지만 2층에서 떨어뜨리면 깨졌다. 반면에 회사에서 새로 만든 컵은 아파트 5층 이상에서 떨어뜨려야 깨졌다. 이 회사에서 만든 컵은 기존의 컵에 비해 몇 배나 센가?[학-7]
문법적 은유가 사용된 매개적 표현	어느 회사에서 단단한 컵을 새로 개발하였다. 이 컵의 단단한 정도를 알아보기 위해, 아파트 몇 층에서 던져야 깨지는지 보통 컵과 이 컵에 대해 실험을 했다. 그 결과, 보통 컵은 1층에서는 깨지지 않고, 2층에서부터는 깨졌고, 새로 개발한 컵은 4층까지는 깨지지 않았고 5층부터는 깨졌다. 이때, 새로 만든 회사의 컵은 보통 컵보다 몇 배나 단단한가?[학-6]
	/어떤 회사에서 잘 깨지지 않는 컵을 만들었다. 컵의 강도를 알아보기 위해 아파트에서 컵을 떨어뜨렸을 때 깨지는 최소 높이를 구하는 실험을 한다. 보통 컵을 가지고 실험했을 때 컵이 깨지는 최소 높이는 2층이고, 그 회사에서 만든 컵이 깨지는 최소 높이는 5층이다. 회사에서 만든 컵은 보통 컵에 비해 몇 배 센가?[학-1]
언어적 표현과 수식이 혼용된 유형	단단한 컵 A와 보통 컵 B가 있다. 다음 조건을 만족하는 자연수n의 최솟값을 nA 라 한다. -컵A를 n층에서 떨어뜨리면 컵이 깨진다. nA=5, nB=2일 때, 각 컵의 강도를 IA, IB라 할 때, IA/IB를 구하여라.[학-21]

....

16   위의 글, 20쪽.

8장 문법과 수학의 융합 교육   267

학생들의 글은 현상을 수식화하는 과정에서 나타날 수 있는 다양한 단계를 보여준다. 우선 [학-7]에 나타난 "그 컵이 얼마나 센가"와 같은 표현은 문제로 제시된 갑과 을의 대화에 나온 일상적 표현을 그대로 사용한 경우에 해당한다. 그에 비해 [학-6]과 [학-1]에 나타난 "이 컵의 단단한 정도", "컵의 강도"는 "그 컵이 얼마나 센가"를 명사적으로 표현한 경우에 해당한다. 마지막으로 [학-21]은 해당 내용을 언어로 기술하면서도 컵의 강도를 IA, IB로 기호화하고 "회사에서 만든 컵이 보통 컵에 비해 몇 배 센가"라는 표현을 IA/IB로 기호화하고 있어 언어적 표현과 수식이 혼용된 경우에 해당한다.

위 사례는 현실의 사태를 수학적으로 표현하는 과정에 문법이 관여할 수 있음을 보여준다. 그간 수학교육학에서 이루어진 논의들을 살펴보면 수학화 과정에 주목했음에도 불구하고 대수적 기호로 표현하는 단계에 도달하기까지 어떠한 중간 단계가 존재할 수 있는지에 대해서는 많은 논의가 이루어지지 않았음을 알 수 있다. 물론, 사태를 수학적으로 표현하는 데 능숙한 학생의 경우에는 일상적 언어로 표현된 현상을 바로 수식으로 변환할 수 있겠지만, 이러한 변환에 아직 능숙하지 않은 학생들의 경우 '일상적 표현을 명사적 표현으로 바꾸는 단계', '언어적 표현과 수식이 혼용된 단계'를 활용하면 효과적일 수 있다.

해당 발표에서는 이러한 사례를 바탕으로 사태의 수학화 과정을 다음과 같이 단계화하고, 문법적 은유가 수식화 과정을 매개하는 것으로 설정하였다.[17]

....

17   위의 글, 20쪽.

[표 8-2] 사태의 수학화 과정과 문법적 은유의 매개 단계

[단계 1] 일상어 단계	일상어로 이해하기 쉽게 표현한 유형
[단계 2] 문법적 은유 단계(매개 단계)	**문법적 은유를 사용하여 명사구로 특정 내용을 개체화하여 표현한 유형**
[단계 3] 국어와 수식 혼용 단계	언어적 표현과 수식이 혼용된 유형
[단계 4] 수식화 단계	수학적 기호를 사용하여 해당 현상을 수식만으로 표현한 유형

수학화 과정에 문법적 선택이 관여할 수 있다는 사실은 단순히 수학 능력의 향상에만 도움이 되는 것이 아니다. 이러한 사실은 '일상적 언어', '과학의 언어', '수학의 언어'의 특질에 대한 인식에도 도움을 줄 수 있다. 일상적 언어와 과학의 언어, 수학의 언어는 결국 장르에 따라 어떠한 문법적 선택을 하느냐의 문제로 귀결된다. 수학 텍스트에서 어떠한 문법적 선택을 하느냐의 문제는 다시 수식 표현으로 전환되는 과정의 용이성 문제와 연결된다.

사태를 수학적으로 표현하는 과정에 나타나는 문법적 선택의 문제는 이처럼 수학을 문법의 관점에서 새롭게 인식하게 하고, 동시에 문법의 기능을 수학의 관점에서 새롭게 인식하게 한다. 지금까지 논의한 내용을 바탕으로 다음 절에서는 문법과 수학의 융합 교육이 어떠한 내용으로 구체화될 수 있는지 논의한다.

2) 문법과 수학의 융합 교육 내용 체계

문법과 수학의 융합 교육 내용을 체계화하기 위해서는 몇 가지 전제가 필요하다. 우선 본격적인 융합 교육에 앞서, 융합 활동을 하기 위

한 문법 지식과 수학 지식이 요구된다.[18] 이때 필요한 문법 지식과 수학 지식은 각 교과의 전통적 교육 내용을 바탕으로 하면서도 이를 새로운 방식으로 접근한다는 점에서 기존 교육 내용과 변별된다. 여기서는 본격적인 융합 교육을 위해 문법 교과와 수학 교과에서 먼저 다루어야 할 교육 내용을 제시하고, 이를 기반으로 문법과 수학의 융합 교육 내용을 제시한다.

우선 문법 교과의 경우 융합 교육에 활용되는 개념인 '문법적 은유' 분석을 위해 전통적 교육 내용인 품사와 '단어, 구, 절'과 같은 언어 단위에 관한 지식을 다룰 필요가 있다. 융합 교육 차원에서 중요한 것은 형태, 기능, 의미와 같은 품사 분류의 기준 그 자체가 아니라 현실에 존재하는 현상이나 대상이 품사로 실현되는 방식이 복수로 존재할 수 있다는 점이다. 이는 문법적 은유의 대표적 사례가 현실 차원에서는 동적으로 존재하는 현상을 언어적 차원에서는 정적 형식인 명사로 표현하는 것이라는 점과도 관련된다.

이러한 차원에서 '서술성 명사'는 융합 교육의 전 단계에서 굉장히 중요한 교육 내용이 된다. 그간의 품사 교육에서 서술성 명사는 너무 세분화된 개념이라는 점 때문에 잘 다루어지지 않았다. '서술성 명사'는 '술어 명사'로 불리기도 하는데,[19] '사랑', '답변', '출발', '해결', '증가' 등과 같이 사건성, 행위성, 상태성을 지닌 명사를 가리킨다. 이러한 명사들은 언어 형식 측면에서는 명사이지만, 동적 의미를 담고 있어 현실에서는 동적 현상으로 존재한다. 이와 같은 현실 층위와 언어 형식 층위 간

....

18 물론, 여기서 '지식'은 명제적 지식에 국한되는 것이 아니라 방법적 지식, 암묵적 지식을 포괄하는 광의의 개념이다.
19 '술어 명사'와 '서술(성) 명사'의 개념과 용어 선택의 문제에 관해서는 다음 저서 참조. 이선웅, 『한국어 문법론의 개념어 연구』, 월인, 2012, 141-150쪽.

불일치는 앞서 설명한 바와 같이 현실의 특정 현상을 수학적으로 표현해 내는 과정에서 유용하게 활용된다. 따라서 수학화 과정을 언어 형식, 문법적 선택 차원에서 분석해 내는 융합 교육을 위해서는 문법 교과에서 우선 서술성 명사의 특징과 기능을 이해하도록 지도할 필요가 있다.

그 다음으로는 품사로서의 명사 개념을 확장하여 '명사적 표현'이라는 차원에서 다양한 언어 단위를 검토하는 과정이 필요하다. 그간 명사는 품사 단원에서 명사구는 문장 성분 혹은 문장의 짜임 단원에서 각각 구분되어 다루어져 왔으나, 문법과 수학의 융합을 위한 전 단계에서는 '명사적'이라는 핵심 개념을 중심으로 언어 단위의 구획을 넘나드는 방식의 교육이 이루어진다. 이 과정에서 명사와 명사구는 언어 단위는 다르지만 명사적 표현이라는 측면에서 한 범주로 묶이게 된다. 필요에 따라 관형절이 명사 혹은 명사구를 수식하는 구조도 명사적 표현의 한 유형으로 다루어 줄 수 있다.

수학 교과의 경우 현실 사태를 수학화 하는 과정을 메타적으로 성찰해 보는 교육이 필요하다. 물론, 문법과 수학의 융합 교육에서도 문법적 은유에 초점을 두고 이러한 활동을 하게 되지만, 문법적 은유를 활용하기 전 단계에서도 수학화 과정에 대한 메타적 주목이 요구된다. 이는 해당 학년군 수준에서 수학화를 능숙하게 수행할 수 있는 학생과 그렇지 않은 학생 모두에게 적용된다.

수학화에 능숙한 학생은 문법적 은유 단계를 명시적으로 거치지 않고 현실의 현상을 바로 수학적 기호로 변환할 수 있다. 명사적 표현을 사용한 문법적 은유 단계를 거치지 않았다는 것이 수학 교육 차원에서 큰 문제가 되지 않는다고 생각할지 모르지만, 이 단계에 대한 메타적 성찰이 전제되지 않으면 자신의 수학적 사고 과정을 다른 사람들에게 전달하는 데 어려움이 발생할 수도 있다. 수학적 의사소통이 수학자들 간에만 이루어진다면 수식만을 이용해도 큰 문제가 없겠지만, 일반인을 대상으로 한 수학 관련 대중 저서를 집필하는 상황을 상정해 본다면 문법적 은유 단계에 대한 인식 결여는 수학적 의사소통 차원에서 문제를 야기할 수 있다.

한편, 수학화에 능숙하지 않은 학생에게는 수학화 과정을 성찰하는 경험이 수학 능력 향상에 긍정적으로 작용할 수 있다. 또한, 이러한 경험을 바탕으로 이후 융합 교육을 실시한다면 문법적 은유 단계에 대한 메타적 인식이 수학화의 비계로 작용할 가능성도 있다.

문법과 수학의 융합 교육을 위해 필요한 사전 교육이 완료되면, 본격적인 융합 교육을 실시할 수 있다. 문법과 수학의 융합 교육 내용은 단기적 차원과 중장기적 차원으로 나누어 살필 수 있다. 융합 교육의 국면에서 즉각 실행할 수 있는 교육 내용으로 '사태의 수학화 과정에 대한 언어적 분석'과 '문법적 은유를 활용한 수식화 매개 활동'을 들 수 있고, 중장기적 차원의 활동으로 '수학 텍스트에 대한 장르 문법적 고찰'과 '수학과 관련된 대중적 글 쓰기 활동'을 들 수 있다. 이상의 내용을 다음과 같이 정리할 수 있다.

[표 8-3] 문법과 수학의 융합 교육 내용 구조 예시

융합 교육 준비 단계	[문법 교과]
	• 품사 – 명사/동사
	• 서술성 명사의 특징과 기능
	• 명사적 표현(명사, 명사구 등)
			[수학 교과]
			• 현실 사태의 수학화 과정에
			  대한 메타적 성찰(특히,
			  언어적 표현 측면에 주목)

융합 교육 단계	[문법과 수학 융합 교과]		
	단기적 교육 내용	• 사태의 수학화 과정에 대한 언어적 분석 • 문법적 은유를 활용한 수식화 매개 활동	
	중장기적 교육 내용	• 수학 텍스트에 대한 장르 문법적 고찰 • 수학과 관련된 대중적 글 쓰기 활동	

4. 문법과 수학의 융합 교육 실행 방안

문법과 수학의 융합 교육 실행 방안을 구체적 사례를 들어 살펴보기로 하자. 우선, 단기적 교육 내용 차원에서 중요한 것은 학습자들이 일상적 언어로 표현된 수학 문장제 텍스트를 읽고 이를 명사적 표현으로 바꾸어 보도록 하는 것이다.

다음과 같이 수학 문장제 텍스트를 학습자들에게 제공하고, 해당 텍스트를 명사적 표현으로 다시 써 보게 하는 과제를 상정해 보자.[20] 여기서는 언어적 표현과 수식이 혼용된 유형인 2015년 국가수준 학업성취도 평가 중학교 수학과 서답형 2번 문항을 변형하여 일상적 언어로 표현된 텍스트를 구성하였다. 이 장에서 다루는 문법과 수학의 융합 교육은 일상적 언어를 명사적 표현으로 변형하는 과정을 핵심 내용으로 삼기 때문에, 언어적 표현과 수식이 혼용된 유형을 일상적 언어 표현으로 바꾸어 활용하면 텍스트가 수식으로 변환되는 과정을 가시적으로 살피기 용이하다.

〈문법과 수학의 융합 교육에서 활용할 수 있는 학습 활동〉

문제 1) 다음 글을 수식으로 표현하고자 한다. 이를 위해 아래 제시된 글을 명사적 표현을 사용하여 대상 간의 관계가 드러나도록 다시 쓰시오.

---

20 일상어로 진술된 수학 문장제 텍스트를 명사적 표현으로 바꾸는 문제는 다음 발표에서도 논의된 바 있다. 조진수, 앞의 글, 2018ㄴ, 3-14쪽. 이 발표에서는 수학 문장제 텍스트에서 일상적 표현과 문법적 은유를 사용한 명사적 표현은 본질적으로 다른 사유 방식을 표상한다는 점이 지적되었으나, 이를 문법과 수학의 융합 교육 차원에서 본격적인 교육 내용으로 다루지는 못했다는 점에서 본 논의와 변별된다.

명희는 과녁을 향해 활을 쏘는 게임을 한다. 명희가 쏜 화살이 과녁에 맞으면 3점을 얻고, 과녁에 맞지 않으면 −2점을 얻는다. 명희는 활을 8번 쏜 후 총 9점을 얻었다. 명희가 쏜 화살은 몇 번 과녁에 맞았는가?

위와 같은 활동을 하기 위해서는 앞서 설명한 대로 우선 '명사적 표현'이 무엇인지 알아야 하고, 어떤 현상이나 표현을 대상 간의 관계로 표현하는 방법을 이해해야 한다. 예컨대, 수학 문장제 텍스트에 제시된 "명희가 활을 8번 쏜 후 총 9점을 얻었다."와 같은 문장을 명사적 표현을 활용하여 대상 간의 관계로 표현하면 어떻게 될까? 이 활동에서 학습자는 이와 같은 질문에 직면하게 된다. 사태를 대상 간의 관계로 나타내기 위해서는 우선 무엇을 대상으로 삼을지를 판단해야 한다.

어떤 학생이 "명희가 쏜 화살은 몇 번 과녁에 맞았는가?"라는 문장을 바탕으로 '명희가 쏜 화살이 과녁에 맞은 횟수'라는 명사적 표현을 추출했다고 가정해 보자. 이 문장은 '관형절+명사'의 형식을 띤 명사적 표현이다. 그러면 "명희가 쏜 화살이 과녁에 맞으면 3점을 얻고"라는 문장은 '명희가 쏜 화살이 과녁에 맞은 횟수가 1이면 3점을 얻고'와 같이 변형된다. '과녁에 맞다'라는 동적 상황이 '과녁에 맞은 횟수가 1이다'와 같은 관계적 표현으로 바뀌는 것이다. "3점을 얻고"에서 '얻은 점수'라는 명사적 표현을 추출하면 "3점을 얻고"는 '얻은 점수가 3점이 된다'와 같이 변형된다. 이에 따라 "과녁에 맞지 않으면 −2점을 얻는다"라는 문장도 '과녁에 맞지 않은 횟수가 1이면 얻은 점수가 −2점이 된다'와 같이 변형된다.

이와 같이 다시 쓰기를 하면, '명희는 활을 8번 쏜 후'라는 표현을 '명희가 쏜 화살이 과녁에 맞은 횟수와 명희가 쏜 화살이 과녁에 맞지 않은 횟수의 합이 8이 된 후'로 재진술할 수 있다. 이 부분은 문면으로 드러난 문장을 단순히 명사적 표현으로 바꾸기만 하면 되는 것이 아니라, 문장의 의미를 생각하여 이를 개체 간의 관계로 표현해 주어야 한다는 점에서 좀 더 복잡한 사고를 요하며 '현상을 복원하여 개체 간 관계로 표상하기'를 해야 하는 유형[21]으로 분류된다. 즉, 이와 같은 방식으로 표현하기 위해서는 명희가 활을 몇 번 쏘았다는 동적 현상을 명희가 쏜 화살이 과녁에 맞거나 맞지 않은 횟수 간의 관계로 표현할 수 있음을 파악해 내야 한다.

최종적으로 "명희는 활을 8번 쏜 후 총 9점을 얻었다."라는 문장을 '명희가 쏜 화살이 과녁에 맞은 횟수와 명희가 쏜 화살이 과녁에 맞지 않은 횟수의 합이 8일 경우 얻은 점수는 9가 된다.'로 변형할 수 있다. 이상의 문장 다시 쓰기 결과를 원 글과 비교하여 제시하면 다음과 같다.

원 텍스트	명사적 표현을 사용하여 대상 간의 관계가 드러나도록 다시 쓴 결과
명희는 과녁을 향해 활을 쏘는 게임을 한다. (1)-㉠명희가 쏜 화살이 과녁에 맞으면 3점을 얻고, 과녁에 맞지 않으면 -2점을 얻는다. (1)-㉡명희는 활을 8번 쏜 후 총 9점을 얻었다. 명희가 쏜 화살은 몇 번 과녁에 맞았는가?	명희는 과녁을 향해 활을 쏘는 게임을 한다. (2)-㉠명희가 쏜 화살이 과녁에 맞은 횟수가 1이면 얻은 점수가 3이 되고, 명희가 쏜 화살이 과녁에 맞지 않은 횟수가 1이면 얻은 점수가 -2가 된다. (2)-㉡명희가 쏜 화살이 과녁에 맞은 횟수와 명희가 쏜 화살이 과녁에 맞지 않은 횟수의 합이 8일 경우 얻은 점수는 9가 된다. 명희가 쏜 화살은 몇 번 과녁에 맞았는가?

이 장에서 논의하는 문법과 수학의 융합 교육에서는 (1)-㉠, (1)-㉡과 같은 문장을 명사적 표현을 사용하여 (2)-㉠, (2)-㉡과 같이 변형하는

21 위의 글, 10쪽

것이 핵심 활동이 된다. (2)-㉠, (2)-㉡과 같은 문장을 수식으로 전환하는 것 자체는 융합적 활동이라기보다는 수학 교과의 교육 내용에 해당한다. 문법과 수학의 융합 교육에서는 (2)-㉠, (2)-㉡을 수식으로 전환하는 과정을 학습자에게 보여주며, (1)-㉠, (1)-㉡보다 (2)-㉠, (2)-㉡이 수식으로 전환하기 더 용이함을 느끼게 하고 왜 그러한지 의문을 품게 한다. (1)-㉠, (1)-㉡과 (2)-㉠, (2)-㉡ 그리고 수식을 병치하여 제시하며, 왜 (2)-㉠, (2)-㉡이 수식으로 전환되기 용이한지 탐구해 보게 한다. 다음은 위 활동 이후 학습자에게 제공할 수 있는 활동이다.

문제 2) (1)을 (3)으로 변환하는 것과, (2)를 (3)으로 변환하는 것 중 어떤 것이 더 쉬울지 생각해 보고, 그 이유가 무엇일지 친구들과 이야기해 보자.

(1)	(2)	(3)
명희는 과녁을 향해 활을 쏘는 게임을 한다. 명희가 쏜 화살이 과녁에 맞으면 3점을 얻고, 과녁에 맞지 않으면 −2점을 얻는다. 명희는 활을 8번 쏜 후 총 9점을 얻었다. 명희가 쏜 화살은 몇 번 과녁에 맞았는가?	명희는 과녁을 향해 활을 쏘는 게임을 한다. '명희가 쏜 화살이 과녁에 맞은 횟수'가 1이면 얻은 점수가 3이 되고, '명희가 쏜 화살이 과녁에 맞지 않은 횟수'가 1이면 얻은 점수가 −2가 된다. '명희가 쏜 화살이 과녁에 맞은 횟수'와 '명희가 쏜 화살이 과녁에 맞지 않은 횟수'의 합이 8일 경우 얻은 점수는 9가 된다. 명희가 쏜 화살은 몇 번 과녁에 맞았는가?	·명희가 쏜 화살이 과녁에 맞은 횟수: x ·명희가 쏜 화살이 과녁에 맞지 않은 횟수: y $x+y=8$ $3x-2y=9$

이러한 활동은 언어 형식의 선택과 교과 지식 구성 간의 관계에 초점을 두고 있다는 점에서 수학 학업성취도 평가에 출제되었던 아래 문제와 표면적으로는 유사해 보이지만 차이가 있다.[22]

[2015년 국가수준 학업성취도 평가 중학교 수학과 서답형 2번 문항]

명희는 과녁을 향해 활을 쏘는 게임을 한다. 명희가 쏜 화살이 과녁에 맞으면 3점을 얻고, 과녁에 맞지 않으면 −2점을 얻는다. 명희가 활을 8번 쏜 후 얻은 총 점수는 9점이 되었다. 물음에 답하시오.

(1) 명희가 쏜 화살이 과녁에 맞은 횟수를 x, 과녁에 맞지 않은 횟수를 y라 할 때, 다음 연립일차방정식의 ㈎에 알맞은 일차방정식을 구하시오.

$$\begin{cases} x+y=8 \\ \boxed{\text{(가)}} \end{cases}$$

(2) (1)의 연립일차방정식을 이용하여 명희가 쏜 화살이 과녁에 맞은 횟수 x를 구하는 풀이 과정과 답을 쓰시오.

위의 학업성취도 문항은 수학 문장제 텍스트를 수식으로 표현하고, 연립일차방정식을 풀이할 것을 요구하고 있다. 전자는 텍스트를 수식으로 변환할 것을 요구한다는 점에서 본 논의와 관련되지만 위 문항에서는 (1)에서 '명희가 쏜 화살이 과녁에 맞은 횟수', '(명희가 쏜 화살이) 과녁에 맞지 않은 횟수'와 같은 명사적 표현을 이미 제시하고 있어 명사적 표현으로 텍스트를 다시 쓰는 활동을 학습자에게 요구하지 않고 있다. 물론, ㈎에 들어가야 할 수식이 '3x-2y=9'라는 점을 고려할 때 텍스트를

---

22 학업성취도 문항 및 해당 문항의 풀이 과정은 다음 보고서를 참조하였음. 이인호 외, 『2015년 국가수준 학업성취도 평가의 서답형 문항 심층 분석 −수학−』, 한국교육과정평가원, 2016, 29-30쪽.

수식으로 변환할 것을 요구하고 있으나, 매개 단계로서 수식에 가까운 언어적 표현 방식이 무엇인지를 탐구해 보도록 하고 있지는 않다는 점에서 본 논의와 변별된다.

이 장에서 다루는 문법과 수학의 융합 교육에서는 일상적 표현으로 된 텍스트를 명사적 표현이 사용된 텍스트로 다시 쓰는 활동을 강조한다. 전자와 후자는 모두 수식이 아니라 언어적 표현으로 된 텍스트이기는 하지만, 본질적으로 다른 사유 방식을 반영하고 있다.[23] 명사적 표현을 활용하여 사태를 개체 간의 관계로 표상한 텍스트는 수리 언어적 사유 방식을 담고 있기 때문이다.[24]

이상의 논의를 통해 융합 교육의 초기 국면에서 활용할 수 있는 교육 내용을 살펴보았다. 학습자들이 이와 같은 융합 교육을 충분히 받은 후에는 '수학 텍스트의 언어적 특징을 장르적 차원에서 분석하기', '언어 형식의 선택에 주목하여 수학과 관련된 대중적 글 쓰기'와 같은 활동을 해 볼 수 있다.

이 장에서는 주로 명사적 표현에 초점을 두고 논의하였으나 수학 텍스트가 가진 장르적 특징이 언어 형식을 통해 어떤 방식으로 드러나는지에 대해서는 다양한 논의가 가능할 것이다. 또, 명사적 표현이라는 매개 단계를 수식화의 비계로 활용했던 앞선 논의와 달리 수식으로 표현하는 데 익숙하지만 이를 언어로 표현하는 데 어려움을 겪는 학습자

....

23 조진수, 앞의 글, 2018ㄴ, 9쪽.
24 이러한 관점은 '자연 언어 텍스트'와 '수리 언어로 표상되기에 적절한 정보를 파악해야 하는 텍스트'를 구분한 다음 논의에서도 확인할 수 있다. 주세형, 「융복합 시대 국어 문법교육학의 역할 – 내용 전문가와의 소통을 중심으로」, 『제280회 한국어교육학회 학술대회 발표 자료집』, 한국어교육학회, 2015, 21-41쪽.

에게는 명사적 표현 단계를 일상적 언어 단계로 가기 위한 비계로 활용할 수도 있을 것이다. 중장기적 관점에서 문법과 수학의 융합 교육 내용이 구체적으로 어떻게 실현될 수 있을지에 대해서는 차후 보다 실증적인 연구를 바탕으로 논의되어야 할 것이다.

문법과 수학의 융합 교육은 문법의 지식 구성적 기능을 잘 보여준다는 점에서 언어 중심의 융합 교육 논의에서 중요한 위상을 차지한다. 문법과 수학의 융합 교육은 이제 막 첫걸음을 내딛었다. 앞으로 문법 교과와 수학 교과가 융합될 수 있는 가능성에 대한 다각도의 모색이 있어야 할 것이다.

문학과 미술의 융합 교육*

1. 문학과 미술 융합 교육의 필요성

1) 문학과 미술의 융합의 전제

문학과 미술은 인간이 각각 언어와 시각 이미지를 통해 창조한 아름다운 걸작품들이다. 문학교육과 미술교육은 이러한 아름다운 걸작품들을 배우고 감상하는 동안 인간이 어떤 존재인지를 이해하고 인간의 창의적 능력을 고양시키는 경험이 일어나기를 희망하는 교과이다. 그런데 많은 연구들에 의하면 시각적, 언어적 자료들은 각각 쓰일 때보다는 함께 쓰일 때 더 강력한 메시지 전달자가 된다고 한다.[1]

....

* 이 장은 고정희, 「문학과 미술의 교육적 융합을 위한 제언-존 에버렛 밀레이의 그림 〈오필리아〉를 중심으로-」, 『문학치료연구』 40, 한국문학치료학회, 2016의 논의를 참조하여 이 책의 취지에 맞게 기술하였다.

1 R. A. Braden, "Twenty-Five Years of Visual Literacy Research", *Visual Lit-*

문학 작품을 잘 감상하기 위해서는 작품에서 언어로 전달된 내용을 시각적으로 떠올려보는 것이 중요하다. 언어로만 표현된 텍스트만으로도 시각적 이미지를 상상할 수 있는 능력은 문학교육에서 주된 목표로 삼고 있는 공감 능력과 밀접한 관련이 있기 때문이다. 우리는 다른 사람의 실질적인 고통이나 상처를 아는 것만으로는 공감을 일으키기 어렵고 그보다는 그 고통이나 상처를 중심으로 전개될 다채로운 서사와 이미지를 상상할 수 있을 때 공감력이 커진다.[2] 예를 들어 고전시가 〈공무도하가〉에서 "님은 그예 물을 건넜네"라는 구절을 접했을 때는 아무런 감각도 없던 사람이 영화 〈님아, 그 강을 건너지 마오〉에서 할아버지가 세상을 떠나는 장면에서는 오열을 하게 된다. 이를 보면 문학을 가르치는 교실에서 그 내용과 관련하여 풍부한 상상을 불러일으킬 수 있는 시각 자료를 활용하는 것은 문학에 대한 공감력을 높이기 위한 좋은 방법이 됨을 알 수 있다.

반대로 미술 작품을 잘 감상하기 위해서는 언어의 도움이 필요하다. 미술 작품을 조용히 감상하는 것보다는 그에 대한 반응을 토의하고 토론하는 언어적 소통을 통해서 '시각적 리터러시(visual literacy)'가 향상된다는 것이 미술교육 전문가들의 공통적 견해이다.[3] '시각적 리터러시'란 한 마디로 정의하기는 어려운 용어인데, 가장 간단히 말한다면 '다양한 시각적 이미지를 읽고 쓸 수 있는 능력'을 가리킨다. 학습자가

....

eracy in the Digital Age: Selected Readings from the Annual Conference of the International Visual Literacy Association (25th, Rochester, New York, October 13-17, 1993), p.9.

2 A. Jaffe, Scenes of Sympathy, Cornell University Press, 2000.

3 N. Addison & L. Burgess(eds.), Learning to Teach Art and Design in the Secondary School: A Companion to School Experience, London and New York: Routledge Falmer, 2000, pp.40-42.

미술 작품을 보면서 무엇인가를 직관적으로 느낄 때, 그것은 언어화하지 않으면 그 느낌 자체를 붙들고 더 정교한 읽기로 나아갈 수가 없다. 언어적 리터러시는 시각적 리터러시를 드러내는 도구이면서, 시각적 리터러시를 만들어내는 내용이 될 수도 있다.

2) 언어적 리터러시와 시각적 리터러시

'리터러시(literacy)'란 '읽고 쓸 줄 아는 능력'을 의미하는 말로서, 전통적으로 교육 받은 사람과 그렇지 않은 사람을 분리하는 기준이 되어 왔다. 그런데 21세기에 들어서면서 새로운 기술의 발달과 사회의 변화로 말미암아 새로운 의미의 리터러시 개념이 사용되기 시작하였다. 특히 다양한 시각적 이미지를 이해하고 활용하고 생산하는 능력을 의미하는 '시각적 리터러시'는 21세기에 교육받은 사람들이 갖추어야 할 중요한 능력으로 간주되고 있다.[4]

'시각적 리터러시(visual literacy)'라는 용어는 1969년 미국에서 열린 '비주얼 리터러시 회의'에서 데베스(Debes)에 의해 최초로 정의되었다. 그는 "비주얼 리터러시란 인간이 무언가를 보는 것과 동시에 다른 감각적 경험들을 경험하고 통합하는 것을 통해서 발달시킬 수 있는 일군의 시각-능력을 말한다."라고 정의하고, 이러한 능력들의 발달은 일반적인 인간 학습에서 기초가 된다고 주장하였다.[5] 데베스는 프렌스키(Fransecky)와 함께 진행한 연구에서 시각적으로 문식력을 갖춘 학생들은 '시각 자료를 읽어서 의도적인 소통에 이용할 수 있는 능력', '의도적

----

4   B. R. Jones-Kavaller & S. L. Flannigan, "Connecting the Digital Dots: Literacy of the 21st Century", *EDUCAUSE Quarterly* 29(2), 2006, pp.8-10.

5   http://ivla.org/new/what-is-visual-literacy-2.

인 소통을 위해서 시각 자료를 계획할 수 있는 능력', '의도적인 소통을 위해서 시각 자료를 창조할 수 있는 능력', '의도적인 소통을 위해서 시각 자료와 언어 자료를 조합할 수 있는 능력'을 가지고 있다고 지적하였다.[6]

이후 수많은 연구들이 쏟아져 나왔지만 '시각적 리터러시(visual literacy)'라는 용어는 여전히 정의하기 힘든 개념으로 간주되고 있으며 이에 대한 합의된 이론도 없는 상태로 남아 있다.[7] 그럼에도 불구하고 이 용어는 21세기 들어서 미술교육의 핵심 키워드로 떠오르게 되었다. 그 이유는 거의 모든 연구자들이 '보는 방법'을 가르치고 배울 수 있다는 데에 동의했기 때문이다. 시각적 리터러시에 대한 연구들에서 공통적으로 강조하고 있는 것은 시각적 리터러시가 '학습될 수 있고, 가르쳐질 수 있고, 발달되거나 향상될 수 있다.'는 것이다.[8] 이에 따라 영국의 국가교육과정은 1995년부터 학생들로 하여금 '시각적으로 문식력을 갖추게 하는 것'을 미술교육의 목적 가운데 하나로 표방하였다.[9]

우리나라의 경우도 2000년대 후반부터 시각적 리터러시에 대한 연구가 쏟아져 나오고 있다.[10] 이들 연구들은 외국의 연구들에서 촉발된

....

6   M. D. Avgeriou & R. Pettersson, "Toward a Cohesive Theory of Visual Literacy", *Journal of Visual Literacy* 30(2), 2011, pp.1-19.
7   R. A. Braden, 앞의 글, 1993, 3쪽.
8   M. D. Avgeriou & R. Pettersson, 앞의 글, 2011, 1-19쪽.
9   N. Addison & L. Burgess(eds.), 앞의 책, 2000, 321쪽.
10   최기호, 「시각적 문해력의 발견적 개념으로서의 재인식: 시각문화 미술교육에의 시사점」, 『미술과 교육』 14(1), 한국국제미술교육학회, 2013, 49쪽; 박상돈·이성도, 「비주얼 리터러시의 미술교육적 접근 – 휴대폰 카메라를 이용한 다큐멘터리 사진의 제작과 활용을 중심으로」, 『美術敎育論叢』 21(2), 한국미술교육학회, 2007, 196쪽; 최기호, 「미술대학 기초실기 교수활동에 반영된 시각적 문해력의 역량요인 분석」, 서울대학교 박사학위논문, 2012, 17쪽; 이은주, 「비주얼 리터러시 관점에 따른 교과서 일러스트레이션의 표현변화 연구–한국 도덕교과서의 사례를 중심으로–」, 『기초조형학연구』 16(4), 한국기초

것들로서, 시각적 리터러시에 대한 정의는 앞서 살핀 정의와 대동소이하다. 시각적 리터러시는 "오늘날 다양한 시각적 문화양식들을 이해하고 그들과의 상호작용을 위해 필요한 능력으로서의 리터러시인데, 이것은 시각적 이미지의 활용능력으로서 시각적으로 생각하기, 시각적으로 읽기, 시각적으로 쓰기를 포함하며 궁극적으로 시각적으로 의사소통하기를 목적으로 한다."고 정의된다.[11]

2015년 미술과 교육과정에서 핵심역량으로 꼽고 있는 '미적 감수성, 시각적 소통 능력, 창의·융합 능력, 미술 문화 이해 능력, 자기 주도적 미술 학습 능력'은 이러한 '시각적 리터러시'와 밀접한 관련이 있다. 특히 "변화하는 시각 문화 속에서 이미지와 정보, 시각 매체를 이해하고 비판적으로 해석하며, 이를 활용한 미술 활동을 통해 소통할 수 있는 능력"으로 정의되는 '시각적 소통 능력'[12]은 "미술품을 텍스트로 간주하여 미술 작품을 읽고 해독할 수 있으며 그것을 실생활에 의미 있게 활용하고, 분석하여, 스스로 제작하고 평가할 수 있는 능력"[13]을 의미하는 '시각적 리터러시'의 번역어로 보인다.

그러나 외국에서의 연구와 마찬가지로 국내 연구들에서도 시각적 리터러시의 하위 능력들이 무엇이며, 어떤 전략을 통해 그것들을 기를 수 있는지, 그리고 그것을 어떻게 평가할 수 있는지에 대한 합의된 논의는 찾아보기 어렵다. 따라서 시각적 리터러시를 기르기 위해서 실제로 어떤 접근방법이 필요한가에 대해서는 여전히 연구자나 교사의 개별적

....

조형학회, 2015, 471-472쪽 등.

11 박소라·김정선, 「시각적 문해력 향상을 위한 그림책의 그림읽기 전략 연구」, 『미술교육연구논총』 30, 한국교육대학교 미술교육학회, 2011, 29쪽.

12 교육부 고시 제2015-74호 [별책 13], 『미술과 교육과정』, 교육부, 2015.

13 이화식, 『미술교육』, 참교육과 미래, 2008, 66쪽.

판단에 의존하고 있는 실정이다. 여기서 영국의 미술교육을 참조할 필요가 있다.

영국의 미술교육에서 흥미로운 점은 시각적 리터러시를 기르는 데 있어서 언어가 매우 중요한 역할을 한다는 인식이 잘 확립되어 있다는 것이다. 미술교사를 위한 지침서에 따르면 학생들로 하여금 '예술 경험의 본질, 예술의 기준, 예술의 목적에 대해 토의하도록' 해야 학생들이 단순히 미술에 대해 생각하는 데 그치지 않고 그것에 접근하고 그것을 더 넓은 문맥에서 바라볼 수 있게 된다고 강조한다.[14]

실제로 많은 연구들이 언어적 리터러시와 시각적 리터러시가 서로 번역되고 전이될 수 있는 능력이라는 사실을 입증하고 있다. 예(Yeh)와 로(Lohr)는 "시각적 이미지를 보고, 의미를 이끌어 내고, 그것에 대해 말을 하는 것"은 그것을 어떻게 읽을지를 배우는 과정과 같다고 강조한다.[15] 에디슨(Addison)과 버게스(Burgess)도 예술 작품에 대한 반응을 토의하고 토론하는 과정에서 예술 작품을 분별하고 조사하고 이해하고 소통하는 능력이 발달된다고 지적한다.[16]

시각적 리터러시를 기르는 데 있어서 언어의 역할을 강조할 수밖에 없는 이유는 언어를 매개하지 않고서는 시각 이미지의 의도된 의미를 분석하고 해석하고 이해하는 것이 거의 불가능하기 때문이다. 하지만 시각적 능력을 직접 평가하는 도구가 없어 언어능력에 기대다 보니, 종종 학생들의 시각적 능력이 무시되는 현상이 나타났다.[17] 이처럼 언어

········

14   N. Addison & L. Burgess(eds.), 앞의 책, 2000, 40쪽.

15   H. Yeh & L. Lohr, "Towards Evidence of Visual Literacy: Assessing Pre-service Teachers' Perceptions of Instructional Visuals", *Journal of Visual Literacy* 29(2), 2010, p.185.

16   N. Addison & L. Burgess(eds.), 앞의 책, 2000, 42쪽.

17   H. Yeh & L. Lohr, 앞의 글, 2010, 184쪽.

9장 문학과 미술의 융합 교육 **285**

에 대한 강조가 지나쳐서 교과 정체성이 상실되는 것을 우려하는 목소리도 함께 대두되고 있다. 미술교사를 위한 지침서에서는 언어적 리터러시와 시각적 리터러시는 서로 호혜 관계에 있다는 점을 강조하여 이러한 딜레마를 피하고자 하였다.[18]

그에 비해 오랫동안 의사소통의 핵심적 지위를 누려 온 언어 교과에서 시각적 리터러시에 대한 인식은 매우 낮은 편이다. 전통적인 리터러시 개념은 언어 교과에서도 확장을 거듭하면서 국어교육에서는 '미디어를 읽고 쓸 줄 아는 능력'이란 의미의 '미디어 리터러시', '어떤 것을 비판적으로 읽고 쓸 줄 안다'는 의미의 '비판적 리터러시', '어떤 문화에서 소통하기 위해 기본적으로 필요로 하는 문화 지식'이라는 의미의 '문화적 리터러시' 등의 용어가 이제는 주석 없이 쓰일 만큼 일반화되었다.[19] 그러나 이러한 리터러시 개념의 확장에도 불구하고 시각적 리터러시는 언어 교과에서 특별히 부각된 적이 없었다.

〈국어〉과 교육과정에서 시각, 이미지, 비주얼 등의 시각적 리터러시 관련 어휘가 매우 드물게 발견된다는 점 역시 이를 뒷받침한다. 현행 국어과 교육과정에서는 모든 과목을 통틀어 매체 관련 내용을 다루고 있는 몇 개의 성취기준에 대한 해설에서 '이미지' 등의 복합 양식을 다룰 것을 지시하는 데 그치는 정도이며, 단 한 개의 성취기준 해설에서 이미지 해석을 다룰 것을 요구하고 있는 실정이다.[20] 즉 시각(이미지) 요

....

18 N. Addison & L. Burgess(eds.), 앞의 책, 2000, 321쪽.
19 이들 용어들의 정의와 함의에 대해서는 정현선, 「'언어·문화·소통 기술'의 관점에서 본 미디어 리터러시의 고찰」, 『한국학연구』 25, 고려대학교 한국학연구소, 2006, 71-101쪽에 자세히 나와 있다.
20 현행 고등학교 국어과 교육과정(2015.9.고시본)에 나타나는 시각적 리터러시 관련 내용은 다음과 같다. 고등학교 〈국어〉 1학년 읽기 영역 성취기준 "[10국02-02] 매체에 드러난 필자의 관점이나 표현 방법의 적절성을 평가하며 읽는다."에 대한 교수·학습 방법

소는 매체를 구성하는 다중적 요소로만 이해될 뿐 시각적 리터러시의 개념이나 방법에 대한 언급은 전혀 없는 것을 볼 수 있다.

언어 교과에서는 언어가 주요한 메시지를 전달하고 시각 이미지는 그것을 보조하는 역할을 하는 것으로 이해한다. 시각 이미지는 캐릭터를 더 깊이 이해하는 데 도움을 주거나,[21] 스토리에 흥미를 부여하는 역할에 머문다.[22] 시각적 리터러시가 이러한 보조적인 역할에 그친다면 그것은 언어적 리터러시와 진정한 의미에서 호혜 관계에 있다고 보기 어렵다. 시각이 언어가 환기하지 못하는 어떤 국면들을 환기하여 언어로 하여금 그것을 표현하도록 강요할 때, 비로소 시각적 리터러시는 언어적 리터러시와 호혜 관계를 맺고 있다고 말할 수 있다.

오스본(Osbourn)은 언어가 시각적 지각을 소통하기 위해 사용되기도 하지만, 시각적 지각이 언어를 자극하는 일도 한다는 것을 강조하였다.[23] 아브거리우(Avgeriou)와 페터슨(Pettersson)은 메시지 내용이 정서적, 전체적, 즉각적, 공간적일 때 시각적인 메시지가 언어적인 메시지

....

및 유의 사항에서 광고를 평가하며 읽는 방법 중 하나로 이미지에 나타나는 필자의 관점이나 의도 찾기를 제안하고 있다. 〈언어와 매체〉 성취기준 "[12언매01-04] 현대 사회의 소통 현상과 관련하여 매체 언어의 특성을 이해한다."에 대한 해설에서 매체가 소리, 음성, 이미지, 문자, 동영상 등의 복합양식임을 지적하고, 성취기준 "[12언매02-10] 다양한 갈래에 따른 국어 자료의 특성을 이해하고 적절하게 국어 자료를 생산한다."에 대한 해설에서 음성, 문자, 음향, 이미지, 동영상 등의 복합적 양상이 광고텍스트에서 잘 드러난다고 소개하는 정도이다.

21 L. A. Prior, A. Wilson & M. Martinez, "Visual Literacy as a Pathway to Character Understanding", *The Reading Teacher* 66, International Reading Association, 2012, pp.195-206; J. Sibana & L. Sibana, "Visual Literacy Development through the Mediation of Grade 4 English Textbooks", *Journal of Visual Literacy* 32(2), 2013, pp.36-66.

22 안혁, 「리터러시를 위한 이미지와 내러티브 관계 분석」, 『언어와 언어학』 63, 한국외국어대학교 언어연구소, 2013, 115-116쪽.

23 N. Addison & L. Burgess(eds.), 앞의 책, 2000, 41쪽.

보다 선호된다고 지적한다.[24] 이들의 주장에 따르면 모든 언어 메시지가 그러한 것은 아니지만, 어떤 언어 메시지들은 특별히 시각적 리터러시의 도움을 받아야만 효과적으로 전달될 수 있다고 볼 수 있다. 예컨대 문학 작품 가운데는 그 메시지가 정서적이고 전체적이고 즉각적이고 공간적이어서 독자가 시각적 이미지를 환기할 때 비로소 그 의미를 해독할 수 있는 장면들이 종종 있다. 이 장에서는 그림을 읽는 능력인 시각적 리터러시가 문학 텍스트를 읽는 언어적 리터러시를 신장시키는 사례에 주목하여, 문학과 미술의 융합 교육의 한 방안을 생각해 보고자 한다.

2. 문학과 미술 융합 교육의 가능성

1) 라파엘 전파 화가들의 사례

앞에서 언어적 리터러시와 시각적 리터러시는 서로 호혜적 관계에 있음을 살폈다. 문학과 미술의 융합은 이러한 호혜적 관계에 바탕을 두고 시도될 때 각 교과의 정체성을 유지하는 가운데 학습자의 리터러시의 총량이 증가하는 바람직한 교육적 변화가 일어난다. 여기서 언어적 리터러시와 시각적 리터러시의 호혜성을 실증해 보이는 예로 라파엘 전파 화가들에 주목할 필요가 있다.

19세기 중반 영국에서 대두된 라파엘 전파는 영국 회화를 개혁하기 위해서 라파엘(Raphael, 1483-1520) 이전 시대의 예술의 면모를 부흥하려는 것을 목적으로 한 예술가 그룹이었다. 로열 아카데미에서 만난

....

24   M. D. Avgeriou & R. Pettersson, 앞의 글, 2011, 1-19쪽.

젊은 그들은 자신들의 스승이 가르치고 있는, 라파엘과 미켈란젤로 이후로 수세기에 걸쳐 축적된 전통을 거부하였다.[25] 그들은 라파엘 이후에 회화의 관습적인 규칙인 빛과 그림자의 추상화된 건축적인 균형을 강력히 비판하고, 직접적이고 감각적인 경험을 중시했다. 이를 위해 문밖으로 나가서 자신이 볼 수 있는 모든 디테일과 그날의 밝게 빛나는 햇빛 자체를 직접 캔버스 위에 그리는 '자연의 시학'을 주장하였다.[26]

라파엘 전파가 말하는 '자연'이란 밖으로 나가 화가의 눈으로 직접 보는 자연물들만을 가리키는 것은 아니었다. '자연에 충실하자'라는 그들의 모토는 문학을 포함한 모든 동시대의 문화의 영역에서 관습을 벗어버리고 새롭게 시작하려는 노력을 기울이는 것을 의미했다. 그것의 일환으로 그들은 문학과 예술에서 여러 장르와 스타일을 혼합하는 데에도 열심이었다. 이들은 '그림으로서의 시, 시로서의 그림'이라는 키이츠(Keats)의 아이디어에 동조하면서 문학 작품을 그림으로 그리는 데 열심을 보였다. 이를 실천하기 위해서 그들은 문학의 창작과 비평에 적극적으로 참여하면서 그들이 물려받은 회화의 관습에 반기를 드는 것과 같은 의미에서 당대의 문학적 관습의 세련됨을 벗어던지고자 하였다.[27]

이러한 문학적 관습의 세련됨을 벗어던지고자 한 화가들의 노력은 셰익스피어의 작품에서 기존 문학 비평가들이 읽어내지 못한 의미를 발견하고 부각시키는 결실을 거두게 되었는데, 다음 장에서 자세히 살펴볼 존 에버렛 밀레이가 대표적인 화가이다. 존 에버렛 밀레이의 그림

....

25   T. Barringer, *The Pre-Raphaelites*, The Everyman Art Library, 1998, p.7.
26   I. Armstrong, "The Pre-Raphaelites and literature", E. Prettejohn(ed.), *The Cambridge Companion to the Pre-Raphaelites*, Cambridge University Press, 2012, p.21.
27   E. Prettejohn, "Introduction", E. Prettejohn(ed.), 위의 책, 2012, pp.2-5.

〈오필리아〉는 문학 비평에서 수동적인 인물로 소극적으로만 해석되었던 오필리아를 비극의 주인공으로 그려냄으로써 〈햄릿〉 텍스트를 오필리아를 둘러싼 새로운 서사적 독법으로 읽을 수 있다는 사실을 보여주었다. 밀레이가 보여준 시각적 리터러시와 언어적 리터러시의 생산적인 조우는, 문학과 미술 융합 교육의 가능성을 구체적으로 실증하는 사례이다.

2) '말하는 그림(speaking picture)'으로서의 문학

앞서 언급했듯이 국어 교과에서는 텍스트를 읽는 데 있어서 언어적 리터러시가 핵심적이고 시각적 리터러시와 같은 다른 리터러시는 부수적인 역할을 하는 것으로 이해하고 있다. 그러나 게리 울리(G. Wooley)에 따르면 읽기는 복잡하고 상호작용적인 과정이며, 언어적/시간적 측면만 가지는 것이 아니라 시각적/공간적 양식의 이해를 요구한다. 따라서 이 두 방향을 모두 충족시켜야 읽기 과정에 대한 의미 있는 이해를 형성할 수 있다. 능숙한 독자는 텍스트의 시각적인 정보와 언어적인 정보 모두를 포함하는 심적인 모델(mental model)을 구성함으로써 남보다 의미 있는 읽기를 해낸다.[28] 이러한 논의는 독자가 언어로 된 텍스트를 읽을 때 언어적인 정보에 결합되어 있는 시각적인 정보를 활성화 하는 것이 매우 중요하다는 사실을 다시 한 번 일깨워준다.

언어 텍스트가 시각적 정보를 풍부하게 담고 있는 예로 소위 '말하는 그림(speaking picture)'이라고 불리는 문학 작품들을 들 수 있다. 이런 작품을 읽을 때 독자가 해당 장면에 포함된 시각적/공간적 정보들

....

28 G. Woolley, "Using visualisation and imagery to enhance reading comprehension", G. Barton(ed.), *Literacy in the Art: Retheorising Learning and Teaching*, Berlin: Springer, 2014, pp.217-218.

을 해석하지 못하고 단지 선조적이고 분석적으로만 읽게 되면 텍스트의 의미를 상당 부분 놓치게 된다. 셰익스피어가 그런 장면을 자주 그려낸 작가였기에, 그의 작품은 시각적 정보를 읽는 데 뛰어났던 거의 모든 유파의 화가들에 의해 특히 애호되었다. 〈햄릿〉에서 오필리아의 죽음에 대한 거투르드의 왕비의 묘사 장면이 그 대표적인 예이다.[29]

제4막 제7장 중

왕비 등장

왕비   비탄이 비탄의 꼬리를 물고
            너무 빨리 오는구나. 네 누이가
            익사했다, 레어티즈.
레어티즈   익사해요? 오, 어디서요?
왕비   거울 같은 물 위에 하얀 잎을 비추며
            냇가에 비스듬히 수양버들 자라는데,   170
            그것으로 네 누이가 기막힌 화환을
            미나리아재비, 쐐기풀, 들국화, 그리고
            입 건 목동들은 더 야하게 부르지만
            정숙한 처녀들은 〈죽은이 손〉이라는
            야생란과 엮어서 만들었지   175
            흰 가지에 풀꽃 관을 걸려고 올라가다,
            한 짓궂은 실가지가 부러져,
            풀화환과 네 누이가 울고 있는 개울로 떨어졌어.
            입은 옷이 쫙 퍼져 그녀는 인어처럼 잠시 뜬 채,
            옛 찬가 몇 구절을 그 동안에 불렀는데,   180
            자신의 위기에는 무감하게 되었거나,
            마치 물에서 태어나고 거기에 적응된
            생물 같아 보였지. 그러나 멀지 않아
            그녀의 의복이 마신 물로 무거워져,
            곱게 노래하는 불쌍한 그 애를 진흙 속   185
            죽음으로 끌고 갔어[30]

---

29   윌리엄 셰익스피어, 최종철 역, 〈햄릿〉, 민음사, 1998, 171-172쪽.

인용 부분은 거투르드 왕비가 오필리아의 죽음을 그녀의 오빠 레어티스에게 전달하는 장면이다. 거투르드는 여기서 미적인 즐거움이 느껴질 정도로 사건의 묘사를 자세하게 하고 있다.[30] 덕분에 독자들은 오필리아가 빠져 죽은 물은 거울 같이 맑고 깨끗한 물이었음을 알 수 있다. 그 물 위에 하얀 잎을 비추며 수양버들이 비스듬히 자라고 있다. 그리고 아름다운 오필리아가 미나리아재비, 쐐기풀, 들국화, 〈죽은이 손〉을 엮어서 풀꽃 화관을 만들고, 이 화환을 버드나무 가지에 걸려고 올라갔는데 "짓궂은 실가지"가 그만 부러져 버린다. 오필리아는 화환과 함께 "울고 있는" 개울로 떨어졌다. 그러나 그녀는 곧장 가라앉지 않았다. 그녀가 입은 옷이 쫙 퍼지면서 그녀를 잠시 동안 인어처럼 물에 떠올려주었기 때문이다. 그녀는 물에 뜬 채 옛 노래 몇 구절을 불렀고, 이렇게 노래 부르는 그녀는 마치 죽음의 위기를 느끼지 못하는 것 같았다. "마치 물에서 태어나고 거기에 적응된/ 생물"처럼 그녀는 편안해 보였다. 그러나 그것은 잠시일 뿐. "멀지 않아/ 그녀의 의복이 마신 물로 무거워져,/ 곱게 노래하는 불쌍한 그 애를 진흙 속/ 죽음으로 끌고 갔"다.

많은 사람들이 지적하듯이 오필리아를 둘러싸고 있는 나무, 꽃, 풀들은 모두 일정한 상징을 지니고 있다. 버드나무는 사랑을 잃은 사람을 의미하며, 쐐기풀은 고통과 독, 배반을 의미한다. 들국화는 버려진 사랑을, 미나리아재비는 실의와 낙담을 의미한다. 남근을 닮은 자주빛 꽃인 야생란(〈죽은이 손〉)은 성과 죽음을 의미한다.[31] 이러한 상징적인 꽃들은 버림받은 사랑 때문에 고통받는 오필리아의 심정을 대변해주는 것은 사실이지만 셰익스피어는 오필리아를 단순히 버림받은 사랑에 고통

....

30   M. C. Ronk, "Representations of Ophelia", *Criticism* 36(1), 1994, p.22.
31   위의 글, 26쪽.

받는 여인으로만 그리지 않았다. 거투르드의 무감각하고 빈틈없는 묘사를 통해 죽어가면서도 죽어가는 사람처럼 추해보이지 않고, 인간이면서도 동시에 인간이 아닌, 죽음이 보통 수반하는 변화를 넘어서는 역설적인 오필리아를 그려놓았다.[32]

이 장면의 메시지는 정서적이고 전체적이고 공간적이고 즉각적이어서 여기서 언어적이고 논리적인 분석만을 시도하는 것은 작품이 요구하는 읽기 방법과 맞지 않는다. 오필리아를 정서적이고 전체적으로 읽어 내지 못하고 오필리아라는 인물이 햄릿의 복수라는 거대 서사 안에서 차지하는 비중만을 중시할 때 오필리아는 〈햄릿〉에서 없어도 될 인물처럼 여겨질 수 있다. 저명한 셰익스피어 비평가 중 한 사람인 리 에드워즈(L. Edwards)는 심지어 "오필리아 없는 햄릿 이야기는 상상할 수 있어도 햄릿 없이는 오필리아 이야기가 없다."[33]고 말했다.

반대로 빅토리아 시대 화가들이라면 '햄릿 없는 햄릿 이야기는 상상할 수 있어도 오필리아 없는 햄릿 이야기는 상상할 수 없다'고 말했을 지도 모른다. 셰익스피어는 빅토리아 시대 화가들의 가장 인기 있는 원천이었는데, 그 가운데서도 비극적이고 낭만적인 형상이 함께 결합되어 있는 '오필리아'는 그들의 가장 인기 있는 주제였다.[34] 오필리아는 화가들의 읽기 방식에 의해서 가장 많이 읽혀질 수 있는 여지가 있는 인물이었던 것이다.

오필리아의 죽음을 묘사한 장면을 이처럼 많은 화가들이 그리고 싶어 했다는 것은 그 텍스트 자체가 풍부한 시각적 정보를 갖추고 있음을

....

32   위의 글, 33-36쪽.
33   이혜경, 「영화로 각색된 오필리아」, 『셰익스피어비평』 49(2), 한국셰익스피어학회, 2013, 288쪽.
34   'Ophelia', Sir John Everett Millais, Bt: Summary, www.tate.org.uk/britain.

방증한다. 뛰어난 시각적 리터러시를 갖춘 사람들은 "모든 단어에는 색이 숨어 있다."고 느낀다.[35] 오필리아의 죽음 장면 묘사에 언급된 버드나무, 쐐기풀, 들국화, 미나리아재비, 야생란은 모두 색과 형태를 갖춘 사물들로서 화가들의 머릿속에 강력한 시각적 이미지를 불러일으킬 수 있다. 또한 "거울 같은 물", 그 물에 비친 "버드나무의 하얀 잎", "흰 가지", "실가지", "물에 넓게 퍼진 옷", "인어 같은 형상", "울고 있는 개울"이라는 단어들 모두 강력한 시각적 이미지를 환기하는 단어들이다. 이러한 단어들과 함께 "곱게 노래하는 불쌍한 그 애"로 묘사되어 있는 비논리적이고 역설적인 오필리아의 형상을 읽어내기 위해서는 높은 수준의 시각적 리터러시가 요구된다. 이 장면의 언어를 잘 읽는 능력은 이 장면이 말하고 있는 그림을 잘 보는 능력에 다름 아니다. 문학과 미술의 융합 교육이 각각을 교육할 때보다 더 효과적이고 창의적이기 위해서는 이처럼 두 가지 리터러시를 모두 요구하는 텍스트를 잘 선별할 필요가 있다.

3. 문학과 미술의 융합 교육의 내용: 밀레이의 〈오필리아〉

빅토리아 시대 대부분의 화가들은 오필리아가 죽어가는 장면을 그리기보다는 오필리아가 죽음으로 떨어지기 직전에 시냇가에 늘어진 버드나무 가지에 앉아 있는 모습을 선택하였다. 그들은 셰익스피어의 사랑받는 여성 캐릭터를 죽음의 꼴사나운 모습보다는 위생적인 모습으로 그려서 그녀의 파토스와 미덕과 아름다움을 강조하길 원했던 것이다.[36] 그

....

35 　이정아·김성호, 「스토리의 상징성에 관한 컬러리터러시 연구−연상과 상징을 통한 실습을 중심으로−」, 『예술과 미디어』 12(3), 한국영상미디어협회, 2013, 174쪽.

36 　K. Rhodes, "Performing roles: Images of Ophelia in Britain, 1740—1910 (William

[그림 9-1] 존 에버렛 밀레이, 〈오필리아〉

러나 이러한 선택은 죽어가지만 "죽음이 수반하는 변화를 넘어서는"[37] 오필리아를 재현하고자 했던 셰익스피어의 역설적 메시지를 만족시킬 수 없었다. 그에 반해 존 에버렛 밀레이(J. E. Millais)의 그림 〈오필리아〉는 〈햄릿〉에 나오는 어떤 말도 놓치지 않으려는 듯이 텍스트에 충실한 작품이라는 평가를 받는다.

밀레이는 1851년에서 1852년에 걸쳐 이 그림을 그렸다. 그는 1829년 사우스햄프턴의 부유한 신사의 아들로 태어났고 어릴 때부터 천재로 여겨졌다. 1838년에 런던에 와서 사스 아트 스쿨을 다녔고 9살의 나이에 미술 협회에서 은메달을 획득한다. 1840년에 로열 아카데미 스쿨에 최연소로 입학하였고 1843년에는 그림 분야에서 은메달을, 1847년에

....

Shakespeare)", Columbia University Ph.D. Thesis, 1999, pp.200-201.
37   M. C. Ronk, 앞의 글, 1994, 33쪽.

는 금메달을 획득하였다.[38] 일찍이 천재로 이름이 났지만 너무 이른 나이에 라파엘 전파 그룹에 합류하는 바람에 논란이 많이 일었다. 밀레이는 당시 전 유럽에서 그림의 소재로 매우 인기 있었던 셰익스피어의 작품에서 소재를 취함으로써 비등하던 의혹을 잠잠케 하는 효과를 얻을 수 있었다.[39]

이 작품에 나타난 식물들에 대한 사실주의적 묘사는 '자연에 충실하자'는 구호를 내세운 라파엘 전파 화가들의 모토를 따른 것이다. 밀레이는 이 그림을 그리기 위해 런던 근교에 위치한 서리(Surrey) 지방에 있는 혹스밀(Hogsmill) 강가로 캔버스를 들고 나갔다. 혹스밀 강은 런던의 남쪽 이월(Ewell)에서 발원하여 템즈 강으로 흘러들어가는 템즈 강의 작은 지류로 총 길이는 9.9킬로미터에 달한다.[40]

혹스밀 강의 전경[41]

....

38 'Artist biography', Sir John Everett Millais, Bt: Summary, www.tate.org.uk/britain.
39 C. Jacobi & P. Curtis(eds.), *The Britain Companion: A Guide to British Art*, Tate Publishing, 2013, p.76.
40 https://en.wikipedia.org/wiki/Hogsmill_River.
41 이 사진은 2016년 5월에 혹스밀 강에서 필자가 직접 촬영하였다.

사진에서 보는 대로 강이라기보다는 개울에 가까운 좁은 물줄기를 따라 버드나무들이 죽 늘어서 있다. 물은 맑고 잔잔하며 버드나무 잎은 햇빛에 반사되어 흰빛을 띠고 있다. 앞쪽에 무성하게 자라 있는 풀들이 쐐기풀인데 맨살에 닿으면 매우 따갑고 쓰라린 풀이다. 혹스밀 강에 가 보면 이 풀이 '고통과 독, 배반'을 의미한다는 말이 상징이 아닌 사실로 느껴진다. 밀레이는 여름 내내 혹스밀 강에서 식물들을 관찰하면서 고통스러울 정도로 사실적 묘사에 집착하였다. 그리고 나서 겨울에 런던에 돌아와서 오필리아를 그려 넣었다.

그림을 그리는 동안 밀레이는 오필리아에게 비상한 친밀감을 느꼈다고 고백하였다. 밀레이가 콤(Combe) 여사에게 보낸 편지에 따르면 그는 인간의 살에 유별난 탐욕을 보이는 혹스밀 강의 파리 떼와, 무단 침입으로 치안판사에게 불려갈 수 있는 위협 속에서 그림을 그렸다고 한다. 이뿐 아니라 자신이 "그림을 그리는 동안 바람에 날려 물에 빠져서, 오필리아의 감정에 친밀해질까봐 두려웠다"고 고백하였다. 그리고 이런 조건 속에서 그림을 그리는 것은 살인자에게 교수형보다 더 한 형벌일 것이라고 말하였다.[42]

이러한 밀레이의 고백 속에서 그가 오필리아를 그리는 동안 교수형보다 더 한 고통을 맛보았음을 알 수 있다. 그는 이 그림을 그리는 과정을 "나의 순교(martyrdom)"라고 표현하였다. 순교자가 두려워하는 것은 고통 그 자체라기보다는 자신의 고통이 그것을 요구했던 대상을 구원하지 못하고 흔적 없이 사라지는 것이다. 마치 순교자처럼, 남들은 맛보지 않고 지나가는 극심한 고통을 맛보면서 이 고통이 아무런 열매를 맺지 못하고 자신이 고통 받았다는 사실조차 잊혀질까봐 그는 두려워

....

42　'Ophelia', Sir John Everett Millais, Bt: Summary, www.tate.org.uk/britain.

했다. 밀레이는 오필리아처럼 자신이 진흙 속 죽음에 끌려 들어가면 왕성한 식욕을 지닌 파리 떼의 먹이가 되어 완전히 사라질 것이 두렵다고 하였다. 여기서 그가 오필리아를 일종의 순교자처럼 해석하고 있다는 사실을 엿볼 수 있다.

그동안의 문학비평에서는 오필리아의 고통의 의미를 오필리아의 입장에서 해석하는 시각이 결여되어 있었다. 항상 오필리아의 고통이 햄릿에게, 그녀의 오빠 레어티스에게 어떤 의미인지에만 관심을 기울여 온 것이다. 오필리아의 고통은 오빠 레어티스에게는 복수의 칼날을 갈도록 만들었지만, 햄릿에게는 거의 아무런 영향을 미치지 못한 것처럼 보인다. 그래서 오필리아는 "남자 주인공을 구원하는 데 실패하는 유일한 여주인공"으로 일컬어진다.[43]

그러나 밀레이의 그림에서 오필리아는 빅토리아 시대의 물의 이미지에 따라 깨끗한 물에 빠져죽는 모습을 통해 세례를 통해 구원받을 수 있는 가능성을 지닌 것으로 묘사되었다.[44] 설령 오필리아의 고통이 자신과 남을 구원하지 못한다 할지라도 고통 받는 사람의 입장에서 보면 의미 없는 고통이란 있을 수가 없다. 고통의 생생한 감각이야말로 자신의 살아 있음을 가장 극명하게 느끼게 해준다. 밀레이가 오필리아에게 비상한 친밀감을 느끼고 그녀의 고통의 의미를 그녀의 입장에서 읽어낼 수 있었다면, 이 그림의 모델이었던 엘리자베스 시달(E. Siddal)은 어렴풋하게나마 오필리아의 고통을 자신의 것으로 느낄 수 있었다.

화가이자 시인이었던 엘리자베스 시달은 눈부시게 아름다운 여성으로서 라파엘 전파 화가들의 영감의 원천이자 그들이 선호한 모델이

………

43   C. Walton, "A Brief for Ophelia", *Poet Lore* 3, 1891; Writer's Center, etc., p.569.
44   K. Rhodes, 앞의 글, 1999, 215쪽.

었다. 이 그림을 위해서 시달은 물을 채운 욕조에 넉 달이나 누워서 이러한 포즈를 취하여야 했다. 욕조의 물은 램프로 데워져 있었지만 한 번은 램프가 꺼지는 바람에 차가운 물위에 누워 있는 고통을 맛보기도 하였다. 이때를 회상하면서 쓴 시에 의하면 시달은 누워있는 동안 자신이 "남성의 사랑을 잃어버렸기 때문에 죽음을 갈망하는 오필리아"와 동일시되는 것 같았다고 고백하였다.[45]

밀레이와 시달의 '오필리아 읽기'는 문학비평가들의 '오필리아 읽기'를 보완하는 의미가 있다. "말하는 그림"으로 표현된 오필리아는 논리적으로 해석될 수 있는 인물이라기보다는 총체적인 이미지로 그려져야만 '읽혀질 수' 있는 인물 중에 하나이다. 그러므로 〈햄릿〉을 가르치는 문학교실에서 밀레이의 그림 〈오필리아〉는 그 어떤 자료보다 중요한 참조 자료가 될 수 있다. 그림으로 그려진 오필리아는 독자에게, 다른 사람의 서사에서 차지하는 오필리아의 기능이 아니라 오필리아라는 인물 자체에 대해 어떻게 생각하는지를 묻고 있다.

4. 문학과 미술의 융합 교육의 실행 방안

1) 문학 텍스트와 그림의 내용 비교

밀레이의 그림 〈오필리아〉와 〈햄릿〉을 대조해 보면, 문학 텍스트에는 없었는데 화가가 첨가해서 그려 넣은 꽃들이 있는 것을 발견하게 된다. 이 꽃들은 '오필리아' 서사에 대한 밀레이 자신의 해석이 반영된 꽃

....

45   위의 글, 233쪽.

들이다. 〈햄릿〉 텍스트의 꽃들이 '버림받은 사랑'을 강조한다면, 그가 첨가한 팬지는 헛된 사랑을, 바이올렛은 믿음 없음을 상징하는 꽃들이다.[46]

문학과 미술의 융합 교육을 시도하는 교사들은 학습자들로 하여금 밀레이가 왜 이런 꽃들을 첨가했을지 생각해 보도록 하면서, 특히 텍스트와의 관련성을 찾아보도록 한다. 바이올렛은 제1막에서 그녀의 오빠 레어티즈가 오필리아에게 햄릿의 유혹에 넘어가 순결을 잃어서는 안 된다면서 언급한 꽃이다. 그는 오필리아에 대한 햄릿의 호의가 '젊은 시절의 한 때의 바이올렛과 같이 빨리 피어나지만 영원하지 못하고 달콤하지만 오래가지 못하는 것'이라고 경고하였다.[47] 바이올렛을 그림으로써 밀레이는 오필리아의 죽음에 대한 햄릿의 책임을 묻는 한편 오필리아의 비극이 시작되기 이전의 서사적 시간도 이 그림에 담는다.

오필리아의 치맛자락과 뺨 옆에 붙어있는 듯이 보이는 장미꽃은 오필리아의 서사와 관련하여 더욱 의미심장하다. 레어티즈는 자신의 부친이 햄릿에게 살해되었다는 것과 그로 인해 오필리아가 미치게 되었다는 소식을 듣고는 가슴이 불타는 심정으로 "아, 오월의 장미, 순진한 처녀, 친절한 누이, 달콤한 오필리아!"라고 절규한다.[48] 밀레이는 오필리아의 창백하지만 아름다운 뺨 가까이에 장미꽃을 그려 넣음으로써 죽어가는 이 여인이 한때는 생생하게 아름다운 여인이었고 소중한 사람이었음을 말해주고 있다. 장미꽃과 함께 볼 때 물망초는 오필리아가 얼마나 아름다웠는지를 '잊지 말아 달라'는 메시지로도 읽힐 수 있다. 여

....

46 위의 글, 200-201쪽.
47 W. Shakespeare, C. Hoy(ed.), *Hamlet*, New York & London: W·W·Norton & Company, 1992, p.5. 번역은 필자에 의한 것임.
48 위의 책, 76쪽. 번역은 필자에 의한 것임.

기서 밀레이는 오필리아의 죽음의 순간을 중심으로 이 모든 비극이 시작되기 이전에 생생하고 아름다웠던 오필리아의 시간과, 죽음 후의 오필리아의 존재가 기억되는 시간을 압축하여 한 공간 안에 표현하고 있는 것을 볼 수 있다.

〈햄릿〉 텍스트에는 없었던 물망초를 그려 넣음으로써 밀레이는 오랫동안 침묵해 오던 오필리아에게 목소리를 부여할 수 있었다. 〈햄릿〉에서 오필리아의 죽음은 거투르드 왕비의 전언을 통해서 전달될 뿐, 죽는 순간 오필리아의 심정을 유추할 수 있는 언어적 단서는 없었다. 밀레이는 혹스밀 강에서 순교자의 고통을 맛보면서 오필리아와 자신을 동일시할 수 있었기에 오필리아의 심정을 그림 속에 그려 넣을 수 있었다. 밀레이는 자신의 고통이 무의미하게 사라지지 않도록 불후의 그림을 남기고 싶었을 것이다. 오필리아 역시 사랑하는 사람에게서 버림받고, 배신당하고, 정신을 놓고 냇가의 개울로 떨어지는 그녀의 일련의 고통들이 무의미하게 사라지지 않을 것을 희망했을 거라고 밀레이는 생각하였다. 그래서 '나를 잊지 마세요'라는 꽃말을 지닌 물망초들이 오필리아의 몸과 함께 나란히 물위에 떠있는 그림을 그렸다.

밀레이는 오필리아의 죽음을 오필리아라는 인물의 전체 서사 속에서 재해석하고 있는데, 이는 그가 셰익스피어의 〈햄릿〉을 읽어내는 뛰어난 언어적, 서사적 리터러시를 갖추었음을 의미한다. 이에 더하여 밀레이는 자신이 오필리아의 고통에 감정이입되었기 때문에, 그림을 통해서 〈햄릿〉과 다른 버전의 '오필리아'라는 인물에 대한 이야기를 창조할 수 있었다. 그리하여 밀레이의 그림은 〈햄릿〉에 나오는 디테일에 엄격하게 집착함으로써 셰익스피어의 텍스트도 만족시키는 동시에, 예술가로 하여금 시적이고 해석적인 자유를 허락하게 만드는 오필리아를 창조했다는 평가를 받는다.[49] 밀레이의 그림은 오필리아라는 인물을 읽어내는 화가의 언어적 리터러시와 시각적 리터러시가 서로 상호보완적으로 작용하면서 작품 속 인물에 대한 탁월한 해석에 이르게 된 예를 보여준다. 그의 그림과 문학 텍스트를 대조하는 동안 학습자들은 시각적 리터러시를 갖춘 사람이 문학 텍스트를 읽을 때 어떤 새로운 방식의 읽기가 가능한지를 구체적으로 이해할 수 있게 된다.

2) 그림의 기법을 통한 문학 텍스트 읽기

외젠 들라크루아(E. Delacroix, 1836~1849)의 〈오필리아의 죽음〉이라는 판화를 보면 밀레이의 오필리아와는 판이한 모습의 오필리아를 볼 수 있다.

들라크루아의 이 그림은 석판화로 그려진 만큼 흑백의 명암만 있을 뿐, 색채감이 거의 없다. 오필리아는 옷매무새가 많이 흐트러져 있고 머리도 산발을 하여 한 눈에 보기에도 제정신을 잃은 모습이다. 한 손으로 나뭇가지를 잡고 있는 오필리아의 얼굴에 떠오른 죽음을 두려워하는 듯한 표정은 관람자까지 음울하게 만든다. 보통 문학 교실에서 〈햄릿〉 텍스트를 읽을 때 머릿속에서 떠올리는 오필리아의 이미지가 이와 비슷한 것 같다. 햄릿에게 버림받고 정신을 놓고 죽어간다는 서사만 생각하면, 처절하게 불쌍하고 비극적인 오필리아의 모습을 상상하기 쉽기 때문이다. 그런데 오필리아의 모습을 이렇게 떠올리게 되면 거투르드 왕비가 미적인 즐거움을 가지고 오필리아의 죽음을 화려한 그림처럼 묘사한 장면을 이해할 수가 없다.

....

49   K. Rhodes, 앞의 글, 1999, 215-225쪽.

[그림 9-2] 외젠 들라크루아, 〈오필리아의 죽음〉

거투르드는 햇빛 아래 반짝이는, 죽어가는 순간에도 여전히 아름다운 오필리아의 모습을, 자신이 본 그대로 전달했던 것이다. 셰익스피어의 이러한 의도는 반짝이고 투명한 색조를 중시했던 라파엘 전파의 기법을 만나서 그림으로 훌륭하게 표현될 수 있었다. 라파엘 전파는 특유의 회화 기법을 사용하였는데, 그것은 하얗게 빛나는 바탕에 선명한 물감들을 니스와 기름에 희석하여 피사체를 선명하게 그리는 것이었다.[50] 이러한 기법은 그들이 자연 속에서 햇빛 아래에서 반짝이는 피사체를 사실적으로 그리는 데 적합하였다. 오필리아를 이러한 기법으로 그리게 되자 그동안의 문학 비평에서 그늘에 가려져 있던 오필리아라가 전혀 다른 아름다움을 지닌 인물로 부각된다.

....

50   위의 글, 200-201쪽.

밀레이의 그림에서 오필리아는 넓게 퍼진, 아름답게 수놓인 드레스를 입고 물 위에 떠 있다. 버드나무와 꽃들, 풀들이 모두 햇빛 아래에 반짝이지만 오필리아의 드레스에 놓인 수들은 더욱 투명하게 반짝이고 있다. 밀레이는 온통 은색 실로 수놓아져 있는 드레스를 원했기 때문에 당시 4파운드(오늘날의 120파운드에 해당)나 되는 거금을 써야 했다.[51] 밀레이가 이렇게 거금을 써 가면서 오필리아의 드레스를 공들여 장만하여 그린 것은 모든 자연의 피조물이 다 아름답지만, 오필리아의 아름다움은 햇빛에 반짝이는 은색실의 수와 같아서 자연의 피조물을 능가한다는 메시지를 전달하고 싶어서였을 것이다.

밀레이의 그림에서 오필리아는 노래를 부르느라 입을 반쯤 벌리고 두 손을 물 위로 들어 올린 채 아름답고 청초한 모습으로 초록색 식물들과 흰 꽃 사이에 누워 있다. 오필리아의 피부는 투명한 하얀 바탕 위에 선명한 흰색 물감으로 그려져 있기 때문에 반투명으로 반짝거리고 있다. 이로써 오필리아라는 인물이 어둡고 축축하게 묘사되지 않고, 낭만적인 아름다움을 내뿜는 인물로 그려지게 되었다.

밀레이의 〈오필리아〉는 오늘날 영국을 대표하는 명화들을 모은 테이트 브리튼에서도 가장 사랑받는 작품 중 하나로 꼽힌다. 전통적인 회화의 배경과는 달리 파란 하늘을 그리지 않았기 때문에 그림은 온통 녹색으로 가득 차 있다. 테이트 브리튼의 가이드 책에는 "이러한 녹색의 지배는 특별한 정서적 충격을 그림에 더한다."고 설명되어 있다.[52] 언뜻 생각하면 이 그림은 영국의 어느 시골에서나 볼 수 있는 녹색의 자연을 연상시키기 때문에 특별히 충격이랄 것이 없어 보인다. 그러나 중세시

....

51   L. Rideal, *How to Read a Painting-A Crash Course in Meaning and Method*, London & New York: Bloomsbury, 2015, p.150.
52   C. Jacobi & P. Curtis(eds.), 앞의 책, 2013, 76쪽.

대 이래 수세기 동안 유럽 화단에서 청록색, 자주색, 보라색과 같은 밝고 다채로운 색채의 사용이 금기시되어 온 것을 생각하면 밀레이가 녹색으로 화폭을 채운 것은 당시로서는 충격에 가까웠을 것이다.[53]

오늘날에도 이 그림이 소장되어 있는 방에 들어가면 선명한 녹색이 관람자들의 시선을 확 잡아끄는 것을 느낄 수 있다. 그리고 선명한 녹색과 대비를 이루는 반투명한 얼굴의 아름다운 여인 앞에서 숨이 막히는 느낌을 받는다. 오필리아의 창백하고 반투명한 피부는 그녀를 완전히 살아 있는 사람으로 보기도 어렵고 죽은 사람으로 보기도 어렵게 만든다. 이 그림은 아름다운 여인이 심장이 식어가면서 그의 아름답던 얼굴에서 혈색이 빠져나가는, '죽어가는' 그 진행의 과정을 한 순간에 압축해서 재현하였다. 노래를 부르느라 반쯤 벌어진 입은 보는 이에 따라 에로틱하게 보일 수도 있지만,[54] 죽음에 대한 무감각과 알 수 없는 슬픔을 전달하고 있다.

이처럼 화가들은 '무엇을 그리느냐'를 통해서도 말을 하지만, '어떻게 그리느냐'를 통해서도 텍스트에 대한 자신의 생각을 전달한다. 학습자가 밀레이의 그림을 통해 화가가 무엇을 어떻게 말하고 있는지를 읽어낼 수 있는 시각적 리터러시를 훈련할 때, 그는 문학 텍스트에서 화자가 말하고 있는 내용뿐만 아니라 그 말하는 방식에도 유의하는 언어적 리터러시도 아울러 기를 수 있다. 문학 교실에서는 밀레이의 그림 〈오필리아〉와 같이 주변적인 인물이라도 주인공으로 올려놓고 풍부한 공감을 보여주는 시각자료를 적극적으로 활용할 필요가 있다.

....

53 권오숙, 「라파엘 전파의 셰익스피어 재현에 대한 여성론적 고찰」, 『세계문학비교연구』 34, 세계문학비교학회, 2011, 98쪽.

54 K. Rhodes, 앞의 글, 1999, 222쪽에서 오필리아의 벌린 입이 에로틱한 엑스타시라는 읽기를 초래하여, 그림에 대한 순진한 독법을 망친다고 주장하였다.

문학과 미술의 교육적 융합을 위해서는 앞으로 연구해야 할 과제들이 산적해 있다. 우선 두 교과에서 목표로 하고 있는 인재상과 그러한 인재가 갖추어야 할 역량 간의 공통요소를 도출해야 할 것이고, 언어적 리터러시와 시각적 리터러시의 호혜 관계에 대한 이론 역시 정립되어야 한다. 또한 언어적 리터러시와 시각적 리터러시를 신장시키기 위한 문학 제재와 미술 제재가 발굴되어야 하며, 이를 위한 별도의 융합 교육 방법론 역시 탐구되어야 한다. 이러한 긴 여정을 시작하는 출발점에서, 문학과 회화의 관계를 진지하게 탐구하고 시각적/언어적 리터러시의 호혜성을 생생하게 예증했던 라파엘 전파의 화가들에 주목할 필요가 있다.

10장

문학과 체육의 융합 교육*

1. 문학과 체육 융합 교육의 필요성

1) 신체 활동의 산물로서의 문학과 체육

살아 있는 한 인간은 한시도 신체 활동을 멈출 수 없는 존재이다. 그런데 지금까지 문학교육에서는 그저 얌전히 앉아서 텍스트를 조용히 눈으로 읽는 학습자를 양산하는 데 주력해 왔다. 인간 활동의 언어적 소산인 문학을 이처럼 신체 활동에 대한 고려 없이 읽고 해석하는 것은 인문학적이지 못할 뿐, 아니라 문학 텍스트를 읽는 학습자의 즐거움도 빼앗는다.

반면에 신체 활동을 통해 학생들이 세상을 이해할 수 있도록 돕는 것[1]을

....

* 이 장은 고정희·이옥선, 「문학과 체육 융합교육 내용 탐구-〈어부사시사〉에 나타난 신체 활동을 중심으로-」, 『국어교육연구』 64, 국어교육학회, 2017의 논의를 참조하여 이 책의 취지에 맞게 기술하였다.

1 교육부고시 제2015-74호 [별책 11], 『체육과 교과과정』, 교육부, 3쪽.

본질로 삼는 체육 교과에서는 언어의 중요성에 대한 인식이 잘 확립되어 있는 편이다. 최의창은 일련의 저서를 통해 그동안의 체육교사에게는 운동 능력과 과학적 재능만이 강조되어 왔으나, 이제는 인문적 소양도 매우 중요한 자질이 된다고 주장하고, 인문적 체육교육의 이론과 방법을 지속적으로 탐구해 왔다.[2]

문학교육에서 신체 활동을 완전히 등한시하는 데 비해서 체육교육에서 언어의 역할을 중요하게 여기는 점은 고무적이다. 그것은 아마도 인간의 여러 가지 활동이나 능력은 언어를 매개로 하지 않고서는 충분히 표현될 수 없기 때문일 것이다. 이것은 미술 교과에서 '시각적 리터러시'를 기르는 데 있어서 '언어적 리터러시'를 강조하는 것과 같은 맥락이다. 미술 교과에서도 미술 작품에 대한 감상이 언어로 소통될 때 비로소 '시각적 리터러시'로 전환된다는 인식이 잘 확립되어 있다.[3] 그런데 시각적 리터러시와 언어적 리터러시의 관계를 서술할 때도 언급한 바 있지만, 텍스트가 언어적 리터러시만으로 충분히 이해되고 해석된다고 여겨 온 국어 교과에서는 여타 교과와의 융합을 적극적으로 시도하지 않는 경향이 있다.

그림을 읽을 줄 아는 시각적 리터러시가 문학에 대한 풍부한 대안적인 읽기를 가능하게 만드는 것처럼, 신체 활동을 읽을 줄 아는 피지컬 리터러시 또한 인간 활동의 산물인 문학을 읽는 능력에 기여하는 바가 적지 않다. 즉 문학과 체육을 융합적으로 교육할 때, 신체 활동과 언어 활동을 동시에 하는 인간에 대한 입체적인 이해가 가능하다. 이러한 인

....

2   최의창, 『가지 않은 길: 인문적 체육교육론 서설』, Rainbow Books, 2006; 최의창, 『가지 않은 길 2: 인문적으로 체육보기』, Rainbow Books, 2010ㄱ; 최의창, 『가지 않은 길 3: 인문적 체육의 역연금술』, Rainbow Books, 2010ㄴ; 최의창, 『인문적 체육 교육과 하나로 수업: 통합적 체육 수업의 이론과 실제』, Rainbow Books, 2010ㄷ.
3   자세한 내용은 앞 장의 "문학과 미술의 융합 교육" 참조.

간에 대한 입체적인 이해는 문학교육과 체육교육 모두가 추구하는 전인적인 교육을 용이하게 할 뿐만 아니라, 각각의 교과에서는 성공할 수 없었던 흥(興) 또는 몰입(flow)의 경험을 가능하게 만들 수 있다. 문학 교과에서 전인적인 교육이 이루어진다면, 문학의 심미성과 역동성이 학습자들에게 감염되어 자연히 '흥'을 일으키게 될 것이며, 체육 교과에서 전인적인 교육이 이루어진다면 신체 활동을 하는 동안 학습자들의 '몰입'이 더 쉽게 일어날 수 있다.

2) 피지컬 리터러시와 문학 리터러시

문학은 국어 교과의 어떤 영역들보다 더 적극적으로 전인교육을 표방해 왔다. 인간의 지적, 신체적, 정서적, 사회적, 심미적 모든 국면의 총합적 개발에 문학이 공헌할 수 있다고 믿기 때문이었다.[4] 그러나 실제 문학 교실에서는 인간이 신체를 지닌 존재라는 점이 간과되어 왔다. 인간에 대한 인지주의적인 이해는 작품에 대한 온전한 이해를 가로막고, 작품을 통해 학습자의 신체적, 정서적, 심미적 능력을 기르는 것을 어렵게 만들었다. 이를 극복하기 위해 문학교육은 체육교육에서 말하는 '피지컬 리터러시(physical literacy)'에 적극적인 관심을 기울일 필요가 있다.

체육교육에서는 신체 활동에 대한 기능적, 지식적, 태도적 차원에서의 이해력과 실천능력을 종합적으로 '피지컬 리터러시(physical literacy)'라고 일컫고 있다. 이 용어를 제창한 영국의 체육교육학자 마가렛 화이트헤드(M. Whitehead)는 "피지컬 리터러시는 전 일생동안 신체 활동을 지속하기 위해서 필요한 동기, 자신감, 신체적 능력, 그리고 지식

....

4   김대행 외, 『문학교육원론』, 서울대학교 출판부, 2000, 61-67쪽.

과 이해력"이라고 정의하면서, 피지컬 리터러시를 길러주는 것이 체육 교육의 핵심 목표가 되어야 한다고 말한다. 이후에 '몸과 마음과 머리를 지닌 전인(全人, whole person)으로서의 학습자' 교육을 중시하는 학자들에 의해 피지컬 리터러시라는 용어가 널리 사용되게 되었다. 화이트헤드는 이 분야의 학자들이 이해하는 피지컬 리터러시의 개념을 다음과 같이 요약한다.[5]

- 신체 활동의 고유한 가치를 인식한다;
- 신체 활동을 다른 목적들을 위한 수단으로 정당화하려는 요구를 극복한다;
- 모든 형식의 신체 활동 안에서 이루어져야 할 분명한 목표를 제공한다;
- 학교 교육 과정에서 신체 활동의 중요성과 가치에 동의한다;
- 신체 활동은 여가적 가치를 위한 하나의 선택적이고 부가적인 활동이라는 개념을 거부한다;
- 이 분야에서 가장 유능한 사람들만을 위한 것이 아닌, 모든 사람들을 위한 신체 활동의 중요성을 정당화한다;
- 신체 활동에 평생 참여하는 사례를 자세히 설명한다;
- 신체 활동을 증진시키는 데 중요한 역할을 하는 다른 것들의 범위를 인식한다;

위의 진술에서 특별히 강조하고 있는 점은 신체 활동이 여가나 정신 수양과 같은 다른 어떤 목적들을 위한 수단이나, 부가적인 활동이 아

....

5 M. Whitehead(ed.), *Physical Literacy: Throughout the Lifecourse*, London: Routledge, 2001, pp.1-14.

니라 그 자체로서 중요성과 가치, 목적을 지니는 활동이라는 것이다. 이는 신체 활동 자체가 고유한 목적을 지닌 의사소통 행위로 간주되어야 한다는 말이다. 신체 활동이 의사소통 행위라면, 신체 활동도 하나의 텍스트처럼 읽히고 해석될 수 있어야 한다.

'리터러시'는 원래 쓰여진 글을 '읽고 쓰는 능력'을 가리키는 말이지만, 인간은 오직 텍스트 쓰기를 통해서만 의사소통하지 않는다. 오히려 "우리가 지금 쓰기라고 생각하는 것은 인간 사고의 재현과 소통의 모형에서 단지 짧은 역사적 순간일 뿐"[6]이라는 것이 최근 리터러시 연구에서 강조되고 있는 추세이다. 인간은 목소리나 몸으로도 충분히 의사소통할 수 있고, 또 그렇게 의사소통해 온 역사를 가지고 있다. 이 가운데서도 몸은 인간이 자기를 표현하는 활동을 하는 동안 언제나 최전방에 있어 왔다. 인간을 인간으로서 존재하게 하는 여러 가지 양상들 중에 몸이야말로 가장 결정적인 존재 양상이기 때문이다.[7] 따라서 몸이 어떻게 의사소통의 도구로 쓰이는지를 아는 것은 인간을 이해하는 중요한 방법이 된다.

이 글에서는 체육 교과의 신체 활동 영역 중에서도 '표현활동' 영역인 무용에 관심을 갖는다.[8] 춤은 인간의 몸이 의사소통 수단이 된다는 사실을 가장 구체적으로 분명하게 확인시켜 주는 장르이다. 에반 존스(E. Jones)에 의하면 춤은 "감정에 형식을 부여하는 의식적으로 조직된 에너지"로서, 그것이 하나의 의사소통 양식이 된다. 즉 "춤은 강력한

·········

6   데이비드 아처·패트릭 코스텔로, 김한수·김경래 역, 『문해교육의 힘: 라틴아메리카 혁명의 현장』, 학이시습, 2014, 204쪽.

7   M. Whitehead(ed.), 앞의 책, 2001, 8쪽.

8   2015 개정 체육과 교육과정은 '건강', '도전', '경쟁', '표현', '안전'의 5대 영역으로 이루어져 있다.

다중감각적 언어이며, 사고의 수단이며, 행동과 경험의 수단으로서 감정과 아이디어를 의사소통한다." 그에 따르면, 춤이라는 의사소통 형식에 담긴 의미를 읽어내는 리터러시인 '무용 리터러시(dance literacy)'는 여러 가지 방법으로 발달될 수 있다. 신체적 훈련과 함께 자신이 춤추는 모습을 녹화해서 보면서 '내가 느끼는 것'과 '내가 어떻게 보이는가'를 매치시키는 것도 중요하다. 그러나 무엇보다 "왜 춤추는 것이 우리를 행복하게 만드는가?"라는 질문을 던짐으로써 무용 리터러시는 발달한다. 이에 대한 저자의 대답은 춤이 인간의 한계를 넘어서는 초월의 경험을 선사하기 때문에 인간을 행복하게 만든다는 것이다.[9]

존스의 말과 같이 인간의 신체 활동의 역사에서 인간의 한계를 초월하려는 열망을 읽어낼 수 있느냐의 여부가 피지컬 리터러시 발달에 관건이 된다면, 피지컬 리터러시는 문학 작품 읽기를 통해 향상될 가능성이 높다. 문학은 오랫동안 인간의 한계를 초월하려는 욕망과 초월을 경험한 순간의 기쁨을 형상화해 왔기 때문에, 몸이 표현하고자 하는 내용을 더 정교하게 심미적으로 구성하도록 도움을 줄 수 있다. 반대로 피지컬 리터러시를 지닌 사람은 자신이 세계 안에서 몸을 지니고 살아가는 존재라는 생각을 명확하게 인지하고 있기 때문에,[10] 문학 작품에 나타난 인간의 한계를 초월하려는 욕망과 초월의 기쁨 등을 읽어내는 것이 피지컬 리터러시가 발달되지 않은 사람보다 용이할 것이다. 이 장에서는 인간의 신체 활동의 의미를 읽고 해석할 수 있는 피지컬 리터러시가 문학적 리터러시로 전이되는 사례에 집중하여, 문학과 체육 융합 교육의 한 방안을 생각해 보고자 한다.

....

9   E. Jones, "Dance Literacy: An Embodied Phenomenon", G. Barton(ed.), *Literacy in the Art: Retheorising Learning and Teaching*, Berlin: Springer, 2014.

10   M. Whitehead(ed.), 앞의 책, 2001, 1-14쪽.

2. 문학과 체육 융합 교육의 가능성

1) 흥(興)과 신체 활동의 관계

흥(興)은 전통시대 문학과 예술에서 미적 체험이 고조된 상태를 표현하는 데 빈번하게 사용되어 왔다. 신은경은 흥을 '생(生)의 밝은 측면으로 마음이 향했을 때 조성되는 미감'으로 정의하고, 흥의 미감을 구성하는 정감요소에는 즐거움, 기쁨, 상쾌함이 있다고 설명하면서, 시대와 계층에 따른 흥의 다양한 양상을 비교하고 있다.[11] 최근 들어서는 '흥'을 한국인의 정서 혹은 정신문화를 가리키는 심층적 어휘로 이해하면서 한국어 교육의 주요 내용으로 거론한 논문도 제출되었다.[12] 하지만 이 글은 문학 작품에서 시인이 말하는 흥과 그에 대한 독자의 반응에 초점을 두고 있기 때문에, 이와 같은 미학적 차원이나 정신문화적 차원의 논의들은 제외하고, 문학 작품에서 언급하는 흥(興)에만 초점을 맞추고자 한다.

문학 작품에서의 흥(興)도 한마디로 정리할 수 있는 용어는 아니다. 흥은 『시경』에서 육의(六義)[13]의 하나로 언급된 이래, 시의 효용, 시의 수법, 시의 한 층위 등 크게 세 가지 관점에서 언급되어 왔다. 그러나 국문 시가인 시조에서는 이런 한시론(漢詩論)의 흥과는 다른 성격의 흥이 나타난다. 즉 대상에서 출발해서 자아로 귀결되는 것이 한시에서의 흥이

....

11 신은경, 『풍류: 동아시아 미학의 근원』, 보고사, 1999.
12 김혜진·김종철, 「상호 문화적 능력 향상을 위한 한국의 '흥' 이해 교육 연구」, 『한국언어문화학』 12(1), 국제한국언어문화학회, 2015.
13 육의(六義)는 시를 창작하는 여섯 가지 기법으로서 풍(風), 부(賦), 비(比), 흥(興), 아(雅), 송(頌)이 그것이다.

라면, 시조에서의 흥은 자아에서 출발해서 상대를 지향점으로 하기 때문에 흥의 유발요인이 자아에게 있는 것이다.[14]

국문시가 가운데 '흥'이라는 단어가 유독 두드러지게 나타나는 작품군들은 어부 노래들이다.[15] 어부가는 원래 어부의 고기잡이에 소용되는 민요였는데 어부 노릇을 흉내 내면서 흥취를 즐긴다는 가어옹(假漁翁)의 노래로 바뀌면서 상층 시가의 한 갈래가 되었다.[16] 여기서 "왜 상층의 지식인들이 하필 어부 노릇을 흉내 낸 것일까?" 그리고 "시인이 어부가 되면 왜 그렇게 큰 흥이 일어나는 것인가?"와 같은 의문이 제기된다.

어부 노래의 흥을 이해하는 데 빼놓을 수 없는 인물이 윤선도이다. 윤선도는 불과 서른 살의 나이에 당대 최고의 권력자를 탄핵하는 상소문을 올릴 만큼 기개 있는 사대부이자 40년의 세월을 유배와 은거를 거듭하면서 적지 않은 풍랑을 겪은 인물이다. 그러나 해남의 갑부 집안에서 태어나 상속받은 재산이 많았기 때문에 은거지인 보길도에 인공 원림을 조성하고 자신만의 풍류한객(風流閑客)의 삶을 누리기도 하였다.

그 때문인지 윤선도의 〈어부사시사〉는 총 40수 중에서 9수가 어부의 "흥(興)"을 노래하고 있기 때문에 일찍이 연구자들의 특별한 주목을 받았다. 출현 빈도도 주목되지만 〈어부사시사〉의 흥(興)의 표현이 각별히 생동감이 넘친다는 것이 연구자들의 공통된 견해이다. 김흥규는 이러한 흥의 표현이 가능할 수 있었던 것은 강호 저편의 세계에 대한 근원

....

14　정운채, 「윤선도의 한시와 시조에 나타난 '興'의 성격」, 『한국고시가문화연구』 1(1), 한국고시가문학회, 1993, 279쪽.

15　최재남은 한시와 시조에 나타난 흥과 시름의 구현 양상을 연구하면서 '시름을 벗어난 자리에 어부의 삶을 설정하고 있는 점을 주목'할 만하다고 하였다. 최재남, 「흥과 시름의 구현 양상 연구」, 『한국시가문화연구』 24, 한국시가문화학회, 2009.

16　조동일, 『한국문학통사(제3판)』 2권, 지식산업사, 1996, 57쪽.

적 책무라는 '뒤에서 잡아당기는 심리적 구속'보다 자신이 몸담고 있는 강호에서의 '미적 감흥과 기쁨의 직접성'이 더 강하게 작용했기 때문이라고 설명한 바 있다.[17]

그런데 이러한 국문학자들의 설명에서 아쉬운 점은 윤선도의 흥(興)이 정신적 승리의 소산만이 아니라 그가 놀이를 하는 동안 육체를 통해 느끼는 어떤 즐거움과 연결되어 있는 점을 간과하고 있다는 것이다. 윤선도는 보길도에 세연정 원림을 조성하여 유희를 위한 극장을 만들어놓고 철저하게 자기 자신을 위한 놀이를 즐겼다.[18] 윤선도의 〈어부사시사〉는 이러한 유희의 산물로 만들어진 노래였고, 항상 뱃놀이를 하면서 불린 노래였다. 비록 생업을 위해 고기를 잡아야 하는 어부(漁夫)는 아니었지만, 그들과 마찬가지로 배를 타고 일렁이는 상태로 노래를 부르는 점에서는 다르지 않았다. 그래서 그가 전하는 어부 노래를 부르는 즐거움은 이전 시대 사대부들이 말했던 즐거움과 같은 듯하면서도 다르다. 이는 (가) 농암 이현보의 〈어부가 발문〉과 (나) 퇴계 이황이 〈농암 어부가에 붙인 발문〉, 그리고 윤선도가 스스로 붙인 (다) 〈어부사시사 발문〉을 비교해 보면 알 수 있다.

> (가) 아들 손자들이 늦으막에 이 노래를 얻어 와서 (나에게) 보이매 그 가사가 한적하고 의미가 심원함을 보았고, 읊고 난 후에는 사람으로 하여금 공명을 벗어나게 하고, 표연히 속세 밖으로 멀리 날아가고자 하는 뜻을 갖게 한다.
>
> 〈농암 어부가 발(聾巖 漁父歌 跋)〉

....

17 김흥규, 「〈어부사시사〉에서의 '흥'의 성격」, 『욕망과 형식의 시학』, 태학사, 1999, 161-170쪽.
18 김봉렬, 『김봉렬의 한국건축 이야기』 1, 돌베개, 2006, 244-245쪽.

(나) 매양 가빈(佳賓, 아름다운 손님)이나 좋은 경치를 만나면 뱃전에 기대어 안개 낀 속의 거룻배를 희롱하며, 필히 수 명의 아이로 하여금 목청을 나란히 부르게 하고 소매를 나란히 하고 빙빙 돌며 춤추게 하니, 옆 사람이 이를 보며 표묘하여(아득하여) 신선과 같다 하였다.

〈퇴계 어부가 발(退溪 漁父歌 跋)〉

(다) 동방에 예로부터 어부사가 있으니…외어 읊고 있노라면 강에 부는 바람과 바다에 오는 비가 어금니와 뺨 사이에서 일어나 사람으로 하여금 표표(飄飄)히 속세를 떠나 홀로 서는 의취(意趣)를 가지게 하니, 이 때문에 농암 선생께서는 좋아하여 싫증내지 아니하였고 퇴계 부자께서는 감탄하여 칭찬해 마지않으셨던 것이다.

〈어부사시사 발(漁父四時詞 跋)〉

위의 세 문헌은 모두 동방에서 예부터 전해져 내려오던 한시 집구체 노래인 〈어부가〉가 불러일으키는 흥을 말하고 있다. (가)에서는 "표연히 속세 밖으로 멀리 날아가고자 하는 뜻을 갖게 한다."라고 하였고, (나)에서는 "표묘하여 신선과 같다"라고 표현하였으며, (다)에서는 "표표(飄飄)히 속세를 떠나 홀로 서는 의취(意趣)를 가지게"한다고 표현하였다. 그런데 (가)와 (나)는 노랫말 자체가 곧바로 이러한 의취를 불러일으키는 것처럼 말하고 있는 데 반해, 윤선도의 발문인 (다)에서는 노랫말을 외워서 부르는 행위를 하는 동안 근육과 피부에서 특별한 감각이 일깨지면서 이러한 의취를 가지게 된다고 말하고 있다. 즉 예부터 전해 내려오는 〈어부가〉를 외어 읊고 있노라면 "강에 부는 바람과 바다에 오는 비가 어금니와 뺨 사이에서 일어나"기 때문에 사람으로 하여금 속세를 떠나 홀로 서는 의취를 가지게 한다는 것이다. 마치 무용수가 자신의 움직임을 직접 볼 수 없어서 근육과 피부의 감각으로부터 얻는 정보 전달을 통해 자신의 움직임을 인지하는 것처럼,[19] 윤선도 역시 자신이 노래를 부르는 동안 무엇을 느끼고 있는지를 근육과 피부의 감각으로부터 얻은 정보를 통해 전달하고 있는 것이다.

(가), (나), (다)는 모두 〈어부가〉를 배 위에서 부른다고 증언하고 있다. 이 배들은 하나같이 '조그만 배', '거룻배', '조각배'들로 가볍기 때문에 물 위에서 일렁임이 큰 배들이다. 이렇게 일렁이는 배 위에서 부른 노래인 〈어부사시사〉를 오늘날 학생들은 책상 앞에 꼼짝 않고 앉아서 배운다. 그러니 일렁이는 물결 위에서 '표표히 속세를 떠나는 것 같은' 흥(興)이 일지 않는 것이 당연하다. 〈어부사시사〉의 표현은 시인이 골방에 틀어박혀서 쥐어짜낸 표현이 아니라 함께 뱃놀이하며 몸이 일렁일렁 하는 가운데, 혹은 너울너울 춤추면서 즐기는 가운데 나온 표현들이다. 이와 같이 어떤 신체 활동으로 인해 생겨난 흥은 체육 교과와도 무관하지 않은 경험이다.

2) 문학의 흥(興)과 체육의 몰입(flow)

흥에 대해서 이미 체육교육 연구자들도 상당한 관심을 가지고 주목할 만한 논의를 내놓았다. 하지만 이 연구들은 모두 전통시대 신체 활동에 대한 논의들이라는 점에서 그 교육적 적용에 한계가 있다. 허용·김현수는 흥을 '무아의 경지에서 추는 춤을 통한 육체와 정신상의 흥분'이라고 설명하면서 이런 생명감 넘치는 활기찬 상태를 민속씨름에서 찾

....
19   V. 프레스턴 던롭, 김주자 외 역, 『움직임 교육의 원리』, 현대미학사, 1994, 27쪽.

고 있다.[20] 신봉희·정지혜는 경력 25년 이상의 한국무용전문가들이 경험한 흥에 대한 지각을 탐색하였다. 이 논문은 흥을 '역동적이며, 즐거움이 솟구칠 때 일어나는 신체 내부에서 외부로 넘쳐 나가는 기운'이라고 정의하고, 한국 무용 전문가들이 경험하여 인식하고 있는 흥에 대한 경험지각을 분석하였다.[21] 한효림 또한 "우리 춤은 흥(興)과 즉흥성을 빼놓을 수 없다"라고 하여 흥을 우리 춤의 본질로 꼽고 있다.[22] 현재 사용되고 있는 체육 교과서를 보아도 흥은 오직 전통무용을 배우는 단원에서만 언급되고 있다.

> 우리나라의 전통 춤은 제천의식에서 비롯되었는데, 삶의 과정과 더불어 흥과 신명, 정과 한의 한국적 미의식이 더해지면서 대대로 이어져 내려왔다. 우리나라의 춤은 우리만의 정신과 정서, 심성이 내재된 '한국적 몸놀림'을 기초로 하고 있다.[23]

그런데 체육 교과에서 전통 무용을 이렇게 전통적인 언어로만 설명하고 말면, 현대 학습자들이 왜 자신들의 삶에서 전통춤을 배워야 하는지를 이해할 수 없게 된다. 학습자들은 제천의식을 행하거나 참여하는

....

20 허용·김현수, 「민속씨름에 내재된 민족정서-興을 중심으로-」, 『움직임의 철학: 한국체육철학회지』 20(3), 한국체육철학회, 2012, 65-82쪽.
21 흥미로운 사실은 한국무용 전문가들이 흥을 한(恨)과 불가분한 것으로 본다는 것이다. "우리의 흥이라는 것은 서러움과 괴로움이 춤에서 녹아 표현되고 여기에서 나타나는 한이 괴롭고 힘든 것을 이겨내기 위한 하나의 에너지 분출로서 승화시킨 것이 흥이다."라고 한국무용 전문가들은 이해하고 있었다. 신봉희·정지혜, 「한국춤에서의 흥에 대한 경험지각 탐색」, 『한국여성체육학회지』 25(4), 한국여성체육학회, 2011, 55-68쪽.
22 한효림, 「한국 춤에 나타난 특성에 대한 고찰」, 『움직임의 철학: 한국체육철학회지』 13(3), 한국체육철학회, 2005, 293-306쪽.
23 안양옥 외, 『중학교 체육』, ㈜지학사, 2011, 160쪽.

경험을 거의 하지 않으며, 전통시대의 흥과 신명이 무엇인지도 알기 힘들다. 또한 민속씨름에 참가하거나 전통춤을 배울 수 있는 기회가 드물기 때문에 거기에 담긴 흥을 교육 내용으로 삼으려면 흥이라는 용어를 현대적인 용어로 재해석해야만 한다.

일반 심리학과 스포츠 심리학 분야에서 다수의 학자들은 흥과 유사한 용어로 즐거움과 몰입을 들고 있다. 이 가운데서도 '몰입(flow)'이라는 용어가 흥을 대체하기에 가장 적당하다고 여겨진다. 한국 무용수들은 "흥은 의식적인 표현보다는 물 흐르듯 의식하지 않은 동작의 자연스러움"에서 촉발된다고 말한다.[24] 여기서 '물 흐르듯 자연스러운'이라는 표현은 미하이 칙센트미하이(M. Csikszentmihalyi)가 몰입(flow)이라는 개념을 설명할 때 한 말과 일치한다. 그는 삶이 고조되는 순간에 물 흐르듯 행동이 자연스럽게 이루어지는 느낌을 일컬어 '몰입'이라고 하였다. 이것은 운동선수가 말하는 '물아일체의 상태', 신비주의자가 말하는 '무아경', 화가와 음악가가 말하는 황홀경에 다름 아니다. 운동선수, 신비주의자, 예술가는 각각 다른 활동을 하면서 몰입 상태에 도달하지만, 그들이 그 순간의 경험을 묘사하는 방식은 놀라우리만큼 유사하다.[25] 몰입(flow)이란 자기 자신에 대한 생각을 없애고 자기가 여기에 왜 있는지 혹은 그 자리에 있는 것이 옳은 것인지 등에 대하여 걱정하지 않고 단지 지금 하고 있는 활동에 모든 전념을 기울이는 것이다.[26] 이러한 '몰입(flow)' 개념을 활용하면 왜 동아시아에서 그렇게 오랫동안 어부의 형상이 시적 소재로 애호되었는지를 설명할 수 있다.

·········

24　신봉희 · 정지혜, 앞의 글, 2011, 63쪽.

25　미하이 칙센트미하이, 이희재 역, 『몰입의 즐거움(Finding Flow)』, 해냄, 1999, 45쪽.

26　함정혜 · 박현애, 「스포츠에서의 몰입경험에 관한 소고」, 『한국여성체육학회지』 19(6), 한국여성체육학회, 2005, 65-74쪽.

동아시아 어부 형상의 연원은 굴원의 〈어부사〉에 가닿는다. 굴원이 참소를 받아 쫓겨나서 강가에서 초췌한 형용으로 배회할 때 한 어부가 배를 타고 그에게 다가와서 사연을 묻고는, "창랑의 물이 맑으면 내 갓 끈을 씻고, 창랑의 물이 흐리면 내 발을 씻는다네."라는 노래를 부르면서 유유히 사라진다. 이 노래를 부를 때 어부가 노를 두드리는 것을 보면 어부는 세속에 대한 걱정 없이 고기잡이에 몰입하는 데서 오는 흥에 빠져 있음을 알 수 있다. 이처럼 속세 밖에 존재하는 한가한 사람(物外閑人)인 어부는 "물결 따라 흘러가는 배 위에 몸을 내맡기"[27]면서 속세를 초월하여 날아가는 시원한 심상을 불러일으키는 인물로 거듭 작품 속에 나타난다. 마치 "스키 선수가 차갑고 부드러운 눈가루 속을 힘들이지 않고 미끄러져 내려옴으로 산의 일부가 되고 서퍼(surfer)가 감미롭게 파도를 탐으로 물결과 하나가 됨을 느끼"[28]듯이 어부도 배 위에서 물결과 하나 됨을 느끼는 동안 세속의 청탁(淸濁)을 상관하지 않는 경지에 이르게 된다. 이처럼 문학에서의 흥(興)과 체육에서의 몰입(flow)이 유사한 경험을 말하고 있기 때문에, 이러한 경험을 생동감 있게 형상화한 텍스트를 선정하여 교육한다면 문학과 체육의 융합 교육이 가능할 것으로 본다.

3. 문학과 체육의 융합 교육의 내용: 〈어부사시사〉의 흥(興)

앞서도 말했듯이 〈어부사시사〉는 시인이 물결이 일렁이는 배 위에서 몸을 맡긴 채 노래한 작품으로서, 그 어떤 어부 노래보다도 더 생동

....

27 이형대, 『한국 고전시가와 인물 형상의 동아시아적 변전』, 소명출판, 2002, 191쪽.
28 함정혜 · 박현애, 앞의 글, 2005, 67쪽.

감 있는 흥의 경험을 노래한 작품이다. 〈어부사시사〉는 봄-여름-가을-겨울 노래 각각 10수씩, 총 40수로 이루어진 작품이다. 각 계절마다 어부가 육지를 떠나 바다 한가운데로 고기를 잡으러 나갔다가, 날이 저물면 다시 육지로 돌아오는 내용이 나온다. 각 계절의 전반부(1수~5수)와 후반부(6수~10수)는 낮과 밤으로 대칭되는 구조를 가지고 있는데, 전반부가 물의 노래라면 후반부는 땅의 노래이며, 전반부가 나아감과 일렁임의 동적인 이미지로 충만하다면 후반부는 물러남과 침잠의 정적인 이미지로 가득하다.[29] 이러한 구조에 따르면 흥은 각 계절의 제5수에서 가장 고양되었다가 점차 소멸될 것으로 예상되지만 어부의 삶에서 느끼는 흥의 다채로움으로 말미암아 작품의 초입이나 후반부에서도 흥이 언급되는 것을 종종 볼 수 있다.

고운 볕티 쬐얀ᄂᆞᆮ 믉결이 기름궃다
이어라 이어라
그믈을 주어 두랴 낙시를 노흘 일가
至匊悤 至匊悤 於思臥
濯纓歌의 興이 나니 고기도 니즐로다   춘사(春詞) 5

낙시줄 거더 노코 蓬窓의 ᄃᆞᆯ을 보쟈
닫 디여라 닫 디여라
ᄒᆞ마 밤들거나 자규 소ᄅᆡ 묽게 난다
至匊悤 至匊悤 於思臥
나믄 興이 無窮ᄒᆞ니 갈 길을 니젓ᄯᅡ   춘사(春詞) 9

....
29   김대행, 「〈어부사시사〉의 외연과 내포」, 『고산연구』 1, 고산연구회, 1987, 16쪽.

봄 노래에서는 흥이 제5수에서 처음 나타난다. 〈춘사 5〉를 보자. 돛을 달고 배를 띄워서 바다 한가운데 나와서 이제는 "이어라 이어라"라고 말하면 그만일 정도로 배는 순항하는 상황이다. 어느덧 한낮. 해도 바다 한 가운데에 떠서 "고운 볕티 쬐얀ᄂᆞᆩᄃᆡ 믉결이 기름ᄀᆞᆺ"은 황홀한 아름다움을 만들고 있다. 이 황홀한 아름다움에 빠져서 그물 던질 생각도, 낚시를 놓을 생각도 잊었다. 그래서 "그믈을 주어 두랴 낙시를 노흘일가"라고 노래 부르고, 이어서 "지국총(至匊怱) 지국총(至匊怱) 어사와(於思臥)"노를 젓는 소리를 흉내 내며 한창 흥이 오르는 중이다.[30] 이렇게 여유롭고 흥겹게 놀다 보니 시적 자아가 있는 공간은 그 옛날 굴원을 만나 "창랑의 물이 맑으면 갓끈을 씻으면 되고, 창랑의 물이 흐리면 발을 씻으면 되지"라고 타이르던 신비로운 어부의 공간으로 화하게 된다. 그래서 그 신비로운 어부가 노래 불렀던 "탁영가(濯纓歌)의 흥(興)"이 나의 것으로 솟아 "나니" 저절로 "고기도 니즐로다"라고 감탄하게 된다. 시인 자신의 여유로운 몸짓이 시인이 배를 타고 노니는 공간을 굴원의 어부의 공간으로 만들고, 시인은 그 공간의 주인공 어부처럼 시간과 공간과 목적을 잊어버리고 뱃놀이 자체에 몰입하게 된 것이다.

한시에서의 흥은 가경(佳景)을 만나서 저절로 우러나오는 기쁨을 나타낸다. 그런데 〈춘사 5〉를 보면 제1행에서 "고운 볕티 쬐얀ᄂᆞᆩᄃᆡ 믉결이 기름ᄀᆞᆺ다"라고 하여 가경을 노래하고 있음에도 불구하고, 흥을 이 가경으로부터 이끌어내지 않고, 제3행 "그믈을 주어 두랴 낙시를 노흘일가"와 같은 시적 자아의 동작 및 행위를 거쳐, 시적 자아가 부르는 〈탁

....

30 이러한 조흥구들 덕분에 국문시가 〈어부가〉는 어옹의 생활을 흥겹게 노래하는 장르가 되었다. 정운채, 「『악장가사』 소재 〈어부가〉의 한시 수용 양상」, 김병국 외, 『장르 교섭과 고전시가』, 월인, 1999.

영가〉로부터 이끌어내고 있다.[31]

봄 노래에서 두 번째로 흥이 표현된 곳은 〈춘사 9〉에서다. 제9수의 시간적 배경은 육지로 돌아와 낚싯줄도 거두어 놓고 봉창에 기대어 달을 바라보는 밤이다. 봄밤의 쌀쌀한 기온은 시인으로 하여금 벌써 밤이 들었구나 하고 새삼 놀라게 만들고, 주위의 고요함은 "자규 소릭 몱게 난다"라고 느끼게끔 만든다. 기온도 낮고 고요한 시간이라고 흥이 일거에 사라지는 것은 아니다. 오히려 시인은 "나믄 흥(興)이 무궁(無窮)ᄒ니 갈 길을 니젓쏫다"라고 고백한다. 한낮의 흥은 시인의 몸과 마음에 꽉 채워져 있기 때문에 금방 소멸하지 않고 남아 있다. 또한 하루 종일 바다에서 일렁이던 흥의 관성이 육지로 들어서도 멈추지 않기에 가야할 바가 분명한 육지에서마저도 갈 길을 잊게 만든다. 〈춘사 9〉는 봄 바다에서 일어난 흥이 얼마나 오랫동안 강력하게 시인의 신체와 정신을 사로잡고 있는지를 잘 보여주는 작품이다.

구즌 비 머저 가고 시낸 믈이 몱아 온다
빈 떠라 빈 떠라
낫대룰 두러메니 기픈 興을 禁 못홀되
至匊悤 至匊悤 於思臥
煙江疊嶂은 뉘라셔 그래낸고   하사(夏詞) 1

긴 날이 져므는 줄 興의 미쳐 모른도다
돋 디여라 돋 디여라
빗대룰 두드리고 水調歌룰 블러보쟈

....

31 정운채, 앞의 글, 1993, 269쪽.

至匊悤 至匊悤 於思臥

欸乃聲中에 萬古心을 긔 뉘 알고　　　　하사(夏詞) 6

　여름 노래에서는 아예 첫 수부터 흥이 나기 시작한다. 〈하사 1〉에서
"구즌 비 머저 가고 시낻 믈이 묽아" 오자, 낚시하기 좋은 아침을 놓칠
세라 "비 떠라 비 떠라"라고 급히 명령을 내린다. 이번에는 아무것도 안
하고 낚싯대를 둘러메는 것만으로도 "기픈 흥(興)을 금(禁) 못흘되"라고
고백한다. 여기서도 흥은 경물로부터가 아니라 낚싯대를 둘러멜 때 시
적 자아의 가슴 속에 일렁이는 기대감으로부터 유로되고 있는 것이다.[32]
이와 같은 기대감이 충만한 상태로 "지국총(至匊悤) 지국총(至匊悤) 어사
와(於思臥)" 노를 저어서 나아가니 안개가 낀 강에 겹겹이 둘러싼 산으
로 이루어진 보길도의 풍광이 눈에 선연히 들어온다.

　〈하사 6〉은 이제 육지로 돌아오기 시작하는 때를 배경으로 한다. 여
름날은 봄날보다 더 길어서 한참을 물 위에 떠 있었을 텐데도 시인은 조
금도 지루함을 느끼지 않는다. 오히려 "긴 날이 져므는 줄 흥(興)의 미
쳐 모르도다"라고 고백한다. 아득한 시간 속에 빠져 있다가 날이 저물
어 감을 느끼고 황급히 "돋 디여라 돋 디여라"라고 명령을 내린다. 〈춘
사 5〉에서도 한창 뱃놀이에 빠져 있다가 자기도 모르게 굴원의 어부가
있던 시공간 속으로 미끄러져 들어간 것처럼 여기서 또 한 번 시인은 굴
원의 어부가 된다. "빗대를 두드리"는 것은 굴원의 어부였고, 수조가(水
調歌)를 부른 이는 수양제(隋煬帝)였다. 누구든 물 위에서 흥취를 느꼈던
인물들과 시인은 하나가 된다. 그러는 동안 "지국총(至匊悤) 지국총(至匊
悤) 어사와(於思臥)" 하면서 노는 계속 저어 나아가고, '어기여차 소리(欸

....

32　위의 글, 270쪽.

乃聲)' 중에 만고의 마음들이 시간과 공간을 초월에서 하나가 되는 것을 느낀다. 이러한 경지는 지금 이곳에 물 위에 떠 있지 않은 사람들은 알 리가 없으니 "만고심(萬古心)을 긔 뉘 알고"로 〈하사 6〉을 마무리한다.

物外예 조흔 일이 漁父生涯 아니러냐
빈 떠라 빈 떠라
漁翁을 욷디 마라 그림마다 그렷더라
至匊悤 至匊悤 於思臥
四時興이 흔가지나 秋江이 읏듬이라　　　　추사(秋詞) 1

그러기 떳는 밧긔 못보던 뫼 뵈는고야
이어라 이어라
낙시질도 ᄒᆞ려니와 取혼 거시 이 興이라
至匊悤 至匊悤 於思臥
夕陽이 ᄇᆞ이니 千山이 錦繡ㅣ로다　　　　추사(秋詞) 4

녑ᄇᆞ람이 고이 부니 ᄃᆞ론 돋긔 도라와다
돋 디여라 돋 디여라
暝色은 나아오ᄃᆡ 淸興은 머러읻다
至匊悤 至匊悤 於思臥
紅樹 淸江이 슬믜디도 아니ᄒᆞ다　　　　추사(秋詞) 6

가을 노래에서도 제1수부터 흥이 일어난다. 봄과 여름을 지내보니 "어부생애"야 말로 속세를 벗어나 가장 좋은 일임을 알겠노라고 말하고 있다. 남들은 고기잡이와 같이 천한 일을 하는 "어옹(漁翁)"을 비웃겠지만, 자신이 몸소 바다에서 봄, 여름을 지내보니 이제야 비로소 어옹(漁翁)이 "그림마다 그려" 있는 이유를 실감하였다고 감탄조로 노래한다. 이런 말을 하는 가운데 여전히 "지국총(至匊恩) 지국총(至匊恩) 어사와(於思臥)" 노를 저어서 나아가니 "사시흥(四時興)이 혼가지나 추강(秋江)이 웃듬"임을 알게 된다. 네 계절 모두 아름답고 조화로워서 그 자체로 흥이 있는 계절이지만 가을 강에 노를 저어서 나가는 시인의 적극적인 행동이 없었다면 추강의 흥이 으뜸임을 깨닫기는 어려웠을 것이다.

〈추사 4〉에서는 뜻밖의 고백을 하고 있다. 봄, 여름 내내 강에서 살던 시인이 가을에 와서 새삼 "그러기 떳는 밧긔 못보던 뫼 뵈는고야"라고 감탄한다. 아마도 가을 하늘이 맑다보니 '기러기 떳는 밖'에 있는 '못보던 산'까지도 시야에 들어온 듯하다. 시인은 아직 바다를 향해 나아가는 중이므로 "이어라 이어라" 여유 있게 명령하면서 뜻밖의 발견을 즐기고 있는 중이다. 그런데 이 즐거움이 깊어지자 다시 낚시질은 안중에 없게 된다. "낚시질도 혼려니와 취(取)혼 거시 이 흥(興)이라"에서는 비록 낚시질을 하겠다는 말은 했지만 이미 가을날의 흥에 취해서 낚시질은 돌아보지 않을 것이 뻔하다. 더구나 아직 뱃놀이의 반환점도 안 돌았건만 가을 해가 짧은 탓에 이미 석양이 아름답게 추강에 물들기 시작한다. 이미 안중에 없게 된 낚시질. 시인은 대놓고 "천산(千山)이 금수(錦繡) ㅣ로다"라고 경치 감탄만 하는 중이다.

그러다 〈추사 6〉에서 '옆에서 바람이 고이 불어' 문득 돌아가야 할 시간이라고 깨달았을 때, 달은 벌써 시인이 앉은 배 안의 돗자리에 돌아오고 있다. 가을이 되자 해가 많이 짧아져서 생각보다 달이 일찍 돋아난 것이다. 당연히 여기서는 〈하사 6〉에서보다 황급하게 "돋 디여라 돋 디여라"라고 명령을 내리고 있을 시인의 모습이 상상된다. 급히 돛을 내리는데도 이미 어둑어둑함(暝色)이 나아오고, 가을 강에서 느꼈던 청신한 흥(淸興)은 멀어져 가고 있다. 묵묵히 "지국총(至匊悤) 지국총(至匊悤) 어사와(於思臥)" 노를 저어 돌아오지만, 단풍 든 나무(紅樹)가 물에 비친 맑은 강(淸江)은 싫증도 나지 않아 아쉬운 마음을 더하게 한다.

이처럼 시인이 각 계절에 하는 행동은 거의 유사하지만 계절에 따라 달라지는 해의 길이에 따라 시인의 흥은 고무줄처럼 늘어나기도 하고 급격히 수축되기도 한다. 봄날에는 집에 거의 다 와 가는 데도 여전히 흥이 다하지 않은 모습을 보이지만, 가을에는 배를 육지로 돌리는 순간부터 벌써 흥이 멀어져 감을 느낀다. 자연의 시간에 따라서 흥의 차오름 또한 시시각각 다른 모습을 띤다. 시인의 몸은 자연의 저장고처럼 햇볕을 저장하고 흥을 저장하고 있다.

丹崖 翠壁이 畫屛ᄀ티 둘럿ᄂ듸
빈 셰여라 빈 셰여라
巨口 細鱗을 낟그나 몯 낟그나
至匊悤 至匊悤 於思臥
孤舟蓑笠에 興을 계워 ᄒ노라   동사(冬詞) 7

어와 져므러 간다 宴息이 맏당토다
빈 븟텨라 빈 븟텨라
ᄀᄂ 눈 쁘린 길 블근 곳 훗터딘듸 훙치며 거러가셔
至匊悤 至匊悤 於思臥
雪月이 西峰의 넘도록 松窓을 비겨 잇쟈   동사(冬詞) 10

겨울 노래에서는 앞의 세 계절의 노래에서와는 달리 흥이 작품의 후반부에서야 나온다. 겨울 강에서 시인이 발견하는 풍경은 여타 계절의 풍경과 달리 보다 남성적이고 웅장하다. 추위를 이기려는 마음이 '붉은 낭떠러지(丹崖)'와 '푸른 암벽(翠壁)'과 같은 스케일이 큰 대자연의 풍경에 눈이 가도록 만든 것은 아닐까 한다. 이와 같은 웅장한 자연이 병풍처럼 겨울 강을 둘러 있으니 시인의 뱃놀이는 겨울에도 문제없다. 이좋은 경치 속에 뱃놀이를 하다 보니 언제나 그랬던 것처럼 고기잡이는 또 뒷전이 된다. 가을 노래에서는 "낚시질도 ᄒ려니와"와 같이 어부로서의 책무감을 미약하게나마 드러낸 데 반해, 여기서는 아예 노골적으로 "거구(巨口) 세린(細鱗)을 낟그나 몯 낟그나"라고 선언한다. 입이 크고 비늘이 가는 쏘가리처럼 귀한 고기를 잡는 것은 자기의 관심사가 아니라는 것이다. 고기 잡는 문제를 완전히 논외로 하자, 외로운 배에 도롱이와 삿갓(孤舟蓑笠)만으로도 "흥(興)을 계워 ᄒ노라"라는 고백이 절로 나온다. 여기서의 흥은 현실의 조건과는 무관한 흥을 의미한다. 속세 밖에서 한가로움을 추구하는 어부는 가난하기 마련이고, 몸에는 도롱이와 삿갓밖에 걸칠 것이 없다. 그러할지라도 물질에 구애되지 않은 자유로움에서 오는 흥은 이루 다 말할 수 없음을 시인은 노래한다.

〈동사 10〉에서 시인은 이제껏 자신의 몸 밖에 두었던 흥(淸興, 四時興, 이 興, 깊은 興)을 몸으로 구현하는 모습을 보인다. 겨울 노래의 마지막 수이며 장장 40수에 걸친 대 서사를 마무리하려 하니 자신도 모르게 감탄사가 절로 난다. "어와 져므러 간다 연식(宴息)이 맏당토다"라고 하면서 이제 모든 신체 활동을 쉬고 음식을 먹고 편안히 쉬어야 할 때라고 선언한다. 쉬러 가기 위해서 우선 배부터 안전한 곳에 정박시켜 놓아야 하기에 "빗 븟텨라 빗 븟텨라"라는 명령을 내린다. 그런데 쉬러 가는 그의 발걸음은 조금도 지친 기색이 없다. "ᄀᄂᆞᆫ 눈 쁘린 길 블근 곳 훗터딘 ᄃᆡ 흥치며 거러가셔"에서는 넘치는 음보를 개의치 않고 하고 싶은 말을 아끼지 않는다. '가는 눈 뿌린 길에 붉은 꽃이 흩어져 있다는 것'은 쉬러

가는 길이 얼마나 황홀한지 보여준다. 그 황홀경에 빠져 "흥치며 거러 가셔" "설월(雪月)이 서봉(西峰)의 넘도록 송창(松窓)을 비겨 잇쟈"라고 다짐한다. 온 밤을 다 새도록 소나무가 은근히 비친 창에 빗겨 앉아서 눈을 머금은 달이 서쪽 봉우리를 넘어가는 것을 보겠다는 것이다. '흥치 다'라는 표현은 시조에서 거문고 등의 악기를 다루거나 놀다 등의 의미 로 쓰인다.[33] 시인은 자기 몸을 악기 삼아 흥을 친다. 시인의 몸은 계절 도 되었다가, 자연의 저장고도 되었다가, 악기도 된다. 시인은 흥 안에 서 자유롭게 변주하면서 자기 자신이 누구인지를 잊고 자기가 고기를 잡으러 나왔다는 목적도 잊는다.

〈어부사시사〉에 나타난 흥은 몇 가지 특징을 지닌다. 첫째, 흥이 시 적 자아의 구체적인 행위로부터 유발된다. 둘째, 시인이 흥을 느끼는 순 간에는 고기잡이도 잊고, 갈 길도 잊고, 날이 저무는 것도 잊는다. 존재 의 이유, 공간 감각, 시간 감각을 모두 상실하고 오직 흥에 취해 있다는 사실만을 자각한다. 셋째, 시인의 내면에서 올라오는 깊은 흥은 금할 길 이 없다는 점에서 불가항력적이다. '흥에 겹다'는 표현이 여러 번 나오 듯이 시적 자아는 흥을 이기지 못하며, 이길 마음도 없다. 흥에 겹다는 말은 '더할 나위 없이 즐겁다'라는 말이다. 〈어부사시사〉에 나오는 이 더할 나위 없이 즐거운 흥은 역동적인 신체 활동을 하는 인간에 대한 전 인적인 이해가 없으면 이해하기 힘들다.

〈어부사시사〉를 신체 활동과 연결시켜 감상하다 보면 감상자 역시 배를 탄 것처럼 일렁이는 느낌을 받게 된다. 또한 배의 흐름을 나타내는 실사조흥구와, "지국총(至匊恩) 지국총(至匊恩) 어사와(於思臥)"라는 허사 조흥구가 말 그대로 흥을 돋우어 주고 있다는 사실을 새삼 발견하게 된

....

33   최재남, 앞의 글, 2009, 20쪽.

다. 특히 노 젓는 소리 '찌그덕 찌그덕 어사와'를 흉내 낸 "지국총(至匊恩) 지국총(至匊恩) 어사와(於思臥)"는 〈어부사시사〉에서 무려 40번이나 반복된다. 윤선도와 같이 함축적인 문체를 구현한 시인이 아무 이유 없이 의미 없는 노 젓는 소리를 40번이나 반복하지는 않았을 것이다. 나의 몸이 시인처럼 배 위에 있다고 가정하고 한 수 한 수 읽어보면 노 젓는 행위가 어느 계절에 몇 번째 수에서 나오느냐에 따라 나의 신체에 각기 다른 충격과 느낌을 전달하는 것을 구체적으로 상상할 수 있다. 예컨대 〈하사 5〉에서라면 한 낮의 뙤약볕 아래서 노를 젓는 나의 몸은 땀에 흠뻑 절었을 것이며, 〈동사 5〉에서라면 겨울 강에서 체온이 적당히 올라서 기분 좋은 느낌을 받았을 것이다. 〈어부사시사〉를 이해하고 감상하기 위해서는 이 작품에 명시적·암시적으로 드러난 신체 활동을 상상하는 능력이 필요하다. 역으로 학습자가 신체 활동의 의미를 읽어내는 피지컬 리터러시를 갖추었다면, 문학 텍스트에 암시된 이러한 신체 활동들을 더 민감하고 적극적으로 읽어낼 수 있을 것이다.

4. 문학과 체육의 융합 교육의 실행 방안

1) 피지컬 리터러시를 통한 문학 교육

'무용이 왜 사람을 행복하게 만드는가?'라는 질문에 대한 대답을 찾고자 하는 열망이 무용 리터러시 획득의 관건이 되는 것처럼, 〈어부사시사〉를 배우는 학습자들이 '뱃놀이를 하면서 부르는 어부 노래가 왜 사람을 행복하게 만드는가?'라는 질문을 던지고 그에 대한 대답을 찾을 수 있다면, 〈어부사시사〉를 가장 잘 읽고 이해하게 되었다고 말할 수 있다. 그런데 이 질문에 대한 대답은 이미 옛사람들이 마련해 놓았다.

앞서 본 것처럼 어부 노래에 발문을 단 시인들은 하나같이 어부가를 부르면 "날개를 달고 신선이 되어 올라가는 듯한(羽化而登仙)" 기분을 맛볼 수 있다고 증언하였다. 어떻게 해서 이러한 기분이 가능하였을까? 『악장가사』의 〈어부가〉에서는 "범급(帆及)ㅎ니 전산(前山)이 홀후산(忽後山)이로다"라고 하여, 돛을 달고 나니 배가 쏜살같이 달려서 앞에 보이던 산이 어느새 뒷산이 되어 있다는 표현이 나온다. 〈어부사시사〉에서는 이를 "앞 뫼히 디나가고 뒷 뫼히 나아온다"와 같이 표현한다. 이러한 표현들은 어부가 인간의 육체적 한계를 넘어서 신선이 되어 날아오르는 느낌을 받게 된 이유가 돛을 단 배의 속도에 있었음을 짐작케 한다.[34]

인간의 신체 활동의 역사는 육신을 가진 인간의 한계를 초월하려는 움직임의 역사라고 해도 과언이 아닐 만큼, 인간은 더 높이 뛰고 더 멀리 나는 동작을 추구해 왔다. 발레는 그러한 열망을 하늘을 향해 발끝으로 서는 동작을 통해 구현하였다. 체육 교과서에서는 발레 동작의 의미를 다음과 같이 설명하고 있다.

"발레리나의 동작은 마치 중력이 작용하지 않는 것처럼 자연스러워야 한다."는 말이 있다. 발레는 중력을 벗어나려는 움직임을 아름다움으로 나타낸 것이라 할 수 있다. 하늘로 날아오르는 듯한 다양한 동작들은 중력과 중력으로 상징되는 구속으로부터 벗어나고자 하는 인간의 열망을 표현한 것이다.[35]

....

34 정운채, 앞의 글, 1999, 37-38쪽.

35 신원섭 외, 『고등학교 스포츠과학』, 경기도교육청, 2016, 101쪽.

위의 설명처럼 발레의 동작들은 중력 자체와, 중력으로 상징되는 구속을 벗어나고자 하는 인간의 열망을 표현하고 있다. 그래서 중력을 거부하는 예술인 발레를 보면서 우리는 인간이 중력을 넘어서 영원불멸성을 추구할 수 있는 존재임을 깨닫는다.[36] 니체는 인간적인 모든 속박을 '중력의 영혼'이라고 부르면서 중력의 영을 벗어나서 새처럼 춤을 추는 무용수는 스스로 신이라고 느낄 수 있으리라 여겼다.[37] 이와 같이 인간의 한계를 벗어나려는 신체 활동을 통해서 우리는 '육신을 지닌 존재이면서도 끊임없이 육신을 초월한 존재가 되고자 하는' 모순된 존재로서의 인간을 읽어낼 수 있다.

유튜브에서는 우크라이나 출신의 발레리노로 영국 로열 발레 아카데미의 수석 무용수였던 세르게이 폴루닌이 춤추는 동영상이 2018년 4월 기준으로 2천 3백만이 넘는 조회수를 기록하고 있다. 이 동영상을 본 전 세계의 사람들이 가장 많이 언급한 것이 바로 '중력'이었다. 댓글 가운데 "왜 중력이 그에게는 다르게 영향을 미치는가? 그의 체공시간(hang time)은 대단하다.", "중력은 그를 붙들지 못한다.", "세르게이의 등에서 날개가 나오는 줄 알았다."[38]와 같은 감탄들은 어부 노래의 감상자들이 말한 '우화이등선(羽化而登仙)'을 연상시킨다. 뮤지컬 〈위키드〉를 보면 녹색 피부 때문에 사악한 마녀로 오해받고 위축되어 온 주인공 엘파바가 이제 그 어떤 편견과 구속으로부터 벗어나 자신의 길을 가겠다는 각오를 다지면서 〈중력을 거부하며(Defying Gravity)〉라는 노래를 부른다. 이 노래를 부르면서 엘파바는 땅에서 발을 떼고 하늘로 솟구쳐 날

....

36   이혜자, 「무용, 몸짓의 언어」, 철학아카데미 편, 『철학, 예술을 읽다』, 동녘, 2006, 237쪽.
37   이승건, 「니체 미학 속 무용 예술」, 『움직임의 철학: 한국체육철학회지』 18(2), 한국체육철학회, 2010, 209쪽.
38   https://www.youtube.com/watch?v=c-tW0CkvdDI의 동영상과 댓글 참조.

아오르는데, 그 속도감과 고음으로 내지르는 노래가 절묘하게 조화되어 관객들을 전율케 한다.

이렇게 여러 가지 형태로 인간은 '중력'으로 비유되는 인간의 조건과 한계를 뛰어넘는 신체 활동을 추구해 왔다. 최선을 다해서 그런 몸짓을 시도하는 무용수를 바라볼 때 그 감동은 말로 형언하기 어려울 정도이다. 등골이 오싹하고 정수리 끝까지 전기가 타고 오르는 서늘한 느낌을 맛보게 된다. 발레와 같은 동작에 담긴 열망을 읽을 수 있는 피지컬 리터러시를 지닌 학습자라면 〈어부사시사〉를 부를 때, "강에 부는 바람과 바다에 오는 비가 어금니와 뺨 사이에서 일어"나면서 "우화이등선(羽化而登仙)"하는 느낌을 맛보았던 시인의 흥을 추체험할 수 있을 것이다. 또한 그들은 시적 자아의 흥을 유발했던 신체 움직임을 적극적으로 모방하면서 '몸과 마음과 머리를 지닌 전인(全人)'으로서 문학 작품을 읽는 경험을 하게 될 것이다.

2) 문학의 심미성을 활용한 신체 표현 교육

피지컬 리터러시에는 신체 활동 능력만이 아니라, 신체 활동에 대한 지식, 신체 활동 동기나 열정, 신체 표현 능력 등이 모두 포함된다. 이러한 요소들을 발달시키는 데 있어서 인간이 신체 활동을 하는 동안 일어난 정서와 열정, 흥을 언어를 통해 심미적으로 구조화한 문학이 도움이 됨은 물론이다. 특히 "신체 표현으로 느낌이나 생각을 나타내며, 감성적으로 소통"[39]하는 것을 도모하는 무용 수업에서 문학 작품을 도입한다면 상당한 효과를 거둘 수 있다. 여기서는 〈어부사시사〉의 어부와

....

39 교육부고시 제2015-74호 [별책 11], 『체육과 교과과정』, 교육부, 10쪽.

어니스트 헤밍웨이의 소설 〈노인과 바다〉에 나오는 실존적인 어부[40]를 비교하면서 심미적 안목을 기르고, 이를 신체 표현의 창작과 감상으로 발달시키는 융합 수업 방안을 제시하고자 한다.

먼저 〈어부사시사〉의 어부와 〈노인과 바다〉의 어부를 분석하고 비교하는 활동을 한다. 〈어부사시사〉의 어부는 실제 어부가 아니라 어부 노릇을 '흉내 내는' 어부이다. 그는 고기가 안 잡힌다고 초조해 하거나 불안해하지 않는다. 처음부터 고기는 안중에도 없었다. 그는 단지 고기 잡이 하는 척을 할 뿐이었다. 이처럼 '단지 하는 척한다'는 것은 진정한 놀이가 지닌 매우 본질적인 모습의 하나이다.[41] 일렁이는 물결 위에서 리듬감을 즐기다가 돛을 달고 쏜살같이 달리는 그는, 육체의 한계를 벗어난 자유로운 인간을 표상한다.

〈노인과 바다〉에 나오는 어부는 생존의 바다에 나가서 목숨과 운명을 걸고 고기와 사투를 벌이는 노인이다. 노인은 육체를 가진 인간으로서 신체 활동을 한계 상황에까지 밀어붙이지만, 그것을 가볍게 넘어서는 환상을 꿈꾸지는 않는다. 많은 문학과 무용에서 인간의 신체 활동이 중력을 거부하고 새처럼 가볍게 날아오르는 것을 이상적으로 표현하고 있지만 〈노인과 바다〉에서 노인은 전혀 다른 시각으로 제비갈매기들을 바라본다.

노인은 새들이 가엾다 느끼곤 했다. 특히 항상 물 위를 날며 먹이를 찾지만 거의 아무것도 제대로 찾지 못하는 작고 가냘픈 검은색의 제비갈매기들을 가여워했다. … 새들은 우리네 인간보다 더 힘든 삶을 꾸

....

40   이석영, 「『노인과 바다』-실존주의적 읽기」, 『현대영미어문학』 28(4), 현대영미어문학회, 2010, 261-280쪽.

41   요한 호이징하, 김윤수 역, 『호모루덴스』, 까치, 1993, 39쪽.

려나가고 있다는 생각에 젖기도 했다. 바다가 끔찍이도 무자비해질 수 있는데, 어찌하여 자연은 제비갈매기와 같은 새들에게 그처럼 섬세하고 가냘픈 몸매를 허락한 것일까.[42]

노인은 가냘픈 몸매로 무자비하게 표변하는 바다에서 살아가고 있는 제비갈매기들을 연민의 눈으로 바라보며, "새들은 우리네 인간보다 더 힘든 삶을 꾸려나가고 있다"라는 생각에 젖는다. 새들의 가냘픈 몸매는 거친 바다와 씨름하는 노인의 육체와 겹치고, 삶을 꾸려나가는 새들의 분투는 상어 떼에게 청새치의 살점을 모두 뜯기고도 끝내 청새치의 형해와 함께 돌아오는 노인의 집념 어린 모습과 겹친다. 이러한 육체적 한계를 가진 존재들의 분투는 독자로 하여금 자신의 삶을 꾸려나가는 자세를 되돌아보게 한다. 〈노인과 바다〉를 번역한 이는 다음과 같은 성찰에 이른다.

아, 노인이 잡았던 청새치와 같은 글과 어쩌다 만나 이를 잡을 수 있다면!…어찌 보면, 헤밍웨이에게 문학 또는 글은 노인이 잡으려 했던 청새치와도 같은 것이었으리라. 감히 말하자면, 나에게 역시 문학 또는 글은 노인이 잡으려 했던 청새치와도 같은 것이다. 그런 의미에서 볼 때, 내가 이 세상을 살아가는 것 자체가 고기를 잡기 위해 바다로 나가는 노인의 삶과 다른 것이 무엇이겠는가. 하지만 어디에서도 고기를 낚지 못해 항상 초조해하는 보잘것없는 어부가 바로 나는 아닐지?[43]

....

42 어니스트 헤밍웨이, 장경렬 역, 〈노인과 바다〉, 시공사, 2012, 35-36쪽.
43 위의 책, 185-186쪽.

위의 글을 통해서 고기를 잡으러 나간 어부가 고기를 잊지 않으면 어떤 사태에 봉착하는지를 짐작할 수 있다. 우리는 이미 세상이라는 바다에 던져져 있는 어부이다. 바다는 일 만 이랑의 파도가 물결치는 만경창파이고, 우리가 탄 배는 한 조각 작은 거룻배(일엽편주)이다. 이러한 생존의 바다에서 인간다움의 존엄성을 잃지 않으려면 역설적으로 '육신을 가진 인간임을 초월해서 신성(神聖)을 획득할 수 있게 만드는 레저'[44]가 필요하다. 고전시가에서 고기잡이를 생업으로 하는 어부(漁夫)가 아니라, 고기잡이를 흉내 내는 '가어옹(假漁翁)'의 존재가 나타난 이유가 여기에 있다. 역설적으로 가어옹의 의미는 치열한 실제 어부의 삶과 대비해보기 전까지는 깨닫기 어렵다. 그러므로 〈어부사시사〉의 어부와 〈노인과 바다〉의 어부를 비교해 보는 것은 생존의 바다에서 고기잡이를 '단지 하는 척만'하기를 열망하는 인간 존재에 대한 통찰의 기회를 준다.

둘째, 위와 같은 심미적 통찰을 몸으로 표현할 수 있는 신체적·언어적 소재를 탐색하고, 스토리를 구성한다. 학습자들을 두 그룹으로 나누어 한 그룹은 윤선도의 〈어부사시사〉에 나오는 어부를 표현하는 과제를 수행한다. 이 어부는 낚시보다는 오히려 윈드서핑을 하면서 맛볼 수 있는 역동적 기분과 비슷한 느낌을 전달하고 있다. 윈드서핑을 하려면 보드가 출발하기 위해서 먼저 돛을 세워야 하는데 이것을 세일 업이라고 한다. 이렇게 돛을 세울 때 〈어부사시사〉의 〈춘사 1〉에 나오는 "돋 드라라 돋 드라라"를 소리 내어 외치거나 노래로 부른다면 항해의 기대감에서 비롯된 흥을 느끼는 데 도움이 될 것이다. 또 보드 위에서 중

....

44 아리스토텔레스에 의하면 여가(레저)란 신의 모습을 봄으로써 영혼을 정화하는 것이다. 최의창, 앞의 책, 2010ㄴ, 72-75쪽.

심잡기를 하는 동안은 "이어라 이어라"라는 조흥구로 흥을 돋우고, 활주하는 동안에 달라지는 경관들을 "어촌(漁村) 두어집이 닛속의 나락들락", "동호(東湖)를 도라보며 서호(西湖)로 거쟈스라", "압뫼히 디나가고 뒫뫼히 나아온다"와 같은 구절을 패러디해서 표현해 보도록 한다. 또한 물결이 햇빛에 반짝이고 머리 위로 갈매기가 나는 풍경들을 "고운 볏티 쬐얀는딕 믉결이 기름곳다", "글며기 둘식 세식 어락가락 ᄒᆞᄂᆞ고야"와 같은 시구를 활용하여 표현해 보도록 한다. 이러한 시구들이 표현하는 장면과 윈드서핑 할 때 느껴지는 바람을 상상하면서 이와 같은 시각적·촉각적 심상을 어떻게 신체 표현으로 나타낼지 토론한다.

다른 한 그룹은 〈노인과 바다〉에 나오는 노인을 몸으로 표현하는 과제를 맡는다. 노인은 음식을 거의 먹지 않기 때문에 전체적으로 기력이 넘친다고는 볼 수 없지만, 결정적인 순간 그의 눈빛은 섬광처럼 빛나고 그의 몸은 누구보다도 다부지게 움직인다. 자신과 줄다리기를 하는 고기가 어떻게 움직이는가에 따라, 물결이 어떻게 움직이는가에 따라 노인도 다양한 포즈를 취하게 된다. 고기가 조용할 때는 그 역시 뱃머리에서 나무판에 몸을 의지하고 휴식을 취하지만, 고기가 한바탕 요동을 치게 되면 그의 몸의 근육도 팽창과 수축을 반복하면서 긴장감을 뿜어내게 된다. 학습자들은 고기와 줄다리기를 하고 있는 노인의 모습을 여러 상황에 맞게 표현하는 방법을 토론하고 실행해 본다.

세 번째 단계는 〈어부사시사〉의 어부와 〈노인과 바다〉의 어부를 신체로 표현하기 위해 안무를 짜는 것이다. 안무는 기본적으로 학습자들이 구성한 스토리로부터 이끌어져 나온다. 그러나 신체 활동을 하다 보면 뜻하지 않는 미묘한 움직임들이 안무가가 미처 생각하지 못했던 스토리를 만들어내는 경우가 있다. 안무는 또 하나의 문학 텍스트를 만드는 것과 같다. 학습자들은 서로 다른 그룹이 표현한 신체 표현을 통해 인간의 육체적 한계와 그것을 넘어서려는 열망의 서로 다른 형태를 지각하고 이에 대해 토론할 수 있다.

마지막 단계는 학습자들이 만든 안무를 가지고 연습하고 공연을 한 뒤 비평을 하는 것이다. 학습자들은 〈어부사시사〉와 〈노인과 바다〉의 어부를 비교하면서 인간 육체의 한계와 그것을 넘어서려는 인간의 분투에 대해서 깊이 있게 인지할 기회를 가졌기 때문에 신체 표현을 보고 나서 문학비평과 같이 섬세하고 정교한 언어로 신체 표현에 대한 감상을 이야기할 수 있을 것이다.

기존의 교과 중심 교육체제에서는 전인교육을 표방하면서도 교과의 전문성을 넘어서는 실천을 도모하기가 어려웠다. 문학과 체육의 융합 교육은 육체를 가지고 신체 활동을 하며, 인간으로서의 한계를 자각하고 넘어서고자 하는 인간에 대한 이해를 가능케 한다는 점에서 전인교육의 목표에 한 걸음 더 다가서는 의의가 있다. 무엇보다도, 드높은 흥을 구가한 문학 작품에서 흥을 느끼지 못하고, 그 자체로 유희적인 신체 활동을 하면서도 몰입을 할 수 없었던 학습자들에게 신체 활동의 즐거움과 의미를 되돌려주기 위해 반드시 시도해 볼 필요가 있다.

그러나 문학과 체육 융합 교육이 가능하기 위해서는 아직도 많은 과제가 남아 있다. 먼저 피지컬 리터러시와 문학적 리터러시 사이의 개념적 관계에 대한 심층적이고 이론적인 연구가 필요하다. 두 개의 리터러시가 지니는 호혜적 관계가 명확해져야 두 교과의 융합이 학습자의 어떤 능력을 신장시킬지를 예측할 수 있다. 이러한 예측 위에서 융합 수업 모형을 개발하고, 융합 교육을 담당할 교사의 전문성을 개발하는 방안에 대한 모색이 이어져야 할 것이다.

참고문헌

1장 융합 교육과 언어 중심의 교과 융합 교육

구본관, 「문법과 문학 영역의 통합」, 『국어교육』 148, 한국어교육학회, 2015.

구본관, 「언어 중심 교과 통합의 가능성 탐색」, 『국어국문학』 176, 국어국문학회, 2016.

구본관, 「국어과와 도덕과의 교과 통합 교육을 위한 내용 구성 방안 - '배려적 언어 사용' 교육 내용을 중심으로-」, 『어문론총』 72, 한국문학언어학회, 2017.

구자현, 「음악과 과학 간의 소통-19세기 말 음악 음향학 교과서를 중심으로」, 『창의적 인재 육성을 위한 융합 교과 개발 연구팀(SSK) 강연회 자료집』, SSK 지원 연구단 (창의적 인재 육성을 위한 융합 교과 개발연구팀), 2016.

김대현 외, 『교과의 통합적 운영』, 문음사, 1997.

김시정·이삼형, 「융복합 교육의 양상에 대한 국어교육적 접근」, 『국어교육학연구』 43, 국어교육학회, 2012.

김종철, 「융합교육을 위한 교과교육의 소통과 창의성」, 『한중인문연구』 47, 한중인문학회, 2015.

김종철, 「국어 교재의 성격과 위상 재검토 - 기본교육, 교과교육, 교과융합교육에서의 역할을 중심으로」, 『국어교육학연구』 51(3), 국어교육학회, 2016.

김종철 외, 『창의와 융합의 국어교육』, 사회평론, 2015.

김혜영, 「융합교육의 체계화를 위한 융합교육의 방향과 기초융합교과 설계에 대한 제언」, 『교양교육연구』 7(2), 한국교양교육학회, 2013.

박상욱, 「융합은 얼마나」, 홍성욱 편, 『융합이란 무엇인가』, 사이언스북스, 2012.

박인기, 「국어교육과 타 교과 교육의 상호성」, 『국어교육』 120, 한국어교육학회, 2006.

박일우, 「대학에서의 융·복합 교육의 실상과 그 해법」, 『교양교육연구』 10(1), 한국교양교육학회, 2016.

신동희, 『스마트융합과 3.0』, 성균관대학교출판부, 2011.

신재한, 『STEAM 융합교육의 이론과 실제』, 교육과학사, 2013.

유한구·김승호, 『초등학교 통합교과 교육론』, 교육과학사, 1998.

윤여탁, 「국어교육의 본질과 교과서」, 『선청어문』 36, 서울대학교 국어교육과, 2008.

윤여탁, 『문화교육이란 무엇인가: 한국어 문화교육의 벼리[綱]』, 태학사, 2013.

윤여탁, 「창의적 문화 세대를 위한 국어교육의 지향」, 『국어교육연구』 57, 국어교육학회, 2015.

윤여탁 외,『매체언어와 국어교육』, 서울대학교 출판부, 2008.

윤여탁 외,「현대시 교육에서 지식의 성격과 교육의 방향」,『국어교육연구』27, 서울대학교 국어교육연구소, 2011.

윤여탁·이상아,「융복합적 미래 인재 양성을 위한 국어교육의 과제: 광고를 활용한 교수-학습을 중심으로」,『교육연구와 실천』80, 서울대학교 교육종합연구원, 2014.

이영덕,「통합 교육과정의 개념」, 한국교육개발원 편,『통합교육과정의 이론과 실제』, 교육과학사, 1983.

차윤경 외,「융복합교육의 확장적 재개념화 가능성 탐색」,『다문화교육연구』9(1), 한국다문화교육학회, 2016.

한국교육과정평가원,『2014 KICE 이슈 페이퍼 초중등교육에서 융합교육의 활성화를 위한 과제』, 한국교육과정평가원, 2014.

홍성욱,「융합의 현재에서 미래를 진단한다」, 홍성욱 편,『융합이란 무엇인가』, 사이언스북스, 2012.

AATK(American Association of Teachers of Korean), *Standards for Foreign Language Learning in the 21th Century*, Allen Press, 2012.

Banks, J. A., 모경환 외 역,『다문화교육 입문』, 아카데미프레스, 2008.

Beane, J. A., *Curriculum Integration*, Columbia Univ., 1997.

Drake, S. M. & Burns, R. C., *Meeting Standards Through Integrated Curriculm*, ASCD, 2004.

Drake, S. M. 편, 박영무 외 역,『교육과정 통합의 기초』, 교육과학사, 2009.

Drake, S. M. 편, 유제순·장인한 역,『통합 교육과정 개발과 평가의 기초』, 교육과학사, 2013.

Fogarty, R., 구자억·구원회 역,『교사를 위한 교육과정 통합의 방법』, 원미사, 1998.

Ingram, J. B., 배진수·이영만 역,『교육과정 통합과 평생교육』, 학지사, 1995.

Nesin, G. & Lounsbury, J., 정광순 역,『교육과정통합: 20가지 질문과 대답』, 한국학술정보(주), 2007.

Wolfinger, D. M. & Stockard Jr., J. W. 편, 강현석 외 역,『통합교육과정의 이론과 실제』, 양서원, 2003.

2장 언어 중심 교과 융합 교육의 내용

고정희,「문학과 영상의 창의적 융합을 통한 공감교육 -NT Live 〈리어왕〉을 중심으로-」,『문학치료연구』35, 한국문학치료학회, 2015.

구본관, 「언어 중심 교과 통합의 가능성 탐색」, 『국어국문학』 176, 국어국문학회, 2016.

김민정, 「이공계 전공과 〈글쓰기〉를 연계한 융합형 교육프로그램 개발을 위한 연구」, 『배달말』 52, 배달말학회, 2013.

김시정 · 이삼형, 「융복합 교육의 양상에 대한 국어교육적 접근」, 『국어교육학연구』 43, 국어교육학회, 2012.

김종철, 「융합교육을 위한 교과교육의 소통과 언어적 창의성」, 『한중인문학연구』 47, 한중인문학회, 2015.

김지영, 「정서적 문식성 향상을 위한 정서 어휘 교육의 방향」, 『청람어문교육』 49, 청람어문교육학회, 2014.

박천환 · 박채형, 『교육과정 담론』, 학지사, 2013.

서명희, 「융합교육의 지향과 시가의 생성적 향유 -〈고산구곡시화병〉을 중심으로-」, 『새국어교육』 103, 한국국어교육학회, 2015.

서명희, 「교과 융합적 제재를 도입한 고전시가 수업과 경험의 확장: 고교 자유학기제 오딧세이학교 고전시가 수업 실행 연구」, 『국어교육학연구』 51(3), 국어교육학회, 2016.

서명희, 「고전시가를 제재로 한 교과 융합적 경험교육: 〈덴동어미화전가〉를 중심으로」, 『국어교육학연구』 52(2), 국어교육학회, 2017.

서명희 · 김종철, 「창의적 문제 발견 능력 함양을 위한 문학.경제 융합 교육: 언어적 창의성을 중심으로」, 『학습자중심교과교육연구』 14(7), 학습자중심교과교육학회, 2014.

서울대학교 교육연구소 편, 「정의적 특성의 평가」, 『교육학 대백과사전』, 서울: 하우동설, 1999.

송은정 외, 「2009 개정 과학과 교육과정의 성취기준에 사용된 서술어 분석, -TIMSS 인지적 영역 평가틀을 중심으로-」, 『한국과학교육학회지』 36(4), 한국과학교육학회, 2016.

양민정, 「외국인을 위한 고전시가 활용의 한국어/문학/문화의 통합적 교육 -「動動」을 중심으로」, 『외국문학연구』 29, 한국외국어대학교 외국문학연구소, 2008.

오형규, 『경제학, 인문의 경계를 넘나들다』, 서울: 한국문화사, 2013

왕현종 외, 『고등학교 한국사』, 동아출판사, 2014.

윤대석, 「이효석 소설에서의 음악 -통(융)합적 교양의 가능성과 한계」, 『인문과학연구논총』 42, 명지대학교 인문과학연구소, 2015.

윤여탁, 「문학 문식성의 본질, 그 가능성을 위하여: 문화, 창의성, 정의(情意)를 중심으로」, 『문학교육학』 51, 한국문학교육학회, 2016.

윤여탁, 「시 교육에서 학습 독자의 경험과 정의에 관한 연구」, 『국어교육연구』 39, 서울대학교 국어교육연구소, 2017.

윤여탁, 「국어교육의 융복합적 특성과 문식성」, 『국어교육학연구』 53(1), 국어교육학회, 2018.

윤평현, 『국어의미론 강의』, 역락, 2013.

이경화·육인경, 「국어교과와 타 교과 간 통합교육에 대한 교사들의 인식조사」, 『초등교과교육』 25, 한국교원대학교 초등교육연구소, 2016.

이나향, 「고전시가의 번역텍스트 쓰기 교육 연구」, 『고전문학과교육』 25, 한국고전문학교육학회, 2013.

이병민, 「창의성 및 언어적 창의성 개념과 외국어 교육에서의 함의」, 『국어교육연구』 31, 서울대학교 국어교육연구소, 2012.

이병희 외, 『고등학교 역사부도』, 금성출판사, 2014.

이상아 외, 「생태시의 융합적 성격과 창의성」, 『문학과 환경』 13(2), 문학과환경학회, 2014.

이지수, 「언어 중심 융합 교육의 전제 및 내용 구성 층위 연구」, 『한국언어문학』 101, 한국언어문학회, 2017.

이행훈, 「1900년대 전후 도덕 개념의 의미장 −수신, 윤리 교과서 중심으로」, 『개념과 소통』 12, 한림과학원, 2013.

정선영 외, 『역사교육의 이해』, 삼지원, 2001.

정홍모, 「〈뎐동어미화전가〉의 세계인식과 조선후기 몰락 하층민의 한 양상」, 『어문논집』 30(1), 민족어문학회, 1991.

제민경·구본관, 「언어 창의성 발현을 위한 교육적 체계의 구성 방향 탐색」, 『국어교육』 143, 한국어교육학회, 2013.

조희정, 「고전시가 쓰기 교육 연구: 배경 설화를 지닌 실전(失傳) 고전시가의 재구(再構)를 중심으로」, 『고전문학과 교육』 18, 2009.

조희정, 『고전문학 교육 연구』, 한국문화사, 2011.

차경미·구본관, 「과학의 언어에 대한 국어교육적 접근」, 『국어교육연구』 58, 국어교육학회, 2015.

천경록, 「2015 교육과정 시기의 국어 교과서 정책과 철학」, 『국어교육학연구』 51(2), 국어교육학회, 2016.

최인자, 「사회 정서 학습을 위한 내러티브 기반 교과 융합 인성교육」, 『국어교육연구』 36, 서울대학교 국어교육연구소, 2015.

한국문학교육학회 편, 『문학능력』, 역락, 2010.

황윤정·김종철, 「〈구운몽도(九雲夢圖)〉와 융합 교육의 지향」, 『고전문학과 교육』 29, 한국고전문학교육학회, 2015.

Amabile, T. M., 고빛샘 역, 『심리학의 눈으로 본 창조의 조건』, 21세기북스, 2010.

Dewey, J., 박철홍 역, 『경험으로서 예술』 1, 2, 나남, 2016.

Foltz, M. et al., *Teaching Economics Using Children's Literature*, Natl Council on Economic Education, 2005.

Freire, P. & Macedo, D., 허준 역, 『문해교육: 파울로 프레이리의 글 읽기와 세계 읽기』, 학이시습, 2014.

Gee, J. P., *Social Linguistics and Literacies: Ideology in Discourses*(5th ed.), Routledge, 2015.

Harford, T., 김명철·이진원 역, 『경제학 콘서트』, 웅진하우스, 2006.

Lankshear, C. & Knobel, M., *New Literacy: Everyday Practices and Classroom Learning*(2nd ed.), Open University Press, 2006.

Tudor, I., *The Dynamics of the Language Classroom*, Cambridge University Press, 2001.

• 인터넷 자료

http://ecoedu.fki.or.kr/issue/ecoedu/teaching/book_pub.aspx(2018.5.31.)

http://eqi.org/elit.htm#Definition of Emotional Literacy(2018.3.23.)

http://www.dictionary.com/browse/emotional-literacy(2018.3.23.)

3장 국어와 도덕의 융합 교육

고미숙, 「배려교육의 연구동향, 쟁점과 방향」, 『배려 연구』, 한국배려학회, 하우, 2017.

교육부, 『초·중등학교 교육과정 총론(교육부 고시 제2015-80호[별책1])』, 교육부, 2017가.

교육부, 『국어과 교육과정(교육부 고시 제2015-74호[별책5])』, 교육부, 2017나.

구본관, 「언어 중심 교과 통합의 가능성 탐색」, 『국어국문학』 176, 국어국문학회, 2016.

구본관, 「국어과와 도덕과의 교과 통합 교육을 위한 내용 구성 방안 – '배려적 언어 사용' 교육 내용을 중심으로–」, 『어문론총』 72, 한국문학언어학회, 2017.

김상한, 「초등 국어과 교육과정의 배려 교육 양상과 동화를 활용한 실행 방안」, 『새국어교육』 95, 한국국어교육학회, 2013.

김수동, 「Noddings의 배려를 위한 학교교육론」, 『아시아교육연구』 5(4), 서울대학교 교육연구소, 2004.

김수동·안재진·이정연, 「배려척도 문항개발 연구」, 『사회과학연구』 25(1), 충남대학교 사회과학연구소, 2014.

김시정·이삼형, 「융복합 교육의 양상에 대한 국어교육적 접근」, 『국어교육학연구』 43,

국어교육학회, 2012.

김은성, 「청소년어에 관한 청소년 문식 실천의 사례 연구」, 『국어교육연구』 36, 서울대학교 국어교육연구소, 2015.

김종철 외, 『창의와 융합의 국어교육』, 사회평론, 2015.

서현석, 「말하기 교육의 내용으로서 "배려적 사고"의 개념 탐구」, 『국어교육학연구』 28, 국어교육학회, 2007.

서현석, 「국어교육에서의 배려연구의 동향」, 한국배려학회, 『배려 연구』, 하우, 2017.

오기성, 「배려 수업 모형과 사례 연구: 초등학교 도덕과를 중심으로」, 『교육과정평가연구』 9(2), 한국교육과정평가원, 2006.

윤천탁, 「"공정한 어휘" 사용의 생활화를 위한 어휘 교육 방안」, 『청람어문교육』 43, 청람어문교육학회, 2011.

윤천탁, 「인성 교육을 위한 어휘 교육 실천으로서 "공정한 표현" 지도 단계 구안」, 『청람어문교육』 49, 청람어문교육학회, 2014.

이연수·김성회, 「초등학생용 배려 척도 개발」, 『상담학연구』 10(4), 한국상담학회, 2009.

임정연, 「나딩스의 배려교육론 연구」, 성균관대학교 박사학위논문, 2012.

차경미, 「감정 어휘 교육 내용 연구」, 서울대학교 석사학위논문, 2013.

최현섭, 「言語教育의 새 paradigm을 위하여: 相生話用論 序說-」, 『청람어문교육』 30, 청람어문교육학회, 2005.

한국배려학회 편, 『배려 연구』, 하우, 2017.

Katz, S., Noddings, N. & Strike, K. 편, 윤현진 외 역, 『정의와 배려』, 인간사랑, 2007.

Noddings, N. 편, 추병완·박병춘·황인표 역, 『배려교육론』, 다른 우리, 2002.

Vygotskii, L. S. 편, 윤초희 역, 『사고와 언어』, 교육과학사, 2011.

4장 문학과 지리의 융합 교육

권순긍, 『한국문학과 로컬리티』, 박이정, 2014.

권혁래, 「문학지리학 연구의 정체성과 연구방법론 고찰」, 『우리문학연구』 51, 우리문학회, 2016.

김기형, 『춘향제 80년사』, 민속원, 2015.

김동욱, 「춘향전 배경으로서의 남원의 지지적 고찰」, 『증보 춘향전연구』, 연세대학교 출판부, 1976.

김석배, 「춘향전의 형성 배경과 남원」, 『국어교육연구』 47, 국어교육학회, 2010.

김선희, 「조선시대 지리산 여행의 시공간적 특성」, 『관광연구저널』 23(2), 한국관광연구학회, 2009.

김종철, 「봄향기의 행로를 따라―춘향전 산책」, 『민족문학사연구』 5, 민족문학사연구소, 1994.

김종철, 「〈춘향전〉과 지리―문학교육과 지리교육의 공동 영역의 탐색」, 『고전문학과 교육』 35, 한국고전문학교육학회, 2017.

김진영·신정엽, 「문학지리학 연구의 정체성과 공간 논의에 대한 재고찰」, 『지리교육논집』 54, 서울대학교 지리교육과, 2010.

김태준 편, 『문학지리·한국인의 심상공간』(상)(국내편1), 논형, 2005.

남상준, 『지리교육의 탐구』, 교육과학사, 1999.

서인원, 「동국여지승람의 편찬 체재와 특징에 대한 일고찰」, 『역사와 실학』 12, 역사실학회, 1999.

서태열, 『지리교육학의 이해』, 한울아카데미, 2005.

심승희, 「문학지리학의 전개 과정에 관한 연구」, 『문화역사지리』 13(1), 한국문화역사지리학회, 2001.

심승희, 「문학과 지리학의 만남, 문학지리학」, 한국문화역사지리학회 편, 『현대 문화지리의 이해』, 푸른길, 2013.

양보경, 「18세기 지리서·지도의 제작과 국가의 지방 지배」, 『응용지리』 20, 성신여자대학교 한국지리연구소, 1997.

염은열, 「금강산 가사의 지리적 상상력과 장소 표현이 지닌 의미」, 『고전문학연구』 38, 한국고전문학회, 2010.

염은열, 「기행가사의 '공간' 체험이 지닌 교육적 의미」, 한국고전문학교육학회 편, 『중세 여행 체험과 문학교육』, 월인, 2012.

오홍석, 『문학지리―문학의 터전, 그 지리적 특성』, 부연사, 2009.

이원호 외, 「광한루원의 경관변화양상에 관한 고찰」, 『한국전통조경학회지』 32(2), 한국전통조경학회, 2014.

이은숙, 「문학지리학 서설―지리학과 문학의 만남」, 『문화역사지리』 4, 한국문화역사지리학회, 1992.

이은숙, 「문학 공간의 인식 체계와 특성」, 『현대문학이론연구』 36, 현대문학이론학회, 2009.

정동오, 「춘향전을 중심으로 한 춘향의 집 주변 경관과 후원에 관한 고찰」, 『호남문화연구』 24, 전남대학교 호남문화연구소, 1996.

정치영, 「유산기로 본 조선시대 사대부의 청량산 여행」, 『한국지역지리학회지』 11(1), 한국지역지리학회, 2005.

조동일, 『지방문학사 연구의 방향과 과제』, 서울대학교 출판부, 2004.

한국고전문학교육학회 편, 『중세 여행 체험과 문학교육』, 월인, 2012.

한명희, 「춘향전의 지소(地所) 연구―노정기의 답사를 중심해서」, 『겨레어문학』 7, 겨레
　　어문학회, 1972.

황혜진, 「문학을 통한 인문지리적 사고력 교육의 가능성 탐색」, 『고전문학과 교육』 13,
　　한국고전문학교육학회, 2007.

轟博志, 「〈열녀춘향슈절가〉에 나타난 전통교통로와 경유지의 비정」, 『문화역사지리』
　　16(2), 한국문화역사지리학회, 2004.

Anderosn, J., 이영민 · 이종희 역, 『문화 · 장소 · 흔적』, 한울아카데미, 2013.

Atkins, D., Jackson, P., Sibley, D. & Washbourne, N.(eds.), 이영민 외 역, 『현대 문화
　　지리학―주요 개념의 비판적 이해』, 논형, 2011.

Tuan, Y., 최지원 역, 「문학과 지리학: 지리학적 연구의 함의」, 『지역문학연구』 5(3), 경남
　　부산지역문학회, 1999.

• 자료

〈열녀춘향수절가〉(완판 84장본), 구자균 · 정규복 교주, 『춘향전』, 교문사, 1984.

윤달선, 〈광한루악부(廣寒樓樂府)〉, 구자균 · 정규복 교주, 『춘향전』, 교문사, 1984.

〈남원고사〉, 김동욱 외, 『춘향전비교연구』, 삼영사, 1979.

신재효, 〈남창 춘향가〉, 강한영 교주, 『신재효 판소리사설집(전)』, 민중서관, 1971.

이해조, 〈옥중화〉, 구자균 · 정규복 교주, 『춘향전』, 교문사, 1984.

〈정정렬 판 춘향가〉, 정병욱, 『한국의 판소리』, 집문당, 1981.

〈김소희 창본 춘향가〉, 김진영 외, 『춘향가전집』 2, 박이정, 1997.

성현경 풀고 옮김, 『이고본 춘향전』, 보고사, 2011.

『동국문헌비고(東國文獻備考)』(上)(영인본 재판), 명문당, 1981.

『신증동국여지승람(新增東國輿地勝覽)』(영인본 재판), 명문당, 1981.

5장 과학적 설명모형의 구성과 서사구성의 융합 교육 방안
― 가추법과 도상적 사고실험을 중심으로

김동현, 「귀추적 추론 모형을 적용한 초등 과학 수업의 입자 개념 형성」, 『한국과학교육
　　학회지』 37(1), 한국과학교육학회, 2017.

김영민, 「Kepler의 망막 상 이론 형성 과정에서의 과학적 문제 발견과 귀추적 사고」, 『한
　　국과학교육학회지』 26(6), 한국과학교육학회, 2006.

맹승호 외, 「야외 지질 학습에서 나타난 중학생의 귀추적 추론 사례 연구」, 『한국과학교

육학회지』27(9), 한국과학교육학회, 2007,.

박은미·강순희,「유사 경험의 제공이 귀추에 의한 가설 설정에 미치는 효과」,『한국과학
교육학회지』26(3), 한국과학교육학회, 2006.

방은수,「서사 창작을 위한 발상으로서 장면 구성 교육 연구」,『새국어교육』113, 한국국
어교육학회, 2017.

배대성·유준희,「중학생의 힘과 운동 현상 관련 과학적 모형구성 수준의 상세화」,『새물
리』62(8), 한국물리학회, 2012.

양일호 외,「과학자의 과학지식 생성 과정에 대한 심층 면담 연구」,『한국과학교육학회
지』26(1), 한국과학교육학회.

오필석,「중등학교 지구과학 수업에서 과학적 모델의 활용 양상 분석: 대기 및 해양 지
구과학 관련 수업을 중심으로」,『한국과학교육학회지』27(7), 한국과학교육학회,
2007.

오필석·김찬종,「지구과학의 한 탐구 방법으로서 귀추법에 대한 이론적 고찰」,『한국과
학교육학회지』25(5), 한국과학교육학회, 2005.

이동욱,「중학생과 과학교사의 색 인식에 대한 개념세계 및 모형구성」, 서울대학교 박사
학위논문, 2015.

이동욱·유준희,「열음향 냉각 현상에 대한 대학생의 모형구성」,『새물리』66(6), 한국물
리학회, 2016.

이일,「역학 문제해결에 대한 동료교수 활동에서 고등학생의 모형구성 및 소집단 상호작
용 분석」, 서울대학교 박사학위논문, 2018.

정수인·박종원,「갈릴레오의 자유낙하 사고실험에 대한 중학생의 사고과정 분석」,『한
국과학교육학회지』21(3), 한국과학교육학회, 2001.

정용재·송진웅,「Pierce의 귀추법에 관한 이론적 고찰을 통한 과학교육적 함의 탐색」,
『한국과학교육학회지』26(6), 한국과학교육학회, 2006.

최인자,「'모티프' 중심의 서사적 사고력 교육」,『국어교육학연구』18, 국어교육학회,
2004.

Clement, J., Zietsman, A. & Monaghan, J., "Imagery in science learning and in
students and experts", in Gilbert, J. K.(ed.), *Visualization in Science Educa-
tion*, Springer, 2007.

Clement, J. J. & Rea-Ramirez, M. A.(eds.) *Model Based Learning and Instruction
in Science*, Springer, 2008.

Gilbert, J. K. & Watts, D. M., "Concepts, Misconceptions and Alternative Concep-
tions: Changing Perspectives in Science Education", *Studies in Science Edu-
cation* 10(1), 1983.

Halloune, I. A., *Modeling Theory in Science Education*, Kluwer Academic Publishers, 2004.

Hestenes, D., "Toward a modelling theory of physics instruction", *American Journal of Physics* 55(5), 1987.

Lopes, B. J. & Costa, N., "The Evaluation of Modelling Competence: difficulties and potentials for the learning of the science", *International Journal of Science Education* 29(7), 2007.

Nersessian, N. J., "How do scientists think? Capturing the dynamics of conceptual change in science", in Giere, R. N.(ed.), *Cognitive Models of Science*, University of Minnesota Press, 1992.

6장 문학과 과학의 융합 교육 ─ 과학 소설을 중심으로

고장원, 『SF의 힘』, 추수밭, 2017.

김유신, 「융합 연구와 교육에서 '융합'의 의미」, 『한국교양교육학회 학술대회 자료집』, 2015.

김중현, 「과학정신의 전도사 쥘 베른」, 대중문학연구회 편, 『과학소설이란 무엇인가』, 국학자료원, 2000.

박찬길, 「융합, 인문학의 살 길인가」, 『안과밖』 41, 영미문학연구회, 2016.

복거일, 『벗어남으로서의 과학』, 문학과지성사, 2007.

서예원, 「과학의 본질과 과학교육에 관한 구성주의적 관점」, 『교육과학연구』 38, 이화여자대학교 교육과학연구소, 2007.

윤대석, 「과학 소설과 융합 교육」, 『구보학보』 16, 구보학회, 2017.

이인식 편, 『통섭과 지적 사기』, 인물과사상사, 2014.

이진우, 『테크노 인문학』, 책세상, 2013.

임성래, 「과학소설의 전반적 이해」, 대중문학연구회 편, 『과학소설이란 무엇인가』, 국학자료원, 2000.

임종기, 『SF 부족들의 새로운 문학 혁명, SF의 탄생과 비상』, 책세상, 2004.

조헌국, 「과학교육에 대한 철학적 담론」, 『인문과학연구』 38, 강원대학교 인문과학연구소, 2013.

최재천·주일우 편, 『지식의 통섭: 학문의 경계를 넘다』, 이음, 2007.

홍성욱, 「과학과 예술: 그 수렴과 접점을 위한 시론」, 『과학기술학연구』 9, 한국과학기술학회, 2005.

홍정욱, 「디지털 기술 전환 시대의 인문학」, 『인문콘텐츠』 38, 인문콘텐츠학회, 2015.

石田英敬, 윤대석 역, 『디지털 미디어의 이해』, 사회평론, 2017.

Borchmeyer, D. & Žmegac, V., 진상범 역, 「과학소설」, 대중문학연구회 편, 『과학소설이란 무엇인가』, 국학자료원, 2000.

Carr, N. G., 최지향 역, 『생각하지 않는 사람들』, 청림출판, 2011.

Carr, N. G., 이진원 역, 『유리감옥』, 한국경제신문, 2014.

Latour, B., 이세진 역, 『부뤼노 라투르의 과학 인문학 편지』, 사월의 책, 2012.

Nussbaum, M. C., 한상연 역, 『역량의 창조』, 돌베개, 2015.

Scholes, R. & Rabkin, E. S., 김정수 외 역, 『SF의 이해』, 평민사, 1993.

Schwab, K., 송경진 역, 『클라우스 슈밥의 제4차 산업혁명』, 새로운 현재, 2016.

Slingerland, E. G., 김동환 외 역, 『과학과 인문학』, 지호, 2015.

Williams, R., 성은애 역, 『기나긴 혁명』, 문학동네, 2007.

• 자료

곽영직 외, 『고등학교 과학』, 더텍스트, 2011.

교육과학기술부 고시 제2011-361호, 『국어과 교육과정』, 교육과학기술부, 2011.

교육부 고시 제2015-74호, 『과학과 교육과정』, 교육부, 2015ㄱ.

교육부 고시 제2015-74호, 『국어과 교육과정』, 교육부, 2015ㄴ.

박태원, 〈소설가 구보 씨의 일일〉, 《소설가 구보 씨의 일일》, 깊은샘, 1989.

오필석 외, 『고등학교 과학』, 천재교육, 2011.

우한용 외, 『고등학교 문학』, 비상교과서, 2011.

유성식, 〈아주 사소한, 류 씨 이야기〉, 《1993 신춘문예 당선작품집》, 예하, 1993.

조현수 외, 『고등학교 과학』, 천재교육, 2011.

7장 과학 교육에서 은유와 서사의 활용

구자현, 『쉬운 과학사』, 한국학술정보, 2009.

구자현, 「과학 교재의 은유 분석: 진스의 『과학과 음악』에서 은유의 역할」, 『수사학』 28, 한국수사학회, 2017ㄱ.

구자현, 「과학 교재의 수사학적 스펙트럼: 벅(Percy Buck)의 『음악가를 위한 음향학』(*Acoustics for Musicians*)의 수사 비평」, 『인문과학』 65, 성균관대학교 인문학연구원, 2017ㄴ.

구자현, 「양자역학 교재의 은유 분석: 그리피스의 『양자역학 개론』에서 은유의 역할」,

『수사학』29, 한국수사학회, 2017ㄷ.

구자현,『과학 대중화의 수사학적 비평:《내셔널 지오그래픽》의 과학 기사 분석』, 한국문화사, 2017ㄹ.

김병익·정문길,『오늘의 한국 지성, 그 흐름을 읽는다, 1975-1995』, 문학과 지성사, 1995.

박성창,『수사학과 현대 프랑스 문화이론』, 서울대학교 출판부, 2002.

박이문,『과학, 축복인가, 재앙인가: 과학문명에 대한 철학적 성찰』, 이화여자대학교 출판부, 2009.

오예옥,『언어 사용에서의 은유와 환유』, 도서출판 역락, 2011.

이윤갑,『인문 정신의 회복과 한국학의 길 찾기』, 계명대학교 출판부, 2008.

이종열,『비유와 인지』, 한국문화사, 2003.

Barcelona, A., *Metaphor and Metonymy at the Crossroads*, Mouton de Gruyter, 2003.

Chang, M., *Principles of Scientific Methods*, CRC Press, 2014.

Coll, R. K., "The Roll of Models, Mental Models and Analogies in Chemistry Teaching" in P. J. Aubusson, A. G. Harrison & S. M. Ritchie(eds.), *Metaphor and Analogy in Science Education*, Springer Science Media, 2006.

Fauconnier, G. & Turner, M., 김동환·최영호 역,『우리는 어떻게 생각하는가?』, 지호, 2006

Fisher, W., *Human Communication as Narration: Toward a Philosophy of Reason, Value and Action*, University of South Carolina Press, 1987.

Foss, S., *Rhetorical Criticism: Exploration and Practice*, Waveland Press, 2009.

Kövecses, Z., 이정화 외 역,『은유: 실용 입문서』, 한국문화사, 2003.

Lakoff, G. & Johnson, M., 노양진·나익주 역,『삶으로서의 은유』, 박이정, 2006.

Richards, I. A., *The Philosophy of Rhetoric*, Oxford University Press, 1936.

Ronis, D. L., *Problem Based Learning for Math and Science*, Corwin Press, 2008.

Schobert, H. H., *Energy and Society: An Introduction*, CRC Press, 2002.

Snow, C. P., 오영환 역,『두 문화』, 사이언스북스, 2001.

Taylor, S., *Sound and Music*, London: Macmillan, 1898.

Toolan, M., 김병욱·오연희 역,『서사론』, 형설출판사, 1995.

8장 문법과 수학의 융합 교육

교육부, 『수학과 교육과정(교육부 고시 제2015-74호)』, 2015.

남진영, 『수학적 지식의 구성』, 경문사, 2008.

박진희·강효경·조진수, 「문법교육의 관점에서 본 교과 지식의 소통 및 구성에 관한 연구 - 2007, 2009 개정 교육과정 교과서의 문장 표현을 중심으로」, 『한국어교육학회 발표 자료집』, 한국어교육학회, 2017.

소지영·주세형, 「과학 교과서의 '문법적 은유'를 중심으로 본 국어과의 도구 교과적 본질 탐색」, 『국어교육연구』 39, 서울대학교 국어교육연구소, 2017.

소지영·성경희·주세형, 「중학교급 학습자 서술형 답안의 언어적 특성 연구-사회과 학업성취도평가 서술형 문항을 중심으로」, 『국어교육』161, 한국어교육학회, 2018.

신선경, 「과학의 언어」, 『사고와 표현』 2(1), 한국사고와표현학회, 2009.

이선웅, 『한국어 문법론의 개념어 연구』, 월인, 2012.

이인호 외, 『2015년 국가수준 학업성취도 평가의 서답형 문항 심층 분석 - 수학-』, 한국교육과정평가원, 2016.

조진수, 「문법과 수학의 융합교육 연구-문법적 은유를 통한 사태의 수학적 변환 문제를 중심으로」, 『SSK-Networking 지원사업단 제3차 심포지엄(심화형) 자료집』, SSK-Networking 지원사업단, 2018ㄱ.

조진수, 「문법적 은유를 활용한 수학 텍스트의 이해 과정 연구-'수학 문장제(word problem) 텍스트'를 중심으로」, 『한국텍스트언어학회 2018년 봄철 학술대회 발표 자료집』, 한국텍스트언어학회, 2018ㄴ.

주세형, 「융복합 시대 국어 문법교육학의 역할 - 내용 전문가와의 소통을 중심으로」, 『제280회 한국어교육학회 학술대회 발표 자료집』, 한국어교육학회, 2015.

황혜정·나귀수·최승현·박경미·임재훈·서동엽, 『수학교육학신론』, 문음사, 2016.

Brousseau, G., *Theory of Didactical Situations in Mathematics*, N. Balacheff, M. Cooper, R. Sutherland & V. Warfield(eds.), New York: Kluwer Academic Publishers, 2002.

Halliday, M. A. K., *The Language of Science*, Continuum, 2004.

Martin, J. R., "Embedded literacy: Knowledge as meaning", *Linguistics and Education* 24, 2013.

O'Halloran, K., "Intersemiosis in mathematics and science: Grammatical metaphor and semiotic metaphor", in M. Taverniers & I. Ravelli(eds.)(2003), *Grammatical Metaphor: Views from systemic functional linguistics*, John Benjamins Publishing Company, Amsterdam, 2003.

Radford, L., 권오남 외 역, 『사회기호학적 관점의 수학 교수·학습: 대상화 이론』, 경문사, 2016.

9장 문학과 미술의 융합 교육

고정희, 「문학과 미술의 교육적 융합을 위한 제언-존 에버렛 밀레이의 그림 〈오필리아〉를 중심으로-」, 『문학치료연구』 40, 한국문학치료학회, 2016.

권오숙, 「라파엘 전파의 셰익스피어 재현에 대한 여성론적 고찰」, 『세계문학비교연구』 34, 세계문학비교학회, 2011.

박상돈·이성도, 「비주얼 리터러시의 미술교육적 접근-휴대폰 카메라를 이용한 다큐멘터리 사진의 제작과 활용을 중심으로」, 『美術敎育論叢』 21(2), 한국미술교육학회, 2007.

박소라·김정선, 「시각적 문해력 향상을 위한 그림책의 그림읽기 전략 연구」, 『미술교육연구논총』 30, 한국교육대학교 미술교육학회, 2011.

안 혁, 「리터러시를 위한 이미지와 내러티브 관계 분석」, 『언어와 언어학』 63, 한국외국어대학교 언어연구소, 2013.

윤희억, 「실성한 오필리어의 노래와 죽음의 상징성 연구」, 『신영어영문학』 40, 신영어영문학회, 2008.

이은주, 「비주얼 리터러시 관점에 따른 교과서 일러스트레이션의 표현변화 연구-한국도덕교과서의 사례를 중심으로-」, 『기초조형학연구』 16(4), 한국기초조형학회, 2015.

이정아·김성호, 「스토리의 상징성에 관한 컬러리터러시 연구-연상과 상징을 통한 실습을 중심으로-」, 『예술과 미디어』 12(3), 한국영상미디어협회, 2013.

이혜경, 「영화로 각색된 오필리아」, 『셰익스피어비평』 49(2), 한국셰익스피어학회, 2013.

이화식, 『미술교육』, 참교육과 미래, 2008.

정현선, 「'언어·문화·소통 기술'의 관점에서 본 미디어 리터러시의 고찰」, 『한국학연구』 25, 고려대학교 한국학연구소, 2006.

최기호, 「미술대학 기초실기 교수활동에 반영된 시각적 문해력의 역량요인 분석」, 서울대학교 박사학위논문, 2012.

최기호, 「시각적 문해력의 발견적 개념으로서의 재인식: 시각문화 미술교육에의 시사점」, 『미술과 교육』 14(1), 한국국제미술교육학회, 2013.

최영주, 「거투르드와 오필리아의 침묵의 항변」, 『영미문학 페미니즘』 제5집, 한국영미문학 페미니즘학회, 1997.

Addison, N. & Burgess, L.(eds.), *Learning to Teach Art and Design in the Secondary School: A Companion to School Experience*, London and New York: Routledge Falmer, 2000.

Armstrong, I., "The Pre-Raphaelites and literature", E. Prettejohn(ed.), *The Cambridge Companion to the Pre-Raphaelites*, Cambridge University Press, 2012.

Avgeriou, M. D. & Pettersson, R., "Toward a Cohesive Theory of Visual Literacy", *Journal of Visual Literacy* 30(2), 2011.

Barringer, T., *The Pre-Raphaelites*, The Everyman Art Library, 1998.

Braden, R. A., "Twenty-Five Years of Visual Literacy Research", Visual Literacy in the Digital Age: Selected Readings from the Annual Conference of the International Visual Literacy Association (25th, Rochester, New York, October 13-17, 1993).

Guilfoyle, C., ""Ower Sweet Sokor": The Role of Ophelia in Hamlet", *Comparative Drama* 14(1), 1980.

Jacobi, C. & Curtis, P.(eds.), *The Britain Companion: A Guide to British Art*, Tate Publishing, 2013.

Jaffe, A., *Scenes of Sympathy*, Cornell University Press, 2000.

Jones-Kavaller, B. R. & Flannigan, S. L., "Connecting the Digital Dots: Literacy of the 21st Century", *EDUCAUSE Quarterly* 29(2), 2006.

McKnight, D. A., "The tragedy of Ophelia", *Poet Lore* 12, 1990.

Prettejohn, E., "Introduction", E. Prettejohn(ed.), *The Cambridge Companion to the Pre-Raphaelites*, Cambridge University Press, 2012.

Prior, L. A., Wilson, A. & Matinez, M., "Visual Literacy as a Pathway to Character Understanding", *The Reading Teacher* 66, International Reading Association, 2012.

Rhodes, K., "Performing roles: Images of Ophelia in Britain, 1740-1910 (William Shakespeare)", Columbia University Ph.D. Thesis, 1999.

Rideal, L., *How to Read a Painting-A Crash Course in Meaning and Method*, London & New York: Bloomsbury, 2015.

Ronk, M. C., "Representations of Ophelia", *Criticism* 36(1), 1994.

Sibana, J. & Sibana, L., "Visual Literacy Development through the Mediation of Grade 4 English Textbooks", *Journal of Visual Literacy* 32(2), 2013.

Walton, C., "A Brief for Ophelia", *Poet Lore* 3, 1891; Writer's Center, etc.

Woolley, G., "Using visualisation and imagery to enhance reading comprehension", G. Barton(ed.), *Literacy in the Art: Retheorising Learning and Teaching*, Berlin: Springer, 2014.

Yeh, H. & Lohr, L., "Towards Evidence of Visual Literacy: Assessing Pre-service Teachers' Perceptions of Instructional Visuals", *Journal of Visual Literacy* 29(2), 2010.

• 자료

교육부 고시 제2015-74호 [별책 13], 『미술과 교육과정』, 교육부, 2015.

Shakespeare, W., C. Hoy(ed.), *Hamlet*, New York & London: W · W · Norton & Company, 1992.

Shakespeare, W., 최종철 역, 〈햄릿〉, 민음사, 1998.

• 인터넷 자료

'Artist biography', Sir John Everett Millais, Bt: Summary, www.tate.org.uk/britain.

'Ophelia', Sir John Everett Millais, Bt: Summary, www.tate.org.uk/britain.

http://ivla.org/new/what-is-visual-literacy-2.

http://www.tate.org.uk/art/artworks/millais-ophelia-n01506

https://en.wikipedia.org/wiki/Hogsmill_River.

10장 문학과 체육의 융합 교육

고정희 · 이옥선, 「문학과 체육 융합교육 내용 탐구-〈어부사시사〉에 나타난 신체 활동을 중심으로-」, 『국어교육연구』 64, 국어교육학회, 2017.

김대행, 「〈어부사시사〉의 외연과 내포」, 『고산연구』 1, 고산연구회, 1987.

김대행 외, 『문학교육원론』, 서울대학교 출판부, 2000.

김백균, 「흥(興), 그 우연성과 진정성에 대한 고찰」, 『철학탐구』 21, 중앙대학교 중앙철학연구소, 2007.

김봉렬, 『김봉렬의 한국건축 이야기』 1, 돌베개, 2006.

김혜진 · 김종철, 「상호 문화적 능력 향상을 위한 한국의 '흥' 이해 교육 연구」, 『한국언어문화학』 12(1), 국제한국언어문화학회, 2015.

김흥규, 「〈어부사시사〉에서의 '흥'의 성격」, 『욕망과 형식의 시학』, 태학사, 1999.

신봉희 · 정지혜, 「한국춤에서의 흥에 대한 경험지각 탐색」, 『한국여성체육학회지』 25(4), 한국여성체육학회, 2011.

신은경,『풍류: 동아시아 미학의 근원』, 보고사, 1999.

이석영,「『노인과 바다』-실존주의적 읽기」,『현대영미어문학』 28(4), 현대영미어문학회, 2010.

이승건,「니체 미학 속 무용 예술」,『움직임의 철학: 한국체육철학회지』 18(2), 한국체육철학회, 2010.

이형대,『한국 고전시가와 인물 형상의 동아시아적 변전』, 소명출판, 2002.

이혜자,「무용, 몸짓의 언어」, 철학아카데미 편,『철학, 예술을 읽다』, 동녘, 2006.

정운채,「윤선도의 한시와 시조에 나타난 '興'의 성격」,『한국고시가문화연구』 1(1), 한국고시가문학회, 1993.

정운채,「『악장가사』 소재 〈어부가〉의 한시 수용 양상」, 김병국 외,『장르 교섭과 고전시가』, 월인, 1999.

조동일,『한국문학통사(제3판)』 2권, 지식산업사, 1996.

최의창,『가지 않은 길: 인문적 체육교육론 서설』, Rainbow Books, 2006.

최의창,『가지 않은 길 2: 인문적으로 체육보기』, Rainbow Books, 2010 ㄱ.

최의창,『가지 않은 길 3: 인문적 체육의 역연금술』, Rainbow Books, 2010. ㄴ

최의창,『인문적 체육 교육과 하나로 수업: 통합적 체육 수업의 이론과 실제』, Rainbow Books, 2010. ㄷ

최재남,「흥과 시름의 구현 양상 연구」,『한국시가문화연구』 24, 한국시가문화학회, 2009.

한효림,「한국 춤에 나타난 특성에 대한 고찰」,『움직임의 철학: 한국체육철학학회지』 13(3), 한국체육철학회, 2005.

함정혜·박현애,「스포츠에서의 몰입경험에 관한 소고」,『한국여성체육학회지』 19(6), 한국여성체육학회, 2005.

허용·김현수,「민속씨름에 내재된 민족정서-興을 중심으로-」,『움직임의 철학: 한국체육철학회지』 20(3), 한국체육철학회, 2012.

Archer, D. & Costello, P., 김한수·김경래 역,『문해교육의 힘: 라틴아메리카 혁명의 현장』, 학이시습, 2014.

Csikszentmihalyi, M., 이희재 역,『몰입의 즐거움(Finding Flow)』, 해냄, 1999.

Goellner, E. W. & J. S. Murphy(eds.), *Bodies of the Text: Dance as Theory, Literature as Dance*, New Brunswick, New Jersey: Rutgers University Press, 1995.

Huizinga, J., 김윤수 역,『호모루덴스』, 까치, 1993.

Jones, E., "Dance Literacy: An Embodied Phenomenon", G. Barton(ed.), *Literacy in the Art: Retheorising Learning and Teaching*, Berlin: Springer, 2014.

Preston-Dunlop, V., 김주자 외 역,『움직임 교육의 원리』, 현대미학사, 1994.

Whitehead, M.(ed.), *Physical Literacy: Throughout the Lifecourse*, London: Rout-
ledge, 2001.

• 자료

교육부고시 제2015-74호 [별책 11], 『체육과 교과과정』, 교육부.

신원섭 외, 『고등학교 스포츠과학』, 경기도교육청, 2016.

안양옥 외, 『중학교 체육』, ㈜지학사, 2011.

윤선도, 〈어부사시사〉, 《고산유고》.

Hemingway, E., 장경렬 역, 〈노인과 바다〉, 시공사, 2012.

• 인터넷 자료

https://www.youtube.com/watch?v=c-tW0CkvdDI

찾아보기

저자 소개

구본관 1장 4절, 3장 집필

서울대학교 국어교육과 교수. 국어교육연구소 겸무연구원. 주요 저서로 『15세기 국어 파생법에 대한 연구』, 『북한의 문법 연구와 문법 교육』(공저), 『우리말 문법론』(공저), 『어휘 교육론』(공저), 『한국어 문법 총론 I, II』(공저) 등이 있다.

윤여탁 1장 1절, 2장 1절 집필

서울대학교 국어교육과 교수. 국어교육연구소 겸무연구원. 주요 저서로 『리얼리즘 시 정신과 시교육』, 『외국어로서의 한국 문학교육』, 『현대시의 내포와 외연』, 『문화교육이란 무엇인가: 한국어 문화교육의 벼리[綱]』, 『한국 근현대시와 문학교육』 등이 있다.

김종철 1장 2절, 1장 3절, 4장 집필

서울대학교 국어교육과 교수. 국어교육연구소 겸무연구원. 주요 저서로 『판소리사 연구』, 『판소리의 정서와 미학』 등이 있다.

유준희 5장 집필

서울대학교 물리교육과 교수. 주요논문으로는 「중학교 과학수업에서 과학적 모형의 사회적 구성을 촉진하는 교사 스캐폴딩 분석」, 「중학생의 소집단 자유탐구활동 중 물리 영역 탐구문제의 구성과 변인 추출 및 명료화 과정」, 「중학생의 힘과 운동 관련 과학적 모형구성 수준의 상세화」 등이 있다.

구자현 7장 집필

영산대학교 성심교양대학 교수. 주요 저서로 『음악과 과학의 만남: 역사적 조망』, 『음악과 과학의 길: 본질적 긴장』, 『음악적 아름다움의 근원을 찾아서』, 『소리의 얼굴들』, 『공생적 조화: 19세기 영국의 음악 과학』, 『과학 대중화의 수사학적 비평』 등이 있다.

고정희 9장, 10장 집필

서울대학교 국어교육과 교수. 국어교육연구소 겸무연구원. 주요 저서로 『고전시가와 문체의 시학』, 『한국 고전시가의 서정시적 탐구』, 『고전시가 교육의 탐구』, 『고전시가와 장르 교섭』(공저) 등이 있다.

윤대석   6장 집필
서울대학교 국어교육과 교수. 국어교육연구소 겸무연구원. 주요 저서로『식민지 국민문학론』,
『식민지 문학을 읽다』,『창의와 융합의 국어교육』(공저) 등이 있다.

서명희   2장 3절 집필
서울대학교 SSK 창의적 인재 육성을 위한 융합교과 개발 연구단 선임연구원. 주요 논문으로
「즐거움의 깊이와 넓이: 〈고산구곡가〉의 의미 구조」,「교육을 위한 노래, 〈도산십이곡〉 '언지
(言志)'의 뜻」,「융합교육의 지향과 시가의 생성적 향유-〈고산구곡시화병〉을 중심으로」 등이
있다.

이지수   2장 2절 집필
한국교육과정평가원 부연구위원. 주요 논문으로는「문법 교육을 위한 교수학적 내용 지식 연
구」,「문장 성분 교수를 위한 문법 교과 내용 지식 연구」,「과학 글쓰기 유형 및 내용 구성 연
구」 등이 있다.

조진수   8장 집필
전남대학교 국어교육과 교수. 주요 논문으로「학교 문법 용어의 표상 방식 유형화 연구」,「문
법 오개념에 대한 인식론적 고찰」 등이 있다.